KB090207

연암집

【하】

신호열辛鎬烈

호는 우전雨田이다. 1914년 전남 함평에서 출생했으며 겸산謙山 이병수李炳壽 선생 문하에서 한학을 수학했다. 1961년 동국대 국문과 대학원에 출강한 이후 오랫동안 서울대·고려대·성균관대 대학원에서 강의했으며, 1974년부터 1993년 작고할 때까지 민족문화추진회 국역연수원 교수를 역임했다. 국역서로『완당전집』阮堂全集『하서전집』河西全集『퇴계시』退溪詩 등 수십 종이 있으며, 민족문화추진회 제정 제1회 고전국역상을 수상했다. 유고집으로『우전선생일고』雨田先生逸稿가 있다.

김명호金明昊

1953년 부산에서 출생했다. 서울대 국문과를 졸업하고 동 대학원에서 문학박사 학위를 받았으며, 우전 신호열 선생 문하에서 한학을 수학했다. 덕성여대 국문과, 성균관대 한문학과 교수를 거쳐 서울대 국문과 교수로 정년 퇴임했다. 저서로『열하일기 연구』『박지원 문학 연구』『초기 한미관계의 재조명』『환재 박규수 연구』『홍대용과 항주의 세 선비』등이 있다. 우경문화저술상과 두계학술상, 월봉저작상을 수상했다.

연암집 하 〔개정판〕

박지원 지음 | 신호열·김명호 옮김

2007년 2월 26일   초판 1쇄 발행

2012년 7월 16일   개정판 1쇄 발행

2022년 6월 3일   개정판 4쇄 발행

펴낸이 한철희 | 펴낸 곳 돌베개 | 등록 1979년 8월 25일 제406-2003-000018호
주소 (413-756) 경기도 파주시 회동길 77-20 (문발동)
전화 (031) 955-5020 | 팩스 (031) 955-5050
홈페이지 www.dolbegae.co.kr | 전자우편 book@dolbegae.co.kr

편집 이경아
표지디자인 박정은 | 본문디자인 이애란·이은정·박정영
제작·관리 윤국중·이수민 | 마케팅 심찬식·고운성
인쇄 한영문화사 | 제본 경일제책사

ISBN 978-89-7199-269-2 04810
      978-89-7199-266-1 (세트)

연암집

하

박지원 지음 — 신호열 · 김명호 옮김

돌베개

일러두기

1. 이 책은 민족문화추진회에서 간행한 한국문집총간 252집 소재 『연암집』燕巖集을 대본으로 국역하고, 원문은 교감·조판하여 국역문 뒤에 첨부하였다.

2. 원문은 각종 이본을 참고하여 오자誤字, 탈자脫字, 연문衍文 등을 바로잡은 다음 교감기를 달아 참고하도록 하였다.

   단 원문에 반복적으로 나타나는 사소한 오자들(己↔근, 母→毋, 歛→斂 등)은 번잡스러움을 피하기 위해, 이를 바로잡기만 하고 그 사실을 일일이 밝히지 않았다. 또한 이본들 간의 차이도 이체자異體字거나 동의어인 경우, 어순의 도치倒置에 불과한 경우(輕重→重輕 등)는 역시 번잡스러움을 피하기 위해, 별도로 표시하지 않았다.

3. 주석은 간단한 내용인 경우에는 간주間註하고, 긴 경우에는 각주脚註하였다.

4. 한자는 필요한 경우 이해를 돕기 위하여 넣었으며, 운문韻文은 원문을 병기하였다.

5. 원문 목차는 따로 만들지 않고 번역문 차례에 함께 넣었다.

6. 맞춤법과 띄어쓰기는 한글 맞춤법과 표준어 규정을 따르는 것을 원칙으로 하였다.

7. 이 책에 사용되는 부호는 다음과 같다.

   ( ) : 번역문과 뜻은 같으나 음이 다른 한자를 묶는다.

   " " : 대화 등의 인용문을 묶는다.

   ' ' : " " 안의 재인용, 또는 강조 부분을 묶는다.

   「 」 : 편명을 묶는다.

   『 』 : 책명을 묶는다.

차례

연암집 제6권 별집
서사書事

연암집 제7권 별집
종북소선鍾北小選

연암집 제8권 별집
방경각외전 放璚閣外傳

연암집 제9권 별집
고반당비장 考槃堂秘藏

연암집 제10권 별집
엄화계수일 罨畫溪蒐逸

연암집

【 제6권 별집 】

서사
書事

이방익李邦翼의 사건을 기록함[1]

면천 군수汃川郡守 신 박지원은 교명敎命을 받들어 지어 올립니다.

금상수上(정조正祖) 20년 – 청淸나라 가경嘉慶 원년(1796) – 9월 21일에 제주 사람 전前 충장장忠壯將 이방익이 서울에 있는 자기 부친을 뵐 양으로 배를 탔다가 큰바람을 만나 표류되어 10월 6일에 팽호도澎湖島에 닿았습니다. 관에서 의복과 음식을 주어 십여 일을 머물게 한 뒤에 호송하여 대만臺灣에 당도하고, 거기서 또 하문廈門[2]을 경유하여 복건福建, 절강浙江, 강남江南,

---

1. **이방익李邦翼의 사건을 기록함**　정조 21년(1797) 7월 연암이 면천 군수로 임명되어 사은謝恩 차 입시했을 때 정조는 "내가 전에 문체를 개변하라는 뜻으로 타일렀는데 과연 개변하였느냐?" 고 물은 후, "내가 요즘 좋은 제목을 하나 얻어, 너를 시켜 한 편의 좋은 문자를 창작하도록 하고 싶은 지가 오래되었다"고 하면서 이방익의 사건을 문자화하도록 명하였다. 정조는 타락한 문풍文風을 바로잡으려는 정책의 일환으로 『열하일기』의 문체를 문책한 뒤, 연암에게 개과천선의 기회를 주려고 이러한 지시를 내린 것이다. 『過庭錄』 卷3 이방익(1757~1801)은 국문으로 된 「표해가」漂海歌를 남겼다.
2. **하문廈門**　샤먼, 또는 아모이Amoy라고 불리는 복건성福建省 남동부의 항구도시이다. 명말明末부터 영국이나 네덜란드의 상선들이 출입하였다.

산동山東 등 여러 성省들을 거쳐 북경北京에 도달하고, 요양遼陽을 경유하여 다음 해인 정사년 윤6월에 서울에 돌아오니, 수륙水陸 만여 리를 거쳐 온 것입니다.

상께서 특별히 방익을 불러 보고 지나온 산천과 풍속을 하문하면서 사관史官에게 명하여 그 일을 기록하게 하였습니다. 배를 같이 탄 8명 가운데 방익만이 문자를 알기는 하였으나, 거우 노정路程만을 기록해 놓았을 뿐이요, 또 기억을 더듬어 입으로 아뢴 것도 왕왕 차서次序를 잃었습니다. 신 지원이 면천 군수로서 사은숙배謝恩肅拜하러 희정당熙政堂에 입시入侍하자 상께서 분부하시기를,

"이방익의 사건이 몹시 기이한데 좋은 기록이 없어 애석하니 네가 한 책을 지어 올리도록 하라."

하시었습니다. 이에 신 지원이 송구한 마음으로 명을 받들고는 물러나 그 사실을 가져다 대략 증정證正을 가하였습니다.

방익의 부친은 전前 오위장五衛將 광빈光彬인데 일찍이 무과에 응시하려고 바다를 건너다가 표류되어 일본 장기도長崎島[3]에 이른 적이 있습니다. 거기에는 외국 선박들이 많이 모이고 시장과 마을이 번화하였습니다. 그때 의사醫士 한 사람이 광빈을 맞아 그 집으로 데리고 가서 잘 대접하면서 그대로 머물러 있기를 청하였습니다. 광빈이 굳이 고향에 돌아가겠다고 하니 의사가 내실로 데리고 들어가서 예쁘장한 젊은 계집을 나오라 하여 광빈에게 절을 시키면서,

"내 집에 천금 재산을 쌓아 놓았으나 사내자식은 하나도 없고 다만 이 계집애가 있을 뿐이니, 원컨대 그대는 내 사위가 되어 달라. 내가 늙

---

3. **장기도長崎島**　　장기長崎(나가사키)를 말한다. 이덕무의 『청령국지』蜻蛉國志에 히젠肥前의 장기도는 일본 서해의 큰 도회지로서 중국과 동남아시아의 상선들이 모여드는 곳인데, 긴 곳(長崎)이 다리미 모양으로 바다로 파고 들어가 있으나 실은 육지에 이어져 있어 섬이 아니라고 하였다. 1634년에 건설된 인공 섬 데지마出島가 있다.

어서 죽게 되면 천금의 재산은 그대의 차지가 될 것이다."

하였습니다. 그 계집을 슬쩍 보니 치아가 서리같이 하얗고 아직 철즙鐵汁을 물들이지 않은 것으로 보아 과연 처녀였습니다.[4] 광빈이 언성을 높여 말하기를,

"제 부모의 나라를 버리고 재물을 탐내고 여색에 연연해서 다른 나라 사람이 되어 버린다면 이는 개돼지만도 못한 자이다. 더구나 나는 내 나라에 돌아가면 과거에 올라 부귀를 누릴 수 있는데, 하필 그대의 재물과 그대의 딸을 탐내겠는가."

했더니, 의사가 어찌할 수 없다는 것을 알고서 보내 주었다고 합니다. 광빈이 비록 섬 속의 무인武人이지만 의젓하여 열사烈士의 기풍이 있었으며, 그 부자父子가 멀리 이국에 노닐게 된 것도 역시 기이한 일이라 하겠습니다.

제주는 옛날의 탐라耽羅입니다. 『북사』北史에 이르기를, "백제에서 남쪽으로 항해하면 탐모라耽牟羅라는 나라가 있는데 그 땅에는 노루와 사슴이 많으며 백제에 복속하였다"라 했고, 또 이르기를, "고구려 사신 예실불芮悉弗이 위魏나라 선무제宣武帝에게 말하기를, '황금은 부여夫餘에서 나고 옥은 섭라涉羅에서 산출되는데 지금 부여는 물길勿吉에게 쫓겨났고 섭라는 백제에게 합병이 됐으므로, 이 두 가지 물품은 그 때문에 올리지 못하게 된 것입니다'라고 하였다" 하였습니다.[5] 『당서』唐書에 이르기를, "용삭龍朔 초에 담라澹羅가 있었는데 그 왕 유리도라儒理都羅가 사신을 보내 입조入朝

---

4. **치아가 …… 처녀였습니다** 　일본에는 예전에 시집간 여자가 이빨을 까맣게 물들이는 풍습이 있었다. 그래서 일본을 칠치지국漆齒之國이라고도 한다. 신유한申維翰의 『해유록』海游錄에, "이미 시집간 여자는 이가 모두 검은빛인데 철액鐵液을 약에 타서 머금으면 그 이가 곧 물들여진다. 시집가지 아니한 처녀와 기생은 모두 흰 이빨이다" 하였다. 『海行總載』

5. **『북사』北史에 …… 하였습니다** 　『북사』 권94 「백제전」百濟傳에 나온다.

했다. 나라는 신라 무주武州 남쪽 섬에 있는데 풍속이 박루樸陋하여 개가 죽 옷을 입고 여름에는 혁옥革屋(가죽을 펴서 지붕을 삼은 집)에서 살고 겨울에는 움집에서 생활한다. 처음에는 백제에 복속되었으나 후에 신라에 복속되었다" 하였습니다.[6]

살펴보건대, 이는 다 탐라를 가리킵니다. 우리나라 방언에 도島를 '섬'이라 이르고 국國을 '나라'라 이르는데 탐耽·섭涉·담澹 세 음은 모두 '섬'과 유사하니 대개 섬나라라는 뜻입니다. 옛 기록에 일컬은 바, "처음에 탐진耽津(강진康津)에 배를 정박하고 신라에 조회했기 때문에 '탐라'라 한다"고 한 것은 견강부회의 설입니다.

송나라 가우嘉祐 연간에 소주蘇州 곤산현崑山縣 해상에 배 하나가 돛대 꼭지가 부러져 바람에 날리어 해안에 닿았는데, 배 안에는 30여 명의 사람이 타고 있었습니다. 의관衣冠은 당나라 사람 같았으며 홍정紅鞓(붉은 가죽 띠)과 각대角帶(뿔로 장식한 허리띠)를 띠고 짧고 검은 베적삼을 입었는데, 사람을 보면 모두 통곡만 하고 언어를 알아들을 수가 없었습니다. 시험 삼아 글자를 쓰게 했더니 쓴 글자 역시 읽을 수가 없었습니다. 그들이 다닐 적에는 서로 줄지어 다녀 기러기 줄과 같았습니다. 한동안 있다가 문서 하나를 꺼내어 사람에게 보이는데, 바로 한자漢字로 씌어진 것으로서 당나라 천수天授(690~692) 연간에 둔라도屯羅島 수령 배융부위陪戎副尉[7]에 임명한다는 제서制書(왕의 명령서)이고, 또 하나의 문서가 있는데 바로 고려에 올리는 표문表文으로서 '둔라도'라 칭했으며 그 역시 한자를 사용했습니다. 곤산현 지사崑山縣知事가 사람을 시켜 그 돛대 꼭지를 수리해 주게 했는데 그 돛대 꼭지는 예전에는 선목船木 위에 꽂혀 있어서 움직일 수가 없었습니다. 그래서 공인工人이 그를 위하여 돌리는 굴대를 만들어 돛대를 일으

---

6. 『당서』唐書에 …… 하였습니다   『신당서』권220 「동이전」東夷傳에 나온다.
7. 배융부위陪戎副尉   고려 시대 무관의 종9품 품계이다.

키고 눕히는 법을 가르쳐 주었습니다.[8]

살펴보건대, 제주는 옛날에 또한 '탁라'乇羅라고도 불렸으며 한 문공韓文公(한유韓愈)은 '탐부라'耽浮羅라 불렀습니다.[9] 이른바 '둔라'屯羅라는 것은 '탁라'乇羅의 와전입니다. 천수天授는 고려 태조의 연호이니 『고려사』에 "천수 20년에 탁라 도주乇羅島主가 내조來朝하여 왕이 작爵을 내렸다"[10]는 것이 바로 그 실례입니다. 송나라 사람이 이를 당나라 측천무후則天武后의 연호로 본 것은 더욱 틀린 것으로서, 제주 사람이 중국에 표류되어 들어간 것은 예로부터 있어 온 일입니다.

방익이 아뢰기를,

"배가 바람에 휘날려 혹은 동서로 혹은 남북으로 표류하기를 열엿새 동안이나 하였습니다. 일본에 가까워지는 듯하더니 갑자기 방향을 바꾸어 중국으로 향하였습니다. 양식이 떨어져서 먹지 못한 것이 여러 날이었는데, 문득 큰 물고기가 배 안으로 뛰어들어 여덟 사람이 함께 산 채로 씹어 먹었습니다. 먹을 물이 다 떨어졌는데 하늘이 또 큰비를 내려 주어 모두들 두 손을 모아 받아 마시고 갈증을 풀었습니다. 배가 처음 해안에 닿았을 때는 정신이 어지러워 인사불성이 되었사온대, 어떤 사람이 멀리 서서 이를 엿보고 있더니 이윽고 무리를 지어 배에 올라 배 안에 있는 의복 따위들을 모두 챙기고 각자 한 사람씩 업고 나섰습니다. 이렇게 30

---

8. **송나라 …… 주었습니다**　이 부분은 송나라 범성대范成大가 찬집한 『오군지』吳郡志 권46 「이문편」異聞篇을 인용한 것이다.
9. **한 문공韓文公은 …… 불렀습니다**　『창려선생문집』昌黎先生文集 권21 「송정상서서」送鄭尙書序에 나온다.
10. **천수 …… 내렸다**　연암이 어떤 기록을 인용했는지 알 수 없다. 현재 전하는 『고려사』高麗史 에는 그와 같은 내용이 발견되지 않는다. 『고려사』 권2 「세가」世家 2 태조太祖 2와 권57 「지」志 21 지리地理 2에 태조 21년 탐라국 태자 말로末老가 내조하여 성주星主 왕자王子의 작을 내렸다 는 기록만이 있을 뿐이다. 또한 태조 21년은 천수 21년에 해당된다.

여 리를 가니 마을이 나왔는데 30여 호쯤 되었고 중앙에는 공청公廳이 있어 '곤덕배천당'坤德配天堂이라는 편액이 걸려 있었습니다. 그들이 미음을 만들어 주어 마시고 화로를 가져다 옷을 말려 주곤 하여 겨우 정신을 차려서는 지필紙筆을 청하여 글자를 써서 묻고서야 비로소 그곳이 중국의 복건성福建省 소속인 팽호도澎湖島 지방임을 알게 되었습니다."
하였습니다.

살펴보건대, 팽호도는 서쪽으로 천주泉州의 금문金門과 서로 마주 보고 있습니다. 도경圖經(지도책)에 의하면 팽호도는 동길서東吉嶼, 서길서西吉嶼 등 36개의 섬이 있어 바다를 건너는 자는 반드시 동길서와 서길서를 경유하여야 합니다.

예전에는 동안현同安縣에 소속되어 있었는데, 명나라 말기에 이르러 지역이 바다 한가운데에 위치하고 백성들이 흩어져 있음으로 인해 세금 수납이 불가능하므로, 마침내 논의하여 포기해 버렸습니다. 그 후 내지內地의 백성들이 부역에 시달리다 못해 가끔 그 안으로 도피해 갔는데, 동안同安과 장주漳州의 백성이 가장 많았습니다. 홍모紅毛(네덜란드인)가 대만臺灣을 점령했을 때 이 지역도 아울러 차지했으며, 정성공鄭成功[11] 부자父子가 다시 대를 이어 웅거할 때 이 지역을 믿고 대만의 문호로 삼았습니다. 주위를 빙 둘러 36개의 섬이 있는데, 그중 제일 큰 섬은 마조서媽祖嶼[12] 등지로 오문구澳門口에 두 포대砲臺가 있고, 그 다음은 서서두西嶼頭 등지이며, 각 섬들 가운데 서서西嶼만이 조금 높을 뿐 나머지는 다 평탄합니다. 하문廈門으로부터 팽호에 이르기까지는 물빛이 검푸른 색이어서 그 깊이

---

11. 정성공鄭成功 1624~1662. 명나라의 유신遺臣이다. 명나라가 망한 후 중국 남부로 이동하여 청나라에 대항하다 1661년에 대만으로 건너가 네덜란드군을 축출하고 대만에 웅거하다 이듬해 병으로 죽었다.
12. 마조서媽祖嶼 팽호도 본섬의 옛 이름이다.

를 헤아릴 수가 없으며, 뱃길의 중도中道가 되어 순풍이면 겨우 7경更 반 만에 갈 수 있는 물길이지만, 한번 태풍을 만나면 작게는 별항別港[13]에 표류되어 한 달 남짓 지체하게 되고, 크게는 암초에 부딪쳐 배가 엎어지게 됩니다. 그러므로 뱃사람들은 바람을 보고 기후를 점치는 방법을 가지고 있습니다. 나침반으로 방향을 정하였고, 바다에 나갈 때는 시기에 따라 각각 그 방향을 달리하였습니다. 즉 봄과 여름에는 진해기鎭海圻를 통해 바다로 나가는데, 정남풍이 불면 건해방乾亥方(서쪽에서 북으로 45도~60도 방향)에서 손사방巽巳方(동쪽에서 남으로 45도~60도 방향)을 향해 나아가며, 서남풍이 불면 건방乾方(북서향)에서 손방巽方(남동향)을 향해 나아갑니다. 겨울에는 요경寮經을 경유하여 바다로 나가는데, 정북풍이 불면 술방戌方(서쪽에서 북으로 30도 방향)에서 진방辰方(동쪽에서 남으로 30도 방향)을 향해 나아가고 한밤중에는 건술방乾戌方(서쪽에서 북으로 30도~45도 방향)에서 손진방巽辰方(동쪽에서 남으로 30도~45도 방향)을 향해 나아가며, 동북풍이 불면 신술방辛戌方(서쪽에서 북으로 15도~30도 방향)에서 을진방乙辰方(동쪽에서 남으로 15도~30도 방향)을 향해 나아갑니다. 혹 위두圍頭를 경유하여 바다로 나가기도 하는데, 정북풍이 불면 건방乾方에서 손방巽方을 향해 나아가고 한밤중에는 건해방乾亥方에서 손사방巽巳方을 향해 나아가며, 동북풍이 불면 건술방乾戌方에서 손진방巽辰方을 향해 나아갑니다. 어느 방향으로 나아가든 날이 밝아질 즈음이면 모두 팽호의 서서두를 볼 수가 있습니다. 팽호를 거쳐 대만으로 갈 때에는 모두 손방巽方을 향해 나아가는데 저물녘이면 대만을 볼 수 있습니다.[14] 팽호는 애초에 벼를 심을 만한 수전水田이 없었고 다만 고기 잡는 것으로써 생계를 삼았으며 혹은 남새를 가꾸어 자급하는 형편이었는데, 지금은 무역선이 폭주하여 점차 살기 좋은 곳으로 변하고 있습니다.[15]

---

13. **별항別港** 강이나 바다로 통하는 '작은 강'(支流)을 말한다.
14. **저물녘이면 …… 있습니다** 원문은 '薄暮可望見'으로만 되어 있다.

방익이 아뢰기를,

"여덟 사람이 함께 채선彩船(아름답게 장식한 배)을 타고 5리쯤 가서 마궁馬宮¹⁶의 아문衙門으로 나아가니 강물을 따라 채선 수백 척이 널려 있고 강가에는 화각畵閣이 있는데 바로 아문이었습니다. 문 안에서 소리를 높여 세 번 외치고는 우리 여덟 사람을 인도하였습니다. 마궁의 대인大人(고위벼슬아치)이 홍포紅袍를 입고 의자에 앉아 있었는데 나이는 예순 남짓하고 수염이 좋게 났으며, 계단 아래에는 붉은 일산을 세우고 대상臺上에는 시립侍立해 있는 자가 80명쯤 되었습니다. 모두 무늬 새긴 비단옷을 입고 있었는데 혹은 남색 혹은 녹색이었으며, 혹은 칼을 차고 혹은 화살을 짊어졌고, 대하臺下에는 붉은 옷 입은 병졸이 30명쯤 되는데 모두 몽둥이를 쥐고 있었으며 간혹 대나무 작대기도 쥐고 있었습니다. 황룡기 2쌍을 들고 징 1쌍을 울리면서 우리 여덟 사람을 인도하여 대상에 올라가니 마궁의 대인이 바다에 표류된 연유를 묻기에, 우리는 조선 전라도 전주부全州府 사람으로서 이러이러한 연유로 표류하게 되었다고 대답했습니다. 그러고는 물러 나오니, 큰 건물이 있는데 바닥에 깐 것이 모두 주단이었습니다. 우리들 각자에게 대로 만든 자리와 베개를 주고 날마다 미음 한 그릇과 닭고깃국 한 그릇을 주고 또 향사육군자탕香砂六君子湯을 두 때씩 주었습니다."

하였습니다.

살펴보건대, 마궁 대인의 그 궁宮 자는 아마도 공公 자인 것 같습니

---

15. **예전에는 …… 있습니다**   이 부분은 청나라 임겸광林謙光이 지은 『대만기략』臺灣紀略을 인용한 것이다.

16. **마궁馬宮**   팽호군도의 주도主島인 중심 도시인 마공馬公을 가리키는 것으로 짐작된다. 여신女神인 낭마보살娘媽菩薩을 제사 지내는 낭마궁娘媽宮이 있어 '마궁'媽宮이라 불렸던 것이 '마궁'馬宮으로 되고, 다시 '마공'馬公으로 변한 듯하다.

다. 공公과 궁宮이 중국 음으로는 서로 같으므로 이는 응당 마씨馬氏 성을 지닌 사람으로서 통판通判(주부州府의 장관長官 다음 직책)이 된 자일 것입니다. 또 탐라 사람이 이국에 표류된 경우 본적을 일컫기를 꺼리고 영광靈光·강진康津·해남海南·전주全州 등의 지방으로 둘러대는 것은, 속俗에서 전하기를 유구琉球의 상선商船이 탐라 사람의 해를 입은 때문이라고 합니다. 혹은 유구가 아니고 안남安南이라고 하기도 합니다. 이중환李重煥의 『택리지』擇里志에 그에 대한 시詩가 모두 실려 있습니다.[17] 그러나 증거가 될 만한 옛 기록이 있는 것도 아니고 다만 세속의 유전流傳일 뿐이니 굳이 그 진위眞僞를 분변하려 들 것은 없습니다.

방익이 아뢰기를,

"두 척의 큰 배에 나누어 타고 서남西南으로 향하여 이틀 만에 대만부臺灣府의 북문北門 밖에서 하륙下陸했는데, 번화하고 장려하여 길 양옆에 누대가 늘어서 있고 밤에는 유리등을 켜 대낮처럼 밝았습니다. 또 기이한 새를 채색 초롱에 기르고 있는데 그 새는 시간을 알아서 울곤 하였습니다."

하였습니다.

살펴보건대, 대만은 『명사』明史에 계롱산鷄籠山이라 칭하였고 또 동번東

---

17. 이중환李重煥의 …… 있습니다   『택리지』「복거총론」卜居總論 산수조山水條에, 인조仁祖 때 유구琉球의 세자가 일본에 포로로 잡혀간 왕을 구속救贖하기 위해 국보國寶를 배에 싣고 항해하다가 제주도에 표류했는데 보물을 탐낸 제주 목사에게 장살杖殺되었다고 하며, 유구의 세자가 죽기 전에 지었다는 율시律詩 1수를 소개하고 있다. 한편 영조英祖 말에 제주도 선비인 장한철張漢喆이 유구에 표류하였다가 안남安南 상선에 구조된 끝에 귀환한 기록인 『표해록』漂海錄에서는, 안남 선원들은 장한철 일행이 탐라인임을 알게 되자, 옛날 탐라 왕이 안남의 세자를 죽였다고 하여 그들을 중도에 내려놓고 가 버렸다고 하며, 이로 미루어 예전에 제주 목사가 죽였다는 유구 세자는 실은 안남의 세자였을 것으로 추측하였다.

番이라 칭했습니다. 영락永樂 연간에 정화鄭和[18]가 동서의 대양大洋을 두루 원정하여 모두가 조공을 바치지 않는 곳이 없었는데, 유독 동번만은 멀리 피하여 조공을 하지 않았습니다. 정화가 이를 미워하여 집마다 하나씩 구리 방울을 주어 그 목에 걸게 하였는데, 이는 대개 구국狗國[19]에 비긴 것이었습니다. 그런데 그 후에 사람들은 도리어 그 방울을 보배로 여겨, 부자는 여러 개씩을 걸고 다니며 '이는 조상이 물려준 것'이라며 자랑하고 다녔습니다. 풍속은 꿩을 먹지 않고 다만 그 털만 취하여 장식품을 만든다 합니다.[20] 건륭 52년(1787)에 임상문林爽文[21]의 난을 토벌하자 임상문의 군사가 패하여 내산內山으로 들어가니 생번生番[22]들이 포박하여 바쳤는데 열하熱河의 문묘文廟 대성문大成門 바른편 벽의 비碑에 그 사실이 기록되어 있습니다. 생번들은 다 키가 왜소하며 단발한 머리카락이 이마를 덮고 머리카락은 칠흑색이며 양미간이나 턱 위에 팔괘八卦 무늬와도 같은 낙인을 찍었으며, 귓바퀴를 뚫어 주석朱錫 통을 꽂았는데 그 통은 앞뒤가 통하며, 혹은 횡목橫木을 꿰어 골패骨牌를 달고 다닌다고 합니다. 투왕投旺, 균력력勻力力, 나사회축囉沙懷祝, 야황와단也璜哇丹, 회목회懷目懷[23]라 불리는 자

---

18. 정화鄭和 1371~1433. 명나라 때의 환관이다. 영락 3년(1405) 성조成祖의 명으로 해외로 나간 것을 시작으로 7차에 걸쳐 28년 동안 동남아와 아라비아 등 30여 개국을 순회하며 각국을 중국에 복속하게 하였다.

19. 구국狗國 원래는 서융西戎이 세운 고국古國의 하나를 가리키나, 다른 나라에 대한 욕으로도 쓰인다.

20. 『명사』明史에 …… 합니다 『명사』 권323 「계롱전」鷄籠傳에 나온다.

21. 임상문林爽文 ?~1788. 청나라 때 대만의 창화彰化 사람이다. 농민으로 천지회天地會에 참가하여 창화천지회의 수령이 되었고, 건륭 51년(1786)에 봉기하였으나 다음 해에 진압되고 포로로 잡혀 죽었다.

22. 생번生番 야만인이란 뜻으로 여기서는 대만의 원주민을 가리킨다. 원문은 '生蕃'으로 되어 있다.

23. 투왕投旺 …… 회목회懷目懷 투왕은 주라대포사번珠蘿大埔社番의 두목, 균력력勻力力은 망자림사번望仔立社番의 두목, 나사회축囉沙懷祝은 말독사번末篤社番의 두목, 야황와단也璜哇丹은 옥오사번屋籠社番의 두목, 회목회는 사자사번獅子社番의 두목이다. 『八旬萬壽盛典』 卷52

들은 일찍이 열하에 입조入朝한 자들입니다.

○ 바다로 둘러싸인 대만부臺灣府의 경내에는 모두 뱃사람들이 살고 있습니다. 그들은 바다를 건너는 것을 거리로 구분하지 않고 하루를 10경更으로 나눈 시간으로 기준을 삼습니다. 계롱鷄籠과 담수淡水에서 배로 복주福州 항구에 이르자면 5경更이 걸리고, 대만항으로부터 팽호澎湖에 이르자면 4경이 걸리고, 팽호로부터 천주泉州 금문소金門所에 이르자면 7경이 걸립니다. 동북으로 향하여 일본국에 이르자면 72경이 걸리며, 남으로 여송국呂宋國(스페인 치하의 필리핀 루손 섬)에 이르자면 60경이 걸리며, 동남으로 대항大港에 이르자면 22경이 걸리며, 서남으로 남오南澳에 이르자면 7경이 걸리는데, 다 순풍을 만났을 때를 기준으로 한 것입니다. 동쪽 끝의 바다에 위치하여 달이 항상 일찍 뜨기 때문에 조수潮水의 드나듦도 하문廈門과 동안同安에 비교하여 또한 이른 편입니다. 바다에 큰바람이 많아서 그 가운데 가장 심한 것이 태풍颱風입니다. 토번土蕃[24]에 태풍이 오는 것을 알려주는 풀이 있어 이 풀이 나면서 마디가 없으면 일 년 내내 바람이 없고, 마디가 하나면 태풍이 한 번 불고, 마디가 많으면 태풍 또한 그 수만큼 부는데, 들어맞지 않는 적이 없었습니다.

○ 녹이문鹿耳門은 대만 서쪽 30리에 있는데 그 형상이 사슴의 귀처럼 생겼기 때문에 그렇게 불렸습니다. 양쪽 해안에 모두 포대砲臺를 쌓아 놓았고 바닷물이 해협 사이로 흘러 구불구불 휘돌아 들어옵니다. 그 가운데에 해옹굴海翁崛이 있는데 평소에는 뜬모래가 많고 물이 얕으나, 바람이 세게 불면 깊이가 돌변하여 가장 험한 곳이 됩니다. 녹이문 안으로 들어가면 수세水勢가 약해지고 넓은 곳이 나와 천 척의 배를 정박해 둘 만한 곳이 있으니 곧 대원항大圓港이라는 곳입니다.

---

24. **토번土蕃** '土番'이라고도 적으며, 야만적인 원주민이라는 뜻이다. 여기서는 토번이 사는 지역을 가리키는 것으로 보아야 할 듯하다.

○ 가의현嘉義縣은 정씨鄭氏[25] 때에 천흥주天興州에 속하였다가 강희康熙 23년(1684)에 분리되어 제라현諸羅縣이 되었습니다. 건륭 52년(1787)에 대만의 도적 임상문이 현성縣城을 공격했을 때 성내의 거주민 4만 명이 제독提督을 도와 성을 지켰으므로, 이로 인해 칙령을 내려 제라현을 가의현으로 고쳐 정표旌表를 한 것입니다.

○ 안평진성安平鎭城[26]은 일곤신一崐身의 위에 있는데, 곤신崐身이란 번어 蕃語(원주민의 말)로 모래 제방이라는 뜻입니다. 동쪽으로는 만가도두灣街渡頭에 닿고 서쪽의 모래언덕은 대해大海에 닿으며, 남쪽으로는 이곤신二崐身에 이릅니다. 북쪽에는 해문海門(해협)이 있는데 원래 홍모紅毛의 협판선夾板船[27]이 드나들던 곳입니다. 살펴보건대, 일곤신은 둘레가 5리입니다. 홍모가 성을 쌓을 때 큰 벽돌을 이용하고 동실유桐實油와 석회를 섞어 함께 다져서 만든 것입니다. 성의 기초는 땅 밑으로 한 길 남짓 들어가고 깊이와 너비도 한두 길이나 됩니다. 성벽 위의 성가퀴는 모두 쇠못을 박았는데 둘레가 1리이며 견고하여 무너뜨릴 수 없습니다. 동쪽 지역에는 집들과 시장을 마련하여 백성의 무역을 허용하였습니다. 성안은 누대를 오르내리 듯 굴곡이 심하고, 우물물은 싱겁고 짠맛이 일정하지 않아 별도로 우물을 파 놓았는데 구멍이 하도 작아서 두레박이 들어가지 못할 정도였고 물이 벽에서 흘러내립니다. 서쪽과 남쪽 일대는 본시 모래 돈대였는데 홍모들이 돌을 실어다 견고하게 쌓아서 파도가 대질러도 무너지지 않습니다.

○ 적감성赤嵌城[28] 역시 홍모가 쌓은 것인데 대만의 해변에 있어 안평

---

25. **정씨鄭氏**　정성공鄭成功 부자를 가리킨다.
26. **안평진성安平鎭城**　현재 대남시臺南市에 있는 안평고보安平古堡를 가리킨다.
27. **협판선夾板船**　중국인들이 네덜란드의 대형 범선帆船을 가리켜 부른 말이다.
28. **적감성赤嵌城**　적감루赤嵌樓라고도 하는데, 현재 대남시에 있다.

진安平鎭과 서로 마주 보고 있습니다. 그 성의 둘레는 반 리里에 지나지 않습니다. 계룡鷄籠과 담수淡水는 조그마한 성인데 홍모가 쌓아서 바닷바람을 막고 있습니다. 그러나 남풍만 막아 줄 뿐 북풍은 막아 주지 못합니다.

방익이 아뢰기를,

"대만에 머문 지 7일째 되던 날 글을 올리고 돌아갈 것을 청했더니 관에서 옷 한 벌을 내주고 전별연을 열어 송별해 주었는데 손을 꼭 잡고 아쉬워하였습니다. 배로 하문에 이르러 자양서원紫陽書院에 머물렀는데, 들어가서 주자朱子의 상像에 절을 하니 유생 수백 명이 와서 보고 다정스레 대해 주었습니다. 험한 길에는 또 죽교竹轎를 타고 갔으며 동안현同安縣의 치소治所와 천주부泉州府·흥화부興化府를 지났는데, 대홍교大虹橋(대형 무지개다리)가 있어 좌우로 용주龍舟(용머리로 장식한 경주용 배) 만여 척이 줄지어 서 있고 노래와 풍악 소리로 시끌벅적하였습니다."
하였습니다.

살펴보건대, 주자가 동안현의 주부主簿로 있을 때에 고사헌高士軒을 지어 여러 유생과 더불어 그곳에서 강습한 일이 있는데 지금의 서원이 서 있는 자리는 아마도 그 옛터인 듯합니다. 또 원元나라 지정至正 연간에 고을 수령 공공준孔公俊[29]이 서원을 세우고 청하여 대동서원大同書院이란 액호를 하사받았는데 바로 이 서원을 가리킵니다. 대홍교는 곧 낙양교洛陽橋로서, 당나라 선종宣宗이 미행微行을 나와 산천의 승경勝景을 구경하다가 이곳에 이르러 경탄하며 하는 말이, "우리 낙양과 너무나 닮았구나" 했기 때문에 낙양교라 이름한 것이고, 일명一名 만안교萬安橋라고도 합니다. 또 강

---

29. **공공준孔公俊**　　자는 사도師道이고, 공자의 53대손으로 지정 연간에 동안현을 맡아 다스려 치적을 올렸으며 대동서원大同書院을 세워 주자朱子를 제사 지냈다. 『福建通志』 卷30

어귀에 낭자교娘仔橋가 있는데 그 길이가 매우 깁니다. 예전에 바닷나루(海渡)에서 해마다 빠져 죽는 자가 수없이 많았기에 군수 채양蔡襄[30]이 돌을 포개어서 교량을 만들고자 했는데, 조수가 밀려들어 인력으로는 만들 수 없다고 생각하였습니다. 마침내 해신海神에게 보내는 격문檄文을 지어 한 아전에게 주어 보냈는데 그 아전이 술을 실컷 마시고는 해안에서 반나절 동안이나 잠을 자다가 조수潮水가 빠질 때 깨어나 보니 문서는 이미 봉투가 바뀌어 있었습니다. 돌아와서 바치므로 채양이 열어 보았더니 다만 작醋 자 한 자만이 적혀 있었습니다. 그것을 보고 채양이 그 뜻을 깨닫고서 "신神이 나에게 스무하룻날 유시酉時에 공사를 시작하라고 하는구나"라고 하였는데 그날에 이르자 조수가 과연 물러갔습니다. 그리하여 8일 저녁만에 공사가 완료되었는데[31] 소비된 금전이 1400만이요, 길이가 360장丈이요, 너비는 1장 5척尺입니다. 예전에도 표류하다 돌아온 제주 사람 가운데 이 다리를 지나온 자가 있었는데, 어떤 이는 다리의 길이가 10리라 하고 어떤 이는 50리라 하는 등 안타깝게도 정확하게 본 사람이 아무도 없습니다. 어떤 기록에는 길이가 360장이고 홍공虹空[32]이 47개라고도 합니다.

방익이 아뢰기를,

"정월 초닷샛날 복건성福建省에 들어서니[33] 문안에 법해사法海寺라는 절

---

30. **채양蔡襄**　 1012~1067. 송나라 때 사람으로 자는 군모君謨이다. 천주부泉州府의 태수가 되어 천주만을 횡단하는 만안교를 건설하였다.

31. **8일 …… 완료되었는데**　 원문은 '凡八日夕而工成'으로 되어 있는데, 채양이 지은 「만안교비문」萬安橋碑文에 의하면 황우皇祐 5년(1053)에 시작하여 가우嘉祐 4년(1059)에 완공된 것으로 기록되어 있는 것으로 보아, 와전된 것이거나 전사傳寫하는 과정에서 오류가 생긴 것으로 보인다. 『福建通志』 卷73

32. **홍공虹空**　 아치형 교각橋脚을 가리킨다.

이 있었고, 보리는 하마 누렇게 익었으며 귤과 유자柚子는 열매가 드리워 있고, 의복과 음식이 우리나라와 비슷하였습니다. 우리를 보러 온 사람들이 앞 다투어 사탕수수를 던져 주었으며, 어떤 이는 머뭇거리고 아쉬워하며 자리를 떠나지 못하였고, 어떤 이는 우리의 의복을 입어 보고 서로 바라보며 눈물을 흘리기도 했으며, 또 어떤 이는 옷을 안고 돌아가 가족들에게 보여 주고 돌아와서는 '소중하게 감상하면서 가족들과 돌려 보았다'고도 말하였습니다."

하였습니다.

살펴보건대, 장주漳州에는 신라현新羅縣이 있는데 당나라 시대에 신라가 조공을 바칠 때 거쳤던 지역이었습니다. 또 "신라가 오吳·월越을 침범하여 그 지역의 일부를 점령하여 살았다"는 기록이 있는 것으로 보아, 천주泉州와 장주 지역의 유속遺俗이 우리와 유사하다는 것은 족히 괴이하게 여길 것이 없습니다. 심지어 우리나라 의복을 보고서 눈물을 흘렸다는 것은 아직도 고국을 그리는 마음이 있음을 볼 수 있는 것입니다.[34]

방익이 아뢰기를,

"행차가 지체되어 또다시 글을 올려 순무부巡撫府[35]에 애걸하던 차에 관인官人 한 사람이 쌍가마를 타고 누런 일산日傘을 받치고 지나가기에 바

---

33. 정월······ 들어서니   이방익의 「표해가」漂海歌에는 정사丁巳년 정월 4일에 하문부廈門府의 자양서원紫陽書院에 들었다고 하였고, "염칠일念七日(27일) 교자轎子 타고 복건福建으로 발행發行하니"라고 하였다. 「표해가」는 『청춘』青春 창간호(1914)에 소개되어 있다.
34. 우리나라······ 것입니다   당시 청조 치하에서 만주족滿洲族의 의복을 강요당해 착용하고 있던 한족漢族들은 조선의 의복이 망한 명나라의 제도를 따르고 있다고 하여 몹시 흠모하였다.
35. 순무부巡撫府   순무巡撫는 전성全省의 군사와 행정 등을 총찰하는 최고 직위로, 복건 순무福建巡撫는 복주福州에 주재駐在하였다. 『청사고淸史稿』 卷116 「志」 91 職官 3

로 나아가 길을 가로막고 진정하였더니, 그 관원이 한참 동안 생각하다가 말하기를 '며칠 후에 서른다섯 명의 관원이 일제히 모일 터이니 그때 다시 오라' 하였습니다. 그가 말한 대로 가서 호소하였더니, 뭇 관원이 돌려 가면서 보고 나서 순무부에 고하여 순검巡檢 한 사람을 임명해 호송하도록 하였습니다. 성城의 서문西門으로 나와 40리를 가서 황진교黃津橋에 당도하였고, 작은 배에 올라 이틀 만에 상륙하여 서양령西陽嶺, 보화사寶華寺를 경유하여 절강성浙江省에 당도하여 선하령仙霞嶺을 넘었습니다." 하였습니다.

살펴보건대, 선하령은 강산현江山縣에 있습니다. 송나라 사호史浩[36]가 군대를 거느리고 이곳을 지나면서 돌을 쌓아 길을 냈는데 모두 360개의 층계로 이루어져 있습니다.

방익이 아뢰기를,

"강남성江南省 강산현江山縣[37]에 당도한 다음 배를 타고 길을 재촉하여 떠났습니다. 강가에 작은 배가 있는데 고기 잡는 노인이 청둥오리(靑鳧) 수십 마리를 싣고 가서 물 한가운데에다 풀어놓으니 그 오리가 고기를 물고 배 안으로 돌아왔습니다." 하였습니다.

살펴보건대, 강산현의 지명은 그곳에 강랑산江郎山이 있으므로 그렇게

---

36. **사호史浩**　1106~1194. 남송南宋 때의 사람으로 자는 직옹直翁이다. 장준張浚의 북벌론北伐論에 대항하여 강남을 지킬 것을 주장하였으며, 저서에는 『상서강의』尙書講義가 있다.
37. **강남성江南省 강산현江山縣**　강남성은 순치順治 2년(1645)에 설치했던 성으로, 강희康熙 연간에 강소성江蘇省과 안휘성安徽省으로 나뉘었다. 그러나 강산현은 절강성浙江省 구주부衢州府에 속한 현이었다. 『淸史稿』卷65 「志」40 地理 12

이름이 붙여진 것입니다.[38] 뱃사람이 곡식으로 돼지를 키워 돼지고기 맛이 보통과 다른데, 사람들 말에 이르기를 "희생犧牲으로는 대려大荔의 염소와 강산의 돼지가 가장 좋다" 하였습니다. 또 고기를 잡아 오는 청둥오리는 바로 가마우지요, 물오리가 아닙니다. 일명 오귀烏鬼라고도 하는데 두보杜甫의 시에,

집집마다 오귀를 기르니   家家養烏鬼
끼니마다 황어를 먹게 된다[39]   頓頓食黃魚

한 것이 이를 두고 한 말입니다. 강남 지방을 그린 그림 속에 왕왕 이러한 풍경이 있습니다.

방익이 아뢰기를,

"용유현龍游縣을 지나서 엄주嚴州에 당도하여 자릉대子陵臺에 올라 보니 대臺 곁에 자릉사子陵祠가 있었습니다. 항주부杭州府 북관北關의 대선사大善寺에 이르니 산천의 수려함이라든가 인구의 번성함이라든가 누대의 웅장함이 쉴 새 없이 보아도 다 볼 수 없을 정도였으며, 큰 배가 출렁이는 물결 위에 떠 있어 여러 명의 기녀들이 뱃머리에서 유희를 하고 있었는데 차고 있는 패옥 소리가 쟁그랑쟁그랑 하였습니다."
하였습니다.

---

38. 강산현의 …… 것입니다   강랑산江郎山을 『수서』隋書에 강산江山이라 하였다. 『淸史稿』卷65 「志」40 地理 12
39. 집집마다 …… 된다   『두시상주』杜詩詳註 권20 「희작배해체견민」戱作俳諧體遣悶에 나오는 구절이다.

살펴보건대, 용구산龍邱山은 용유현에 있는데 아홉 개의 바윗돌이 수려하게 솟아서 형상이 연꽃과 흡사합니다. 한漢나라 용구장龍邱長[40]이 이곳에 은거하였는데 엄광嚴光[41]과 더불어 사이좋게 지냈습니다. 조대釣臺는 바로 엄광이 은거한 곳으로서, 두 벼랑이 깎아지른 듯이 서서 검주黔州와 무주婺州에서 흘러온 물을 끼고 동려현桐廬縣으로 내려가는데 꾸불꾸불 헤엄치는 용의 형세로 7리를 뻗쳐 있습니다. 물이 불어나면 물살이 부딪치는 것이 화살과 같고 산허리에 큰 바윗돌 두 개가 우뚝하니 마주 서서 기울어 떨어질 듯하므로 조대釣臺라고 이름한 것이니 이는 천연적으로 그렇게 된 것입니다. 호사자好事者가 그 위에 정자를 짓고 왼편에는 백 척尺의 낚싯줄을 드리우고 오른편에는 아주 작은 솥 하나를 남겨 두었습니다. 대臺에 올라가 내려다보면 깊은 못은 물빛이 녹옥綠玉(에메랄드)처럼 검푸른 빛을 띠고 있고 산기슭에는 온갖 나무가 하늘을 찌를 듯이 뻗어 있으며 아래에는 십구천十九泉이 있는데 육우陸羽의 품평을 거친 샘입니다.[42]

방익이 아뢰기를,

"항주杭州로부터 엿새 만에 소주蘇州에 당도하니 서쪽에 한산사寒山寺가 있는데 누런 기와집 40칸이었습니다. 지현知縣인 왕공王公이 음식을 장만하여 후대하고 저희들에게 유람을 시켜 주었습니다. 배로 10리를 가니 고소대姑蘇臺에 당도했고, 또 30리를 가니 악양루岳陽樓가 나왔는데, 구리로

---

40. **용구장龍邱長**　한나라 때의 은사隱士로서 왕망王莽을 피해 태말산太末山에 들어가 은둔하였다. 왕망이 죽고 유현劉玄이 황제가 되자 관직에 나왔으나 곧 병으로 죽었다.

41. **엄광嚴光**　자는 자릉子陵이고 한나라 때의 은사이다. 광무제光武帝와 동문수학하였으며 광무제가 즉위한 후에도 관직을 사양하고 부춘산富春山에서 은둔하였다.

42. **아래에는 …… 샘입니다**　당나라 은사인 육우陸羽(733~804)가 지은 『다경』茶經에 천하의 물맛을 품평하여 등급을 나누었는데 조대釣臺 아래에 있는 이 샘의 물이 열아홉 번째를 차지하였으므로 십구천十九泉이라 하였다. 육우는 차를 좋아하고 다도茶道에 밝아 다신茶神, 다성茶聖, 다선茶仙으로 불린다. 『浙江通志』 卷19

기둥을 세웠고 창문과 대청마루는 다 유리를 써서 만들었으며 대청 밑에다 못을 파고 오색 물고기를 길렀고, 앞으로는 동정호洞庭湖가 바라보였습니다. 거기서 돌아와서 또 호구사虎邱寺에 당도하니 천하에서 제일 큰 절이라고 하는데, 7층의 탑을 바라보니 가없었습니다."

하였습니다.

신臣 지원이 일찍이 듣건대, 중국 사람들은 강산이 아름답기로는 항주가 제일이요, 번화하기로는 소주가 제일이라 하였고, 또 여자의 머리 모양새는 소주에서 유행하는 모양을 제일로 친다고 하였습니다. 대개 소주는 한 주州의 부세賦稅만 보더라도 다른 고을에 비하여 항상 10배가 더하니, 천하의 재물과 부세가 소주에서 나온다는 것을 알 수 있습니다. 한산사寒山寺는 한산寒山과 습득拾得[43]이 일찍이 이곳에 머물렀기 때문에 붙여진 이름입니다. 우리나라 사람들이 장계張繼의 시詩 중에 "고소성 밖의 한산사"(姑蘇城外寒山寺)[44]라는 시구를 익히 들어 왔기 때문에, 가는 곳마다 반드시 이로써 품평을 하는데 이것은 모방이 지나친 것으로, 진짜 한산사나 진짜 고소대로 말하자면 종래로 이곳에 몸소 갔다 온 사람이 없었습니다.

지금 방익이 창문閶門에서 옷을 털고 태호太湖에서 갓끈을 씻을 수는 있으나,[45] 그가 악양루岳陽樓를 보았다고 말한 것은 사뭇 꿈 이야기를 하는

43. 한산寒山과 습득拾得　당나라 태종 때의 고승으로 서로 교우관계를 맺었다.
44. 장계張繼의 …… 한산사　"고소성 밖의 한산사"는 「풍교야박」楓橋夜泊 시의 한 구절로서, 이 시의 전문은 "月落烏啼霜滿天 江楓漁火對愁眠 姑蘇城外寒山寺 夜半鐘聲到客船"이다. 장계(?~779년경)는 당나라 때의 시인으로 자는 의손懿孫이며, 저서에 『장사부시집』張祠部詩集이 있다.
45. 창문閶門에서 …… 있으나　창문은 소주蘇州의 성문 이름으로, 오吳나라 왕 합려闔閭가 초楚나라를 격파하기 위해 세웠다고 한다. '옷을 턴다'(振衣)는 것은 먼지를 털어 복장을 단정히 하는 것을 말한다. "새로 목욕한 사람은 반드시 옷을 턴다"(新浴者必振衣)와 "창랑滄浪의 물이 맑으니 나의 갓끈을 씻을 만하다"(滄浪之水淸兮 可以濯我纓)는 모두 굴원屈原의 『초사』楚辭 어부漁父에 나오는 구절이다.

것 같습니다. 태호는 동동정東洞庭이라는 별명을 가지고 있고 태호 속에는 포산包山이 있어 이를 또 동정산洞庭山이라 불렀습니다. 이 동정洞庭이라는 이름 때문에 마침내 악주성岳州城 서문루西門樓(악양루)[46]의 이름까지 함부로 들먹였으니 너무나 큰 차이가 있습니다. 이제 태호와 관련된 여러 기록들을 부기附記하여 근거 없이 하는 이야기를 논파하고자 합니다.

○ 태호는 오군吳郡의 서남쪽에 있는데 넓이가 3만 6000경頃이며 그 안에는 72개의 산이 있고 소주蘇州, 호주湖州, 상주常州를 접하고 있습니다. 일명은 구구具區이며 일명은 입택笠澤, 일명은 오호五湖입니다. 우중상虞仲翔[47]이 말하기를, "태호는 동으로 장주長洲의 송강松江과 통하고, 남으로 오정烏程의 삽계霅溪와 통하고, 서로 의흥宜興의 형계荊溪와 통하고, 북으로 진릉晉陵의 격호滆湖와 통하고, 동으로 가흥嘉興의 구계韭溪와 이어진다. 물이 무릇 다섯 길로 흐르기 때문에 오호라 이른다" 하였습니다. 지금 호수 속에 또한 다섯 개의 호수가 있는데 즉 능호菱湖, 막호莫湖, 유호游湖, 공호貢湖, 서호胥湖입니다. 막리산莫釐山의 동에 30여 리를 두른 것은 능호요, 그 서북으로 50리를 두른 것은 막호요, 장산長山의 동으로 50리를 두른 것은 유호요, 무석無錫과 노안老岸을 따라 내려가서 190리를 두른 것은 공호요, 서산胥山의 서남쪽 60리를 두른 것은 서호입니다. 오호 이외에 또 세 개의 작은 호수, 즉 매량호梅梁湖, 금정호金鼎湖, 동고리호東皐里湖가 있는데 오인吳人(강남 지방 사람)들은 이들을 일컬을 때 오직 태호라고만 합니다.

태호에는 봉우리가 72개가 있는데 그 시발始發은 천목산天目山으로부터 뻗어 와서 의흥宜興에까지 이르고 태호에 들어 우뚝 솟아 여러 산이 되었습니다. 태호의 서북쪽에 있는 산은 14개인데 그중에 마적산馬跡山이 가장

---

46. **악주성岳州城 서문루西門樓**　　악양루岳陽樓를 가리킨다. 동정호洞庭湖 옆에 있다.
47. **우중상虞仲翔**　　우번虞翻(164~232)의 자가 중상仲翔이다. 우번은 삼국 시대 오吳나라 사람으로 손권孫權에게 기용되었으나 직언을 자주하여 좌천되었다. 저명한 학자로서 특히 『주역』에 밝았다.

크며, 또 서쪽에 있는 산은 41개인데 서동정산西洞庭山이 가장 크고, 또 동쪽에 있는 산은 17개인데 동동정산東洞庭山이 가장 큽니다. 마적산과 두 동정산을 멀리서 바라보면 아득하여 속세를 벗어난 듯한데, 가까이 나아가 보면 무성한 숲과 넓은 들, 여항閭巷과 정사井舍, 선궁仙宮(도관道觀)과 범우梵宇(절)들이 별이나 바둑알처럼 널려 있습니다. 마적산의 북쪽에는 진리산津里山과 부초산夫椒山이 큰 산인데 부초산은 부차夫差[48]가 월나라를 무너뜨린 곳입니다. 서동정산의 동북쪽에는 도저산渡渚山, 원산黿山, 횡산橫山, 음산陰山, 봉여산奉餘山, 장사산長沙山이 큰 산이며, 장사산의 서쪽에는 충산衝山, 만산漫山이 큰 산입니다. 동동정산의 동쪽에는 무산武山이 있고, 북쪽에는 여산餘山이 있으며, 서남쪽에는 삼산三山, 궐산厥山, 택산澤山이 큰 산입니다. 이들 산 위에도 사람들이 수백 가호가 살고 있습니다. 마적산의 서북쪽에는 마치 돈을 쌓아 놓은 듯한 산이 있는데 이름은 전퇴산錢堆山이라 합니다. 조금 동으로 가면 대올산大屼山과 소올산小屼山이 있으며, 석산錫山과 더불어 이어진 것 같으면서도 끊어져서 배가 그 사이로 다니는데 이를 독산獨山이라 하며, 물오리 두 마리가 서로 향하고 있는 것 같은 것이 있는데 이는 동압산東鴨山과 서압산西鴨山이며 그 가운데 삼봉산三峯山이 있습니다. 조금 남으로 나가면 대타산大墮山과 소타산小墮山이 있고 부초산과 더불어 마주 대하면서 조금 작은 산이 있는데 이것을 소초산小椒山, 두기산杜圻山이라 합니다. 범려范蠡[49]가 일찍이 머물렀던 곳입니다.[50] 서동정산

---

48. **부차夫差**   오나라 왕으로 선왕 합려闔閭의 원수를 갚기 위해 월나라 왕 구천句踐을 부초夫椒에서 크게 무찔렀다. 나중에 다시 월나라에 패하여 나라가 멸망하고 자신은 자살하였다.

49. **범려范蠡**   춘추 시대 초楚나라 사람으로, 월나라 왕 구천을 보좌하여 오나라를 멸망시킨 뒤, 월나라를 떠나 제齊나라로 가서 변성명하고 상업으로 치부하였다.

50. **부초산과 …… 곳입니다**   서술이 다소 부정확하다. 『고소지』姑蘇志 권9 산하조山下條에 의하면, 부초산과 더불어 마주 대하고 있는 조금 작은 산은 소초산이다. 범려가 일찍이 머물렀던 곳은 두기산이다. 범려가 배를 타고 두기산에 이르러 바람을 만나자 모래섬에 머물면서 낚시를 하고는 그 사실을 돌에 새겨 기록했다고 한다.

의 북쪽 공호貢湖 가운데 두 개의 산이 서로 가까이 붙어 있는데 대공산大貢山, 소공산小貢山이라 이르며, 오성五星이 모인 것 같은 산이 있는데, 이는 오석부산五石浮山이라 합니다. 또 묘부산茆浮山과 사부산思夫山이 있으며, 마치 두 새가 날려다가 그친 것 같은 산이 있는데 이는 남오산南烏山, 북오산北烏山입니다. 그 서쪽으로 두 산이 남북으로 마주했으나 서로 보이지 아니하며, 보이면 바로 바람 불든가 번개 치든가 하는 이상異常 현상이 있으니 이는 대뢰산大雷山, 소뢰산小雷山입니다. 횡산의 동쪽에는 천산千山과 소산紹山이 있고 탄부산疃浮山이 있으며 또 동옥산東嶽山과 서옥산西嶽山이 있는데, 세상에서 전하기를 오나라 왕이 이곳에다 남녀의 감옥을 각각 설치했다 합니다. 그 앞은 죽산粥山이라 하는데 오나라 왕이 죄수를 먹이던 곳이라 합니다. 거문고 같은 모양의 산이 있는데 이는 금산琴山이요, 방앗공이 같은 모양의 산이 있는데 이는 저산杵山이며, 대죽산大竹山과 소죽산小竹山은 충산衝山에 가까이 있습니다. 마치 물건이 수면에 뜬 것 같아서 볼 만한 것이 있는데 이는 장부산長浮山, 나두부산癩頭浮山, 전전부산殿前浮山이며, 원산黿山과 더불어 마주 대하여 조금 작은 것은 구산龜山이라 하며, 두 여자가 곱게 단장하고 서로 대한 것 같은 것은 사고산謝姑山입니다. 깎아지른 듯한 산머리에 기둥을 세운 것 같은 것이 있는데 옥주산玉柱山이요, 조금 물러서서 금정산金庭山이 있으며 그 남쪽에는 해산峓山이 있고 역이산歷耳山이 있으며, 가운데는 높고 옆이 낮은 산은 필격산筆格山이요, 머리를 쳐들고 달리는 것 같은 산은 석사산石蛇山이요, 노인이 섰는 것 같은 산은 석공산石公山인데 석사산과 석공산이 가장 기이합니다. 원산·구산과 더불어 남북으로 대면한 산은 타산鼉山이며 그 산 옆에는 소타산小鼉山이 있습니다. 소라 같은 모양의 산은 청부산青浮山이며, 타산과 소타산 사이에 보일락 말락 한 산이 있는데 이것은 경람산驚藍山입니다. 동동정산의 남쪽으로 산머리가 뾰족하고 산자락이 갈라진 산은 전부산箭浮山이며, 집이 마치 틀어진 것 같이 생긴 것은 왕사부산王舍浮山,[51] 저부산苧浮山이요,

또 남으로 나가면 백부산白浮山이 되었으며, 택산澤山과 궐산厥山의 사이에 삿갓이 수면에 떠 있는 모습의 산이 있는데 이것은 약모산蒻帽山이요, 앞에서 도망가고 뒤에서 쫓아가서 잡은 모습의 산이 있는데 이는 묘서산猫鼠山이요, 마치 비석이 드러누워 있는 것 같은 산이 있는데 이는 석비산石碑山입니다. 이상은 태호 속에 있는 일흔두 봉을 열거한 것입니다. 그러나 가장 크고 이름난 것은 두 동정산입니다. 『한서』漢書에 이르기를 "그 아래에 동굴이 있어 물밑으로 잠행潛行하면 통하지 않는 곳이 없으므로 지맥地脈이라 부른다" 하였고, 도가서道家書에는 이것을 제구동천第九洞天이라고 하였습니다.

○ 호구산虎邱山은 일명 해용봉海湧峯으로 불리는데 그 안에 작은 시내가 많고 굽이쳐 흐르는 물이 그 사이로 끼고 돌아 마치 달을 안은 것 같은 모양을 하고 있습니다. 그러나 그중 가장 깊고도 아름다운 곳으로는 화정사和靖祠 터가 제일인데, 푸른빛이 흰빛 너머로 찌를 듯이 비치어 하늘과 더불어 서로 닿아 있으며, 그 위에는 탑이 있어 그곳에서 고소대姑蘇臺를 내려다보면 손바닥만 하게 보입니다. 탑을 돌아 남쪽으로 가면, 대대로 전하기를 생공강당生公講堂과 오석헌悟石軒[52]이 그곳에 있다고 하며, 오석헌 곁에는 검지劍池가 있는데 칼로 잘라 놓은 듯이 양쪽으로 깎아지른 절벽이 수천 척 높이로 곁에 서 있으며, 맑고 차가운 물이 콸콸 소리 내며 흐르는데, 그 아래에 사방이 트이고 한없이 넓은 거석巨石이 있어 그 위에 천 명이 앉을 만하고, 가운데에는 백련지白蓮池가 있는데 백련이 쭉

---

51. **왕사부산王舍浮山**　『고소지』권9에는 '王舍山'으로 되어 있다.

52. **생공강당生公講堂과 오석헌悟石軒**　호구산의 검지劍池 앞에 천 명이 앉을 만한 넓고 평편한 거석巨石이 있는데, 그곳이 진晉나라 때의 신승神僧 축도생竺道生이 설법한 자리 즉 생공의 강당이었다는 전설이 있다. 그때 축도생의 설법을 듣고 머리를 끄덕였다고 하는 점두석點頭石 옆에 오석헌이 세워졌다고 한다. 『姑蘇志』卷8 『江南通志』卷31 『方輿勝覽』卷2

쪽 솟아나 있고 꽃은 단청丹靑처럼 울긋불긋 피어 있습니다. 또 조금 내
려가면 조그마한 돌길이 그 사이에 구불구불 뻗어 있는데 샘이 더욱 희
한하고 돌은 더욱 기이하며, 홀연 높이 우뚝 솟아올라 소나무와 대나무
가 넓게 자라나 있는 곳이 있는데 이곳이 바로 화정和靖[53]이 글 읽던 곳
이었습니다. 호구산은 오나라 왕 합려閭閭의 장지葬地여서 그 속에는 금부
金鳧·옥안玉雁·동타銅駝·수정水精·벽해碧海·단사丹砂 등 여러 물건이 많았으
며, 일찍이 백호白虎가 산마루에 웅크리고 있었기 때문에 그렇게 부른 것
입니다. 진晉나라의 사도司徒(승상) 왕순王珣[54]과 그 아우 민珉이 함께 여기에
서 살았습니다.

　방익이 아뢰기를,

　"금산사金山寺는 오색의 채와彩瓦로써 지붕을 덮었으며 절 앞에는 석가
산石假山(인공으로 만든 돌산)이 있는데 높이가 백 길은 됨 직하고 또 섬돌을
5리나 빙 둘렀으며, 이층의 누각을 세웠는데 아래층은 유생儒生 수천 명
이 거주하면서 책을 파는 것으로 생업을 삼고 있고 위층에는 노랫소리
피리 소리가 하늘을 뒤덮었으며, 낚시하는 사람들이 낚싯대를 잡고 열을
지어 앉아 있었습니다. 석가산 위에는 십자형十字形의 구리기둥이 가로놓
이고 석판石版으로써 대청을 만들었으니 바로 법당法堂이었으며, 또 종경鐘

---

53. 화정和靖　　윤순尹焞(1071~1142)의 호이다. 윤순은 송나라 하남河南 사람으로 자는 언명彦
明 또는 덕충德充이며, 정이程頤에게서 수학하였다. 저서에 『논어해』論語解, 『문인문답』門人問答,
『화정집』和靖集이 있다.
54. 왕순王珣　　349~400. 자는 원림元琳이고 시호는 헌목獻穆이다. 동진東晉 초의 유명한 재상
이었던 왕도王導의 손자로, 대사마大司馬 환온桓溫의 막하에서 군공軍功을 세워 동정후東亭侯에
봉해졌다. 효무제孝武帝와 안제安帝에게 중용되어 상서령尚書令, 산기상시散騎常侍 등을 지냈다.
왕도의 아우 왕민(352~379)은 자가 계염季琰이다. 재주가 있고 행서行書를 잘 써서 일찍부터 이
름이 있었다. 효무제 때 중서령中書令까지 지냈으나, 요절했다. 『晉書』 卷65 「王導傳」

鐳 14개가 있는데 목인木人(나무 인형)이 때에 맞추어 저절로 치게 되어 있어 종 하나가 먼저 울면 뭇 종이 차례로 다 울게 되어 있습니다."
하였습니다.

살펴보건대, 금산金山은 양자강 한가운데에 있는데 그 빼어난 경치가 천하의 제일이라 합니다. 산아래에는 돌들이 그 앞에 나란히 솟아 쌍궐雙闕[55]과 같은 모양을 하고 있는데, 곽박郭璞[56]을 장사 지낸 곳이라 전해집니다. 그곳에 있는 샘을 중냉천中冷泉이라 하는데 맛이 극히 달고 차서 육씨陸氏의 수품水品[57]에는 이 샘을 동남 지방의 제일로 삼았습니다. 절로는 용유사龍游寺가 있고 누각으로는 비라각毘羅閣이 있습니다. 비라각의 남쪽은 묘고대妙高臺라 하는데 대臺 위에는 예전에 능가실楞伽室이 있어 송나라 미산眉山 소공蘇公[58]이 일찍이 여기서 불경을 베껴 썼다 합니다. 북쪽은 선재루善財樓와 대비각大悲閣이 있으며, 탄해정吞海亭·유운정留雲亭 두 정자가 산마루를 웅거하여 있고 그 두 정자를 올라 사방을 바라보면 강 물결이 아득하여 대臺와 전殿이 모두 그 아래에 있어 사람으로 하여금 날아갈 듯 정신이 상쾌해지게 만든다고 합니다. 동파東坡의 시에,

금산의 누각은 어찌 그리 심원한가 　　　　　金山樓閣何耽耽
종소리 북소리가 회남까지 들려오네[59] 　　　　撞鍾伐鼓聞淮南

---

55. **쌍궐雙闕**　궁전이나 사묘祠廟, 능묘陵墓 등의 앞쪽 양편에 설치하는 누대를 말한다.
56. **곽박郭璞**　276~324. 동진東晉의 학자로서 자는 경순景純이다. 『진사』晉史의 편수에 참여하였고 『이아』爾雅, 『산해경』山海經 등의 주석서를 저술하였다.
57. **육씨陸氏의 수품水品**　육우陸羽가 『다경』茶經에서 물맛을 평한 것을 가리킨다.
58. **미산眉山 소공蘇公**　소식蘇軾을 가리킨다. 소식의 본향이 미주眉州의 미산眉山이므로 이렇게 부른 것이다.
59. **금산의 …… 들려오네**　「금산에서 배를 타고 초산에 이르다」(自金山放船至焦山) 시에 나온다. 『한시대성』漢詩大成 본에는 이 구절이 "金山樓觀何耽耽 撞鍾擊鼓聞淮南"으로 되어 있다.

한 것은 이를 묘사한 것입니다. 정자 남쪽에는 돌에 묘고대妙高臺와 옥감당玉鑑堂이라는 여섯 자의 큰 글씨가 새겨져 있으며, 조금 내려가면 탑의 기단基壇이 둘이 있는데 남북으로 서로 마주 보고 있습니다. 이는 아마도 송나라 승상 증포曾布[60]가 건립한 것인 듯한데, 불에 타 버리고 말았습니다. 관란정觀瀾亭을 경유하여 돌계단을 타고 서쪽으로 내려가면, 세월이 오래되어 계단의 돌이 많이 끊어지고 짜개졌으며, 강물결을 굽어보면 하늘 위를 다니는 것 같아서 발이 몹시 부들부들 떨린다고 합니다. 이곳에는 조사암祖師巖이라는 바위가 있어, 가운데 부분이 당나라 배두타裵頭陀[61]의 형상과 닮았는데, 배두타가 산을 개간하다가 금을 얻었으므로 이 산의 이름을 금산金山이라 부른 것입니다. 바위의 바른편에는 동굴이 있어 깊고 캄캄하여 들어갈 수가 없으며, 용지龍池가 있어 가문 해에 기도를 드리면 비구름을 일으킬 수 있다 합니다. 왼편에는 용왕사龍王祠가 있는데 사전祀典에 기록되어 있습니다. 또 강산일람정江山一覽亭과 연운기관정烟雲奇觀亭이라는 두 정자가 있는데 더욱 기이하고 빼어나다 합니다. 방익이 말한 이층의 누각은 바로 강천각江天閣으로서, 중 혜개惠凱, 풍몽정馮夢禎, 오정간吳廷簡 등 여러 사람의 기記로 증거할 수 있습니다.

방익이 아뢰기를,

"산동성山東省 이후로는 배에서 내려 수레를 탔는데 풍속이 비루하고 인민이 검소하여 가시싸리문에 먹는 것이라고는 기장과 서숙뿐이었습니다."

---

60. **증포曾布** 1036~1107. 송나라 때 관료로서 자는 자선子宣이며 증공曾鞏의 아우이다.
61. **배두타裵頭陀** 두타頭陀는 탁발승이라는 뜻이다. 배두타는 당나라 때 상국相國 배휴裵休의 아들로 어려서부터 영특했다고 하며, 출가하여 두타행頭陀行을 하다가 금산에 이르렀다고 한다. 『江南通志』 卷174

하여, 일체 기록하지 않았습니다.

방익은 나이가 41세로, 갑진년(1784)에 무과에 올라 수문장守門將에 제수되고, 승진하여 무겸선전관武兼宣傳官이 되었는데, 활쏘기 시합에 으뜸을 차지하여 특별히 자급資級을 올린 것입니다. 상께서 방익을 불러 보고는 장유壯游로 고생했다고 하여 특별히 전라도 중군全羅道中軍을 제수하여 그의 귀환을 영광스럽게 하였습니다.

선조宣祖 치세에 무인武人인 노인魯認[62]이라는 자가 일본에 포로로 잡혀 갔다가 도망쳐서 무주婺州에 이르러 고정서원考亭書院에서 늠생廩生으로 지내다가 압록강鴨綠江을 통해 돌아왔는데, 민중閩中(복건성) 지방의 여러 명사 名士들로부터 받은 송별시가 지금까지 그 집에 수장되어 있습니다. 노인 이후로 국외에 멀리 나간 자로는 방익을 처음으로 꼽아야 할 것입니다. 이에 앞서 연경燕京에 들어간 자가 들은 바로는 해적이 중국의 남해를 가로막고 있어 상려商旅가 통하지 못한다고 하였는데, 지금 방익이 만리 길을 뚫고 지나왔으나 그런 일이 있었다는 것을 조금도 듣지 못했으니 온 누리가 태평한 것을 알 수 있습니다. 방익이 기록한 도정途程은 『주행비람』周行備覽 등의 책들과 꼭 들어맞아 어긋나지 않으므로 이에 부록附錄하는 바입니다.

팽호澎湖 → 대만부臺灣府 → 하문廈門 → 동안현同安縣[63] → 천주부泉州府[64] →

---

62. **노인魯認**　1566~1622. 호는 금계錦溪이다. 정유재란丁酉再亂 때 남원南原 전투에서 포로가 되어 일본에 잡혀갔으나 명나라로 탈출하여 무이서원武夷書院(고정서원考亭書院)에서 주자학을 배우며 지내다가, 신종神宗이 조서詔書를 내려 포로가 되어서도 절개를 지킨 것을 칭찬하면서 귀환을 허락함에 따라 3년 만인 1599년에 귀국하였으며, 선조宣祖도 그의 충절을 칭찬하고 수원 부사에 임명하였다. 당시 일본과 중국의 풍물을 기록한 『금계일기』錦溪日記가 전한다. 그의 문집 『금계집』錦溪集에 명나라 인사들의 송별시가 수록되어 있다.
63. **동안현同安縣**　복건성福建省 천주부泉州府에 속한 현이다.
64. **천주부泉州府**　천주부의 치소治所로, 현재 천주시泉州市를 가리킨다.

흥화부興化府 → 복청福淸[65] → 복녕福寧[66] → 복건성성福建省城[67] 법해사法海寺 → 황진교黃津橋 → 민청현閩淸縣[68] 황전역黃田驛 → 청풍관淸風館 → 금사일金沙馹 → 남평현南平縣[69] 대왕관大王館 → 태평일太平馹 → 건녕부建寧府 섭방관葉坊館[70] → 건양현建陽縣[71] 인화관仁化館 → 서양령西陽嶺 → 만수교萬壽橋 → 보화사寶華寺 → 포성현浦城縣[72] → 절강성浙江省 선하령仙霞嶺[73] → 협구참峽口站 → 절강성浙江省 구주부衢州府 강산현江山縣 제하관齊河館 → 서안현西安縣[74] 부강산浮江山 → 용유현龍游縣[75] → 엄주부嚴州府 건덕현建德縣 → 자릉조대子陵釣臺[76] → 동려현桐廬縣[77] → 부양현富陽縣[78] → 항주부杭州府 북관北關 대선사大善寺 → 석문현石門縣[79] → 가흥부嘉興府[80] → 소주부蘇州府[81] 한산사寒山寺 → 고소대姑蘇臺 → 호구사虎邱寺 → 동동정東洞庭 → 상주부常州府 무석현無錫縣 → 장주長洲[82] → 단양현丹陽縣[83] → 근강부近江府[84] → 과

65. 복청福淸   '복청현'福淸縣이라야 정확한 표기가 된다. 복건성 복주부福州府에 속한 현이다.
66. 복녕福寧   '복녕부'福寧府라야 정확한 표기가 된다. 복건성에 속한 부이다.
67. 복건성성福建省城   복주부福州府의 치소로 현재의 복주시福州市인 복주福州에 있었다.
68. 민청현閩淸縣   복주부에 속한 현이다.
69. 남평현南平縣   복건성 연평부延平府에 속한 현이다.
70. 섭방관葉坊館   복건성 건녕부建寧府 건안현建安縣에 속한 역驛 이름이다. 『淸史稿』 卷70 「志」 45 地理 17 福建
71. 건양현建陽縣   복건성 건녕부에 속한 현이다.
72. 포성현浦城縣   복건성 건녕부에 속한 현이다.
73. 선하령仙霞嶺   절강성 구주부衢州府 강산현江山縣에 있다. 『淸史稿』 卷65 「志」 40 地理 12 浙江
74. 서안현西安縣   절강성 구주부에 속한 현이다.
75. 용유현龍游縣   절강성 구주부에 속한 현이다.
76. 자릉조대子陵釣臺   절강성 엄주부 동려현桐廬縣 부춘산富春山에 있다.
77. 동려현桐廬縣   절강성 엄주부에 속한 현이다.
78. 부양현富陽縣   절강성 항주부杭州府에 속한 현이다.
79. 석문현石門縣   절강성 가흥부嘉興府에 속한 현이다.
80. 가흥부嘉興府   가흥부의 치소治所로, 현재의 가흥시嘉興市를 가리킨다.
81. 소주부蘇州府   강소성江蘇省에 속한 부이다.
82. 장주長洲   강소성 상주부 무석현에 속한 모래섬의 이름이다. 『淸史稿』 卷58 「志」 33 地理 5 江蘇

주瓜洲[85] → 양주부揚州府 강도현江都縣 → 금산사金山寺[86] → 하신현下信縣[87] → 고우현高郵縣[88] 고우사高郵寺 → 회부懷府 회현懷縣[89] → 청강부淸江阜[90] → 왕가영王家營[91] → 보응현寶應縣[92] → 산양현山陽縣[93] → 청호현淸湖縣[94] → 도원현桃源縣[95] 도원역桃源驛 → 산동성山東省 담성현郯城縣[96] → 이가장李家庄 → 난산현蘭山縣[97] 반성관半城館 → 서공점徐公店[98] → 두장점杜庄店 → 몽음현蒙陰縣[99] → 신태현新泰縣[100] 양류점楊柳店 → 태안부太安府[101] 장성관長城館 → 제하현齊河縣[102] → 우성현禹城縣[103] → 덕주德州[104] → 경주景州[105] → 하간현河間縣[106] → 탁주涿州[107] → 낭야현娘娜縣[108] → 북경北京

83. 단양현丹陽縣   강소성 진강부鎭江府에 속한 현이다.
84. 근강부近江府   '진강부'鎭江府의 잘못인 듯하다. 진강부의 치소는 현재의 진강시鎭江市이다.
85. 과주瓜洲   강소성 양주부揚州府 강도현江都縣에 속한 모래섬으로 군사와 교통의 요지였다. 『淸史稿』卷58「志」33 地理 5 江蘇
86. 금산사金山寺   강소성 진강시鎭江市의 서북쪽 금산金山에 있다.
87. 하신현下信縣   미상未詳. 강소성 내에는 '하신현'이 없다.
88. 고우현高郵縣   '고우주'高郵州의 잘못인 듯하다. 고우주는 강소성 양주부에 속한 주이다.
89. 회부懷府 회현懷縣   미상. 강소성 내에는 '회부'가 없다. '회안부'淮安府의 잘못인지도 모른다. '회현' 역시 강소성 내에는 없다.
90. 청강부淸江阜   강소성 회안부 청하현淸河縣 북쪽에 있던 청강포淸江浦를 가리키는 듯하다.
91. 왕가영王家營   강소성 회안부 청하현에 있던 진鎭의 이름이다.
92. 보응현寶應縣   강소성 양주부에 속한 현이다.
93. 산양현山陽縣   강소성 회안부에 속한 현이다.
94. 청호현淸湖縣   미상. 강소성 내에는 '청호현'이 없다. 회안부 '청하현'淸河縣의 잘못인지도 모른다.
95. 도원현桃源縣   강소성 회안부에 속한 현이다.
96. 담성현郯城縣   산동성 기주부沂州府에 속한 현이다.
97. 난산현蘭山縣   산동성 기주부에 속한 현이다.
98. 서공점徐公店   난산현에 속한 역驛의 하나이다. 『淸史稿』卷61「志」36 地理 8 山東
99. 몽음현蒙陰縣   산동성 기주부에 속한 현이다.
100. 신태현新泰縣   산동성 태안부泰安府에 속한 현이다.
101. 태안부太安府   '태안현'泰安縣의 잘못인 듯하다. 태안현은 태안부에 속한 현으로, 그 치소는 현재의 태안시泰安市에 있다.
102. 제하현齊河縣   산동성 제남부濟南府에 속한 현이다.
103. 우성현禹城縣   산동성 제남부에 속한 현이다.
104. 덕주德州   산동성 제남부에 속한 주이다.

팽호에서 대만까지는 수로水路로 2일이요, 대만에서 하문까지는 수로로 10일이며, 하문에서 복건성성까지는 1600리요, 복주福州에서 연경燕京까지는 6800리이고, 연경에서 우리 국경 의주義州까지는 2070리이며, 의주에서 서울까지는 1030리이고, 서울에서 강진康津까지는 900리입니다. 탐라에서 북으로 강진까지와 남으로 대만까지의 수로는 계산에 넣지 않는다 하더라도 도합 1만 2400리의 여정이 됩니다.

105. **경주景州**　직례直隷 하간부河間府에 속한 주이다.
106. **하간현河間縣**　직례 하간부에 속한 현이다.
107. **탁주涿州**　직례 순천부順天府에 속한 주이다.
108. **낭아현娘娥縣**　'양향현'良鄕縣의 잘못인 듯하다. 양향현은 직례 순천부에 속한 현으로, 탁주에서 북경으로 향하는 도중에 위치하고 있다.

연암집

【제7권 별집】

종북소선
鍾北小選

자서自序

아, 포희씨庖犧氏가 죽은 뒤로 그 문장文章이 흩어진 지 오래다.[1] 그러나 벌레의 촉수觸鬚, 꽃술, 석록石綠,[2] 비취翡翠의 깃털[3]에 이르기까지도 그 문장의 정신은 변하지 않고 남아 있으며, 솥 발, 병 허리, 해 고리, 달 시울에도 그 자체字體가 여전히 온전하게 남아 있다.[4] 그리고 바람과 구름, 천둥과 번개, 비와 눈, 서리와 이슬 및 새와 물고기, 짐승과 곤충 등이

---

1. **포희씨庖犧氏가 …… 오래다**   포희는 복희伏羲라고도 하며, 태곳적 중국의 삼황三皇 중의 한 사람이다. 『주역』周易 「계사전 하」繫辭傳下에, 포희가 천지를 관찰하여 팔괘八卦로 된 최초의 『역』易을 만들었다고 하였다. "그 문장이 흩어진 지 오래다"라는 것은, 포희가 팔괘와 각 효爻를 풀이한 문장(繫辭)이 후세에 전해지지 않았다는 뜻이다.

2. **석록石綠**   공작석孔雀石이라고도 한다. 녹청색의 아름다운 광물로 장식품이나 안료顏料로 쓰인다.

3. **비취翡翠의 깃털**   원문은 '羽翠'인데, '翠羽'와 같은 뜻이 아닌가 한다. 비취는 물총새로 아름다운 녹색 깃털을 지녔는데, 귀중한 물건으로 여겨져 장식품으로 쓰인다.

4. **솥 발 …… 남아 있다**   솥 정鼎 자는 솥의 세 발을 상형象形으로 나타낸 것이고, 병 호壺 자는 병의 허리 부분을 상형으로 나타낸 것이고, 해 일日 자는 해의 둥근 고리 모양을 상형으로 나타낸 것이고, 달 월月 자는 달의 흰 가장자리인 시울을 상형으로 나타낸 것이라는 뜻이다.

웃고 울고 지저귀는 소리에도 성聲·색色·정情·경境이 지금까지 그대로 남아 있다.

그러므로 『주역』周易을 읽지 않으면 그림을 알지 못하고, 그림을 알지 못하면 글을 알지 못한다. 왜냐하면 포희씨가 『주역』을 만들 적에 위로는 하늘을 살피고 아래로 땅을 관찰하여 홀수인 양효陽爻와 짝수인 음효陰爻를 배가한 것에 불과하였으나 이것이 발전하여 그림이 되었으며, 창힐씨蒼頡氏가 문자를 만들 적에도 사물의 정情과 형形을 곡진히 살펴서 상象과 의의義를 전차轉借[5]한 것에 불과하였으나 이것이 발전하여 글이 되었기 때문이다.

그렇다면 글에도 소리(聲)가 있는가? 이윤伊尹이 대신大臣으로서 한 말[6]과 주공周公이 숙부叔父로서 한 말[7]을 내가 직접 듣지는 못했으나 글을 통해 그 목소리를 상상해 보면 아주 정성스러웠을 것이며, 아비에게 버림받은 백기伯奇[8]의 모습과 기량杞梁의 홀로된 아내[9]의 모습을 내가 직접 보

---

5. **사물의 …… 전차轉借** 한자漢字의 조자造字 방법인 '육서'六書를 가리킨다. 사물의 정情과 형形을 곡진히 살펴서 글자를 만든 것은 지사指事 및 회의會意와 상형象形에, 상象과 의의義를 전차한 것은 형성形聲 및 전주轉注와 가차假借에 해당한다고 할 수 있다.
6. **이윤伊尹이 …… 말** 탕왕湯王이 죽고 그의 아들 태갑太甲이 왕이 되자 이윤이 어린 왕을 훈도하는 글을 올렸다. 『서경』書經 「이훈」伊訓·「태갑」太甲·「함유일덕」咸有一德 등은 이를 기록한 것이다.
7. **주공周公이 …… 말** 무왕武王이 죽고 그의 아들 성왕成王이 왕이 되자 무왕의 아우인 주공 단旦이 어린 왕에게 안일安逸을 경계하는 글을 올려 훈계하였다. 『서경』「무일」無逸은 이를 기록한 것이다.
8. **아비에게 버림받은 백기伯奇** 주周나라 선왕宣王의 신하인 윤길보尹吉甫의 아들 백기가 계모繼母의 모함을 받아 쫓겨나게 되자 「이상조」履霜操라는 노래를 지어 자신의 처지를 한탄하였다. 『樂府詩集』琴曲歌辭 1
9. **기량杞梁의 홀로된 아내** 춘추 시대 제齊나라 대부인 기량이 전사戰死하자 그의 아내가 슬퍼하면서 목놓아 크게 울다 강에 몸을 던져 죽었는데, 그녀의 여동생이 언니의 이러한 죽음을 애도하여 「기량처」杞梁妻라는 노래를 지었다. 『古今注』音樂

지는 못했으나 글을 통해 그 목소리를 상상해 보면 아주 간절하였을 것이다.

글에도 빛깔(色)이 있는가? 『시경』詩經에도 있듯이, "비단 저고리를 입으면 엷은 덧저고리를 입고, 비단 치마를 입으면 엷은 덧치마를 입는다네"(衣錦褧衣 裳錦褧裳)[10]라 하고, "검은 머리 구름 같으니, 달비도 필요 없네"(鬒髮如雲 不屑髢也)[11]라고 노래한 것이 그 예이다.

어떤 것을 정情이라 하는가? 새가 울고 꽃이 피며 물이 푸르고 산이 푸른 것을 말한다.[12]

어떤 것을 경境이라 하는가? 멀리 있는 물은 물결이 없고 멀리 있는 산은 나무가 없고 멀리 있는 사람은 눈이 없다.[13] 손가락으로 가리키는 사람은 말하는 사람이요 공수拱手하고 있는 사람은 듣고 있는 사람이다.

그러므로 늙은 신하가 어린 임금에게 고할 때의 심정과, 버림받은 아들과 홀로된 여인의 사모하는 마음을 알지 못하는 자와는 함께 소리(聲)를 논할 수 없으며, 글에 시적인 구상構想이 없으면 함께 『시경』 국풍國風의 빛깔(色)을 알 수 없는 것이다. 사람이 이별을 겪지 못하고 그림에 고원한 의취意趣[14]가 없다면 글의 정情과 경境을 함께 논할 수 없다. 벌레의

---

10. 비단 저고리를 …… 입는다네 　『시경』 정풍鄭風 「봉」丰에 나온다.
11. 검은 머리 …… 필요 없네 　『시경』 용풍鄘風 「군자해로」君子偕老에 나온다. 달비(髢)는 여자들이 머리를 장식하기 위해 덧넣은 가발로서 '다리'라고도 한다.
12. 새가 …… 말한다 　당唐나라 현종玄宗이 양귀비楊貴妃와 사별死別한 뒤에, "새가 울고 꽃이 지며 물이 푸르고 산이 푸르니"(鳥啼花落 水綠山青) 더욱 슬프다고 탄식했다 한다. 여기에서는 '花落'을 '花開'로 고쳐 인용한 것이다. 『說郛』 卷111下 「楊太眞外傳下」
13. 멀리 …… 없다 　산수화에서 원경遠景을 간략하게 그리는 수법을 말한 것이다. 왕유王維의 「산수론」山水論이나 형호荊浩의 「화산수부」畫山水賦에 유사한 구절이 있다.
14. 고원한 의취意趣 　왕유는 「산수론」에서 "산수를 그릴 때 의취가 붓질보다 우선한다"(凡畫山水 意在筆先)고 하여, 원경遠景을 세부적으로 묘사하기보다는 원의遠意를 표현할 것을 강조하였다.

촉수나 꽃술에 별 관심을 두지 않는다면 문장의 정신이 전혀 없을 것이
요, 기물器物의 형상을 음미하지 못한다면 이런 사람은 글자를 한 자도
모르는 사람이라 말해도 될 것이다.

낭환집서 蜋丸集序[1]

자무子務와 자혜子惠[2]가 밖에 나가 노닐다가 비단옷을 입은 소경을 보았다. 자혜가 서글피 한숨지으며,

"아, 자기 몸에 지니고 있으면서도 자기 눈으로 보지를 못하는구나."

하자, 자무가,

"비단옷 입고 밤길을 걷는 자[3]와 비교하면 어느 편이 낫겠는가?"

하였다. 그래서 마침내 청허선생聽虛先生에게 함께 가서 물어보았더니, 선

---

1. **낭환집서蜋丸集序** 유득공柳得恭의 숙부인 유연柳璉(1741~1788)의 『기하실시고략』幾何室詩藁略에는 「길강전서」蛣蜣轉序라는 제목으로 수록되어 있다. 자구상 약간 차이가 있으나, 동일한 작품이다. 『길강전』蛣蜣轉은 유연의 시고詩藁로서, 다름 아닌 『낭환집』이었음을 알 수 있다. 따라서 「낭환집서」에서 『낭환집』의 작자로 소개되어 있는 자패子珮는 곧 유연을 가리킴을 알 수 있다. 김윤조, 「유득공 관계자료」, 『한문학연구』19, 계명한문학회 2005. 2. 참조.

2. **자무子務와 자혜子惠** 자무는 이덕무李德懋의 자字인 무관懋官, 자혜는 유득공柳得恭의 자인 혜풍惠風에서 따온 이름인 듯하다.

3. **비단옷······자** 항우項羽가 진시황의 아방궁을 함락하고 나서 "부귀한 뒤에 고향에 돌아가지 않는 것은 비단옷 입고 밤길을 걷는 것과 같으니, 누가 알아줄 것인가"(富貴不歸故鄕 如衣繡夜行 誰知之者)라고 한 말에서 따온 것이다. 『史記』卷7「項羽本紀」

생이 손을 내저으며,

　"나도 모르겠네, 나도 몰라."

하였다.

　옛날에 황희黃喜 정승이 공무를 마치고 돌아오자 그 딸이 맞이하며 묻기를,

　"아버님께서 이(蝨)를 아십니까? 이는 어디서 생기는 것입니까? 옷에서 생기지요?"

하니,

　"그렇단다."

하므로 딸이 웃으며,

　"내가 확실히 이겼다."

하는 것이었다. 그러자 며느리가 묻기를,

　"이는 살에서 생기는 게 아닙니까?"

하니,

　"그렇고 말고."

하므로 며느리가 웃으며,

　"아버님이 나를 옳다 하시네요."

하였다. 이를 보던 부인이 화가 나서 말하기를,

　"누가 대감더러 슬기롭다고 하겠소. 송사訟事하는 마당에 두 쪽을 다 옳다 하시니."

하니, 정승이 빙그레 웃으며,

　"딸아이와 며느리 둘 다 이리 오너라. 무릇 이라는 벌레는 살이 아니면 생기지 않고, 옷이 아니면 붙어 있지 못한다. 그래서 두 말이 다 옳은 것이니라. 그러나 장롱 속에 있는 옷에도 이가 있고, 너희들이 옷을 벗고 있다 해도 오히려 가려울 때가 있을 것이다. 땀 기운이 무럭무럭 나고 옷에 먹인 풀 기운이 푹푹 찌는 가운데 떨어져 있지도 않고 붙어

있지도 않은, 옷과 살의 중간에서 이가 생기느니라."

하였다.

백호白湖 임제林悌가 말을 타려고 하자 종놈이 나서며 말하기를,

"나으리께서 취하셨군요. 한쪽에는 가죽신을 신으시고, 다른 한쪽에는 짚신을 신으셨으니."

하니, 백호가 꾸짖으며,

"길 오른쪽으로 지나가는 사람들은 나를 보고 가죽신을 신었다 할 것이고, 길 왼쪽으로 지나가는 사람들은 나를 보고 짚신을 신었다 할 것이니, 내가 뭘 걱정하겠느냐."

하였다. 이로 말미암아 논할 것 같으면, 천하에서 가장 쉽게 볼 수 있는 것으로 발만 한 것이 없는데도 보는 방향이 다르면 그 사람이 가죽신을 신었는지 짚신을 신었는지 분간하기가 어렵다.

그러므로 참되고 올바른 식견은 진실로 옳다고 여기는 것과 그르다고 여기는 것의 중간에 있다. 예를 들어 땀에서 이가 생기는 것은 지극히 은미하여 살피기 어렵기는 하지만, 옷과 살 사이에 본디 그 공간이 있는 것이다. 떨어져 있지도 않고 붙어 있지도 않으며, 오른쪽도 아니고 왼쪽도 아니라 할 것이니, 누가 그 '중간'(中)을 알 수가 있겠는가.

말똥구리(蜣蜋)는 자신의 말똥을 아끼고 여룡驪龍의 구슬[4]을 부러워하지 않으며, 여룡 또한 자신에게 구슬이 있다 하여 '말똥구리의 말똥'(蜋丸)을 비웃지 않는다.[5]

---

4. **여룡驪龍의 구슬** 여룡은 검은 빛깔의 흑룡을 말한다. 용의 턱밑에는 여의주如意珠라는 영묘한 구슬이 있다고 한다.

5. **말똥구리(蜣蜋)는 …… 않는다** 이덕무의 『청장관전서』青莊館全書 권63 「선귤당농소」蟬橘堂濃笑에 "蜣蜋自愛滾丸 不羨驪龍之如意珠 驪龍亦不以如意珠 自矜驕而笑彼蜋丸"이라 하여 거의 똑같은 구절이 있다.

자패子珮가 이 말을 듣고는 기뻐하며 말하기를,

"이로써 내 시집詩集의 이름을 붙일 만하다."

하고는, 드디어 그 시집의 이름을 '낭환집'蜋丸集이라 붙이고 나에게 서문을 지어 달라고 부탁하였다. 이에 내가 자패에게 이르기를,

"옛날에 정령위丁令威가 학鶴이 되어 돌아왔으나 아무도 그가 정령위인지 알아보지 못하였으니,[6] 이것이 바로 비단옷 입고 밤길을 걷는 격이 아니겠는가. 『태현경』太玄經이 크게 유행하였어도 이 책을 지은 자운子雲(양웅揚雄)은 막상 이를 보지 못하였으니, 이것이 바로 소경이 비단옷을 입은 격이 아니겠는가. 이 시집을 보고서 한편에서 여룡의 구슬이라 여긴다면 그대의 짚신[7]을 본 것이요, 한편에서 말똥으로만 여긴다면 그대의 가죽신[8]을 본 것이리라. 남들이 그대의 시를 알아보지 못한다면 이는 마치 정령위가 학이 된 격이요, 그대의 시가 크게 유행할 날을 스스로 보지 못한다면 이는 자운이 『태현경』을 지은 격이리라. 여룡의 구슬이 나은지 말똥구리의 말똥이 나은지는 오직 청허선생만이 알고 계실 터이니 내가 뭐라 말하겠는가."

하였다.

---

6. **정령위丁令威가 …… 못하였으니**   정령위는 한漢나라 때 요동遼東 사람으로 신선이 된 지 천년 만에 학鶴으로 변해 고향을 찾아갔으나, 그가 학이 되어 화표주華表柱에 앉은 줄을 모르는 한 젊은이가 활로 쏘려고 했으므로 탄식하며 고향을 떠날 수밖에 없었다고 한다. 『搜神後記』 卷1

7. **짚신**   『종북소선』鍾北小選과 『기하실시고략』 「길강전서」에는 '가죽신'(靴)으로 되어 있다.

8. **가죽신**   『종북소선』과 『기하실시고략』 「길강전서」에는 '짚신'(鞋)으로 되어 있다.

녹앵무경서 綠鸚鵡經序

낙서洛瑞(이서구李書九)가 푸른 앵무새를 얻었는데, 지혜로울 듯하다가도 지혜로워지지 않고 깨우칠 듯하다가도 깨우치지 못하기에,[1] 새장 앞으로 가서 눈물을 흘리며, "네가 말을 못하면 까마귀와 무엇이 다르겠느냐. 네 말을 알아들을 수 없으니 나야말로 동이東夷로구나"[2] - '彝' 자가 이본에는 '夷' 자로 되어 있다. - 하니, 갑자기 앵무새의 총기가 트였다. 이에 『녹앵무경』綠鸚鵡經[3]

1. **지혜로울 …… 못하기에**   푸른 앵무새가 스스로 말을 하거나 사람의 말을 알아듣지 못한다는 뜻이다. 예형禰衡의 「앵무부」鸚鵡賦에 "본성이 지혜로워서 말을 할 줄 알며, 재주가 총명하여 기미를 알아챈다"(性辯慧而能言兮 才聰明而識機)고 하였다. 『文選』 卷13
2. **네 말을 …… 동이東夷로구나**   중국에서 수입된 앵무새이기에 중국어를 하는 앵무새의 말을 자신은 동이東夷 즉 조선인이라서 알아듣지 못한다는 자조적自嘲的 표현이다. 원문에서는 오랑캐라는 뜻의 '夷' 자를 기휘忌諱하여 '彝' 자로 바꾸어 놓았다. 원주原註는 이 점을 시사하고 있다. 또한 이서구의 「앵무부」鸚鵡賦 제4수에도 "중국어를 모르니 뭐라 부르랴, 앵무니 앵가라고만 불렀네. 앵무새가 종내 대꾸하지 않으니, 역시 내 말을 알아듣지 못하는 게로구나"(弗曉華音喚謂何 秖呼鸚鵡復鸚哥 鸚鵡鸚哥終無應 也怪儂言莫解他)라고 하였다. 『薑山初集』 卷1
3. **『녹앵무경』綠鸚鵡經**   이서구가 북경北京에서 수입된 푸른 앵무새를 접한 것을 계기로, 영조 46년(1770)에 앵무새에 관한 각종 문헌 기록들을 모아 편찬했다는 책이다. 『불리비조편』不離飛鳥編이라는 다른 이름으로 그 내용의 일부가 이규경李圭景의 『오주연문장전산고』五洲衍文長箋散稿 권48 「앵무변증설」鸚鵡辨證說에 전하고 있다. 또한 이규경의 『시가점등』詩家點燈에도 「녹앵무경서」와 그에 대한 평評이 실려 있다.

을 짓고 나에게 그 서문을 청해 왔다.

　내가 일찍이 흰 앵무새의 꿈을 꾸고서 박수무당을 불러다 꿈 이야기를 들려준 후 점을 쳐 달라고 하면서 말하기를,

　"내 평소에 꿈을 꾸는데, 꿈에서는 밥을 먹어도 배부르지 않고, 꿈에서는 술을 마셔도 취하지 않고, 꿈에서는 악취를 맡아도 더럽지 않고, 꿈에서는 향내를 맡아도 향기롭지 않고, 꿈에서는 힘을 써도 강해지지 않고, 꿈에서는 불러도 소리가 나지 않는다네. 혹은 용龍이 하늘을 날기도 하고, 혹은 봉황이나 기린이나 귀물鬼物이나 이수異獸들이 뒤섞이어 달리고 쫓곤 하지. 눈 넷 달린 신장神將[4]이 나타나기도 하는데, 입이 등 위에 있고, 이빨에는 칼이 물려져 있고, 손에도 눈이 있으며, 작은 눈에 작은 귀, 큰 입에 큰 코를 가지고 있지. 또 큰 바다에 파도가 넘실대기도 하고 푸른 산이 불에 타기도 하며, 일월日月과 성신星辰이 내 몸을 휘감아 에워싸기도 하고 천둥과 번개에 놀라 식은땀이 흐르기도 하고, 높은 하늘에 올라 빛나는 구름을 타기도 하지. 9층 누대에 날아오르기도 하는데, 아름다운 단청丹靑과 유리 창문에 아름다운 여인들이 눈웃음 지으며 즐거워하고 절묘한 노랫소리 맑게 드날리니[5] 피리 젓대 어우러져 반주하기도 하네. 혹은 매미 날개마냥 몸이 가벼워져 나뭇잎에 붙기도 하고, 지렁이와 싸우기도 하고, 맹꽁이와 함께 웃기도 하며(或助蛙笑)[6] - '笑' 자가 이본에는 '哭' 자로 되어 있다 -, 혹은 담벼락을 뚫고 들어가니 바로 널찍한 집(室)이 있기도 하고, 혹은 높은 손(客)이 되어 큰 깃발과 작은 깃발, 대장기大將旗를 휘날

---

4. 신장神將　　무속巫俗에서 잡귀나 악신을 물리친다는 장수신將帥神을 말한다.
5. 절묘한 …… 드날리니　　원문은 '妙肉淸颸'으로, 반주 없이 부르는 노래를 육성肉聲 또는 청창淸唱이라 한다.
6. 맹꽁이와 …… 하며　　'웃기도 하며'는 원주에 따라 '울기도 하며'로 고쳐야 옳다. 조객弔客이 오면 상주喪主가 사람을 시켜 조객과 함께 곡하도록 하는 것을 '조곡'助哭이라 한다.

리며, 큰 파초선芭蕉扇을 받친 초거輻車가 백 채나 되기도 한다네. 무슨 망상妄想이 이와 같이 뒤죽박죽 나타난단 말인가?"

하니, 박수무당이 큰 소리로 외치며 말하기를,

"온몸이 덜덜 떨리는구나. 죄를 받을까봐 두렵다. 너는 잘 생각해 보아라. 네가 연단鍊丹을 하게 되면 공기 속의 진기眞氣만 들이마시고 아무런 음식도 필요치 않게 될 것이며, 점차 가족도 싫어져 집도 필요치 않게 될 것이다. 저 바위 밑에 거처하면서 아내와 자식을 다 버리고 친구마저 이별하며, 하루아침에 몸이 가벼워져 어깨에는 도토리 나뭇잎을 걸치고 허리에는 범 가죽을 두른 채, 아침에는 창해滄海에서 노닐고 저녁에는 곤륜산崑崙山에서 노닐다가 그 이튿날 낮이나 저녁이 되어 잠시 만에 돌아오는데, 그 사이에 이미 천 년이 지나기도 하고 혹은 800년이 지나기도 한다. 저렇듯이 오래 사는 것을 이름하여 신선神仙이라 한다. 그렇게 되면 다시 어찌할 텐가?"

하였다. 나는 바로 마다하며,

"이것도 하나의 망상이다. 천 년이나 800년이 아침저녁으로 노니는 사이에 지나가 버리다니 어찌 그리 짧은 건가. 내가 장생長生한들 누가 다시 나를 알아보겠으며, 어느 친구가 있어 내가 나인 줄 알아보겠는가. 만에 하나라도 다행스럽게 옛집이 허물어지지 않고 마을도 예전 그대로 있으며 자손도 번성하여 8대, 9대 또는 10대에 이른다 한들, 내가 내 집에 돌아가면 대문에 들어설 때 잠깐 기쁠 뿐이고 다시금 슬퍼질 것이다. 한동안 앉아 있다가 가는 목소리로 집안사람들에게 살짝 이르기를, 동산 뒤에 있는 배나무와 부엌에 있는 크고 작은 솥들이며 진주眞珠와 보당寶璫(진귀한 옥 귀고리)에 대하여 어떤 게 있고 어떤 게 없는지를 말하여, 그 말이 조금씩 맞아떨어지게 되면, 자손들이 크게 성을 내면서, 저기 어떤 망령된 늙은이냐, 저기 어떤 미친 영감이냐, 저기 어떤 취한 놈이냐 하며 와서 나를 욕하고 지팡이로 나를 쫓아내며 몽둥이로 나를 몰아낼 터이니,

내가 어찌해야 하겠는가? 나를 증명할 만한 문서도 없으니 관청에 가서 소송한들 어찌하겠는가. 비유하자면 내가 꿈을 꾸는 것과 같아서, 내 꿈은 나만이 꿀 뿐 남들이 내 꿈을 꾸어 주지는 않으니 누가 내 꿈을 믿겠는가."

하였다. 박수무당이 큰 소리로 외치며 말하기를,

"온몸이 덜덜 떨리는구나. 죄를 받을까 봐 두렵다."

하고는, 큰 자비심을 내어 탄식하기를,

"네 말인즉 크게 맞는 말이다. 너도 알 것이다. 자손과 처첩이 잠시만 이별해 있어도 너를 알아보지 못하는데, 네가 그들을 연연해서 무엇하겠는가. 서방西方에 한 나라가 있으니 세계世界의 낙국樂國이다. 네가 고행苦行을 하여 수양을 혹독하게 하면, 그 나라에 왕생往生하여 삼재三災[7]에서 벗어나고 '줄칼에 쓸려 불에 타 죽는 것'(剉燒)[8]을 면할 것이니, 이를 이름하여 부처(佛)라 한다. 그렇게 되면 다시 어찌할 텐가?"

하였다. 나는 바로 마다하며,

"이것도 하나의 망상이다. 이미 왕생이라 말할진대 이승에서 죽었음을 알 수 있으며, 다비茶毘를 하여 뼛가루를 날려 버리는데 어찌 줄칼에 쓸려 불에 타 죽는 것을 면한다는 말인가. 지금 세상의 즐거움을 포기하고 이렇게 각고의 고행을 하면서 저 내세來世를 기다린다고 하지만 깜깜하고 아득한 그곳이 극락임을 누가 알겠는가. 만약에 내세의 세계가 극락임을 안다면 어찌하여 이승에서는 전생을 모른단 말인가."

하였다.

---

7. **삼재**三災   불교 용어로, 계산할 수 없는 긴 세월인 겁劫의 말년에 일어나는 세 가지 재해를 말한다. 도병재刀兵災·역병재疫病災·기근재饑饉災의 소삼재小三災가 있고 화재火災·수재水災·풍재風災의 대삼재大三災가 있다고 한다.
8. **줄칼에……것**   좌골소신剉骨燒身을 말한다. 뼈가 줄칼에 쓸려 가루가 되고 육신이 뜨거운 불에 타는 지옥의 형벌이다.

이를 듣고 어떤 사람이 말하기를,

"이는 진짜 신선이나 부처를 두고 말한 것이 아닐세. 신선은 신령스럽고 부처는 지혜로운 존재인데 앵무새가 그러한 본성을 지녔으니, 이는 박수무당이 앵무새가 신령스럽고 지혜로워 사람의 말을 잘하는 것을 점친 것일세. 그대의 문장이 앞으로 날로 진보함이 있을 것이네.[9]"
하였다.

아! 그 일이 있은 후로 지금 18년이 지났는데 나의 도덕은 날이 갈수록 졸렬해지고 문장은 조금도 진보되지 못했으며,[10] 어리석은 마음과 망상은 꿈을 꾸지 않을 때도 꿈을 꿀 때와 마찬가지이다. 지금 이『녹앵무경』을 보니 앵무새의 둥근 혀와 갈라진 발가락[11]이 완연히 꿈에서 본 것과 같으며, 신령한 본성으로 신묘하게 알아듣고 지혜로운 말이 구슬 구르듯 하여, 신선의 신령함과 부처의 지혜로움을 다했다 할 것이다. 박수무당의 해몽은 아마도 이 점을 두고 한 말이리라.

---

9. 그대의 …… 것이네   연암이 흰 앵무새의 꿈을 꾼 것은, 말 잘하는 앵무새처럼 문인으로서 대성할 것을 예언한 것이라는 뜻이다.
10. 나의 …… 못했으며   문학은 도道를 전달해야 하며, 문인은 글쓰기에 앞서 도덕에 힘써야 한다는 '문이재도'文以載道와 '도문일치'道文一致의 문학관을 전제로 한 말이다.
11. 갈라진 발가락   앵무새는 앞 발가락이 2개, 뒷 발가락이 2개로 갈라져 있는 것이 특징이다.
『五洲衍文長箋散稿』卷48「鸚鵡辨證說」

우부초서 愚夫艸序[1]

상말도 알고 보면 모두가 고상한 말이다. 예를 들어 지금 여염閭閻에서는 부스럼을 가리켜 '곤데'(癘)라 하고[2] 식초를 '단 것'(甘)이라고 한다. 어린 계집애가 마을의 할멈이 단 것을 판다는 말을 듣자 그것이 꿀이라 생각하고, 어머니 어깨에 매달려 손가락으로 찍어 맛을 보더니 얼굴을 찡그리며,

"에이, 시다. 어째서 단 것이라고 하는 거야?"

하니, 그 어미가 아무런 대답을 하지 못하였다.

나는 이 말을 듣고 새삼 깨닫게 되었다.

---

1. **우부초서愚夫艸序** 유언호兪彦鎬의 문집 『연석』燕石에 써 준 서문인 「연석서」燕石序와 거의 같은 글이다. 「연석서」의 말미에 을미년(1775, 영조 51) 12월에 지었다고 밝혔다. 『杞溪文獻』卷 12「兪彦鎬」
2. **부스럼을 …… 하고** 원문은 '指癘爲麗'로, 홍기문洪起文 선생은 서울 방언에서 부스럼을 '곤데'라고 하는 것은 곪았다는 의미인 '곪은 데'요 곱다는 의미인 '고운 데'가 아닐 것이라고 하면서 '지절위려'指癘爲麗의 그릇된 해석은 연암의 천려일실千慮一失이라 하였다. 홍기문의 「朴燕巖의 藝術과 思想」(조선일보, 1937. 7. 29) 참고.

"이것이 바로 예禮라는 것이로구나. 무릇 예라는 것은 인정人情에서 연유된 것이다. 매실梅實이란 말만 들어도 저도 모르게 입에 침이 고인다. 그러므로 식초를 음식에 치기 전에는 오히려 그것이 시다고 말하기를 꺼린다. 하물며 사람들이 싫어하는 것이 부스럼보다 더 더럽게 여기는 것에 있어서랴."

이에 『사소전』士小典[3]을 지어 스스로를 경계하였다.

무릇 귀가 먹어 들리지 않는 사람을 가리켜 '귀머거리'라 부르지 않고 '소곤대기를 좋아하지 않는 사람'이라 하며, 눈이 흐려 보이지 않는 사람을 가리켜 '장님'이라 부르지 않고 '남의 흠집을 보지 않는 사람'이라고 하며, 혀가 굳고 목소리가 막혀 말을 하지 못하는 사람을 가리켜 '벙어리'라 부르지 않고 '남 비평하기를 좋아하지 않는 사람'이라고 한다. 또 '등이 굽고 가슴이 튀어나온 사람'(鉤背曲胸: 곱사등이)을 가리켜 '아첨하기 좋아하지 않는 사람'이라고 하며, 혹이 달린 사람을 가리켜 '중후함을 잃지 않은 사람'이라고 한다. 심지어 네 발가락이나 여섯 손가락, 절름발이나 앉은뱅이처럼 비록 육체는 병신이지만 덕德에는 해가 될 것이 없는 사람에 대해서도 오히려 둘러대어 말할 것을 생각하고 곧바로 지적하여 말하는 것을 꺼린다. 하물며 이른바 '어리석다'(愚)고 하는 말은 소인小人의 덕이요, 변화될 수도 없는 성품임에 있어서랴. 천하에 치욕스러움이 이보다 더 심한 것이 없다.

그런데 여경汝京(유언호兪彦鎬) 같은 총명과 예지를 갖춘 사람이 그 어리석음을 자처하고 스스로 '우부'愚夫라고 부르기를 부끄러워하지 않은 것은 웬일인가?

---

3. **『사소전』**士小典　연암이 「연석서」를 쓴 영조 51년 11월에 이덕무는 「사전」士典 등 3편으로 구성된 『사소절』士小節 8책을 완성하였다. 『사소전』은 이 『사소절』과 같거나 유사한 책이 아닌가 한다.

그의 문집인 『연석』燕石을 읽어 보았더니 기휘忌諱에 저촉되고 혐노嫌
怒를 범한 것이 퍽이나 많았다. 백가百家의 장점을 포용하고 만물萬物을 다
감싸 안아 그 정상情狀을 터득한 것이 마치 무소뿔에 불을 붙여 비추어
보고 구정九鼎에다 그림을 그려 넣은 것과 같았으며,[4] 그 미묘한 데에서
변화하는 것은 알에서 털이 돋기 시작하고 매미의 날개가 돋아나려는 것
과 같아서, 운기雲氣와 돌고드름까지도 만져 볼 수 있으며 벌레의 촉수와
꽃술까지도 셀 수 있을 정도였다. 따라서 직설적으로 지적하여 말하는
것이 어찌 귀머거리, 장님, 벙어리라 부르는 정도뿐이겠으며, 원망과 노
여움을 사게 되는 것이 또한 어찌 식초의 신맛에 얼굴을 찡그리는 정도
뿐이겠는가. 사람의 노여움을 범하는 것도 오히려 피해야 하거늘 하물며
조물주가 꺼리는 바이겠는가.

　무릇 이러한 것을 두려워한다면, 총명聰明과 혜지慧智와는 반대로 행동
하여 자신을 숨기기에 겨를이 없어야 할 것이며, 세상 사람들에게도 또
한 손가락으로 찍어 맛을 보게 한다거나 입에서 군침이 돌게 해서는 안
될 것이다. 아아!

---

4. 마치 …… 같았으며　　진晉나라 사람인 온교溫嶠가 무소뿔을 태워 물속을 비추어 보았더니 괴
물들이 모조리 정체를 드러냈다는 전설이 있다. 『異苑』 卷7 하夏나라 때에는 구정九鼎에다 온갖
사물들을 그려 넣음으로써 백성들이 괴물들을 익히 알아 피해를 당하지 않도록 했다고 한다.
『春秋左氏傳』「宣公」3年 두 가지 비유 모두 사물에 대한 통찰이 비범한 경우를 뜻한다.

능양시집서菱洋詩集序¹

달관한 사람에게는 괴이한 것이 없으나 속인들에게는 의심스러운 것이 많다. 이른바 '본 것이 적으면 괴이하게 여기는 것이 많다'는 것이다. 그러나 달관한 사람이라 해서 어찌 사물마다 다 찾아 눈으로 꼭 보았겠는가. 한 가지를 들으면 열 가지를 눈앞에 그려 보고, 열 가지를 보면 백 가지를 마음속에 설정해 보니, 천만 가지 괴기怪奇한 것들이란 도리어 사물에 잠시 붙은 것이며 자기 자신과는 아무런 상관이 없다. 따라서 마음이 한가롭게 여유가 있고 사물에 응수함이 무궁무진하다.

　본 것이 적은 자는 해오라기를 기준으로 까마귀를 비웃고 오리를 기

---

1. **능양시집서菱洋詩集序**　　『겸헌만필』謙軒漫筆(단국대 소장 곤坤책)에는 「선서재집서」繕書齋集序로 수록되어 있다. 원래 이 글은 이서구의 사촌동생 이정구李鼎九(1756~1783)의 시집인 『선서재집』繕書齋集에 부친 서문이었는데, 나중에 박종선朴宗善의 『능양시집』菱洋詩集을 위한 서문으로 개작된 것이다. 이덕무의 「선서재집서」繕書齋集序가 1772년에 쓰어진 점으로 미루어, 이 글의 원래 창작 시기를 짐작할 수 있다. 최근 박종선의 『능양시집』의 정고본定稿本 13권 12책과 잔권殘卷 4책이 발굴·영인되었다. 성균관대학교 대동문화연구원, 2017. 「능양시집서」는 잔권인 『능양시이집』菱洋詩二集 권1에 수록되어 있다.

준으로 학을 위태롭다고 여기니,[2] 그 사물 자체는 본디 괴이할 것이 없는데 자기 혼자 화를 내고, 한 가지 일이라도 자기 생각과 같지 않으면 만물을 모조리 모함하려 든다.

아, 저 까마귀를 보라. 그 깃털보다 더 검은 것이 없건만, 홀연 유금乳金 빛이 번지기도 하고 다시 석록石綠 빛을 반짝이기도 하며, 해가 비추면 자줏빛이 튀어 올라 눈이 어른거리다가 비췻빛으로 바뀐다. 그렇다면 내가 그 새를 '푸른 까마귀'라 불러도 될 것이고, '붉은 까마귀'라 불러도 될 것이다. 그 새에게는 본래 일정한 빛깔이 없거늘, 내가 눈으로써 먼저 그 빛깔을 정한 것이다. 어찌 단지 눈으로만 정했으리오. 보지 않고서 먼저 그 마음으로 정한 것이다.

아, 까마귀를 검은색으로 고정 짓는 것만으로도 충분하거늘, 또다시 까마귀로써 천하의 모든 색을 고정 지으려 하는구나. 까마귀가 과연 검기는 하지만, 누가 다시 이른바 푸른빛과 붉은빛이 그 검은 빛깔(色) 안에 들어 있는 빛(光)인 줄 알겠는가. 검은 것을 일러 '어둡다' 하는 것은 비단 까마귀만 알지 못하는 것이 아니라 검은 빛깔이 무엇인지조차도 모르는 것이다. 왜냐하면 물은 검기 때문에 능히 비출 수가 있고, 옻칠은 검기 때문에 능히 거울이 될 수 있기 때문이다. 그러므로 빛깔이 있는 것치고 빛이 있지 않은 것이 없고, 형체(形)가 있는 것치고 맵시(態)가 있지 않은 것이 없다.

미인美人을 관찰해 보면 그로써 시詩를 이해할 수 있다. 그녀가 고개를 나직이 숙이고 있는 것은 부끄러워하고 있음을 보이는 것이고, 턱을

---

2. 오리를 …… 여기니　다리가 짧은 오리가 다리가 긴 학을 넘어지기 쉽다고 비웃는다는 뜻이다. 부단학장鳧短鶴長이란 말이 있다. 『장자』莊子 「변무」駢拇에 "길다고 해서 여유가 있는 것이 아니며, 짧다고 해서 부족한 것이 아니다. 이런 까닭에 오리는 다리가 짧지만 그 다리를 이어 주면 걱정하고, 학은 다리가 길지만 그 다리를 자르면 슬퍼한다"고 하였다.

고이고 있는 것은 한스러워하고 있음을 보이는 것이고, 홀로 서 있는 것은 누군가 그리워하고 있음을 보이는 것이고, 눈썹을 찌푸리는 것은 시름에 잠겨 있음을 보이는 것이다. 기다리는 것이 있으면 난간 아래 서 있는 모습을 보여 주고, 바라는 것이 있으면 파초 아래 서 있는 모습을 보여 준다. 만약 다시 그녀에게 서 있는 모습이 재계齋戒하는 것처럼 단정하지 않다거나 앉아 있는 모습이 소상塑像처럼 부동자세를 취하지 않는다고 나무란다면, 이는 양귀비楊貴妃[3]더러 이를 앓는다고 꾸짖거나 번희樊姬더러 쪽을 감싸 쥐지 말라고[4] 금하는 것과 마찬가지며, '사뿐대는 걸음걸이'(蓮步)[5]를 요염하다고 기롱하거나 손바닥춤(掌舞)[6]을 경쾌하다고 꾸짖는 것과 같은 격이다.

나의 조카 종선宗善[7]은 자字가 계지繼之인데 시詩를 잘하였다. 한 가지 법에 얽매이지 않고 온갖 시체詩體를 두루 갖추어, 우뚝이 동방의 대가가 되었다. 성당盛唐의 시인가 해서 보면 어느새 한위漢魏의 시체를 띠고 있고 또 어느새 송명宋明의 시체를 띠고 있다. 송명의 시라고 말하려고 하자마자 다시 성당의 시체로 돌아간다.

---

3. **양귀비楊貴妃**　당나라 현종玄宗의 애첩이다. 양귀비가 평소 치통을 앓았는데 그 모습 또한 아름다웠다고 한다. 이를 그린 「양귀비병치도」楊貴妃病齒圖가 있다.

4. **번희樊姬더러 …… 말라고**　번희는 후한後漢 때 사람으로 영현伶玄의 애첩이었던 번통덕樊通德을 가리킨다. 영현이 번희에게 조비연趙飛燕의 고사를 이야기하자, 번희가 손으로 쪽을 감싸 쥐고 서글피 울었다고 한다. 이를 소재로 한 「번희옹계」樊姬擁髻라는 희곡도 있다. 『趙飛燕外傳』附「伶玄自敍」

5. **사뿐대는 걸음걸이(蓮步)**　제齊나라 폐제廢帝 동혼후東昏侯가 금으로 연꽃을 만들어 땅에다 깔아 놓고 애첩인 반비潘妃로 하여금 그 위를 걸어가게 한 후 사뿐대는 걸음걸이를 보고 걸음마다 연꽃이 피어난다고 하였다. 『南史』「齊紀下」廢帝東昏侯

6. **손바닥춤(掌舞)**　한나라 때 유행한 춤으로 춤사위가 유연하고 경쾌하다. 한나라 성제成帝의 황후인 조비연趙飛燕이 잘 추었다고 한다. 장상무掌上舞 또는 장중무掌中舞라고도 한다.

7. **종선宗善**　1759~1819. 연암의 삼종형三從兄인 박명원朴明源의 서장자庶長子로 규장각 검서를 지냈다.

아, 세상 사람들이 까마귀를 비웃고 학을 위태롭게 여기는 것이 너무도 심하건만, 계지의 정원에 있는 까마귀는 홀연히 푸르렀다 홀연히 붉었다 하고, 세상 사람들이 미인으로 하여금 재계하는 모습이나 소상처럼 만들려고 하지만, 손바닥춤이나 사뿐대는 걸음걸이는 날이 갈수록 경쾌하고 요염해지며 쪽을 감싸 쥐거나 이를 앓는 모습에도 각기 맵시를 갖추고 있으니, 그네들이 날이 갈수록 화를 내는 것은 이상할 것이 없다.

세상에 달관한 사람은 적고 속인들만 많으니 입을 다물고 말하지 않는 것이 좋을 것이다. 그러나 쉬지 않고 말을 하게 되는 것은 무엇 때문일까? 아아!

연암노인燕巖老人이 연상각烟湘閣[8]에서 쓰다.

---

8. **연상각**烟湘閣   연암이 안의 현감安義縣監 시절 관아官衙 안에 지었다는 정각亭閣 중의 하나이다.

북학의서北學議序[1]

학문의 길은 다른 길이 없다. 모르는 것이 있으면 길 가는 사람이라도 붙들고 물어야 한다. 심지어 동복僮僕이라 하더라도 나보다 글자 하나라도 더 많이 안다면 우선 그에게 배워야 한다. 자기가 남만 같지 못하다고 부끄러이 여겨 자기보다 나은 사람에게 묻지 않는다면, 종신토록 고루하고 어쩔 방법이 없는 지경에 스스로 갇혀 지내게 된다.

순舜임금은 농사짓고 질그릇을 굽고 고기를 잡는 일로부터 제帝가 되기까지 남들로부터 배우지 않은 것이 없었다. 공자孔子가 말하기를, "나는 젊었을 적에 미천했기 때문에 막일에 능한 것이 많았다"[2] 하였는데, 여기에서 말하는 막일 또한 농사짓고 질그릇을 굽고 고기를 잡는 일 따위였을 것이다. 아무리 순임금과 공자같이 성스럽고 재능 있는 분조차도, 사물에 나아가 기교를 창안하고 일에 임하여 도구를 만들자면 시간도 부족

---

1. **북학의서北學議序**　박제가의 『북학의』에 붙은 원래의 서문 말미에 신축년(1781, 정조 5) 중양절重陽節에 지었다고 밝히고 있다.
2. **나는 …… 많았다**　『논어』 「자한」子罕에 나온다.

하고 지혜도 막히는 바가 있었을 것이다. 그러므로 순임금과 공자가 성인이 된 것은 남에게 잘 물어서 잘 배운 것에 지나지 않는다.

우리나라 선비들은 한쪽 구석 땅에서 편벽된 기운을 타고나서, 발은 대륙의 땅을 밟아 보지 못했고 눈은 중원中原의 사람을 보지 못했고, 나고 늙고 병들고 죽을 때까지 제 강역疆域을 떠나 본 적이 없다. 그래서 학의 다리가 길고 까마귀의 빛이 검듯이 각기 제가 물려받은 천성대로 살았고, 우물의 개구리나 밭의 두더지마냥 제가 사는 곳이 제일인 양 여기고 살아왔다. 예禮는 차라리 소박한 것이 낫다고 생각하고 누추한 것을 검소하다고 여겨 왔으며, 이른바 사민四民(사士·농農·공工·상商)이라는 것도 겨우 명목만 남아 있고 이용후생利用厚生의 도구는 날이 갈수록 빈약해져만 갔다. 이는 다름이 아니라 배우고 물을 줄을 몰라서 생긴 폐단이다.

만일 장차 배우고 묻기로 할진대 중국을 놓아두고 어디로 가겠는가. 그렇지만 그들의 말을 들어 보면 "지금의 중국을 차지하고 있는 주인은 오랑캐들이다" 하면서 배우기를 부끄러워하여, 중국의 옛 법마저도 다 함께 얕잡아 무시해 버린다. 저들이 진실로 변발辮髮을 하고 오랑캐 복장을 하고 있지만, 저들이 살고 있는 땅이 삼대三代 이래 한漢, 당唐, 송宋, 명明의 대륙이 어찌 아니겠으며, 그 땅 안에 살고 있는 사람들이 삼대 이래 한, 당, 송, 명의 유민遺民이 어찌 아니겠는가. 진실로 법이 훌륭하고 제도가 아름다울진대 장차 오랑캐에게라도 나아가 배워야 하는 법이거늘, 하물며 그 규모의 광대함과 심법心法[3]의 정미精微함과 제작制作의 굉원宏遠함과 문장文章의 찬란함이 아직도 삼대 이래 한, 당, 송, 명의 고유한 옛 법을 보존하고 있음에랴.

우리를 저들과 비교해 본다면 진실로 한 치의 나은 점도 없다. 그럼

---

3. **심법**心法   용심지법用心之法을 말한다. 연암은 『열하일기』에서 청나라 문물의 특장特長으로 '대규모大規模 세심법細心法' 즉 규모가 크고 심법이 세밀한 점을 들었다.

에도 단지 머리를 깎지 않고 상투를 튼 것만 가지고 스스로 천하에 제일이라고 하면서 "지금의 중국은 옛날의 중국이 아니다"라고 말한다. 그 산천은 비린내 노린내 천지라 나무라고, 그 인민은 개나 양이라고 욕을 하고, 그 언어는 오랑캐 말이라고 모함하면서, 중국 고유의 훌륭한 법과 아름다운 제도마저 배척해 버리고 만다. 그렇다면 장차 어디에서 본받아 행하겠는가.

내가 북경에서 돌아오니[4] 재선在先(박제가朴齊家)이 그가 지은 『북학의』北學議 내편內編과 외편外編을 보여 주었다. 재선은 나보다 먼저 북경에 갔던 사람이다.[5]

그는 농잠農蠶, 목축牧畜, 성곽城郭, 궁실宮室, 주거舟車로부터 기와, 대자리, 붓, 자(尺) 등을 만드는 방식에 이르기까지 눈으로 헤아리고 마음으로 비교하지 않은 것이 없었다. 눈으로 보지 못한 것이 있으면 반드시 물어보았고, 마음으로 이해하지 못한 것이 있으면 반드시 배웠다. 시험 삼아 책을 한번 펼쳐 보니, 나의 일록日錄(『열하일기』熱河日記)과 조금도 어긋나는 것이 없어 마치 한 사람의 손에서 나온 것 같았다. 이러한 까닭에 그가 진실로 즐거운 마음으로 나에게 보여 준 것이요, 나도 흐뭇이 여겨 3일 동안이나 읽어도 싫증이 나지 않았던 것이다.

아, 이것이 어찌 우리 두 사람이 눈으로만 보고서 그렇게 된 것이겠는가. 진실로 비 뿌리고 눈 날리는 날에도 연구하고, 술이 거나하고 등잔불이 꺼질 때까지 토론해 오던 것을 눈으로 한번 확인한 것뿐이다. 요컨대 이를 남들에게 말할 수가 없으니, 남들은 물론 믿지를 않을 것이고

---

4. 내가 북경에서 돌아오니   연암은 정조 4년(1780) 5월부터 10월까지 진하 겸 사은별사進賀兼謝恩別使의 일원으로 중국 북경을 다녀왔다.
5. 재선은 …… 사람이다   박제가는 정조 2년(1778) 사은 겸 진주사謝恩兼陳奏使의 일원으로 이덕무와 함께 북경을 다녀온 뒤 『북학의』를 저술하였다.

믿지 못하면 당연히 우리에게 화를 낼 것이다. 화를 내는 성품은 편벽된 기운을 타고난 데서 말미암은 것이요, 그 말을 믿지 못하는 원인은 중국의 산천을 비린내 노린내 난다고 나무란 데 있다.

풍악당집서楓嶽堂集序

옛날에 승려가 된 사람들은 대부분 총명하고 영특하고 출중한 인물들이었다. 한번이라도 임금이 그의 계행戒行을 존경하고 불전佛典에 마음을 두어 그에게 호號를 내리고 예를 달리하여 빈객으로 대우하고 스승으로 맞아들이는 일이 있으면 당시의 사대부들 역시 모두가 그와 함께 어울리기를 즐겨하였다. 그래서 그들이 고행을 하며 숨어 지내고 조용히 있어도 도리어 부귀와 영화가 뒤따른다. 이것이 본디 불문佛門의 본분은 아니지만 불교를 권장할 수 있는 계기가 되었으며 그들의 언어와 문장이 찬란하여 볼 만하였다.

국조國朝 이래로 유교를 전적으로 숭상하여 사대부들이 이단異端을 배척하는 데 엄격했다. 이로 말미암아 세상에는 독자적으로 행동하고 스스로 체득하는 선비가 없을 뿐만 아니라, 아울러 이른바 이단의 학설마저 볼 수가 없게 되었다. 지금 그 황폐된 사찰에는 살고 있는 승려들이 여전히 끊이지 않고는 있으나, 모두 궁핍한 백성과 굶주린 종들로서 군역軍役을 도피하여 머리 깎고 검은 장삼을 입는 자들이라, 비록 이름은 승려라 하지만 어리석고 혼몽하여 눈으로는 글자 하나 보지 못하는 형편이니,

불교를 금지하지 않아도 그 도道가 거의 사라질 지경이다.

　나는 항상 명산名山을 유람하기를 좋아하여 명산의 태반을 둘러보았다. 일찍이 특이한 중을 만나 방외方外의 교유[1]를 해 보고자 생각하였으나, 산수山水에 등림登臨할 적마다 그들을 만나지 못해 쓸쓸히 배회하지 않은 적이 없었다. 일찍이 친구인 신원발申元發(신광온申光蘊)·유사경兪士京(유언호兪彦鎬)과 어울려 백화암白華菴에서 함께 잔 적이 있었다.[2] 그때 준俊이란 중이 깊은 밤에 홀로 앉아 있었는데, 불등佛燈은 밝게 빛나고 선탑禪榻은 깔끔하게 정리되어 있었으며 책상 위에는 『반야경』般若經과 『법화경』法華經 등 여러 불경이 놓여 있었다. 그래서 준에게,

　“네가 불경을 좀 아느냐?”

하고 물었더니,

　“모릅니다.”

하고 사과하기에, 또

　“네가 시율詩律을 알고 지을 줄 아느냐?”

하고 물었더니,

　“못합니다.”

하고 또 사과하였다. 그래서 또 묻기를,

　“이 산중에 더불어 교유할 만한 특이한 중이 있느냐?”

했더니, 대답이

　“없습니다.”

하였다.

---

1. **방외方外의 교유**　세속의 예법에서 벗어나 승려나 도인道人, 은자隱者들과 사귀는 것을 말한다.
2. **일찍이 …… 있었다**　박종채朴宗采의 『과정록』에 의하면, 연암은 1765년(영조 41) 몇몇 친구들과 함께 금강산 일대를 유람하였다.

그 이튿날 진주담眞珠潭 아래에 앉아서 일행끼리 말하기를,

"준공俊公은 미목眉目이 청수淸秀하니, 만약 문자를 조금만 알았다면 시를 꼭 잘 짓지는 못하더라도 시축詩軸에 연서聯書할 정도는 될 것이요, 담론談論이 반드시 심오하지는 못하더라도 회포를 풀기에는 충분할 것이니, 어찌 우리들의 풍류를 돋우어 주지 않았겠는가."

하면서 서로 돌아보며 탄식하고 일어섰다.

이번에 풍악대사楓嶽大師 보인普印[3]의 시문詩文을 보다가, 미처 다 보기도 전에 탄식하기를,

"내가 지난번에 특이한 중을 만나서 방외의 교유를 해 보고자 했으면서도 인공印公을 놓쳤구나!"

하였다. 대체로 그는 내원통內圓通에서 수행을 하였는데, 그 시기가 바로 내가 관동關東 지방을 유람하던 때였다. 그의 문집을 보았더니 준과 더불어 수창酬唱한 시들이 있었다. 그렇다면 준은 확실히 그의 벗이었던 모양이다. 그런데 왜 보인普印이라는 특이한 중이 있다고 나의 물음에 대답하지 않았던가? 준이 아마도 나를 속인 것이리라. 나는 여기에서, 보인이 본디 고승이었으며 준이 과연 그래서 말해 주지 않은 것임을 더욱 알게 되었다.

이를 통해 보건대, 준이 과연 시에도 능하고 불경의 담론에도 능한 자일 것이니, 준 역시 고승이었을 것이다. 나는 함께 놀았던 준도 몰라보고 놓쳤는데, 하물며 직접 보지도 못한 인공에 있어서야 말할 것이 있겠는가. 불교를 권장할 수 없는 환경에서도 그 도道를 믿고 스스로 수행한 것이 이와 같다. 그렇다면 인공처럼 내가 직접 보지 못한 사람이 얼마나

---

3. **보인普印**　1701~1769. 호가 풍악楓嶽으로, 금강산의 내원통암內圓通庵에서 염불과 참선에 전념하다가 법랍法臘 51세로 입적入寂하였다. 이복원李福源이 지은 비가 금강산 유점사에 세워졌으며, 저서로 시문집인 『풍악당집』楓嶽堂集 1책이 전한다.

많겠는가.

　나는 산에 있어서도 아직 가 보지 못한 곳이 북으로는 장백산長白山, 남으로는 지리산智異山, 서로는 구월산九月山이 있다. 내 장차 두루 유람하여 혹시 그런 이를 한번 만나게 된다면 준공에게서 그랬던 것처럼 업신여김을 당하지 않기를 바랄 뿐이다. 그래서 우선 이 시집에다 서문을 지어 놓는 바이다.

유씨도서보서 柳氏圖書譜序

연옥連玉[1]은 인장印章을 잘 새겼다. 그는 돌을 쥐고 무릎에 받치고서 어깨를 비스듬히 하고 턱을 숙인 채, 눈을 깜빡이며 입으로 후후 불면서, 먹자국에 따라 누에가 뽕잎 갉아먹듯 파 들어가는데 마치 실처럼 가늘면서도 획이 끊어지지 않았다. 입술을 모으고 칼을 밀고 나가는데 눈썹을 찡긋찡긋하며 힘을 쓰더니, 이윽고 허리를 받치고 하늘을 쳐다보며 '휴!' 하고 긴 숨을 내쉬었다.

무관懋官(이덕무李德懋)이 지나는 길에 들렀다가 그 모습을 보고 위로하기를,

"자네는 그 굳은 돌멩이를 새겨서[2] 장차 무엇을 하려는 건가?"

---

1. **연옥連玉**　유연柳璉(1741~1788)의 자이다. 유연은 유득공의 숙부로, 1776년(영조 52) 연행燕行을 다녀오면서 이름을 유금柳琴으로 고쳤다.

2. **자네는 …… 새겨서**　원문은 '子之攻堅也'인데 '攻堅'은 원래 견고한 곳을 공격한다는 뜻이다. 『관자』管子 「제분」制分에 용병술用兵術과 관련하여, 상대방의 견고한 곳을 공격하면 쉽사리 패배시킬 수 없으며, 틈이 있는 곳을 파고들어야 신속히 승리한다고 하였다. 따라서 무관의 말은 풍자의 어조를 띤 것이다.

하였더니, 연옥이 대답하기를,

"무릇 천하의 모든 물건에는 각각 그 주인이 있고, 주인이 있으면 이를 증명할 신표가 있어야 하네. 그러기에 열 집밖에 되지 않는 작은 고을이나 백부장百夫長[3]까지도 부절符節이나 인신印信이 있었던 것일세. 주인이 없으면 흩어져 버리고 신표가 없으면 어지러워지거든.

내가 무늬 있는 좋은 돌을 얻었는데 결이 반질반질하고 크기가 사방 한 치로 옥처럼 빛이 난다네. 손잡이 꼭지에다 쭈그리고 앉아 새끼에게 젖을 물리고서 으르렁대는[4] 사자를 새겨 놓으면, 나의 문방文房(서재)을 지키고 문방의 사우四友(종이, 붓, 먹, 벼루)를 보호할 걸세. 또 '아조헌원 씨류명련'我祖軒轅氏柳名璉[5]이라는 여덟 글자를 아름답고 우아하게 종정문鍾鼎文과 석고문石鼓文의 서체나 조전鳥篆과 운전雲篆의 서체[6]로 새긴 다음, 서책에다 찍어서 나의 자손들에게 물려준다면 산일散佚될 우려가 없어 수백 권이라도 다 보전될 걸세."

하였다. 무관懋官이 허허 웃으며,

---

3. **백부장百夫長**　천 명의 병졸을 통솔하는 우두머리를 천부장千夫長, 백 명의 병졸을 통솔하는 우두머리를 백부장이라 하였다. 『書經』「牧誓」

4. **새끼에게 …… 으르렁대는**　새끼를 기르는 맹수를 유수乳獸라 한다. 맹수는 젖을 물려 새끼를 기르는 동안에는 평소보다 더욱 사납다.

5. **아조헌원 씨류명련我祖軒轅氏柳名璉**　유연의 본관은 문화文化인데, 문화 유씨의 시조 유차달柳車達은 원래 차씨車氏로서 차무일車無一의 38세손이라고 한다. 차씨는 황제黃帝 헌원씨의 후손 사신갑似辛甲이 조선으로 망명한 뒤 그 후손이 차무일로 변성명함으로써 비롯되었으며, 신라 말에 유씨柳氏로 개성改姓하였다가, 고려 초에 유차달의 아들 중 장남이 차씨를 계승하고 연안延安 차씨의 시조가 되었다고 한다. 유연의 『기하실시고략』幾何室詩藁略에 이와 같은 문화 유씨의 세계世系를 노래한 「술계」述系라는 시가 있다.

6. **종정문鍾鼎文과 …… 서체**　종정문은 주로 주周나라 때의 청동기에 새겨진 문자인 금문金文을 말하며, 석고문石鼓文은 현재 북경의 고궁박물원故宮博物院에 보존되어 있는 북 모양의 돌에 새겨진 문자를 말한다. 조전鳥篆은 전체篆體의 고문자古文字로 모양이 새의 발자국과 흡사하다 해서 조적서鳥迹書, 조서鳥書라고도 한다. 운전雲篆 역시 전체의 고문자로 필획이 구름 같다고 해서 운서雲書라고도 한다.

"그대는 화씨和氏의 벽璧을 어떻게 생각하는가?"

하니,

"그야 천하의 지극한 보배이지."

하므로,

"그렇다네. 옛날 진시황이 6국을 병합한 후 그 옥돌을 깨뜨려 도장을 만들었네. 위에는 푸른 용을 서려 두고 옆에는 움츠린 붉은 용을 새겨, 이것을 자신이 천자天子라는 증거물과 사해四海를 진정시키는 상징물[7]로 삼고, 몽염蒙恬으로 하여금 만리장성을 쌓아 지키게 하였네. 그리고는 하는 말이, '2세, 3세로 내려가 만세萬世에 이르도록 무궁하게 전하라'[8]고 하지 않았던가?"

하였다. 연옥이 고개를 숙이고 아무 말 없이 앉아 있다가 어린 아들을 무릎에서 밀쳐 내려 놓으며,

"어찌 네 아비의 머리를 희게 만드느냐?"

하였다.

하루는 그가 전에 수집했던 고금의 인본印本(인보印譜)을 모아서 한 권의 책으로 만들어 가지고 와서, 나에게 서문을 써 줄 것을 부탁하였다.

공자孔子가 말하기를, "그래도 예전에는 사관史官이 의심나는 내용은 적지 않았는데, 지금은 그러한 풍습이 없어졌다"[9] 하였는데, 이는 당시의

---

7. **사해四海를 진정시키는 상징물**   이와 유사한 것으로 진규鎭圭가 있다. 사방을 진정시킨다는 뜻으로 사방의 진산鎭山을 본떠 만든 천자의 홀笏을 진규라고 한다.

8. **2세 …… 전하라**   진시황은 천하를 통일한 뒤 시법諡法을 없앨 것을 명하면서, 자신을 '시황제'始皇帝라 부르고 후세는 숫자로만 헤아려, 2세, 3세라는 식으로 만세에 이르도록 무궁하게 전하라고 하였다. 『史記』卷6「秦始皇本紀」

9. **그래도 …… 없어졌다**   『논어』「위령공」衛靈公에 수록된 원문을 보면 "그래도 예전에는 사관史官이 의심나는 내용은 적지 않고 말을 가진 사람이 남에게 빌려 주어 타게 하는 풍습을 볼 수 있었는데, 지금은 그러한 풍습조차 없어졌다"(吾猶及史之闕文也 有馬者借人乘之 今亡矣夫)로 되어 있다. '有馬者借人乘之'를 생략하였으나, 실은 생략된 부분에 작가의 의도가 숨어 있다. 공자가 남

세태를 슬퍼한 것이다. 여기에 함께 적어 두어, 책을 빌려 주지 않는 사람을 깊이 경계하는 바이다.

에게 말을 빌려 주지 않는 야박한 세태를 비판했듯이, 연암은 남에게 책을 빌려 주지 않는 세태를 비판하고자 한 것이다. 『연암집』 권5 「어떤 이에게 보냄」(與人) 참조.

영처고서 嬰處稿序

자패子佩(유연柳璉)가 말했다.

"비루하구나, 무관懋官이 시를 지은 것이야말로! 옛사람의 시를 배웠음에도 그와 비슷한 점을 보지 못하겠다. 털끝만큼도 비슷한 적이 없으니 어찌 그 소리인들 비슷할 수 있겠는가? 야인野人의 비루함에 안주하고 시속時俗의 자질구레한 것을 즐기고 있으니, 바로 오늘날의 시이지 옛날의 시는 아니다."

나는 이 말을 듣고서 크게 기뻐하여 말했다.

"이것이야말로 그의 시에서 살펴볼 만한 점이다.[1] 옛날을 기준으로 지금을 본다면 지금이 진실로 비속하기는 하지만, 옛사람들도 자신을 보면서 반드시 자신이 예스럽다고 생각하지는 않았을 것이다. 당시에 그 시를 살펴보던 사람 역시 그때에는 하나의 지금 사람이었을 따름이다.[2]

---

1. **이것이야말로 …… 점이다**　원문은 '此可以觀'인데, 『논어』 「양화」陽貨에서 공자는 『시경』詩經의 시로써 풍속의 성쇠盛衰를 "살필 수 있다"(可以觀)고 하였다.
2. **옛날을 …… 따름이다**　옛날을 이상화하고 지금을 말세로 여기는 귀고천금貴古賤今의 복고적 사상을 비판한 말이다.

그러므로 세월이 도도히 흘러감에 따라 풍요風謠도 누차 변하는 법이
다. 아침에 술을 마시던 사람이 저녁에는 그 자리를 떠나고 없으니, 천추
만세千秋萬世토록 이제부터 옛날이 되는 것이다. 그렇다면 '지금'이라는 것
은 '옛날'과 대비하여 일컬어지는 이름이요, '비슷하다'는 것은 그 상대인
'저것'과 비교할 때 쓰는 말이다. 무릇 '비슷하다'고 하는 것은 비슷하기
만 한 것이어서 저것은 저것일 뿐이요, 비교하는 이상 이것이 저것은 아
니니, 나는 이것이 저것과 일치하는 것을 아직껏 보지 못하였다.

　　종이가 하얗다고 해서 먹이 이를 따라 하얗게 될 수는 없으며, 초상
화가 아무리 실물과 닮았다 하더라도 그림이 말을 할 수는 없는 것이다.

　　우사단雩祀壇[3] 아래 도저동桃渚洞에 푸른 기와로 이은 사당이 있고, 그
안에 얼굴이 붉고 수염을 길게 드리운 이가 모셔져 있으니 영락없는 관
우關羽이다. 학질을 앓는 남녀들을 그 좌상座牀 밑에 들여보내면 정신이
놀라고 넋이 나가 추위에 떠는 증세가 달아나고 만다. 하지만 어린아이
들은 아무런 무서움도 없이 그 위엄스런 소상塑像에게 무례한 짓을 하는
데, 그 눈동자를 후벼도 눈을 깜짝이지 않고 코를 쑤셔도 재채기를 하지
않는다. 그저 덩그러니 앉아 있는 소상에 불과한 것이다.

　　이를 통해 보건대, 수박을 겉만 핥고 후추를 통째로 삼키는 자와는
더불어 그 맛을 말할 수가 없으며, 이웃 사람의 초피貂皮 갖옷을 부러워
하여 한여름에 빌려 입는 자와는 더불어 계절을 말할 수가 없듯이, 관우
의 가상假像에다 아무리 옷을 입히고 관을 씌워 놓아도 진솔眞率한 어린아
이를 속일 수는 없는 것이다.

---

3. **우사단雩祀壇**　　서울 남산 서편 기슭에 있던 기우제 지내던 단壇이다. 사방이 40척이고, 구망
句芒, 축융祝融, 후토后土, 욕수蓐收, 현명玄冥, 후직后稷을 모셨다. 유월 상순에 제사를 드렸다.
남관왕묘南關王廟가 그 부근인 남대문 밖 도저동桃渚洞에 있었는데 선조宣祖 때 명나라 장수 진
인陳寅이 세웠다고 한다.

무릇 시대와 풍속을 걱정하고 가슴 아파한 사람으로는 역사상 굴원屈原만 한 사람이 없는데도, 초楚나라 풍속이 귀신을 숭상했기 때문에 귀신을 노래한 「구가」九歌[4]를 지었으며, 한漢나라는 진秦나라의 옛것에 의거하여 진나라의 땅에서 황제가 되고 진나라의 성읍에다 도읍을 정하고 진나라의 백성을 백성으로 삼았으되, 약법삼장約法三章[5]에 있어서는 진나라의 법을 답습하지 않았다.

지금 무관懋官은 조선 사람이다. 산천과 기후가 중화中華 땅과는 다르고 언어와 풍속도 한당漢唐의 시대와 다르다. 그런데도 만약 작법을 중화에서 본뜨고 문체를 한당에서 답습한다면, 나는 작법이 고상하면 할수록 그 내용이 실로 비루해지고, 문체가 비슷하면 할수록 그 표현이 더욱 거짓이 됨을 볼 뿐이다.

우리나라가 비록 구석진 나라이기는 하나 이 역시 천승千乘의 나라요, 신라와 고려 시대 이래로 비록 검박儉薄하기는 하나 민간에 아름다운 풍속이 많았으니, 그 방언을 문자로 적고 그 민요에다 운韻을 달면 자연히 문장이 되어 그 속에서 '참다운 이치'(眞機)가 발현된다. 답습을 일삼지 않고 빌려 오지도 않으며, 차분히 현재에 임하여 눈앞의 삼라만상을 마주 대하니, 오직 무관의 이 시들이 바로 그러하다.

아, 『시경』에 수록된 300편의 시는 조수鳥獸와 초목草木의 이름을 들지 않은 것이 없고,[6] 여항閭巷의 남녀가 나눈 말들을 기록한 것에 지나지 않

---

4. 「구가」九歌   태일신太一神인 동황태일東皇太一, 구름신인 운중군雲中君, 상수湘水의 신인 상군湘君, 아황娥皇과 여영女英의 상부인湘夫人 등 귀신들을 노래한 11수로 되어 있다.
5. **약법삼장約法三章**   한나라 고조高祖 유방劉邦은 진나라 수도 함양咸陽을 함락한 뒤, 진나라의 가혹하고 번다한 법률 대신 삼장三章, 즉 살인자는 죽이고 상해자와 도적은 처벌한다는 세 가지 법만을 시행하겠다고 약속하였다. 『史記』卷8「高祖本紀」
6. 『시경』에 …… 없고   『논어』「양화」에서 공자는 『시경』의 시를 공부하면 "조수와 초목의 이름을 많이 알 수 있다"고 하였다.

는다.[7] 패국邶國과 회국檜國 사이에는 지리적으로 풍토가 같지 않고, 강수江水와 한수漢水 유역에는 백성들이 그 풍속을 각기 달리하므로, 시를 채집하는 사람이 열국列國의 국풍國風으로 만들어 그 지방 백성들의 성정性情을 고찰하고 그 풍속을 파악하였던 것이다. 따라서 무관懋官의 이 시가 예스럽지 않은 점에 대해 어찌 다시 의아해하겠는가. 만약 성인聖人이 중국에 다시 나서 열국의 풍속을 관찰한다면, 이 『영처고』嬰處稿를 상고함으로써 우리나라의 조수와 초목의 이름을 많이 알게 될 것이고, 우리나라 남녀의 성정[8]을 살필 수 있을 것이다. 따라서 이 시를 '조선의 국풍'이라 불러도 될 것이다."

7. **여항閭巷의 …… 않는다**   주자朱子는 「시집전서」詩集傳序에서 『시경』의 국풍國風은 여항의 가요에서 나온 것이 많으며, 남녀가 함께 노래하면서 각자의 감정을 말한 것이라 하였다.
8. **우리나라 남녀의 성정**   원문은 '貊男濟婦之性情'인데, '貊男'은 강원도 남자, '濟婦'는 제주도 여자를 가리킨 것이 아닌가 한다. 강원도는 옛날에 맥국貊國의 땅이었다고 한다. 『燕巖集』卷3 「送沈伯修出宰狼川序」 또한 『연암집』권7 「이방익의 사건을 기록함」(書李邦翼事)에서 제주도 사람을 '제인'濟人이라 표현하고 있다.

형언도필첩서 炯言桃筆帖序

아무리 작은 기예技藝라 할지라도 다른 것을 잊어버리고 매달려야만 이루어지는 법인데 하물며 큰 도道에 있어서랴.

최흥효崔興孝[1]는 온 나라에서 글씨를 제일 잘 쓰는 사람이었다. 일찍이 과거에 응시하여 시권試券을 쓰다가 그중에 글자 하나가 왕희지王羲之의 서체와 비슷한 것을 발견하고는, 종일토록 들여다보고 앉았다가 차마 그것을 버릴 수가 없어 시권을 품에 품고 돌아왔다. 이쯤 되면 '이해득실 따위를 마음속에 두지 않는다'고 이를 만하다.

이징李澄[2]이 어릴 때 다락에 올라가 그림을 익히고 있었는데 집에서 그가 있는 곳을 몰라서 사흘 동안 찾다가 마침내 찾아냈다. 부친이 노하여 종아리를 때렸더니 울면서도 떨어진 눈물을 끌어다 새를 그리고 있었다. 이쯤 되면 '그림에 온통 빠져서 영욕榮辱을 잊어버렸다'고 이를

---

1. **최흥효崔興孝**   조선 세종世宗 때의 명필로 초서에 뛰어났다고 한다.
2. **이징李澄**   선조 14년(1581) 유명한 화가였던 종실宗室 학림정鶴林正 이경윤李慶胤의 서자로 태어났다. 도화서圖畵署 화원畵員이 되었으며, 산수화에 뛰어났다고 한다.

만하다.

학산수鶴山守[3]는 온 나라에서 노래를 제일 잘 부르는 사람이었다. 그가 산속에 들어가 소리를 익힌 적이 있었는데, 매양 한 가락을 마치면 모래를 주워 나막신에 던져서 그 모래가 나막신에 가득 차야만 돌아왔다. 일찍이 도적을 만나 장차 죽게 되었는데, 바람결에 따라 노래를 부르자 뭇 도적들이 모두 감격하여 눈물을 흘리지 않는 자가 없었다. 이쯤 되면 '죽고 사는 것을 마음속에 두지 않는다'고 이를 만하다.

나는 처음 그 이야기를 듣고서 이렇게 탄식하였다.

"큰 도道가 흩어진 지 오래되어, 어진 이를 좋아하기를 여색 좋아하듯이 하는 사람을 나는 보지 못하였다.[4] 그런데 저들은 기예를 위해서라면 자기의 목숨마저도 바꿀 수 있다 여겼으니, 아! 이것이 바로 아침에 도를 들으면 저녁에 죽어도 좋다[5]는 것이로구나."

도은桃隱이 『형암총언』炯菴叢言[6] 도합 열세 조목을 글씨로 써서 한 권의 책자로 만들어 나에게 서문을 써 줄 것을 부탁하였다.

도은과 형암 이 두 사람은 내적인 면에 오로지 마음을 쓰는 사람인가, 육예六藝 속에서 노니는 사람인가?[7] 그것이 아니고 이 두 사람이 사생

---

3. **학산수鶴山守**   종실宗室로, 이름은 알 수 없다. 수守는 종친부宗親府의 정4품 벼슬이다. 이와 유사한 인물로, 태종의 서자인 익녕군益寧君의 증손으로 옥적玉笛을 잘 불었던 단산수丹山守 이억순李億舜이 있다. 단산수가 명종 때의 유명한 도적인 임꺽정(林巨正)의 산채에 잡혀 갔다가 옥적 연주로 도적들을 감동시키고 놓여난 이야기가 『어우야담』於于野談 등에 전하고 있다.
4. **어진 이를 …… 못하였다**   『논어』「자한」子罕과 「위령공」衛靈公에 나오는 말이다. 단 『논어』에는 '어진 이'(賢)가 '덕 있는 이'(德)로 되어 있다.
5. **아침에 …… 좋다**   『논어』「이인」里仁에서 공자가 한 말이다.
6. **『형암총언』炯菴叢言**   이덕무가 지은 책인데, 『청장관전서』靑莊館全書에는 전하지 않는다. 형암은 이덕무의 호이다.
7. **육예六藝 …… 사람인가**   육예는 예禮·악樂·사射·어馭·서書·수數를 말한다. 공자가 이르기를 "도에 뜻을 두고, 덕에 의거하며, 인에 의지하며, 예에서 노닌다"(志於道 據於德 依於仁 遊於藝) 하였는데, 앞의 세 항목이 '내적인 면에 마음을 쓰는' 것이라면, 육예에서 노니는 것은 외적인 면, 즉 일상적인 행동을 통해 수양에 힘쓰는 것을 뜻한다. 주자朱子의 주에 따르면, 그렇게 할

死生과 영욕榮辱의 분별을 잊어버리고 이와 같이 정교한 경지에 이르렀다면 어찌 지나친 것이 아니겠는가. 만약 이 두 사람이 무언가를 위해 다른 모든 것을 잊을 수 있다면, 도와 덕 속에서 서로를 잊고 지내기 바란다.[8]

때 본말을 갖추게 되고 내외가 서로 함양된다고 하였다. 『論語』 「述而」

8. **도와 …… 바란다**　　『장자』莊子 「대종사」大宗師에서 공자는 "물고기는 강호에서 서로를 잊고 지내며, 사람은 도술에서 서로를 잊고 지낸다"(魚相忘乎江湖 人相忘乎道術)고 하였다.

녹천관집서 綠天館集序

옛글을 모방하여 글을 짓기를 마치 거울이 형체를 비추듯이 하면 '비슷하다'고 하겠는가? 왼쪽과 오른쪽이 서로 반대로 되는데 어찌 비슷할 수 있겠는가. 그렇다면 물이 형체를 비추듯이 하면 '비슷하다'고 하겠는가? 뿌리와 가지가 거꾸로 보이는데 어찌 비슷할 수 있겠는가. 그렇다면 그림자가 형체를 따르듯이 한다면 '비슷하다'고 하겠는가? 한낮이 되면 난쟁이(侏儒僬僥)[1]가 되고 석양이 들면 키다리(龍伯防風)[2]가 되는데 어찌 비슷할 수 있겠는가. 그림이 형체를 묘사하듯이 한다면 '비슷하다'고 하겠는가? 걸어가는 사람이 움직이지 않고 말하는 사람이 소리가 없는데 어찌 비슷할 수 있겠는가. 그렇다면 옛글과 끝내 비슷할 수 없단 말인가?

그런데 어찌 구태여 비슷한 것을 구하려 드는가? 비슷한 것을 구하

---

1. **난쟁이(侏儒僬僥)**　　주유侏儒는 난쟁이를 말하고, 초요僬僥는 『열자』列子 「탕문」湯問에 나오는 단인국短人國 사람, 또는 『국어』國語 「노 하」魯下에 나오는 키가 석 자밖에 안 된다는 종족이다.
2. **키다리(龍伯防風)**　　용백龍伯은 『열자』 「탕문」에 나오는 대인국大人國 사람, 방풍防風은 『국어』 「노 하」에 나오는 키가 큰 종족이다.

려 드는 것은 그 자체가 참이 아니라는 것을 인정하는 셈이다. 천하에서 이른바 서로 같은 것을 말할 때 '꼭 닮았다'(酷肖)라 일컫고, 분별하기 어려운 것을 말할 때 '진짜에 아주 가깝다'(逼眞)라고 일컫는다. 무릇 '진'眞이라 말하거나 '초'肖라고 말할 때에는 그 속에 '가'假와 '이'異의 뜻이 내재되어 있다. 그러므로 천하에는 이해하기 어렵지만 배울 수 있는 것이 있고, 전혀 다르면서도 서로 비슷한 것이 있다. 언어가 달라도 통역을 통해 의사를 소통할 수 있고, 한자漢字의 자체字體가 달라도 모두 문장을 지을 수 있다. 왜냐하면 외형은 서로 다르지만 내심은 서로 같기 때문이다. 이로 말미암아 보건대, '마음이 비슷한 것'(心似)은 내면의 의도라 할 것이요 '외형이 비슷한 것'(形似)은 피상적인 겉모습이라 하겠다.

이씨의 자제인 낙서洛瑞(이서구李書九)는 나이가 16세로[3] 나를 따라 글을 배운 지가 이미 여러 해가 되었는데, 심령心靈이 일찍 트이고 혜식慧識이 구슬과 같았다. 일찍이 『녹천관집』綠天館集을 가지고 와서 나에게 질문하기를,

"아, 제가 글을 지은 지가 겨우 몇 해밖에 되지 않았으나 남들의 노여움을 산 적이 많았습니다. 한 마디라도 조금 새롭다던가 한 글자라도 기이한 것이 나오면 그때마다 사람들은 '옛글에도 이런 것이 있었느냐?'고 묻습니다. '그렇지 않다'고 대답하면 발끈 화를 내며 '어찌 감히 그런 글을 짓느냐!'고 나무랍니다. 아, 옛글에 이런 것이 있었다면 제가 어찌 다시 쓸 필요가 있겠습니까. 선생님께서 판정해 주십시오."
하였다. 그의 말을 듣고 나는 손을 모아 이마에 얹고 세 번 절한 다음 꿇어앉아 말하였다.

"네 말이 매우 올바르구나. 가히 끊어진 학문을 일으킬 만하다. 창힐

---

3. **나이가 16세로**   이서구는 1754년에 태어났으므로, 이 글을 지은 때는 1769년임을 알 수 있다.

蒼頡이 글자를 만들 때 어떤 옛것에서 모방하였다는 말을 듣지 못하였고, 안연顏淵이 배우기를 좋아했지만 유독 저서가 없었다. 만약 옛것을 좋아하는 사람이 창힐이 글자를 만들 때를 생각하고, 안연이 표현하지 못한 취지를 저술한다면 글이 비로소 올바르게 될 것이다. 너는 아직 나이가 어리니, 남들에게 노여움을 받으면 공경한 태도로 '널리 배우지 못하여 옛글을 상고해 보지 못하였습니다'라고 사과하거라. 그래도 힐문이 그치지 않고 노여움이 풀리지 않거든, 조심스런 태도로 '은고殷誥와 주아周雅[4]는 하夏·은殷·주周 삼대三代 당시에 유행하던 문장이요, 승상丞相 이사李斯와 우군右軍 왕희지王羲之의 글씨는 진秦나라와 진晉나라에서 유행하던 속필俗筆이었습니다'라고 대답하거라."

---

4. **은고殷誥와 주아周雅**   은고는 「중훼지고」仲虺之誥와 「탕고」湯誥, 즉 『서경』書經을 가리키고, 주아는 주공周公이 제정했다는 소아小雅와 대아大雅, 즉 『시경』詩經을 가리킨다.

영재집서 泠齋集序

장석匠石(돌을 다듬는 사람)이 기궐씨劌劂氏(돌에 글씨를 새기는 사람)에게 말하기를,

"천하의 물건 가운데 돌보다 단단한 것은 없다. 그렇게 단단한 것을 베어 내어 자르고 깎고 하여 이수螭首와 귀부龜趺를 만들어 신도神道에 세우고 영원히 없어지지 않도록 하는 것은 바로 나의 공이니라."

하니, 기궐씨가 이렇게 말했다.

"오래도록 닳아 없어지지 않기로는 글자를 새기는 것보다 더 오래가는 것이 없다. 위대한 인물의 훌륭한 행적에 대하여 군자가 비명碑銘을 지어 놓았다 하더라도 나의 공력이 들어가지 않으면 장차 그 빗돌을 어디에다 쓰겠는가."

그렇게 다투다가 마침내 마렵자馬鬣子[1]에게 함께 가서 시비를 가리려 했으나, 마렵자는 아무런 소리도 없이 조용히 있기만 할 뿐 세 번을 불러도 세 번 다 대답이 없었다. 이때 옆에 있던 석옹중石翁仲(무덤 앞에 세워

---

1. **마렵자馬鬣子**　말갈기처럼 풀이 무성한 봉분封墳을 의인화한 표현이다.

놓은 석인石人이 껄껄대고 웃으면서,

"그대들은 천하에서 가장 단단한 것으로 돌보다 더한 것이 없고, 오래도록 닳아 없어지지 않는 것으로 글자를 새기는 것보다 더 오래가는 것이 없다고 하는구먼. 비록 그러하나 돌이 정말 단단하다면 어떻게 깎아서 빗돌을 만들 수 있겠으며, 닳아지지 않는다면 어떻게 글자를 새길 수 있겠는가. 그것을 깎아서 새길 수 있는 이상 부엌을 만드는 사람이 가져다가 솥을 앉히는 이맛돌로 쓰지 않으리라 어찌 장담하겠는가."

하였다.

양자운揚子雲(양웅揚雄)은 옛것을 좋아하는 사람으로서 기자奇字[2]를 많이 알았다. 한창 『태현경』太玄經을 저술하다가 이 말을 듣고 얼굴빛이 변하더니, 개연히 크게 탄식하기를,

"아! 오烏[3]야, 너는 알고 있어라. 석옹중의 풍자를 들은 사람들은 장차 이 『태현경』을 장독의 덮개로 쓰겠지.[4]"

하니, 듣고 있던 사람들이 모두 크게 웃었다.

봄날에 『영재집』에다 쓰다.

---

2. **기자奇字**　　　고문古文(공자벽중서孔子壁中書), 전서篆書, 예서隸書, 무전繆篆, 충서蟲書와 함께 한자漢字의 육체六體의 하나로, 고문의 변체變體인데 양웅이 이를 즐겨 배웠다고 한다.

3. **오烏**　　　양웅의 아들 양오揚烏로, 동오童烏라고도 한다. 문학의 신동神童이었으나 아홉 살로 요절했다고 한다.

4. **석옹중……쓰겠지**　　　이는 원래 유흠劉歆이 한 말이다. 유흠은 『태현경』을 보고 나서 양웅에게, "나는 후세 사람들이 이를 장독의 덮개로 쓸 것을 두려워 한다"고 비판하였다. 『前漢書』 卷 87下 「揚雄傳」

순패서 旬稗序

소천암小川菴이 우리나라의 민요와 민속, 방언方言과 속기俗技 등을 두루 기록하고, 심지어는 종이 연에도 계보系譜를 만들고 어린애들 수수께끼에도 해설을 붙여 놓았다. 여항閭巷 구석구석의 익숙한 실태며, 문에 기댄 기녀들이 몸을 움츠리고 아양을 떠는 모습[1]과 칼을 두드리는 백정이 손뼉을 치면서 맹세하는 모습[2]에 이르기까지 어느 것 하나 수집해 실어 놓지 않은 것이 없었으며, 각각의 내용들을 조목별로 잘 엮어 놓았다. 입으로 표현하기 어려운 것들까지도 붓으로 잘 묘사했고, 전혀 생각지도 않았던 내용들까지도 책을 펼쳐 보면 곳곳에 나와 있으며, 닭이 울고 개가 짖어대는 소리와 벌레가 몸을 일으키고 굼벵이가 꿈틀거리는 모습 등 모든

---

1. **문에 …… 모습**　원문은 '肩媚'인데, 견미란 '협첨'脅諂과 같은 말로 『맹자』孟子 「등문공 하」滕文公下에 증자曾子가 말하기를, "몸을 움츠리고 억지웃음 짓는 것이 여름철 밭일하기보다 괴롭다"(脅肩諂笑 病于夏畦)고 하였다. '협견첨소'脅肩諂笑는 소인배가 권세가 앞에서 아첨하는 태도를 말한다.
2. **손뼉을 …… 모습**　원문은 '掌誓'로 민간에서 맹세할 때 손뼉을 쳐서 신용을 나타내 보이는 것을 '격장위서'擊掌爲誓라 한다.

것이 실제의 모습과 소리대로 표현되어 있다. 이를 십간+干의 순으로 배열하고는 책이름을 『순패』旬稗라 하였다.

하루는 이 책을 소매에 넣어 가지고 와서 나에게 보여 주며,

"이 책은 내가 어린 시절에 손장난 삼아 지어 본 것일세. 그대는 음식 가운데 거여粔籹(유밀과油蜜菓의 일종인 중배끼)를 보지 못하였는가? 찹쌀을 가루로 만들어 술에 적시어 누에 크기만큼 잘라서 더운 구들장에 말린 다음 기름에다 튀기면 그 모양이 누에고치 모양으로 부푼다네. 보기에 깨끗하고 아름답기는 하지만 그 속이 텅텅 비어 아무리 먹어도 배가 부르지 않으며, 잘 부스러지는 성질이 있어 입으로 혹 불기만 해도 눈발 날리듯 한다네. 그래서 물건 가운데 겉만 번지르르하고 속이 비어 있는 것을 '거여'라고 하지.

그런데 개암, 밤, 벼 등은 사람들이 하찮게 여기는 것들이지만 실로 아름다우면서도 참으로 배가 불러서, 이것으로 상제上帝에게 제사를 드릴 수도 있고 귀한 손님에게 예물로 드릴 수도 있지. 무릇 문장을 짓는 방법 역시도 이와 마찬가지일세. 그런데도 사람들은 개암, 밤, 벼를 별것 아닌 것으로 여기니 그대가 나를 위해 시비를 가려 주지 않겠는가?"

하였다. 내가 이 책을 다 읽고 난 후 그에게 대답하기를,

"장주莊周가 꿈에 나비가 되었다는 말은 믿지 않을 수 없지만, 한漢나라 때의 장수 이광李廣이 쏜 화살이 바위를 뚫고 들어갔다는 이야기[3]는 끝내 의문을 남긴다네. 왜냐하면 꿈이라는 것은 직접 보기 어려운 것이고, 반면에 실제로 눈앞에 일어난 일은 징험하기가 쉽기 때문이지. 그런데 지금 그대는 일상생활 가까이에서 일어나는 이야기를 조사하고 사회

---

3. 이광李廣이 …… 이야기   이광이 사냥을 나갔다가 풀 속에 있는 바위를 호랑이인 줄 알고 힘껏 쏘았더니 화살이 바위를 뚫고 들어갔으나, 바위인 줄 알고 난 뒤 다시 쏘았을 때는 끝내 화살이 바위를 뚫고 들어갈 수 없었다고 한다. 『史記』 卷109 「李將軍列傳」

의 구석진 곳에서 일어나는 일들을 수집하였으므로, 평범한 남녀들의 가벼운 웃음거리와 일상적인 생활사들이 어느 것 하나 눈앞에 실제로 일어난 일이 아닌 것이 없으니, 눈이 시도록 보고 귀로 실컷 들어서 성단용노城旦庸奴[4]라도 그렇다고 여기는 것들이네. 그렇기는 하지만 묵은 장醬이라도 그릇을 바꾸어 담으면 입맛이 새로워지듯, 늘 보던 것도 장소가 달라지면 마음과 보는 눈이 모두 달라지는 법이지.

이 책을 보는 사람들은 굳이 소천암이 어떤 사람인지, 민요가 어느 지방의 것인지 물어볼 필요도 없이 이 책만 보면 바야흐로 알 수가 있으이. 이 책에다 운韻을 달아 연독聯讀하면 백성들의 성정性情을 논할 수 있고,[5] 계보에 따라 그림을 그리면 그 대상의 수염과 눈썹까지도 검증할 수가 있을 것이네.

재래도인聹𥃉道人[6]이 일찍이 말하기를, '석양 아래 작은 돛단배가 갈대숲 속에 살짝 가려지니, 사공과 어부가 모두 텁수룩한 수염에 구레나룻이 험상궂은 사람이라 하더라도, 저 건너 물가에서 바라보면 그들이 곧 고사高士 육노망陸魯望[7] 선생이 아닌가 의심하게 된다' 하였으니, 아아, 도인道人이 이러한 생각을 나보다 먼저 해 버렸네그려. 그러니 그대는 도인을 스승으로 섬겨야 하겠네. 찾아가서 징험해 보도록 하게나."
하였다.

---

4. **성단용노城旦庸奴**   도형徒刑을 사는 무식한 자이다. 원문에서는 조선 태조太祖의 이름자 단旦을 휘하여 '城朝庸奴'라 하였다.
5. **이 책에다……있고**   이 책의 내용을 소재로 시를 지으면 이를 통해 백성들의 심성을 알 수 있다는 뜻이다.
6. **재래도인聹𥃉道人**   재래도인은 귀머거리에다 사팔뜨기를 겸한 도인이란 뜻으로 이덕무의 호의 하나이다. '聹粈道人'으로 표기하기도 하였다. 재래도인이 했다는 말은 『청장관전서』 권63 「선귤당농소」蟬橘堂濃笑에 나오는 말과 거의 똑같다.
7. **육노망陸魯望**   당나라 때의 인물로 이름은 귀몽龜蒙, 호는 강호산인江湖散人이며, 노망魯望은 그의 자이다. 강호에서 노닐기를 좋아하였으며, 조정에서 고사高士로서 초빙했으나 응하지 않았다.

염재기念齋記

송욱宋旭이 술에 취해 쓰러져 자다가 해가 떠올라서야 겨우 잠에서 깼었다. 누워서 들으니, 솔개가 울고 까치가 지저귀며, 수레 소리와 말발굽 소리가 시끄러우며, 울 밑에서는 절구 소리가 나고 부엌에서는 그릇 씻는 소리가 나며, 늙은이의 부르는 소리와 어린애의 웃음소리, 남녀종들의 꾸짖는 소리와 기침하는 소리 등 문밖에서 일어나는 모든 일을 분별하지 못할 것이 없건만 유독 자신의 소리만은 들리지 않았다.

이에 몽롱한 가운데 중얼거리기를,

"집안 식구는 모두 다 있는데 나만 어찌하여 없는가?"

하며 눈을 들어 사방을 둘러보았다. 저고리와 바지는 다 횟대에 놓여 있고 갓은 벽에 걸려 있고 띠는 횟대 끝에 걸려 있으며, 책들은 책상 위에 놓여 있고, 거문고는 뉘어져 있고 가야금은 세워져 있으며, 거미줄은 들보에 얽혀 있고, 쇠파리는 창문에 붙어 있다. 무릇 방 안의 물건치고 하나도 없는 것이 없는데 유독 자기만이 보이지 않았다. 그래서 급히 일어서서 제가 자던 곳을 살펴보니 베개를 남쪽으로 하여 요가 깔려 있으며 이불은 그 속이 드러나 있었다. 이에 '송욱이 미쳐서 발가벗은 몸으로 집을 나갔구나!'라고 생각하고는 매우 슬퍼하고 불쌍히 여겼다. 한편으로 나무라기도 하고 한편으론 비웃기도 하다가, 마침내 의관衣冠을 안고서 그에게 찾아가 옷을 입혀 주려고 온 길을 다 찾아다녔으나 송욱은 보이지 않았다.

그래서 성城 동쪽에 살고 있는 소경에게 가서 점을 쳐 보니, 소경이 점을 치며 말하기를,

"서산대사西山大師가 갓끈이 끊겨 염주가 흩어졌구나. 저 부엉이를 불러다가 헤아려 보게 하자꾸나.[1]"

하고는 엽전을 던지자 동그란 것이 잘도 굴러가 문지방에 부딪쳐서야 멈추었다. 소경이 엽전을 주머니에 집어넣고는 축하하기를,

"주인은 여행을 나가고 나그네는 여의旅衣[2]가 없구나. 아홉을 잃고 하나만 남았으니 이레가 지나면 돌아오리라. 이 점사占辭가 크게 길吉하니 마땅히 과거에 장원급제하리라."

하였다. 송욱이 크게 기뻐하여 매양 과거가 열려 선비를 시험할 때면 반드시 유건儒巾을 쓰고 응시를 하였는데, 그때마다 제 시권試券에다 비점批點을 치고 나서 큰 글씨로 높은 등수를 매겨 놓았다. 그래서 한양漢陽의 속담에 반드시 이뤄질 수 없는 일을 두고 '송욱의 과거 보기'(宋旭應試)라고 말한다.

식자들이 이 말을 듣고서 말하기를,

"미치긴 미쳤으나 역시 선비답구나. 이러한 행동은 과거에 응시하면서도 과거에 뜻을 두지 않은 것이다."

하였다.

---

1. **부엉이를 …… 하자꾸나** 속담에 계산에 몹시 어두운 사람이 셈하는 경우를 '부엉이 셈 치기'라고 한다.
2. **여의旅衣** 여행 도중 입을 옷, 즉 행장行裝을 말한다.

계우季雨[3]는 성격이 소탈하여 술 마시기를 좋아하고 목청을 높여 노래하면서 스스로 '주성'酒聖이라고 호를 지었다. 세상에 겉으로는 씩씩한 체하면서도 속으로는 나약하기 이를 데 없는 사람을 보면 마치 자기 몸이 더럽혀지기나 한 듯 구역질을 하였다.[4]

내가 그에게 장난삼아 말하기를,

"술에 취하고서 자신을 성인이라 일컫는 것은 '미친 것'(狂)을 숨긴 것이거니와, 그런데 심지어 취하지 않고서도 반성하지 않는다면 '큰 미치광이'(大狂)에 가깝지 않겠는가."[5]

하니, 계우가 수심에 잠겨 한동안 있다가,

"그대의 말이 옳소."

하고는, 드디어 그 당堂의 이름을 '염재'念齋라 짓고 나에게 기記를 써 달라고 부탁하였다. 이에 송욱의 일을 써서 그를 권면하는 바이다. 저 송욱은 미치광이이기는 하지만 그 또한 스스로 노력한 자이다.

---

3. **계우季雨**　『종북소선』鍾北小選에는 이 글의 제목이 「염재당기」念哉堂記로 되어 있으며, 그와 함께 '계우'가 '숙응'叔凝으로 되어 있다. 숙응은 연암의 친구인 신광온申光蘊의 아우 신광직申光直(1738~1794)의 자字로, 그의 호가 또한 염재念齋였다. 신광직은 젊은 시절 연암뿐만 아니라 홍대용洪大容과도 절친하여 『담헌서』湛軒書에도 「여신염재부증박연암지원」與申念齋賦贈朴燕巖趾源 등 신광직과 관련된 시문이 몇 편 있다. 김영진, 「조선 후기의 明淸小品 수용과 小品文의 전개 양상」, 고려대 박사학위 논문, 2003 참고.

4. **세상에 …… 하였다**　공자는 '겉으로는 씩씩한 체하면서 속으로는 나약하기 이를 데 없는 사람'을 남이 알까 두려워하며 몰래 벽을 뚫고 담을 넘는 도둑에 비겨 비판하였고, 『論語』「陽貨」백이伯夷는 시골 사람과 서 있을 적에 그가 관을 올바로 쓰고 있지 않으면 뒤도 안 보고 가 버리면서 '마치 자기 몸이 더럽혀지기나 할 듯이 여겼다'(若將浼焉)고 하며, 『孟子』「公孫丑上」오릉 중자於陵仲子는 어머니가 만들어 준 거위 요리를 먹고 난 뒤 그 거위가 바로 형에게 선물로 들어온 것이었음을 알게 되자 '나가서 구역질을 하였다'(出而哇之)고 한다. 『孟子』「滕文公下」

5. **술에 …… 않겠는가**　『서경』「다방」多方에 "성인이라도 반성하지 않으면 광인이 되고, 광인이라도 반성할 줄 알면 성인이 된다"(惟聖罔念作狂 惟狂克念作聖)고 하였다. 개과천선改過遷善을 강조한 말이다. 본래 『서경』「다방」에서의 '광인'은 '어리석은 사람'이란 뜻이지만, 여기서는 송욱宋旭의 경우와 연계되어 쓰였으므로 '미치광이'로 새겼다.

관재기觀齋記

을유년(1765, 영조 41) 가을에 나는 팔담八潭으로부터 거슬러 올라가 마하연摩訶衍에 들어가서 준대사俊大師를 방문하였다. 그때 대사는 손가락으로 감중련坎中連을 하고서 눈으로는 코끝을 내려다보고 있었다.[1] 동자童子가 옆에서 화로를 헤치고 향을 피우는데, 그 연기가 둥글게 피어올라 머리털을 묶은 듯 버섯이 돋아난 듯 방 안에 자욱하였다. 연기는 붙들지 않아도 곧게 피어오르고 바람이 없어도 저절로 출렁이며, 너울너울 한들한들하며 다함이 없을 듯싶었다. 동자가 갑자기 깨우침을 얻어 웃음을 지으며,

"공덕功德이 충분히 쌓이니 동전動轉[2]은 바람으로 돌아가고, 나의 깨달

---

1. **손가락으로 …… 있었다**   손가락으로 감중련을 하고 있다는 것은 감괘坎卦 모양으로 소지小指를 대지大指와 맞닿게 한 인상印相을 말한다. 눈으로 코끝을 내려다보는 것은 조식법調息法의 일종이다.
2. **동전動轉**   불교 용어로, 움직임이란 뜻이다. 동動은 사대四大의 하나인 바람(風)의 자성自性이고, 전轉은 사물의 인연에 의하여 생기生起하는 것을 말한다. 『원각경』圓覺經에 "……난기煖氣는 불로 돌아가고, 동전은 바람으로 돌아가서, 사대가 각각 분리하니, 지금의 허망한 육신이 장차 어디에 있으리오"(煖氣歸火 動轉歸風 四大各離 今者妄身 當在何處)라고 하였다.

음을 성취하니 환향丸香 한 알이 무지개를 일으키네.[3]"

라고 하니, 대사가 감았던 눈을 뜨며 말하기를,

　"얘야, 너는 향香을 맡았지만 나는 그 재를 보며, 너는 그 연기를 보고 좋아하지만 나는 그 공空을 본다. 동전[4]이 이미 적멸寂滅했으니, 공덕功德을 어디에 베풀랴."

하였다. 동자가 말하기를,

　"감히 묻겠습니다. 무엇을 이른 말씀입니까?"

하니, 대사가,

　"너는 시험 삼아 그 재를 맡아 보아라. 다시 무슨 냄새가 나느냐? 너는 그 공空을 보아라. 다시 무엇이 있느냐?"

하였다. 동자가 눈물을 줄줄 흘리며 말하기를,

　"예전에 스승님께서 제 정수리를 쓰다듬으며 저에게 오계五戒를 내리셨고[5] 저의 법명法名을 지어 주셨습니다. 그런데 지금 스승님께서 말씀하시기를 '이름은 곧 내가 아니요, 나는 바로 저 공空이다' 하셨습니다. 공이란 곧 형체가 없는 것이니 이름이 있다 한들 장차 어디에다 쓰오리까. 청컨대 그 이름을 돌려 드리겠습니다."

하니, 대사가,

　"너는 공순히 받아서 고이 보내라. 내가 60년 동안 세상을 보았는데 어떠한 사물이든 머물러 있는 것이 없이 모두가 도도하게 흘러간다. 세월이 흐르고 흘러 그 바퀴를 멈추지 않으니, 내일의 해는 오늘의 해가

---

3. **환향……일으키네**　　원문은 '一粒起虹'인데, 일립一粒이란 여러가지 향을 섞어 환丸으로 만든 환향丸香 한 알을 말한다. 불경에서 무지개는 실체가 없는 허상의 비유로 종종 쓰인다.

4. **동전**　　대본에는 '동정'動靜으로 되어 있는 것을 바로잡았다. 몇몇 이본들에도 '동전'動轉으로 바르게 되어 있다.

5. **제……내리셨고**　　계사戒師가 수행자의 정수리를 쓰다듬고 나서 계戒를 내려 주는 것을 말한다. 오계五戒란 살생·도적질·간음·망언·술을 금하는 계율이다.

아니다. 그러므로 '미리 헤아린다'(迎)는 것은 '거스르는'(逆) 것이요,[6] '붙잡는다'(挽)는 것은 '억지로 애쓰는'(勉) 것이요, '돌려보낸다'(遣)는 것은 '순응하는'(順) 것이다. 너는 마음속에 머물러 두지 말고 기운이 막힘이 없도록 하라. 명命에 순응하여 명命으로써 나를 보고, 이理에 따라 돌려보내어서 이理로써 사물을 보면, 흐르는 물이 손가락으로 가리켜 보이는 곳에 있을 것이요 흰구름이 일어날 것이다."

하였다. 나는 이때 턱을 고이고 옆에 앉아서 듣고 있었으나 진실로 아득한 기분이었다.

　백오伯五(서상수徐常修)가 그의 대청을 '관재'觀齋라 이름짓고 나에게 글을 지어 줄 것을 부탁하였다. 저 백오도 준 대사의 설법을 들은 적이 있었던가. 드디어 그 말을 써서 기記를 짓는 바이다.

---

6. **미리 …… 것이요**　　거스를 '逆' 자에 '迎' 자와 같이 '맞이한다'는 뜻이 있음을 이용한 궤변이다. 단 여기서 '逆' 자는 '예측한다'는 뜻이다. 한편 '逆' 자에도 '미리', '사전에'라는 뜻이 있다.

선굴당기 蟬橘堂記

영처자嬰處子(이덕무李德懋)가 당堂을 짓고서 그 이름을 선굴당蟬橘堂이라고 하였다. 그의 벗 중에 한 사람이 이렇게 비웃었다.

"그대는 왜 어지럽게도 호號가 많은가.[1] 옛날에 열경悅卿[2]이 부처 앞에서 참회를 하고 불법을 닦겠다고 크게 맹세를 하면서 속명俗名을 버리고 법호法號를 따를 것을 원하니, 대사大師가 손뼉을 치고 웃으면서 열경더러 이렇게 말을 했네.

'심하도다, 너의 미혹됨이여. 너는 아직도 이름을 좋아하는구나. 중이란 육체가 마른 나무와 같으니 목비구木比丘라 부르고 마음이 식은 재와

---

1. **그대는 …… 많은가** 이덕무는 젊은 시절에 삼호거사三湖居士·경재敬齋·팔분당八分堂·선귤헌蟬橘軒·정암亭巖·을엄乙广·형암炯菴·영처嬰處·감감자憨憨子·범재거사汎齋居士 등의 호를 지녔다. 『青莊館全書』卷3 嬰處文稿 1 「記號」그 밖에 청음관青飮館·탑좌인塔左人·재래도인𪽰眛道人·매탕槑宕·단좌헌端坐軒·주충어재注蟲魚齋·학초목당學草木堂·향초원香草園 등의 호가 있었다. 가장 널리 알려진 호는 청장관青莊館과 아정雅亭이다.
2. **열경悅卿** 김시습金時習의 자이다. 김시습 역시 청한자清寒子·동봉東峯·매월당梅月堂·벽산청은碧山清隱·췌세옹贅世翁 등 호가 많았다. 법호는 설잠雪岑이다.

같으니 회두타灰頭陀[3]라 부르려무나. 산이 높고 물이 깊은 이곳에서 이름은 있어 어디에 쓰겠느냐. 너는 네 육체를 돌아보아라. 이름이 어디에 붙어 있느냐? 너에게 육체가 있기에 그림자가 있다지만, 이름은 본래 그림자조차 없는 것이니 장차 무엇을 버리려 한단 말이냐? 네가 정수리를 만져 머리카락이 잡히니까 빗으로 빗은 것이지, 머리카락을 깎아 버린 이상 빗은 있어 무엇하겠느냐.

네가 장차 이름을 버리려고 한다지만, 이름은 옥이나 비단도 아니요 땅이나 집도 아니며, 금이나 주옥이나 돈도 아니요 밥이나 곡물도 아니며, 밥솥이나 가마솥도 아니요 큰 가마나 큰솥도 아니며, 광주리도 술잔도 아니요 곡식 담는 각종 제기祭器도 고기 담는 제기도 아니다. 차고 다니는 주머니나 칼이나 향낭香囊처럼 풀어 버릴 수 있는 것도 아니요, 비단 관복이나 학鶴을 수놓은 흉배胸背, 서대犀帶나 어과魚果[4]처럼 벗어 버릴 수 있는 것도 아니다. 양쪽 끝에 원앙鴛鴦을 수놓은 베개나 술이 달린 비단 장막처럼 남에게 팔 수 있는 것도 아니며, 때나 먼지처럼 물로 씻어 낼 수 있는 것도 아니다. 생선 가시가 목에 걸린 것처럼 물까마귀 깃으로 토해 내게 할 수 있는 것도 아니며, 부스럼이나 마른 딱지처럼 손톱으로 떼어 낼 수 있는 것도 아니다.

그것이 네 이름이기는 하지만 너의 몸에 속한 것이 아니라 남의 입에 달려 있는 것이다. 남이 부르기에 따라 좋게도 나쁘게도 되고 영광스럽게도 치욕스럽게도 되며 귀하게도 천하게도 되니, 그로 인해 기쁨과 증오의 감정이 멋대로 생겨난다. 기쁨과 증오의 감정이 일어나기 때문에 유혹을 받기도 하고 기뻐하기도 하고 두려워하기도 하고 더 나아가 공포

---

3. **회두타灰頭陀**　두타頭陀는 범어梵語의 음역音譯으로 행각승行脚僧을 말한다.
4. **어과魚果**　과果는 신표信標라는 뜻이다. 물고기 모양을 나무에 새기거나 구리로 빚어 허리띠에 차던 관리의 신표를 말한다. 어부魚符 또는 어패魚佩라고도 하였다.

에 떨기까지 한다. 이빨과 입술은 네 몸에 붙어 있는 것이지만 씹고 뱉
는 것은 남에게 달려 있는 셈이니, 네 몸에 언제쯤 네 이름이 돌아올 수
있을는지 모르겠다.

저 바람 소리에 비유해 보자. 바람은 본시 실체가 없는 것인데 나무
에 부딪침으로써 소리를 내게 되고 도리어 나무를 흔들어 댄다. 너는 일
어나 나무를 살펴보아라. 나무가 가만히 있을 때 바람이 어디에 있더냐?
너의 몸에는 본시 이름이 없었으나 몸이 생겨남에 따라 이름이 생겨서[5]
네 몸을 칭칭 감아 너를 겁박하고 억류하는 것을 알지 못하는 것이다.

또 저 울리는 종에 비유해 보자. 북채를 멈추어도 그 소리는 울려
퍼진다. 그렇듯이 사람의 몸이 백 번 죽어도 이름은 그대로 남아 있으며,
그것은 실체가 없으므로 변하거나 없어지지 않는다. 이는 마치 매미의
허물이나 귤의 껍질과 같아서, 껍질이나 허물과 같은 외물에서 매미 소
리를 찾거나 귤 향기를 맡으려 한다면 이는 껍질이나 허물이 저처럼 텅
비어 있는 것을 알지 못하는 것이다.

네가 처음 태어나서 강보襁褓에서 응애응애 울 때에는 이러한 이름이
없었다. 부모가 아끼고 기뻐하여 상서로운 글자를 골라 이름을 지어 주
고, 다시 더럽고 욕된 이름을 지어 주었으니,[6] 이 모든 게 다 네가 잘 되
기를 축원한 것이다. 너는 이때만 해도 부모에 딸린 몸이어서 네 마음대
로 할 수가 없었다. 성장하고 나서야 네 몸이라는 것을 가지게 되었고
'나'를 입신立身하고 나서는 '그'가 없을 수 없으니, '그'가 '나'에게 와서 짝
이 되어 몸이 홀연[7] 한 쌍이 되었다. 한 쌍의 몸이 잘 만나서[8] 자녀를

---

5. **몸이 …… 생겨서**   대본에는 '卽有是事 酒有是名'으로 되어 있으나, 『종북소선』에 '卽有身故 乃
有是名'으로 되어 있어 이에 따라 번역하였다.
6. **다시 …… 주었으니**   유아 사망률이 높던 당시에 귀신이 데려가지 말라고 일부러 '개똥이'와
같은 천한 이름을 지어 불렀던 풍습을 말한다.
7. **몸이 홀연**   원문은 '逮忽'로 되어 있는데 뜻이 어색하다. 『종북소선』鍾北小選에 '身忽'로 되어
있어 이에 따라 번역하였다.

두니 둘씩 짝을 이루는 것이 마치 『주역』의 팔괘와 같았다.[9]

그리하여 몸이 이미 여럿이다 보니 거추장스럽게 되어 무거워 다닐 수가 없게 된다. 비록 명산名山이 있어 좋은 물에서 놀고 싶어도 이것 때문에 즐거움이 그치고[10] 슬퍼하고 근심하게 되며, 사이좋은 친구들이 술상을 차려 부르면서 이 좋은 날을 즐기자고 말을 해도 부채를 들고 문을 나서다 도로 다시 방으로 들어온다. 이 몸에 딸린 것을 생각하여 차마 떠나지 못하는 것이다.

네 몸이 얽매이고 구속을 받는 것은 몸이 여럿이기 때문이다. 이는 네 이름과 마찬가지여서, 어려서는 아명兒名이 있고 자라서는 관명冠名이 있으며, 덕德을 나타내기 위해 자字를 짓고 사는 곳에 호號를 짓는다. 어진 덕이 있으면 선생先生이란 호칭을 덧붙인다. 살아서는 높은 관작官爵으로 부르고 죽어서는 아름다운 시호諡號로 부른다. 이름이 이미 여럿이라 이처럼 무거우니 네 몸이 장차 그 이름을 감당해 낼지 모르겠다.'

이는 『대각무경』大覺無經[11]에 나온 이야기일세. 열경悅卿은 은자隱者로서 이름이 아주 많아 다섯 살 적부터 호號가 있었지.[12] 때문에 대사大師가 이로써 경계한 것이네.

갓난아기는 이름이 없으므로 영아嬰兒라 부르고 시집가지 않은 여자

---

8. 한 쌍의 …… 만나서　　결혼하는 것을 말한다. 『예기』 「혼의」昏義에 "혼례란 장차 두 성씨가 잘 만나는 것"(婚禮者 將合二姓之好)이라 하였다.

9. 둘씩 …… 같았다　　자녀들이 차례로 결혼하는 것을 말한다. 이를 팔괘가 음효陰爻와 양효陽爻의 배합으로 이루어지는 것에 비유하였다.

10. 이것 …… 그치고　　원문은 '爲此艮兌'인데, 간괘艮卦는 그침(止)을 상징하고, 태괘兌卦는 즐거움(說)을 상징한다.

11. 『대각무경』大覺無經　　허구로 지어낸 불경 이름이다.

12. 다섯 …… 있었지　　김시습은 다섯 살 적에 세종 앞에서 시를 지어 명성을 떨쳤으므로 사람들이 그의 이름을 감히 부르지 못하고 '오세'五歲라고 불렀다고 한다. 尹春年, 「梅月堂先生傳」 설악산의 오세암五歲菴도 그의 당호堂號였다는 설이 있다.

를 처자處子라고 하지. 따라서 영처嬰處라는 호는 대개 은사隱士가 이름을 두고 싶지 않을 때 쓴다네. 그런데 지금 갑자기 선귤蟬橘로써 자호自號를 하였으니 자네는 앞으로 그 이름을 감당하지 못하게 될 것일세. 왜냐하면 영아는 지극히 약한 것이고 처자란 지극히 부드러운 것이어서, 사람들이 자네의 유약함을 보고는 여전히 이 호로써 부를 것이요, 매미 소리가 들리고 귤 향기까지 난다면 자네의 당堂은 앞으로 시장처럼 사람이 모이게 될 걸세."

이에 영처자嬰處子가 말하기를,

"대사가 한 말과 같이, 매미가 허물을 벗어 그 허물이 말라붙고 귤이 시들어서 그 껍질이 텅 비어 버렸는데 어디에 소리와 빛과 내음과 맛이 있겠소? 이미 좋아할 만한 소리와 빛과 내음과 맛이 없는데 사람들이 장차 껍질이나 허물과 같은 외물에서 나를 찾겠소?"

하였다.

애오려기 愛吾廬記

정군 인산鄭君仁山[1]이 자기가 거처하는 집을 '애오려'愛吾廬라 이름하고 하루는 나에게 기記를 청해 왔기에, 나는 인산에게 다음과 같이 말하였다.

무릇 사람이나 사물이 처음 생길 적에는 진실로 각자가 구별되지 않았다. 즉 남이나 나나 다 사물이었던 것이다. 그런데 어느 날 갑자기 자기를 들어 남과 마주 놓고서 '나'라 일컬으며 구분을 짓게 되었다. 이에 천하의 사람들이 비로소 분분히 일어나 자기를 말하고 일마다 '나'라 일컫게 되었으니, 이미 그 사심私心을 이겨 낼 수 없게 되었다. 게다가 자기를 사랑한다는 말까지 스스로 덧붙인 경우는 말할 것도 없을 것이다.

『효경』孝經에서 "신체발부身體髮膚는 부모에게서 받은 것이므로 감히 손상시켜서는 안 된다"고 하였다. '나'를 이미 '나'라고 할진댄, 지금 '나'의 터럭 하나를 잡아당긴다 하더라도 그 때문에 온몸이 편치 않을 것이다. 어찌 내 몸 전체를 들어 '나'라고 여긴 경우에만 그러하겠는가. 비록 가

---

1. **정군 인산**鄭君仁山　　『겸헌만필』謙軒漫筆 곤坤에는 '인산'이 '자산'子山으로 되어 있다.

느다란 터럭 하나라도 다 '나'라 일컬을 수 있을 것이요, 장차 사랑하지 않는 터럭이 없게 될 것이다.

아, 터럭 하나도 '나'라고 하여 이미 사랑하지 않는 것이 없게 된다면, 나의 몸에서 겨우 터럭 하나를 사이에 둔 가까운 대상이라도 실로 모른 척하고 관여하지 않을 것이다. 그러기에 제 터럭 하나를 뽑아 천하 사람에게 이로움이 돌아간다 해도 하지 않는 자들이 있다.[2] 저들은 이미 자기의 터럭 하나를 천하보다 중하게 여기고 사랑하기를 지극히 두텁게 하니, 자기를 온전히 보호하여 아끼고자 생각하는 것이 어찌 지극하지 아니할 수 있겠는가.

그러나 사해四海가 지극히 넓다지만 장차 나의 터럭 하나도 잘 간수할 방법이 없을 터인즉, 또한 제 몸을 도외시함으로써 몸을 보존하는 자들이 있다. 그런데 저들은 제 몸을 도외시하여도 스스로를 보존하지 못할 것을 알고 나면, 자신을 사랑하기를 더욱 깊이 하고 근심하기를 더욱 간절히 하여, 심지어는 제 몸을 적멸寂滅하고자 하여[3] '나'라는 것을 가합假合[4]으로 여기고 사랑을 원업冤業[5]으로 여기며 삼강오륜을 끊어 버리고 삶을 보기를 원수 대하듯 한다. 따라서 저들은 제 한 몸의 '나'도 스스로 지닐 겨를이 없는데 하물며 터럭 하나의 '나'이랴.[6] 그리되면 앞에서 말한 사랑하기를 '지극히 두텁게 한다'는 것이 도리어 천하에 지극히 박한 것이 되고 만다. 이는 다름이 아니라 내 한 몸을 사유물로 여기고 자기를

2. **제 …… 있다** 맹자가 양주楊朱에 대해 "'나를 위함'(爲我)을 취하여 터럭 하나를 뽑아 천하 사람에게 이로움이 돌아간다고 해도 하지 않는다"고 비판하였다. 『孟子』「盡心上」
3. **적멸寂滅하고자 하여** 열반涅槃에 들게 하고자 한다는 뜻이다.
4. **가합假合** 불교에서는 일체의 사물을 지地·수水·화火·풍風 사대四大가 잠시 합쳐져서 이루어진 가합지신假合之身이라 본다.
5. **원업冤業** 악업惡業, 즉 악한 결과를 받는 행동을 말한다.
6. **하물며 …… 나이랴** 중이 삭발하는 것을 풍자한 것이다.

사랑하기를 지나치게 하기 때문이다.

전傳에 이르기를, "사람은 제 몸을 골고루 사랑하니, 제 몸을 기르는 것도 골고루 하려 한다. 그러나 몸의 작은 부분으로써 큰 부분을 해치지 말고 천한 부분으로써 귀한 부분을 해치지 말라" 하였다.[7] 그러므로 왕응 王凝의 아내는 도끼를 가져다가 자신의 팔목을 끊어서 그 몸을 깨끗이 하였던 것이다.[8] 팔목이 이미 부모에게서 받은 것이라면, 그 대소大小와 귀천貴賤이 어찌 한 점의 살이나 한 올의 머리털에 비할 바이랴. 그런데도 장차 자기 몸에 오물이 묻을 듯이 여겨,[9] 이를 악물고 잘라 내어 조금도 연연해하는 마음을 갖지 않은 것은 무엇 때문인가? 그 팔목을 사랑하기 때문이다.

'나'를 사랑하기를 왕씨의 아내같이 한다면 이는 사랑할 바를 안다고 할 것이다.

---

7. **전傳에 …… 하였다**　『맹자』「고자 상」告子上에서 맹자가 한 말이다. 몸에서 천하고 작은 부분이란 구복口腹을 가리키며, 귀하고 큰 부분은 심지心志를 가리킨다. 구복만을 기르는 자를 소인이요, 심지를 기르는 자를 대인이라 하였다.

8. **왕응王凝의 …… 것이다**　왕응이 타향에서 벼슬살이를 하다가 병으로 죽게 되자 그의 아내 이씨李氏가 어린 아들과 함께 유해를 지고 고향으로 돌아가던 중 개봉開封에 들러 숙박을 하게 되었다. 이때 여관 주인이 그녀를 보고 수상하게 여겨 숙박을 거절하며 팔을 잡아당겨 끌어내자 이씨가 하늘을 보고 통곡하며 "내가 여자가 되어 수절하지도 못하고 다른 남자에게 손이 잡혔으니, 이 손 때문에 내 몸을 더럽힐 수 없다" 하고는 도끼를 가져다 제 팔목을 끊어 버렸다. 『新五代史』卷54「雜傳」

9. **장차 …… 여겨**　백이伯夷는 관을 올바로 쓰고 있지 않은 시골 사람과 마주 서게 되면 뒤도 안 보고 가 버리면서 '장차 자기 몸에 오물이 묻을 듯이 여겼다'(若將浼焉) 한다. 『孟子』「公孫丑上」

환성당기喚醒堂記

당堂의 액호額號를 '불러서 깨운다'는 뜻의 '환성당'喚醒堂으로 한 것은 어째서인가? 이는 주인옹主人翁이 손수 쓴 것이다. 주인옹은 누구인가? 서봉西峰 이공李公¹이다. 부르는 대상은 누구인가? 바로 자신을 부른 것이다. 무엇 때문에 불렀는가? 공은 평소에 경이직내敬以直內하고 잠깐 사이라도 주일무적主一無適하여,² 언제나 삼가고 독실하여 하나의 공경할 '경'敬 자로써 힘쓰지 않은 적이 없었다. 그런데 온 세상 사람들이 무지몽매하여 취생몽사醉生夢死하니 어느 한 사람도 이러한 도리를 간파한 자가 없었으므로, 아무리 불러 보았자 꿈에서 깨어나지 못하였고 아무리 깨워 보았자 취기

---

1. **서봉西峰 이공李公**　　이시방李時昉(1594∼1660)의 호가 서봉西峰이다. 본관은 연안延安이고 시호는 충정忠靖이다. 연평부원군延平府院君 이귀李貴의 아들이요 영의정을 지낸 이시백李時白의 아우였다. 인조반정仁祖反正에 부친과 함께 가담하여 연성군延城君에 봉해졌으며, 이괄李适의 난과 정묘호란·병자호란 때에도 공로가 있었다.

2. **경이직내敬以直內하고 …… 주일무적主一無適하여**　　『주역』「곤괘」坤卦에 "군자는 경으로써 마음을 바르게 하고 의로써 행동을 바르게 한다"(君子 敬以直內 義以方外)고 하였다. 『논어』「학이」學而에서 공자가 천승千乘의 제후국을 통치하는 방법으로서 "그 일을 공경하고 인민들에게 신임을 얻어야 한다"(敬事而信)고 했는데, 주자朱子의 주註에 "경이란 주일무적을 이른 것이다"(敬者 主一無適之謂)라고 하였다. '주일무적'은 정신을 한 가지에 집중한다는 뜻이다. 성리학에서 '경이직내'와 '주일무적'은 수양修養 방법을 나타내는 표어로 흔히 쓰였다.

에서 벗어나지 못하였다. 이에 기거하는 당에다 편액을 걸어서 좌우명座右銘으로 대신하고 아침저녁으로 스스로를 깨우치며 항상 볼 수 있게 하였으니, 어찌 옳은 일이 아니겠는가. 지금 공의 후손인 판서공判書公[3]이 집을 짓고자 한 선조의 뜻을 잊지 아니하고 훌륭한 집을 이처럼 빛나게 지어 능히 선조의 미덕을 계승하였으니, 그 집안의 어진 자손이요 조상을 욕되게 아니한 사람이라 할 만하다.

나는 이 당에 대하여 거듭 감회가 있다. 이른바 오래된 가문이라는 것은 거기에 교목喬木이 있다고 해서 이르는 것은 아니다. 그러나 대대로 공신이 이어져 온 집에는 반드시 수백 년 된 교목이 있게 마련이다.[4]

지금 그 정원을 두루 살펴보면, 늙은 나무가 우람하고 큰 가지 작은 가지가 새로 나서 울울창창하니, 이는 단지 비와 이슬만 먹고 그렇게 된 것이 아니다. 만약에 나무를 배양하는 노고가 없었더라면 어찌 이처럼 무성할 수 있겠는가.

계속해서 이 당에 사는 후손이 진실로 거경居敬[5]하여 몸가짐을 지켜가지 않는다면, 뜰을 뒤덮은 늙은 나무를 보고 왕씨王氏의 세 그루 홰나무[6]에 부끄러움이 없을 수 있겠는가. 이를 힘써야 할진저.

---

3. **판서공判書公**　　연암과 교분이 있었으며 공조 판서·형조 판서를 지낸 이민보李敏輔(1717~1799)가 아닌가 한다.

4. **이른바 …… 마련이다**　　『맹자』 「양혜왕 하」梁惠王下에 맹자가 제齊나라 선왕宣王을 만나서 "이른바 오래된 나라라는 것은 거기에 교목이 있다고 해서 이르는 것은 아니다. 대대로 이어져 온 공신들이 있기에 그렇게 이르는 것이다"(所謂故國者 非謂有喬木之謂也 有世臣謂之也)라고 하였다. 연암의 말은 맹자의 이 말을 조금 변형한 것이다.

5. **거경居敬**　　경으로써 마음을 바로잡는 것을 말한다. 이른바 거경궁리居敬窮理는 성리학에서 수양과 학문의 요체로 간주되었다.

6. **왕씨王氏의 세 그루 홰나무**　　송宋나라 때 왕우王祐가 뜰에다 홰나무 세 그루를 심어 놓고서, "내 자손 가운데 반드시 삼공三公이 나올 것이다" 하였는데, 그 후에 아들 왕단王旦이 정승이 되었으므로 세상 사람들이 그들을 '삼괴왕씨'三槐王氏라 하였다. 『宋史』 卷282 「王旦傳」 삼괴三槐는 주나라 때 삼공이 천자에게 조회할 때 궁정 뜰의 세 그루 홰나무를 바라보고 서 있었으므로 '삼공'을 상징한다.

취미루기翠眉樓記

해마다 연말에 사신이 북경에 들어가게 되면 사대부들이 역관을 시켜 당액堂額의 글씨를 받아 오게 하는데, 받아 온 글씨를 보면 언제나 박명博明[1]의 글씨였다. 박명은 현재 기거주起居注 일강관日講官으로서, 진실로 당액의 글씨를 잘 썼다. 그런데 그 뒤에 박명의 다른 글씨를 여러 번 보게 되었는데, 필력筆力이 당액의 글씨에 비하여 크게 미치지 못하였으므로 나는 속으로 이상하게 여겼다. 들리는 말로는 한 역관이 사물재四勿齋[2]의 당액

---

1. **박명博明**　　호는 석재晳齋·서재西齋 등이다. 몽골인으로, 원 세조元世祖의 후손으로 자칭하였다. 건륭乾隆 때 진사進士에 급제하여 한림편수翰林編修 등을 거쳐 운남이서도雲南迤西道 병부원외랑兵部員外郞을 지냈다. 저명한 고증학자 옹방강翁方綱과 동향同鄕이자 동문同門에다 동방同榜으로 절친한 사이였다. 조선 사행使行을 상대로 장사하여 치부한 북경 상인 황씨黃氏 집안의 사위가 되었으므로, 북경에 온 조선 인사들과 빈번하게 교유하였다. 장고掌故에 밝았으며 글씨를 잘 썼다. 저서로 『봉성쇄록』鳳城鎖錄 등이 있다.
2. **사물재四勿齋**　　사물四勿은 『논어』「안연」顔淵에서 공자가 극기복례克己復禮, 즉 인을 실천하는(爲仁) 조목을 묻는 안연에게 "예가 아니면 보지 말고, 예가 아니면 듣지 말고, 예가 아니면 말하지 말고, 예가 아니면 행하지 말라"(非禮勿視 非禮勿聽 非禮勿言 非禮勿動)고 답한 것을 가리킨다.

을 써 달라고 청하자 박명이 종이를 집어던지며 투덜대기를, "동방에는 호가 같은 자가 어찌 그리도 많으냐? 내 녹침필綠沈筆³이 사물재를 쓰느라 다 닳아 버렸다" 하더라는 것이었다.

박명은 조선 주고主顧⁴ 황씨黃氏의 사위인 까닭에 역관들이 박 기거博起居⁵가 글씨를 잘 쓰는 줄 알게 되었을 것이며, 박명이 당액을 잘 썼던 것은 '사물'四勿이란 액호額號를 워낙 많이 썼기 때문일 것이다.

아, 우물에 빠진 모수毛遂⁶와 좌중을 놀라게 한 진준陳遵⁷도 똑같은 이름 때문에 오히려 당대에 웃음거리가 되었다. 하물며 호號란 것은 사람을 구분하기 위한 것이거늘, '삼성'三省⁸이니 '구용'九容⁹이니 하며 가는 곳마다 다 그런 호들이고, '눌와'訥窩¹⁰니 '묵재'默齋¹¹니 하는 호들이 열에 서넛을

---

3. 녹침필綠沈筆　대나무 붓대에 옻칠을 한 붓이다.
4. 조선 주고主顧　조선인을 단골 고객으로 삼은 상인을 말한다.
5. 박 기거博起居　기거기거는 박명의 당시 직책인 기거주 일강관의 줄임말이다.
6. 우물에 빠진 모수毛遂　조趙나라에 두 사람의 모수, 즉 평원군平原君의 식객食客으로 있는 모수와 야인野人인 모수가 있었다. 하루는 야인 모수가 우물에 빠져 죽었다. 식객 중에 한 사람이 이를 평원군에게 고하자, 평원군이 이 말을 듣고 "아, 하늘이 나를 버렸도다" 하며 탄식하였다. 『西京雜記』卷6
7. 좌중을 놀라게 한 진준陳遵　진준은 전한前漢 말의 인물로 자는 맹공孟公이다. 당시에 열후列侯 가운데 진준과 성姓과 자字가 같은 사람이 있었다. 그래서 진준이 남의 집을 방문할 때 언제나 진맹공陳孟公이 왔노라고 알렸다. 좌중이 깜짝 놀라 일어나 보면 그들이 생각했던 그 열후가 아니었다. 그래서 당시에 진준을 가리켜 '진경좌'陳驚座라고 불렀다. 『漢書』卷92「游俠傳」陳遵
8. 삼성三省　『논어』「학이」學而에서 증자曾子가 "나는 날마다 세 가지 조목에 비추어 자신을 반성한다"(吾日三省吾身)고 하였다.
9. 구용九容　『예기』「옥조」玉藻에 제시된 바 군자가 수신하고 처세할 때 지녀야 할 9종의 자용姿容으로, "발은 무겁고 손은 공손하며 눈은 단정하고 입은 다물며 목소리는 조용하고 머리는 곧게 세우며 기운은 엄숙하고 선 자세는 덕스러우며 낯빛은 씩씩하여야 한다"(足容重 手容恭 目容端 口容止 聲容靜 頭容直 氣容肅 立容德 色容莊)고 하였다.
10. 눌와訥窩　『논어』「이인」里仁에서 공자가 "군자는 말은 유창하지 못해도 실천은 민첩하고자 한다"(君子欲訥於言而敏於行)고 하였다.
11. 묵재默齋　『논어』「술이」述而에서 공자는 "말없이 마음에 새겨 두고, 배우되 싫증을 내지 않으며, 남을 가르치기를 게을리 하지 않는 것이 내게 무슨 힘든 일이랴"(默而識之 學而不厭 誨人不倦 何有於我哉)라고 하였다.

차지한다. 남산南山 밑에 사는 사람은 그 대청의 이름을 반드시 '공신'拱
辰[12]이라 짓고, 북촌北村 안에 사는 사람은 그 당堂의 이름을 모두 '유연'悠
然[13]이라 짓는다. 조금이라도 원림園林이 있어서 잠시나마 그윽한 운치를
맛볼 수 있는 곳이라면 반드시 '성시산림'城市山林이라 써서 걸어 놓고 있
으니, 한 번은 있을 수 있지만 두 번은 지나친 것이다.

아, 경기의 남양南陽이나 황해도 황주黃州는 지명이 중국과 우연히 같
은데도, 남양에는 반드시 와룡선생臥龍先生(제갈량諸葛亮)을 모신 사당[14]을 두
고 황주에는 기어이 죽루竹樓[15]를 짓고 마는데, 이것은 실질을 흠모한 것
인가, 아니면 그 이름만 흠모한 것인가?

내가 임진강을 지나다가 강가의 절벽을 바라보았더니, 깎아지른 암벽
이 수십 리나 뻗어 있었고 단풍나무 잎이 한창 붉게 타오르고 있었다.
몇 사람의 길손과 함께 한참 동안 물길을 거슬러 오르고 있었는데, 그중
에 한 사람이 정색을 하며 옷깃을 여미고 똑바로 앉더니,

"적벽赤壁은 예전 모습 그대로인데 다만 세월이 임술년이 아니요 기
망旣望의 달도 없는 것[16]이 한스럽구나."

---

12. **공신拱辰** 『논어』「위정」爲政에서 덕정德政이란 "비유컨대 제자리에 정지해 있는 북극성을
뭇별이 에워싸고 도는 것과 같다"(譬如北辰 居其所 而衆星共之)고 하였다.
13. **유연悠然** 도잠陶潛의 「음주」飮酒 시에 "동쪽 울타리 아래에서 국화를 따며, 유연히 남산을
바라본다"(採菊東籬下 悠然見南山)고 하였다.
14. **와룡선생臥龍先生을 모신 사당** 제갈량의 「출사표」出師表에 "신은 본래 포의로서 남양에서
몸소 농사를 지었다"(臣本布衣 躬耕於南陽)고 하였다. 이덕무李德懋의 「동짓날 내제內弟를 그리워
함」(至日憶內弟)이란 시 제목 아래 주註에 "남양南陽에 와룡사臥龍祠가 있다"(南陽有臥龍祠)고 하
였다. 『靑莊館全書』卷2『嬰處詩稿』2
15. **죽루竹樓** 왕우칭王禹稱의 「황주죽루기」黃州竹樓記가 『고문진보』古文眞寶에 실려 있다. 왕우
칭(954~1001)은 송나라 진종眞宗 때 재상宰相과 불화하여 호북성湖北省 황주부黃州府 황강현黃岡
縣으로 좌천되었다. 그곳은 대나무의 명산지였으므로, 왕우칭은 대나무로 조촐한 누각 2칸을 짓
고 나서 이 기를 지었다고 한다.

하기에, 내가 웃으며 대답하기를,

"지금부터 임술년을 기다리자면 내 나이 예순여섯 살 먹은 노인이 될 것이니, 가을 강의 찬 바람과 이슬을 견디기 어려울 것이오. 게다가 그대는 소씨蘇氏가 아니요, 나 또한 그대의 노래에 화답하여 퉁소를 불지 못하니 이를 어찌하겠소?[17]"

하고서, 서로 한바탕 웃은 일이 있었다.

이번에 이군 유일李君有一[18]의 서루書樓에 올라가 보니, 누각이 남산 기슭에 있어 북으로는 백악산白嶽山(북악산)을 바라보고 서로는 길마재(鞍嶺: 무악재)를 마주하고 동으로는 낙산駱山을 내려다보고 있다. 사면이 확 틔어 있어 수많은 집들이 지상에 널려 있고 먼 봉우리들이 처마 위에 떠 있어 마치 미인의 눈썹처럼 아름다웠다. 누각의 이름을 '취미루'翠眉樓로 지은 것은 이 때문이었다.

그러나 이 누각의 이름을 들은 사람들은 마치 미인의 안방 이름과 같다 하여, 괴이하다고 질책하는 등 뭇사람들이 이러쿵저러쿵하였다. 이 군이 이러한 점을 답답하게 여겨 나에게 오해를 풀어 줄 것을 청하기에 나는 바로 다음과 같이 대답하였다.

예로부터 임금에게 충성과 사랑을 바치는 자는 반드시 미인을 노래

16. 세월이 …… 것   소식蘇軾의 「적벽부」赤壁賦가 "임술년 가을 7월 기망旣望에 내가 길손들과 함께 배를 띄워 적벽赤壁의 아래에서 노닐었다"(壬戌之秋七月旣望 蘇子與客浮舟於赤壁之下)로 시작되는데, 이를 두고 한 말이다.
17. 나 …… 어찌하겠소   소식의 「적벽부」에서 소식이 술이 거나하여 뱃전을 두드리며 노래를 부르니 "손님 중에 퉁소를 부는 사람이 있어 노래에 따라 화답을 하였다"(客有吹洞簫者 依歌而和之)고 하였다.
18. 이군 유일李君有一   이유동李儒東으로, 자가 유일有一이고 호는 취미翠眉이다. 1753년생으로, 정조 7년(1783)에 진사 급제하였다. 박제가朴齊家와 절친한 사이였는데 요절하였다. 『貞蕤詩集』 卷1「戲倣王漁洋歲暮懷人六十首幷小序」, 卷2「四悼詩」

하며 그리워하였다. 『시경』에 이르기를, "저 미인이여,[19] 서방 사람이로다"(彼美人兮 西方之人兮) 하였는데, 이 시를 해설하는 이가 말하기를, "서방의 미인은 주周나라 문왕文王이다" 하였다. 굴원屈原과 경차景差[20]의 일파도 미인을 노래하며 찬송한 시가 많았다. 지금 그대의 누각을 어찌 꼭 '취미루'라고 할 것이 있는가. '미인루'美人樓라 이름 지어도 무방할 것이다. 더구나 저 하늘가에 마치 그림과 같이 긴 눈썹[21]이 검푸르게 드리워져 있으니, 시인이 노래를 지어 읊듯이 눈에 보이는 것에 따라 생각을 일으키는 것도 좋지 않겠는가. 나는 그대가 남을 따라 하기를 좋아하지 않는 사람이요, 시문을 짓되 반드시 진부한 표현을 없애 버리려고 노력하는 사람[22]이라고 알고 있다. 나는 그대가 누각의 이름을 지은 것만으로도 이 점을 알 수 있다. 이는 족히 기록할 만하다.

---

19. 저 미인이여   대본은 '有美一人兮'로 되어 있으나, 『시경』 패풍邶風 「간혜」簡兮에는 '彼美人兮'로 되어 있어, 이에 따라 고쳐서 번역하였다.

20. 경차景差   전국戰國 시대 초楚나라의 시인으로서, 굴원屈原의 뒤를 이어 송옥宋玉, 당륵唐勒과 함께 사부辭賦를 잘 지었다.

21. 긴 눈썹   당시唐詩에서 먼산(遠山)을 흔히 긴 눈썹(脩眉)에 비유하였다.

22. 진부한 …… 사람   한유韓愈는 「답이익서」答李翊書에서 "오직 진부한 표현을 없애는 데 힘쓸 것"(惟陳言之務去)을 역설하였다.

이당李唐의 그림에 제題하다

송宋나라 도군황제道君皇帝(휘종徽宗) 때에 하양현河陽縣의 삼성三城 사람 이당李唐이 있었는데, 자는 희고晞古이다. 화원畵院에 들어가 건염建炎(남송 고종高宗의 연호. 1127~1130) 연간에 태위太尉 소연邵淵의 천거로 어지御旨에 따라 성충랑成忠郞과 화원대조畵院待詔를 제수받고 금대金帶를 하사받았다. 이때 나이가 80세였다. 산수화와 인물화를 잘 그렸으며 특히 소 그림을 잘 그렸다. 고종이 평소 그의 그림을 사랑하여 일찍이 그가 그린 「장하강사도」長夏江寺圖의 두루마리 첫머리에 제사題辭를 쓰기를, "이당은 당나라 이사훈李思訓에 견줄 만하다"고 하였다.[1]

이 화첩이 우리나라로 들어온 것은 만력萬曆 연간의 말기였는데 제사題辭로는 진인석陳仁錫, 신용무申用懋, 진계유陳繼儒, 누견婁堅, 요희맹姚希孟, 동기창董其昌, 문진맹文震孟, 범윤림范允臨, 설명익薛明益, 진원소陳元素[2] 등 여러

---

1. **송宋나라 …… 하였다**　　이 단락은 연암이 『도회보감』圖繪寶鑑 권4, 『식고당서화휘고』式古堂書畵彙考 권44에 있는 내용을 거의 그대로 전재轉載한 것이다. 이사훈李思訓(651~716)은 당唐나라 종실宗室로서 청록 산수화靑綠山水畵로 유명하였다.

사람의 글씨가 있다.

설을 쇨 비용을 마련하기 위해 이 그림을 내놓은 것이니, 그 값은 5천 푼(50냥)이다. 그러나 그 주인의 이름은 숨기고 있다. 아마도 기계 유씨杞溪兪氏 집안에서 나온 물건으로 보인다. 나는 가난하여 이것을 살 수 있는 처지가 아니므로 그 내력이나마 기록해 둔다.

만력후萬曆後 네 번째 갑오년 설달 그믐날 저녁 전의호동典醫衚衕에서 쓰다.[3]

---

2. 진인석陳仁錫 …… 진원소陳元素 모두 명말明末의 저명한 문사요 서화가이다. 진인석은 숭정崇禎 때 남경국자좨주南京國子祭酒를 지냈다. 『明史』 卷288 신용무申用懋는 천개天開 때 우첨도어사右僉都御史를 지냈다. 『明史』 卷218 진계유陳繼儒는 동기창董其昌(1555~1636)과 동향으로, 산중에 은거하면서 시사詩詞와 서화에 전념하였다. 『明史』 卷298 요희맹姚希孟은 숭정 때 남경소첨사南京少詹事를 지냈다. 『明史』 卷216 문진맹文震孟은 문징명文徵明의 증손으로, 숭정 때 예부좌시랑 겸 동각대학사禮部左侍郎兼東閣大學士를 지냈으며, 문징명에 못지않은 명필이었다. 『明史』 卷251 범윤림范允臨은 서화에 뛰어나 동기창과 제명齊名하였다. 설명익薛明益은 글씨에 뛰어나 '형산衡山(문징명) 이후 제일인자'로 평가되었다. 진원소陳元素는 묵란墨蘭을 잘 그렸으며 글씨와 시에 뛰어났다.

3. 만력후萬曆後 …… 쓰다 만력후萬曆後 네 번째 갑오년 설달 그믐날(12월 29일)은 양력 1775년 1월 31일이다. 전의호동典醫衚衕은 곧 전의감동典醫監洞으로, 지금의 종로구 견지동 일대에 해당한다.

천산˹엽기도天山獵騎圖 발문

엽기도獵騎圖가 우리나라에 들어온 것으로는 모두 다섯 축軸이 있는데, 진거중陳居中²이 그린 것이 가장 마음에 든다.

숲 밖에 구름 기운이 음침하게 덮은 것은 바로 눈이 내릴 기세요, 꼬리가 긴 하얀 새가 갈 곳이 없어 나뭇가지에 앉았는데 그 털과 깃이 더욱 하얗게 보이고, 그 새를 흘겨보며 화살을 뽑은 되놈의 눈알은 온통 흰자위만 보이며, 말 위에서 비파를 절묘하게 타는 여인의 손가락도 하얗다.

이 그림만 보아도 북방의 한기寒氣가 음침하게 몰려와 온 하늘이 곧 눈으로 가득해지리라는 것을 잘 알 수 있다.

---

1. **천산**　중국 감숙성甘肅省과 청해성靑海省 경계에 있는 고산高山으로, 기련산祁連山이라고도 한다.
2. **진거중陳居中**　남송南宋 때의 유명한 화가로 영종寧宗 초에 화원대조畵院待詔가 되었다. 『南宋院畵錄』 卷5

청명상하도清明上河圖[1] 발문

도읍으로서 융성하기는 송宋나라 도읍인 변경汴京 같은 데가 없고, 절기로서 화려하기는 청명淸明 같은 때가 없고, 화품畫品으로서 가장 섬세하기는 구영仇英[2] 같은 사람이 없다.

이 두루마리 그림을 그리자면 10년 세월은 걸렸을 터이다. 이 두루마리 그림을 제외하고도 내가 본 것을 세어 보면 이미 일곱 종이나 된다.

십주十洲가 15세의 정년丁年[3] 때부터 그리기 시작했다면 이것은 95세 때의 작품에 해당할 터인데, 그때까지도 두 눈이 어둡거나 백태가 끼지 않고 털끝만큼이나 섬세하게 그릴 수 있었단 말인가.

---

1. **청명상하도清明上河圖**　청명절淸明節에 변하汴河를 거슬러 오를 때 보이는 풍경을 그린 대작大作이다. 송나라 때 장택단張擇端이 그렸다고 하는데, 원작은 전하지 않고 구영仇英 등 후대 화가들의 모방작만 전한다.
2. **구영仇英**　명明나라 때의 화가로서 자는 실보實父, 호는 십주十洲이다. 산수화와 화조화를 주로 그렸으며 특히 인물화를 잘 그렸다. 심주沈周, 문징명文徵明, 당인唐寅 등과 함께 명대 4대가로 불린다.
3. **정년丁年**　장정壯丁으로 간주되는 나이를 말한다.

그림 속의 거리와 점포들은 어슴푸레하여 꿈결 같고, 콩알만한 사람과 겨자씨 같은 말들은 소리쳐 불러야 할 만큼 가물가물하다. 그중 특히 거위를 몰고 가는 모습을 생동감 있게 세심하게 그렸다.

관재觀齋가 소장한 청명상하도 발문

이 두루마리 그림은 상고당尙古堂 김씨金氏[1]의 소장으로서, 구십주仇十洲의 진품이라 여기어 훗날 자신이 죽으면 무덤에 같이 묻히기로 다짐했던 것이다. 그런데 김씨가 병이 들자 다시 관재觀齋(서상수徐常修) 서씨徐氏의 소장품이 되었다.

당연히 묘품妙品에 속한다. 아무리 세심한 사람이 열 번 이상 완상했더라도 매양 다시 그림을 펼쳐 보면 문득 빠뜨린 것을 다시 보게 된다. 절대로 오래 완상해서는 안 된다. 자못 눈을 버릴까 두려워서다.

김씨는 골동품이나 서화의 감상에 정밀하여, 절묘한 작품을 만나면 보는 대로 집안에 있는 자금을 다 털고, 전택田宅까지도 다 팔아서 보태었다. 이 때문에 국내의 진귀한 물건들은 모두 다 김씨에게로 돌아갔다.

그렇게 하자니 집안은 날로 더욱 가난해졌다. 노경에 이르러서는 하

---

1. **상고당尙古堂 김씨金氏**　상고당은 김광수金光遂(1699~1770)의 호이다. 이조 판서 김동필金東弼의 아들로, 서화에 뛰어났으며 골동품 수집과 감정으로 명성이 높았다. 『연암집』 권3 「필세설」筆洗說에도 그에 관한 언급이 있다.

는 말이, "나는 이제 눈이 어두워졌으니 평생 눈에 갖다 바쳤던 것을 입에 갖다 바칠 수밖에 없다" 하면서 물건들을 내놓았으나, 팔리는 값은 산 값의 10분의 2, 3도 되지 않았으며, 이빨도 이미 다 빠져 버린 상태라 이른바 '입에 갖다 바치는' 것이라곤 모두 국물이나 가루음식뿐이었다. 참으로 안타까운 일이라 하겠다.

일수재日修齋에 소장된 청명상하도 발문[1]

변경汴京이 전성기에는 40만 호가 되었는데 숭정崇禎 말기에 주왕周王[2]이 변경을 지켰다.

틈장闖將[3]으로 조조曹操라는 별호를 가진 나여재羅汝才가 세 차례나 쳐들어와 포위했으나, 보화가 산더미처럼 쌓이고 남녀들이 들끓어 식량과 병기를 어느 것 하나 성안에서 가져다 쓰지 않는 것이 없기 때문에 변경이 가장 오래 버티다 함락되었다.

바야흐로 포위된 지가 오래되다 보니, 양식이 다 떨어져 사람들이 서로 잡아먹을 지경이 되어 보리쌀 한 되의 값이 은銀으로 수천 수백 냥이나 되었고, 인삼人蔘, 백출白朮, 복령茯苓 등 모든 약재들도 다 먹어 없어지자, 수중의 물벼룩이나 뒷간의 지충地蟲[4]까지도 다 보옥寶玉을 주고 사자

1. **일수재日修齋에 소장된 청명상하도 발문**　일수재는 혜화문惠化門 밖 안암동安巖洞 북쪽에 있었던 박명원朴明源의 별장이다. 申景濬, 『旅菴遺稿』 권4 「日修齋記」
2. **주왕周王**　숭정 14년(1641) 주공효朱恭枵가 개봉開封의 왕, 즉 주왕으로 봉해졌다.
3. **틈장闖將**　맹장猛將이라는 뜻으로, 이자성李自成·장헌충張獻忠·나여재羅汝才 등을 부르는 칭호로 쓰였다. 나여재는 장헌충을 좇아 도적이 되었다가 이자성에게 귀의하였다.
4. **수중의……지충地蟲**　물벼룩은 물고기의 사료로 쓰인다. 지충은 풍뎅이의 애벌레로 농작물을 해치는 땅속의 해충이다.

해도 살 수가 없었다.

급기야 황하가 터지고 성이 잠기게 되자 하룻밤 사이에 마침내 모든 곳이 늪지대가 되고 말았으며, 주왕부周王府에 있는 팔면 누각의 황금호로黃金胡盧[5]가 겨우 그 꼭지만 보일 정도였다.

나는 매양 이 그림을 볼 때마다 당시의 번화한 모습을 상상하였는데, 그림 속의 복전複殿(복층의 궁전)과 주랑周廊과 층대層臺와 첩사疊榭를 보면, 주왕부의 황금호로 생각에 가슴을 치며 슬퍼하지 않은 적이 없었다.

5. **황금호로黃金胡盧**　　호로胡盧는 곧 호리병박(葫蘆)으로, 누각 지붕의 중앙 정점頂點에 설치한 호리병박 모양의 장식물을 가리킨다.

담헌湛軒이 소장한 청명상하도 발문

나는 이 그림에 발문을 지은 것이 이미 여러 번이었다. 모두 다 십주十洲 구영仇英의 그림이라 일컫고 있으니, 어느 것이 진품이고 어느 것이 위조 품인가?

중국의 강남江南 사람들은 교활하기 짝이 없는데 우리나라 사람들은 물정에 어두우니, 이 두루마리 그림이 동쪽으로 압록강을 건너온 것이 많은 것은 당연한 일이다.

글씨는 왜 꼭 종요鍾繇, 왕희지王羲之, 안진경顔眞卿, 유공권柳公權이라야 하며, 그림은 어찌 꼭 고개지顧愷之, 육탐미陸探微, 염입본閻立本, 오도자吳道子 라야 하며, 고정古鼎과 이기彝器는 어찌 꼭 오금五金으로 만든 선덕宣德 연 간의 제품[1]이라야만 하는가? 진품만 찾기 때문에 위조품이 수백 가지로 나오는 것이니, 비슷할수록 가짜가 많다.

---

1. **오금五金으로 …… 제품**　　명明나라 선종宣宗 선덕 연간에 강서江西 경덕진景德鎭의 관요官窯에 서 만든 제품으로, 금·은·구리·철·납을 사용한다. 특히 선덕로宣德爐라 하여 선덕 연간에 만든 향로香爐를 일품으로 친다. 『宣德鼎彝譜』 卷1

융복사隆福寺나 옥하교玉河橋[2]에 가면 손수 글씨나 그림을 그려 가지고 나와 파는 사람들이 있으니, 우아한지 속된지를 대충 가려서 사 두면 된다. 향로香爐로 말하면 건륭乾隆 연간의 제품이라도 모양이 고괴古怪하고 돈후敦厚한 것만 취한다면 북경 시장에서 웃음거리가 되지는 않을 것이다.

---

2. **융복사隆福寺나 옥하교玉河橋**   『제경경물략』帝京景物略 권1 「성북내외」城北內外에 의하면 융복사는 명나라 경종景宗 때 창건한 큰 절이었으나, 현재는 없어지고 북경 동성구東城區에 융복사가隆福寺街라는 지명으로만 남아 있다. 옥하교는 어하교御河橋라고 하며, 정양문正陽門 안 한림원翰林院과 조선관朝鮮館(옥하관玉河館) 부근에 있었다. 연암의 『열하일기』「앙엽기」盎葉記 및 「알성퇴술」謁聖退述에 이 두 곳에 관한 언급이 있다.

우인友人의 국화시菊花詩 시축詩軸에 제題하다

꽃이란 들쑥날쑥 틀어지고 비스듬한 것이 도리어 정제整齊된 모습이 되는 것이니, 마치 진晉나라 시대 사람의 글씨가 글자를 구차스레 배열하지 않고도 줄이 저절로 시원스레 곧은 것과 같다.[1] 만약 노란 꽃 흰 꽃을 서로 마주 대하게 한다면 이는 곧 자연스런 멋을 잃어버리고 만다.

　　담배를 피워 연기로 꽃을 질식시키지 말 것이며, 속인들이 함부로 평론하여 꽃을 기죽게 하지 말 것이며, 가끔 맑은 물을 살짝 뿜어 주어 꽃의 정신을 안정시키도록 하라.

---

1. **마치 …… 같다**　　이와 거의 동일한 구절이 『연암집』 권5 「창애에게 답함 8」(答蒼厓之八)에 있다. 진晉나라 사람은 왕희지王羲之를 가리킨다.

효자 증 사헌부 지평 윤군尹君 묘갈명墓碣銘

효자의 휘諱는 관주觀周요, 자는 중빈仲賓으로, 칠원漆原 사람이다. 그의 7세 조 율礨이 명나라 도독都督 진린陳璘을 따라 왜적을 방어하기 위해 순천順天 에 머물렀는데, 도독이 본국으로 돌아가자 마침내 남쪽에 그대로 남아 자손들이 대대로 살게 되었다. 군君에 이르기까지 6세가 연달아 진사進士 였다.

군은 효도로써 고을에 알려졌으며, 계모를 섬김에 있어서도 효성이 지극하였다. 군이 죽은 후 고을의 선비들이 이러한 사실을 글로 적어 관 찰사에게 올리려고 하였는데, 그 글 속에는 말하기 어려운 내용이 들어 있었다. 군의 맏아들 모某가 또한 효도로써 알려졌는데, 그가 길에까지 쫓아 나와서 그 글을 빼앗아 구기고 울면서 말하기를,

"누가 우리 아버지를 효자라 해 달라던가?"

하니, 고을의 선비들이 눈물을 흘리며 감탄하지 않는 자가 없었다. 이에 향중鄕中에서 의논을 모으자 모두들 하는 말이,

"이 일은 효자의 자제들과는 관계없는 일이다.[1] 그러나 차라리 그 선

1. 이 일은 …… 일이다   '이 일'이란 효자로 표창해 줄 것을 상소하는 일을 가리킨다. 『연암집』

행을 아주 묻어 버릴지언정 효자의 마음을 슬프게 해서야 되겠는가. 더
더구나 죽은 자의 마음까지 슬프게 해서야 되겠는가."

하고는, 그 글을 고쳐서 말하기 어려운 사실은 없애 버리고 그 내용을
심오하게 표현하여 관찰사에게 바치니, 관찰사가 그의 효를 살펴보았으나
증빙할 만한 것이 없으므로 내버려 두고 조정에 아뢰지 않았다.

그 후 관찰사가 세 번 바뀌고 나서야 비로소 장계狀啓를 올려 그 사
안이 예조禮曹에 내려졌다. 그러나 예조에서도 효자가 어버이를 섬긴 시
말을 보고한 글이 애매모호하여 그 내용이 드러나지 않는다 해서 역시
내버려 둔 채 임금에게 아뢰지 않았다. 이에 고을의 선비 14인이 도내
57개 고을 836인의 연명장을 가지고서 예조의 문 아래에 서서 큰 소리
로,

"어버이를 위해서는 그 잘못을 숨겨 주는 법이요, 잘못한 점을 살펴
보면 그 사람이 어진 사람인지를 알 수 있는 것이니, 우리 향당鄕黨에서
의 정직함이란 의리상 서로 숨겨 주는 데에 있습니다."[2]

하고서 눈물을 흘리며 그 언사가 강개하니, 예관禮官이 "알겠다"고 말하고
는 그날로 즉시 아뢰어 효자로 정려旌閭하였다.

그 후 3년이 지나서 이 도를 안찰按察하는 어사御史가 장계를 올려, 사
헌부 지평에 추증하였다.

권10 박 열부 사장朴烈婦事狀에서, 순절한 박씨를 열녀로 표창해 주도록 건의하려는 것을 박씨의
아버지가 만류하자, 동네 사람들은 "이 일은 친정집과는 관계없는 일이오"(是無與於本家)라고 하
면서 예조에 글을 올린 내용이 나온다.

2. 어버이를 …… 있습니다　　'어버이를 위해서는 그 잘못을 숨겨 준다'(爲親者諱)는 것은 『춘추공
양전』春秋公羊傳 민공閔公 원년元年 조에 나오는 말이다. '잘못한 점을 살펴보면 그 사람이 어진
사람인지를 알 수 있다'(觀過知仁)는 것은 『논어』 「이인」里仁에 출처를 둔 고사성어이다. 또한
『논어』 자로子路에서 아비가 양을 훔친 사실을 증언한 아들을 정직하다고 칭찬한 섭공葉公에 대
해 공자는 "우리 향당의 정직한 사람은 이와 다릅니다. 아비는 아들의 잘못을 숨겨 주고, 아들은
아비의 잘못을 숨겨 주나니, 정직은 바로 그러한 가운데 있습니다"(吾黨之直者 異於是 父爲子隱
子爲父隱 直在其中矣)라고 하였다.

묘는 군 소재지 남쪽 10리 지점 곤좌坤坐의 묘역에 있다. 세 아들 모某, 모某, 모某를 두었다. 명銘은 다음과 같다.

효자란 외처댄다고 해서 만들어지랴   孝可聲
외처대어 만들어질 수 있는 거라면   如可聲也
크게 탄식하며 명을 썼으리   太息而銘

양 호군梁護軍[1] 묘갈명

내가 연암협燕巖峽에 집을 짓고 장차 가서 살 요량으로 자주 개성開城을 내왕하게 됨에 따라 남원 양씨南原梁氏의 집에 기거하게 되었다. 양씨는 예전부터 내려오는 대갓집이라 어질고 호방한 장자長者들이 많이 출입하였다. 그 자제를 따라 숭산崧山(송악산) 남쪽 계곡 사이에서 노닐었는데, 연못과 누대가 맑고 그윽하였으며 숲 속의 나무들이 모두 아름드리였다. 서로 함께 술을 마시면서,[2] 좌우를 돌아보며 즐기고 있을 때 그중에 호맹浩孟이란 사람이 탄식하며,

"그대는 미처 나의 백부伯父와 함께 노닐어 보지 못했지요. 백부께서는 좋은 술을 많이 가지고 있었고 빈객賓客을 좋아했습니다."

하였다. 얼마 후 그의 행장行狀을 가지고 와서 청하기를,

"우리 백부는 괴걸魁傑한 인물이니, 그대가 묘갈명을 지어 주기를 원

---

1. **호군護軍**　조선 시대의 군사 조직인 오위五衛의 정4품 벼슬. 실지로 맡아보는 일이 없는 산직散職이다.
2. **서로 …… 마시면서**　원문은 '相與飮酒'인데, '相與飮食'으로 되어 있는 이본도 있다.

합니다.”

하였다.

　행장을 살펴보니, 군의 휘는 제영濟泳이요, 자는 군섭君涉이다. 증조는 부신敷信이니 사복시 정司僕寺正에 추증되었고, 조부는 의섬義暹이니 좌승지左承旨에 추증되었다. 부친의 휘는 지성枝盛이니 통덕랑通德郎을 지냈고, 모친은 남양 홍씨南陽洪氏이다.

　군은 말타기와 활쏘기를 잘하여 무과武科에 급제하였고, 양무 원종공신揚武原從功臣[3]이 되어 절충장군折衝將軍에 올랐다. 나이도 젊은 데다 재산도 풍부하여 호탕하게 행동하였으며, 마음속으로 ‘이제 공훈까지 세웠으니 모두 족히 당세에 벼슬을 할 만하다’ 여기고서, 의기양양하여 좋은 옷에 좋은 말을 타고 여러 조신朝臣들과 교유하였다. 여러 조신들도 어여삐 보고서 천거하고 위로하면서, 장차 쓸 만한 사람이라 지목하고 모두 자기 문하에서 출세시키고자 하였다.

　그러나 오래 지날수록, 금품에 손발이 달린 듯 남몰래 오가며 벼슬자리에 샛길과 구멍이 많음을 알게 되자, 깊이 탄식하고 말하기를,

　“나는 내 고향으로 가서 즐겨야겠다.”

하고, 고향으로 돌아와 정원과 집을 더욱 깨끗이 가꾸고 집안 살림은 모두 아우 일가에게 맡기고 관여하지 않았다. 날마다 향중의 부로父老들과 더불어 술을 마시면서 즐겁게 지내다가 세상을 떠났으니 향년 64세요, 계미년(1763) 12월 12일이었다.

　효도와 우애에 독실하여 한 고을의 모범이 되었으며, 부모상을 당해서는 이미 늙어 머리가 하얀데도 예법을 지키기를 몹시 엄격히 하였다. 부인은 평산 이씨平山李氏 기숭基崇의 딸인데, 선영先塋 곤좌坤坐의 묘역에 합

---

3. **양무 원종공신揚武原從功臣**　　양무는 영조 4년(1728)에 일어난 이인좌李麟佐의 난을 평정하는 데에 공을 세운 사람에게 내려 준 공신호功臣號이다.

장하였다. 아들 넷을 두었는데 모두 요절하고, 아우 제택濟澤의 아들 시맹時孟으로 대를 이었으나 그 역시 요절하였으므로 언맹彦孟의 아들 경헌景憲으로 뒤를 잇게 하였다. 명銘은 다음과 같다.

농기구가 있어도 때를 기다리는 것만 못하다네[4]　鎡基不如待時
상관에게 잘 빌붙는 건 때를 잘 타는 것만 못하다거나　或曰巧宦不如乘時
짧은 인생 즐겁게 살 따름이니　或曰人生行樂耳
부귀하기를 언제 기다리랴[5] 하기도 하네　須富貴何時

---

4. **농기구가 …… 못하다네**　『맹자』「공손추 상」公孫丑上에서 맹자가 "비록 지혜가 있다 해도 형세를 잘 타는 것만 못하고, 비록 농기구가 있다 해도 때를 기다리는 것만 못하다"(雖有知慧 不如乘勢 雖有鎡基 不如待時)는 제齊나라의 속담을 인용하였다.
5. **짧은 …… 기다리랴**　한漢나라 양운楊惲이 「보손회종서」報孫會宗書에서 한 말이다. 『文選』卷41 『漢書』卷66 「楊敞傳」 양운은 사마천司馬遷의 외손으로, 선제宣帝 때 그의 벗 손회종이 자중할 것을 충고하는 편지를 보내오자 이를 반박하는 답서를 보냈다.

취묵와醉默窩 김군金君 묘갈명

내가 개성에 잠시 기거할 적에 그 고을 선비들의 향음주례鄕飮酒禮와 향사례鄕射禮를 구경한 적이 있었는데, 그때 누차 많은 사람이 모인 가운데서 말없이 기억해 둔 사람이 있었다. 그는 키가 크고 수염이 아름다우며 용모가 단정하고 진중하여, 음악과 술잔이 오가는 사이에서도 종일토록 말과 행동이 항상 처음 온 때와 같아서, 마치 덕이 높은 귀인이 스스로 뽐내지 않아도 풍모가 중후하게 보이는 것과 같았다. 나는 그를 몹시 특이하다고 여기어 더불어 한참 동안 이야기를 하게 되었고, 그가 정주 김씨貞州金氏 진사進士 형백亨百이라는 것을 알게 되었다.

그 후 나는 서서히 그에 대한 고을 사람들의 평가를 듣게 되었는데, 모두가 충후한 장자長者라는 칭송을 그에게 돌리며, "의義를 좋아하고 선행을 즐기는 사람은 이 세상에 오직 김공金公뿐이다" 하는 것이었다.

이번에 그의 행장을 읽어 보니 그 말이 더욱 징험이 되었다. 지난날 내가 말없이 특이하게 여겼던 것과 고을 사람들의 칭찬하던 것이 모두 까닭이 있었던 것이다.

삼가 살펴보건대, 군君의 자字는 석여錫汝요, 정주貞州는 지금의 풍덕부

豊德府에 해당한다. 諱謹 수守로부터 5세世를 내려오면 휘 대춘大春에 이르는데, 남달리 특출하고 거침없이 행동했으며 이름난 산수에 노닐기를 좋아하였으므로 사람들이 처사處士라 불렀다. 이분이 바로 군의 고조이다. 증조는 휘가 승휘承輝이니 사헌부 집의에 추증되었고, 조부는 휘가 종엽宗燁이니 승정원 좌승지에 추증되었다. 부친은 휘가 시광始光이니 무과로 발신하여 용양위 부사과龍驤衛副司果를 지냈으며, 모친은 옥야 임씨沃野林氏 학생學生 홍량興良의 따님이다. 영종英宗 2년 병오년(1726) 3월 24일에 군을 낳았다.

군은 어려서부터 침착하고 씩씩하여 보통 아이와 달랐으므로 사과군司果君이 특별히 사랑하여 말하기를,

"이 아이는 식견과 도량이 남보다 뛰어나니 반드시 큰 인물이 될 것이다."

하고서, 드디어 바깥일을 물리치고 아들을 보살피기에 전심하였으며, 부부가 서로 타이르고 깨우치며 남에게 널리 베풀어 선행을 많이 쌓음으로써 아들을 위해 복을 쌓기를 지극히 하였다.

일곱 살에 부친을 여의었다. 장성하자 이를 가슴 아파해도 어쩔 도리가 없어 제삿날이 오면 그때마다 안절부절못하였으며,[1] 종신토록 어린 아이처럼 사모하여 사랑하고 공경하기를 거의 고인이 살아서 나타난 듯이 하였다.[2]

---

1. **그때마다 안절부절못하였으며**　원문은 '輒皇皇如'이다. 『예기』 「단궁 상」檀弓上에 "부모의 장례를 마친 뒤에는 안절부절못하는 것이 마치 누군가 오기를 바라건만 오지 않는 것 같다"(旣葬 皇皇如有望而弗至) 하였고, 『맹자』 「등문공 하」에 "공자는 석 달만 임금을 섬기지 못하면 안절부절못하였다"(孔子三月無君 則皇皇如) 하였다.
2. **사랑하고 …… 하였다**　원문은 '庶幾著存'이다. 『예기』 「제의」祭義에 돌아가신 부모에 대해 "사랑을 바치기를 마치 살아 계신 듯이 하고, 정성을 다하기를 마치 감응感應하여 나타난 듯이 한다"(致愛則存 致慤則著) 하였다.

한 분 형, 세 분 누나와 함께 모친 임씨를 섬겼다. 형이 죽자 슬퍼하기를 마치 부친을 여읜 듯이 하여, 상사喪事에 정성과 예禮를 다했고 고아가 된 조카들과 과부가 된 형수를 따뜻하게 정성껏 돌보았으며, 가정을 자상히 보살피어 형이 살아 있을 때보다 도리어 재산이 더욱 불어나게 하였다.

모친 임씨가 자기한테 와서 봉양을 받았는데, 성품이 자비로워서 남에게 베풀어 주기를 좋아하셨다. 친족이나 이웃 사람들의 궁핍한 사정을 차마 보지 못하여, 좀 도와주었으면 하는 눈치가 모친에게 조금이라도 보이면, 반드시 먼저 주선해 주되 한 번도 어려워하는 안색을 나타낸 적이 없었다.

얼마 후 모친상을 당하자, 상사喪事를 한결같이 예법에 따랐으며 순심純心으로 애모哀慕하여, 다른 일이나 쓸데없는 말로 그 마음을 저해하지 않았다. 누나들에게도 우애가 고루 지극하여, 살아 있을 때는 의식衣食을 함께 나누었고, 죽어서는 대신하여 그 소생 자손들을 어루만지고 가르치되, 마치 나무를 심고 북돋우듯, 벼의 모를 옮기고 물을 대듯이 하여, 기필코 자립시켜 성취가 있도록 만들었다.

가승家乘이 병란兵亂으로 불에 탔으므로 선대의 사적을 징험할 수 없을까 두려워하여 서둘러 족보를 만들었다. 이때 의심난 점은 빼 버리고 미더운 것만 전하였으며, 스스로 글을 지어 종족 간에 우의를 돈독히 할 것을 서술하였다. 선조 3대의 묘에 묘지墓誌가 없으므로, 행적과 계파係派를 삼가 기록하여 무덤 속에 넣어 먼 장래에 대비하였다. 족인族人으로 마땅히 신주神主를 받들어야 하는 자가 가난하여 집을 갖지 못한 경우에는 그를 위하여 집을 사고 살림살이를 마련하여 그 제사를 받들게 하였다. 외가外家가 친척도 없고 가난하여 단지 현손玄孫 하나만 있었는데, 그가 아직 어렸으므로 데려다 집에서 양육하였고, 장성해서는 장가를 들이고 농토를 떼어 주어 그것으로 제사를 지내고 먹고살게 해 주었다. 선조를 추모하고 후손을 염려하는 지극한 정성이 모두 이와 같았다.

친구들의 상사喪事에 있어서는 인정과 능력에 알맞게 부의賻儀를 보내어 혹 관곽棺槨과 의금衣衾을 만들어 보내 주기도 하였다. 가난한 일가로서 산골짜기에 들어와 생활하는 자에게는 혹 전답을 주기도 하였다. 예전에 꿔 준 돈을 가난하여 갚지 못하는 자에게는 빚 문서를 돌려주기도 하였다. 살림이 가난하여 시집이나 장가를 들지 못한 사람이 있다는 소문을 들으면 직접 아는 사람이 아닐지라도 사람 구실을 할 수 있게 반드시 도와주었다. 농토나 농가를 가난한 사람들더러 경영하게 한 경우에는 대개 그 세를 가볍게 받아들였으므로 이에 힘입어 목숨을 부지해 가는 사람들이 매우 많았다.

그는 어린 시절에 이미 부지런히 공부를 하여 글을 배운 지 몇 년 사이에 사서四書를 두루 외웠으며, 경서經書를 연구하려고 뜻을 두었으나, 집안 살림을 주간할 사람이 없어 모친 임씨에게 심려를 끼칠까 염려하여 마침내 학업을 중단하였으니, 이것이 종신의 한이 되었다.

그러나 분별력이 정확하고 무릇 다스리고 계획하는 데 탁월하여 보통 사람의 생각이 미칠 바가 아니었다. 일이 시비是非가 뒤섞여 여러 논란이 한창 분분할 경우에도 군이 천천히 한마디 말로써 분석해 내면 보는 사람들이 당초에는 긴가민가하다가, 그 일이 끝내는 그 말대로 들어맞고 나서야 모두들 놀라 탄복하였다.

평소에 집안의 남녀들은 숙연하면서도 화목하였으며 자제와 동복僮僕들까지도 아순雅順하고 각자 직분을 잘 알아³ 법도를 넘어서지 않았다. 군은 날마다 반드시 일찍 일어나 세수하고 의관을 단정히 한 다음 앉아서

---

3. 아순雅順하고 …… 알아 원문은 '雅馴職職'인데, '職職'은 '識職'과 같다. 한유韓愈의 「남양번소술묘지명」南陽樊紹述墓誌銘에 "문자가 종순하여 각자 그 직분을 알았다"(文從字順 各識職)고 하였다.

일을 보살폈다. 집에 손님들이 항상 가득하였으나 반드시 술과 음식을 마련하여 대접하였으며, 아래로 소작인이나 촌부들까지 뒤섞여 북적대면서 도와 달라고 서로 다투어도, 일마다 척척 처리하여 어느 것 하나 흡족하게 해결해 주지 않은 것이 없었다. 사람들을 대할 때는 간격을 두지 아니하여 흉금을 터놓고 지냈으나, 유독 자신의 몸가짐에 대해서만은 엄격하여 향중鄕中의 여론에 영향을 미치는 말은 입에 올리지 않았고 관청에는 발조차 들이지 않았다.

사마시司馬試에 합격한 후[4] 성균관成均館에 들어가 서울에서 노닐었는데, 그때 교유한 사람들은 모두 신중한 장자長者들이었다. 그 영향으로 군은 종신토록 위태롭고 치욕이 될 만한 일은 가까이하지 않았다.

만년에는 더욱 관대하고 화락하며 편안하고 영화로웠다. 성곽을 두른 경치 좋은 땅에다 별장을 마련하니, 화단과 연못이 씻은 듯이 깨끗하고 나무들이 무성하게 늘어섰는데 그 속에서 날마다 유유자적하게 소요하였다.

일찍이 동으로 금강산에 들어가 바닷가의 절경들을 유람하고, 서쪽으로 묘향산에 올라 비류수沸流水(대동강의 지류인 비류강)를 굽어보는 등 옛사람의 발자취를 뒤밟아 가며 훌쩍 속세를 벗어날 뜻을 품었다.

병이 위독하자, 가족들에게 자신의 죽음을 슬퍼하지 말라고 당부하고는 편한 모습으로 눈을 감았으니, 이날이 기유년(1789) 7월 28일이요 향년 64세였다. 이해 9월 9일에 수우리修隅里 고산동高山洞 해좌亥坐의 묘역에 장사 지냈다.

부인은 화개 김씨花開金氏 학생學生 이태麗兌의 딸인데 3남 3녀를 낳았다. 장남은 재진載晉인데 진사進士요,[5] 다음은 재해載海인데 일찍 죽었고, 다

---

4. **사마시司馬試에 합격한 후**   김형백은 영조 32년(1756) 식년시에 생원 급제하였다.
5. **장남은 …… 진사進士요**   김재진은 1744년생으로, 정조 1년(1777) 식년시에 진사 급제하였다.

음은 재보載普인데 무과武科에 급제하였다. 장녀는 김상육金尙堉에게 출가했고, 다음은 생원生員 이희조李熙祖에게 출가했고, 다음은 박상흠朴尙欽에게 출가했다.

재진은 우후虞侯 상원祥原 최창우崔昌祐의 딸에게 장가들어 딸 하나를 낳았으며, 재해는 문의文義 이춘교李春喬의 딸에게 장가들어 두 딸을 낳았고 언교彦敎를 양자로 들였으며, 재보는 목천木川 마지광馬之光의 딸에게 장가들어 아들 언사彦師를 낳았는데 재진의 양자로 들어갔고, 딸 하나를 두었다. 명銘은 다음과 같다.

공직을 가져 보지 못했으니	未嘗奉公
그 충성 어이 알며	焉知其忠
백성을 다스려 보지 못했으니	未嘗莅民
그 어짊 어이 알리	焉知其仁
오직 효성과 우애는	惟孝友于
온갖 행실의 근원이라	實源百行
저 옥과 비단 같은 예물을	如彼玉帛
바치기에 앞서 공경을 갖추어야 하듯6	未將也敬
못 써 보았다고 뭐가 슬프리	不試何傷
몸에 이기利器 지닌 것을	利器在躬
후손에게 경사慶事 있고말고	必有餘慶
선행을 쌓은 집 아니던가7	積善之家

---

6. 저 …… 하듯　『논어』「양화」陽貨에서 공자는 "예다 예다 하는데 옥과 비단을 이른 말이냐"(禮云禮云 玉帛云乎)라고 하여, 공경하는 마음이 없이 예물을 바치는 것은 예가 아니라고 비판하였다. 또한 『맹자』「진심 상」盡心上에서도 "공경이란 예물을 바치기에 앞서 갖추어야 하는 것이다"(恭敬者 幣之未將者也)라고 하였다.

착한 사람 무덤이라   善人之藏

묘지에 심은 나무들까지 무성하도다   澤及松柞

이제 그 묘갈명을 새기어   我刻銘詩

천박해진 세상에 충고하노라   以勸衰薄

---

7. 후손에게 …… 아니던가   『주역』「곤괘」坤卦에 "선행을 쌓은 집에는 반드시 후손에게 경사가
있다"(積善之家 必有餘慶)고 하였다.

운봉 현감雲峯縣監 최군崔君 묘갈명

군의 휘諱는 모某[1]요 자字는 모[2]이니 양천 최씨陽川崔氏이다. 고려 때에 휘 모[3]가 삼중대광三重大匡 문하시중門下侍中이 되어 금천衿川에 식읍食邑을 하사 받음으로써 자손이 그곳에 대대로 살게 되었다. 이로 인하여 금천에 본 관을 두게 되었는데, 뒤에 개성부開城府로 옮겨 갔다.

군은 말타기와 활쏘기를 잘하여 정교하고 날렵한 솜씨를 아무도 앞 설 만한 사람이 없었다. 금상今上(영조) 4년 무신년(1728)에 영남에서 역적 이 크게 일어나 서쪽으로 올라오자 군은 스스로 관부官府에 나아가 장사壯 士의 선발에 끼었는데, 화살을 활통에 꽂고 말에 가슴걸이를 갖추고 활을 메고서 칼을 쥐고 나가며,

"대장부로 세상에 태어났으면 마땅히 나라를 위해 죽어야 한다."

하였다. 역적이 평정되자 양무공신揚武功臣에 녹훈錄勳되어 철권鐵券[4]을 하사

---

1. 모某 '석좌'錫佐이다. 『蘿窓遺稿』 卷2 「從祖雲峰公墓碣銘」
2. 모 '덕헌'德憲이다.
3. 모 '원'遠이다.

받았으며, 19세에 무과에 급제하여 부장部將을 거쳐 무겸선전관武兼宣傳官에 올랐다.

상上이 만월대滿月臺에 거둥하여 보인 시험에 합격하여 절충장군折衝將軍에 올랐고, 오위장五衛將을 거쳐 외직으로 나가 운봉 현감雲峯縣監 겸 영장營將이 되었다. 이때 운봉현과 그 속읍들에 크게 기근이 들고 역병이 돌자 군이 한탄하며 말하기를,

"우리 고향이 관직 진출이 막힌 지가 오래되었다.[5] 내가 이번에 성상의 후한 은덕을 입고서 병부兵符와 인끈을 차고 일산日傘을 덮고 오마五馬를 몰아 부임한 것은 우리 고향의 영광이 되겠으나, 이 나라 백성들을 하나라도 살리지 못한다면 우리 고향의 수치가 될 것이다."

하고는 녹봉을 모두 털어서 구제하고, 그래도 부족하자 관할하는 다섯 고을에서 두루 빌려 와서 진휼하면서, 지극한 정성으로 하고자 힘썼다. 그리하여 해마다 풍년이 들었으며 병들어 죽는 백성이 없었다.

모년 모월 모일에 서울 집에서 죽으니 향년 71세였다.[6] 모년 모월 모일에 모좌某坐의 묘역에 장사 지냈다.[7]

부친의 휘諱는 모某[8]이니 호조 참판에 추증되었고, 조부의 휘는 모[9]이니 좌승지에 추증되었으며, 증조의 휘는 모[10]이니 사복시 정司僕寺正에 추

---

4. 철권鐵券   공신들의 후손들에게도 각종의 특권을 부여한다는 내용의 증명서를 말하며 '단서철권'丹書鐵券이라고도 한다.

5. 우리 …… 오래되었다   '우리 고향'이란 개성開城을 말한다. 조선 개국 이래 개성 사람들의 관직 진출이 오래도록 막혔다.

6. 모년 …… 71세였다   서술에 약간 착오가 있는 듯하다. 최석좌는 숙종 36년(1710) 6월 1일에 출생하여 영조 47년(1771) 2월 4일에 별세했으므로, 향년 62세라야 옳다. 최진관崔鎭觀이 지은 「종조 운봉공 묘갈명」從祖雲峰公墓碣銘에도 '壽六十二'로 되어 있다. 『蘿窓遺稿』 卷2

7. 모년 …… 지냈다   신묘년(1771) 5월 기미己未(19일)에 풍덕부豊德府에서 북으로 30리 거리에 있는 법화동法華洞 을좌乙坐의 묘역에 장사 지냈다. 『蘿窓遺稿』 卷2 「從祖雲峰公墓碣銘」

8. 모某   '외형'巍衡이다.

9. 모   '일신'日新이다.

증되었다. 부인은 정부인貞夫人 모씨某氏[11]이며 아들과 딸은 아래쪽에 기록
되어 있다. 명銘[12]은 다음과 같다.

작은 곳간 큰 곳간 든든히 재어 놓고 　　　　窖廩囷倉固所藏
조금씩 골고루 나누어 주니 유사들은 착실했네[13] 　庾斛釜鍾有司良
운봉 현감으로 승진되었는데 재량을 잘못하여 　　升以雲峯失所量
쌀을 쌓아 놓고 썩혀 두면 우리 고향을 슬프게 하리 積久腐紅悲我鄕
자신은 크게 떨치지 못했어도 후손은 창성하리 　不振厥躬留後昌

10. 모　'천립'天立이다. 그런데 최천립은 사복시 정이 아니라 사헌부 집의執義에 추증되었다.
『연암집』 권2 「치암 최옹 묘갈명」癡庵崔翁墓碣銘에도 '집의'에 추증된 것으로 서술되어 있다.
11. 모씨某氏　서술에 약간 착오가 있는 듯하다. 정부인은 최석좌의 모친인 개성 장씨開城張氏
에게 추증된 것이다. 최석좌의 초취初娶인 남원 태씨南原泰氏와 재취인 서원 한씨西原韓氏는 숙부
인淑夫人에 추증되었다. 최석좌는 재취 한씨와의 사이에 2남 2녀를 두었으며, 따로 측실 소생들
이 있었다. 『蘿窓遺稿』 卷2 「從祖雲峰公墓碣銘」
12. 명銘　최진관이 지은 「종조 운봉공 묘갈명」의 명銘과 동일하다. 따라서 이는 최진관이 지
은 묘갈명의 명사銘辭가 연암의 글에 잘못 편입되었을 것으로 보는 견해도 있다. 단 최진관의
글은 정조 3년인 기해년(1779)에 지은 것으로 밝혀져 있고, 연암의 글은 영조를 '금상'今上이라
지칭하고 있어 영조 때에 지은 것으로 짐작된다. 그렇다면 연암의 글이 최진관의 글보다 먼저
지어졌으므로, 재고의 여지가 있다고 본다. 박철상, 「개성開城의 진사進士 최진관과 연암燕岩」,
『문헌과 해석』 32, 2005. 10. 참조.
13. 조금씩 …… 착실했네　원문의 유庾, 곡斛, 부釜, 종鍾은 모두 소량少量의 단위들이다. 『논어』
「옹야」雍也에서 공자는 제자 공서적公西赤이 제齊나라에 사신으로 갈 적에 사치스러운 차림을 한
사실을 들어 그의 모친에게 부釜(6두 4승) 아니면 유庾(16두)의 식량만을 주도록 허락하면서, "군
자는 급한 사람을 두루 돕지, 부자가 계속 여유 있도록 돕지는 않는다"(君子周急 不繼富)고 하였
다.

연암집

【제8권 별집】

방경각외전
放璚閣外傳

자서自序

오륜 끝에 벗이 놓인 것¹은	友居倫季
보다 덜 중시해서가 아니라	匪厥疎卑
마치 오행 중의 흙이	如土於行
네 철에 다 왕성한 것과 같다네²	寄王四時
친親과 의義와 별別과 서序에	親義別敍
신信 아니면 어찌하리	非信奚爲
상도常道가 정상적이지 못하면	常若不常
벗이 이를 시정하나니³	友迺正之

1. **오륜 …… 것**　부자유친父子有親, 군신유의君臣有義, 부부유별夫婦有別, 장유유서長幼有序, 붕우유신朋友有信의 차례를 두고 한 말이다.
2. **마치 …… 같다네**　오행설五行說에서는 봄에는 나무(木)의 기운이 왕성하고, 여름에는 불(火)의 기운이 왕성하고, 가을에는 쇠(金)의 기운이 왕성하고, 겨울에는 물(水)의 기운이 왕성한 것으로 본다. 흙(土)만 그에 해당하는 계절이 없는 셈인데, 이 모순을 해결하기 위해 각 계절 90일에서 18일씩을 덜어서 흙에 배당함으로써 오행에 맞추어 각 계절이 모두 72일씩으로 고루 안배될 수 있게 한 것을 가리킨다.

그러기에 맨 뒤에 있어 　　　　　　　　　　所以居後

이들을 후방에서 통제하네 　　　　　　　　酒殿統斯

세 광인이 서로 벗하며 　　　　　　　　　三狂相友

세상 피해 떠돌면서 　　　　　　　　　　遯世流離

참소하고 아첨하는 무리를 논하는데 　　　論厥讒諂

그들의 얼굴이 비치어 보이는 듯하네[4] 　若見鬚眉

　　　이에 「마장전」馬駔傳을 짓는다.

선비가 먹고사는 데에 연연하면 　　　　士累口腹

온갖 행실 이지러지네 　　　　　　　　　百行餒缺

호화롭게 살다가 비참하게 죽는다 해도[5] 　鼎食鼎烹

그 탐욕 고치지 못하거늘 　　　　　　　不誠饕餮

엄 행수嚴行首는 똥으로 먹고살았으니 　嚴自食糞

하는 일은 더럴망정 입은 깨끗하다네 　迹穢口潔

　　　이에 「예덕선생전」穢德先生傳을 짓는다.

민옹은 사람을 황충蝗蟲같이 여겼고 　　閔翁蝗人

노자老子의 도道를 배웠네[6] 　　　　　學道猶龍

풍자와 골계로써 　　　　　　　　　　　託諷滑稽

---

3. **상도常道가 …… 시정하나니** 　　인의예지仁義禮智에다 신信을 보태어 오상五常이라 한다. 본래 신은 오행설의 유행에 따라 인의예지에 추가된 것이었다.

4. **그들의 …… 듯하네** 　　『순자』荀子 「해폐」解蔽에, 인심人心을 대야의 물에 비유하면서, 대야의 물을 안정시켜 혼탁한 것들을 가라앉히면 "수염과 눈썹을 볼 수 있다"(足以見鬚眉)고 했다.

5. **호화롭게 …… 해도** 　　정식鼎食은 솥들을 즐비하게 늘어놓고 식사하는 것을 뜻하고, 정팽鼎烹은 솥에 삶아 죽이는 형벌을 당하는 것을 뜻한다.

6. **노자老子의 도道를 배웠네** 　　공자가 노자를 만나 보고 "용과 같다"(猶龍)고 감탄했다고 한다. 『史記』 卷63 「老子列傳」

제멋대로 세상을 조롱하였으나   翫世不恭
벽에 써서 스스로 분발한 것은   書壁自憤
게으른 이들을 깨우칠 만하네   可警惰憊
　　이에 「민옹전」閔翁傳을 짓는다.

선비란 바로 천작天爵[7]이요   士迺天爵
선비의 마음이 곧 뜻이라네[8]   士心爲志
그 뜻은 어떠한가   其志如何
권세와 잇속을 멀리하여   弗謀勢利
영달해도 선비 본색 안 떠나고   達不離士
곤궁해도 선비 본색 잃지 않네   窮不失士
이름 절개 닦지 않고   不飭名節
가문家門 지체地體 기화 삼아   徒貨門地
조상의 덕만을 판다면   酤鬻世德
장사치와 뭐가 다르랴   商賈何異
　　이에 「양반전」兩班傳을 짓는다.

홍기는 대은大隱[9]이라   弘基大隱
노니는 데 숨었다오   迺隱於遊
세상이야 맑건 흐리건 청정淸淨을 잃지 않았으며   淸濁無失

---

7. 천작天爵　　인작人爵의 대립 개념으로, 천부적으로 존귀한 존재라는 뜻이다. 『孟子』「告子上」
8. 선비의 …… 뜻이라네　　'지'志라는 글자의 구조를 '士'와 '心'의 결합으로 풀이한 것이다. 『설문해자』說文解字의 풀이는 이와 다르다.
9. 대은大隱　　은자에도 대은大隱, 중은中隱, 소은小隱의 등급이 있다. 산중에 숨어 사는 은자가 소은이라면, 진정으로 위대한 은자인 대은은 하층 민중이나 다름없이 시중에서 산다.

남을 해치지도 않고 탐내지도 않았네[10]　　　　　　　不忮不求

　　이에 「김신선전」金神仙傳을 짓는다.

광문은 궁한 거지로서　　　　　　　　　　　　　　廣文窮丐

명성이 실정보다 지나쳤네[11]　　　　　　　　　　　聲聞過情

이름나기 좋아하지 않았음에도　　　　　　　　　　非好名者

형벌을 면치 못하였거든　　　　　　　　　　　　　猶不免刑

더구나 이름을 도적질하여　　　　　　　　　　　　矧復盜竊

가짜로써 명성을 다툰 경우리요　　　　　　　　　　要假以爭

　　이에 「광문전」廣文傳을 짓는다.

아름다운 저 우상은　　　　　　　　　　　　　　　變彼虞裳

옛 문장에 힘을 썼네　　　　　　　　　　　　　　　力古文章

서울에서 사라진 예禮를 시골에서 구한다더니[12]　　禮失求野

생애는 짧아도 그 이름 영원하리　　　　　　　　　亨短流長

　　이에 「우상전」虞裳傳을 짓는다.

세상이 말세로 떨어져　　　　　　　　　　　　　　世降衰季

허위만을 숭상하고 꾸미니　　　　　　　　　　　　崇飾虛僞

---

10. **남을 …… 않았네**　　『시경』 패풍邶風 「웅치」雄雉에 나오는 구절이다.
11. **명성이 실정보다 지나쳤네**　　『맹자』 「이루 하」離婁下에서, "명성이 실정보다 지나침을 군자
는 부끄러워한다"(聲聞過情 君子恥之)고 했다.
12. **서울에서 …… 구한다더니**　　『한서』漢書 권30 「예문지」藝文志 10에 공자孔子가 한 말로 소개
되어 있다. 『연암집』 권3 「자소집서」自笑集序에서도 이 말을 인용하면서, 양반 사대부들의 글에
서 사라진 고문사古文辭를 역관譯官들의 글에서 찾아볼 수 있다고 개탄하였다.

시를 읊으면서 무덤을 도굴하는[13]　　　　　　詩發含珠

위선자요 사이비 군자라네[14]　　　　　　　　願賊亂紫

은자인 체하며 빠른 출세를 노리는 짓을[15]　　迍捷終南

예로부터 추하게 여겼느니　　　　　　　　　從古以醜

　　　이에 「역학대도전」易學大盜傳[16]을 짓는다.

집에서 효도하고 밖에서 공손하면　　　　　　入孝出悌

배우지 않았어도 배웠다 하리니[17]　　　　　未學謂學

이 말이 비록 지나치지만　　　　　　　　　　斯言雖過

거짓 군자를 경계할 만하네　　　　　　　　　可警僞德

공명선公明宣은 글 읽지 않았어도　　　　　　明宣不讀

삼 년을 잘 배웠으며[18]　　　　　　　　　　三年善學

농부가 밭을 갈며　　　　　　　　　　　　　農夫耕野

---

13. **시를 …… 도굴하는**　　　『장자』莊子 「외물」外物에, 『시경』의 시를 읊조리면서 무덤을 도굴하여 죽은 사람의 입에 물려진 구슬을 훔치는 타락한 유자儒者의 이야기가 나온다.

14. **위선자요 사이비 군자라네**　　　『논어』 「양화」陽貨에서 공자는 "향원鄕愿은 덕을 어지럽히는 도적이다"(鄕愿 德之賊也)라고 했으며, 또한 "자줏빛이 붉은빛을 어지럽히는 것을 미워한다"(惡紫之奪朱也)고 했다.

15. **은자인 …… 짓을**　　　당나라 노장용盧藏用이 수도 장안長安의 종남산에 은거함으로써 고사高士라는 명성을 얻어 도리어 재빠르게 출세한 것을 풍자한 말이다.

16. **「역학대도전」易學大盜傳**　　　학문을 팔아먹는 큰 도적에 관한 전기傳記라는 뜻이다.

17. **집에서 …… 하리니**　　　『논어』 「학이」學而에서 공자는 "자제들은 집에서 효도하고 밖에서 공손해야 한다"(弟子入則孝 出則悌)고 했으며, 자하子夏는 "어진 이를 좋아하여 호색하는 마음을 바꾸며 …… 벗과 사귈 때 말이 믿음직하면, 비록 배우지 못했다 할지라도 나는 반드시 그를 배운 사람이라 하겠다"(賢賢易色 …… 與朋友交 言而有信 雖曰未學 吾必謂之學矣)고 했다.

18. **공명선公明宣은 …… 배웠으며**　　　공명선은 증자曾子의 제자로, 그의 문하에서 3년이나 있으면서도 글공부를 전혀 하지 않았다. 이에 그 까닭을 묻자, 공명선은 스승인 증자의 모범적인 행동을 보고 따라 배우고자 노력했을 뿐이라고 답했으므로, 증사가 감복感服했다고 한다. 『說苑』 「反質」

아내를 손님같이 서로 공경하니 　　　　　　　　　　賓妻相揖

글자를 읽을 줄 몰라도 　　　　　　　　　　　　　目不知書

참된 배움이라 이를 만하네 　　　　　　　　　　可謂眞學

　　이에 「봉산학자전」鳳山學者傳[19]을 짓는다.

---

19. 「봉산학자전」鳳山學者傳　　이덕무李德懋의 『청장관전서』靑莊館全書 권50 「이목구심서」耳目口
心書에 의하면, 황해도 봉산에 사는 어느 무식한 농민이 한글밖에 모르지만 『소학언해』小學諺解
를 읽고 그의 모든 언행을 이에 준해 실천했다고 한다. 외출하거나 귀가할 때 반드시 서로 절하
기로 아내와 약속하고, 부부가 같이 날마다 『소학언해』를 읽었으므로, 그 고을의 이웃 사람들
로부터 조롱을 받았으나 개의치 않았다고 한다. 「봉산학자전」은 이 사실을 소재로 한 전기인
듯하다.

마장전馬駔傳

말 거간꾼이나 집주릅이 손뼉을 치고 손가락으로 가리켜 보이는 짓이나,[1] 관중管仲과 소진蘇秦이 닭·개·말·소의 피를 바르고 맹세했던 일[2]은 신뢰를 보이기 위한 것이다. 어렴풋이 헤어지잔 말만 들어도 가락지를 벗어 던지고 수건을 찢어 버리고 등잔불을 돌아앉아 벽을 향하여 고개를 숙이고 울먹거리는 것은 믿을 만한 첩임을 보이기 위한 것이요, 가슴속의 생각을 다 내보이면서 손을 잡고 마음을 증명해 보이는 것은 믿을 만한 친구임을 보이기 위한 것이다.

그러나 콧잔등(準)[3] – 음은 '절'이다. – 까지 부채로 가리고 좌우로 눈짓을 하는 것은 거간꾼들의 술책이며, 위협적인 말로 상대의 마음을 뒤흔들고 상대가 꺼리는 곳을 건드려 속을 떠보며[4] 강한 상대에겐 협박을 하고 약

---

1. **손뼉을 …… 짓이나**　맹세할 때 하는 동작들이다. 격장위서擊掌爲誓니, 지일서심指日誓心이니 하는 성구成句들이 있다.
2. **닭 …… 일**　고대 중국에서 동맹을 맺을 때 천자는 입가에 말이나 소의 피를 바르고, 제후는 개나 돼지의 피를 바르고, 대부 이하는 닭의 피를 바르고 맹세했다.
3. **콧잔등(準)**　'準' 자를 콧잔등이란 뜻으로 쓸 때는 '절'이라 읽는다.

한 상대는 짓눌러서 동맹한 나라들을 흩어 버리거나 분열된 나라들을 통합하게 하는 것은 패자霸者와 유세가들이 이간하고 농락하는 권모술수이다.

옛날에 가슴앓이 하는 이가 있어, 아내를 시켜 약을 달이게 하였는데 그 양이 많았다 적었다 들쑥날쑥하였으므로 노하여 첩을 시켰더니, 그 양이 항상 적당하였다. 그 첩이 너무나 마음에 들어 창구멍을 뚫고 엿보았더니, 많으면 땅에 버리고 적으면 물을 더 붓는 것이었다. 이것이 바로 그 첩이 양을 적당하게 맞추는 방법이었다. 그러므로 귀에 대고 소곤거리는 것은 좋은 말이 아니요, 남에게 누설하지 말라고 신신당부하는 것은 깊은 사귐이 아니요, 정이 얼마나 깊은지를 드러내는 것은 훌륭한 벗이 아니다.

송욱宋旭,[5] 조탑타趙闒拖, 장덕홍張德弘이 광통교廣通橋[6] 위에서 벗을 사귀는 것에 대하여 이야기를 나누고 있었다. 탑타가 말하기를,

"내가 아침에 일어나 바가지를 두드리며 밥을 빌다가 포목전에 들렀더니, 포목을 사려고 가게로 올라온 자가 있었습니다. 그는 포목을 골라 혀로 핥아 보기도 하고 공중에 비쳐 보기도 하면서 값은 부르지 않고 주인에게 먼저 부르라고 하더군요. 그러더니 나중에는 둘 다 포목은 잊어버린 채 포목 장수는 갑자기 먼 산을 바라보며 구름이 나왔다고 흥얼대고,[7] 사러 온 사람은 뒷짐을 지고 서성대며 벽에 걸린 그림을 보고 있더

---

4. 상대가 …… 떠보며　　　원문은 '餂情投悶'이다. 『맹자』「진심 하」盡心下에 "선비가 말을 해서는 안 되는데 말을 하면, 이는 말로써 속을 떠보는 것이다"(士未可以言而言　是以言餂之)라고 비판하였다. 투기투민은 '쥐 잡으려 해도 그릇 깨뜨릴까 봐 꺼려진다'(投鼠忌器)는 말의 준말이다.

5. 송욱宋旭　　　『연암집』권7「염재기」念齋記에 의하면, 송욱은 당시 한양에 실존했던 기인奇人이었다.

6. 광통교廣通橋　　　한양 중부 광통방廣通坊에 있던 다리. 광교廣橋라고도 한다. 청계천에 놓인 다리 중 가장 큰 다리였다.

7. 구름이 나왔다고 흥얼대고　　　무심한 체하는 모양을 표현한 것이다. 도잠陶潛의 「귀거래사」歸去來辭에 "구름은 무심하게 산굴에서 나오고"(雲無心以出岫)라는 구절이 있다.

군요.[8]"

하니, 송욱이 말하기를,

"너는 사귀는 태도만 보았을 뿐 사귀는 도道는 보지 못했다."

하였다. 덕홍이 말하기를,

"꼭두각시놀음에 장막을 드리우는 것은 노끈을 당기기 위한 것이지요."

하니, 송욱이 말하기를,

"너는 사귀는 겉모습만 보았을 뿐 사귀는 도는 보지 못했다. 무릇 군자가 사람을 사귀는 방법에는 세 가지가 있으며 이에 대한 구체적인 기법으로는 다섯 가지가 있는데 나는 그 가운데 한 가지도 제대로 하는 것이 없다. 그러기에 나이 서른이 되었어도 벗 하나 없다. 그러나 그 도만은 내 옛적에 들었노라. 팔이 밖으로 펴지지 않는 것은 술잔을 잡았기 때문이지.[9]"

하니, 덕홍이 말하기를,

"그렇습니다. 『시경』에 본래 그런 말이 있지요.

우는 학이 그늘에 있으니	鳴鶴在陰
그 새끼가 화답한다	其子和之
내게 좋은 벼슬이 있으니	我有好爵
내가 너와 더불어 같이한다[10]	吾與爾縻之

---

8. **벽에 …… 있더군요**　원문은 '壁上觀畵'인데, 『사기』「항우본기」項羽本紀에서 항우의 군대가 거록鉅鹿에서 진秦나라 군대를 공격할 때 다른 제후의 장수들이 성벽 위에서 관망만 하고 있었던 고사에서 나온 '벽상관전'壁上觀戰이란 성어의 패러디이다. 역시 무심한 체하는 모양을 표현한 것이다.

9. **팔이 …… 때문이지**　우리나라 속담이다. 이덕무의 『열상방언』洌上方言에는 "술잔 잡은 팔은 밖으로 굽지 않는다"(把盃腕 不外卷)라고 소개되었다. 『靑莊館全書』卷62

10. **우는 …… 같이한다**　『주역』「중부괘」中孚卦 구이九二의 효사爻辭이다. 따라서 인용상 실수를 범했거나, 아니면 이를 『시경』의 일시逸詩로 간주한 듯하다.

하였는데 아마도 이를 두고 하는 말이겠지요."

하였다. 송욱이 말하기를,

"너만 하면 벗에 대한 도를 이야기할 수 있겠다. 내가 아까 그 한 가지만을 알려 주었는데, 너는 두 가지를 아는구나. 천하 사람이 붙따르는 것은 형세요, 모두가 차지하려고 도모하는 것은 명예와 이익이다. 술잔이 입과 더불어 약속한 것도 아니건만, 팔이 저절로 굽혀지는 것은 응당 그럴 수밖에 없는 형세이다. 학과 그 새끼가 울음으로써 서로 화답하는 것은 바로 명예를 구하는 것이 아니겠느냐. 벼슬을 좋아하는 것은 이익을 구하는 것이다. 그러나 붙따르는 자가 많아지면 형세가 갈라지고, 도모하는 자가 여럿이면 명예와 이익이 제 차지가 없다. 그러므로 군자는 오랫동안 이 세 가지를 말하기를 꺼려 왔다. 내가 그렇기 때문에 은유적인 말로 네게 알려 주었는데 네가 이 뜻을 알아차렸구나.

너는 남과 더불어 교제할 때, 첫째, 상대방의 기정사실이 된 장점을 칭찬하지 말라. 그러면 상대방이 싫증을 느껴 효과가 없을 것이다. 둘째, 상대방이 미처 생각하지 못한 것을 깨우쳐 주지 말라. 장차 행하여 거기에 미치게 되면 낙담하여 실망하게 될 것이다. 셋째, 사람 많이 모인 자리에서는 남을 제일이라고 일컫지 말라. 제일이란 그 위가 없단 말이니 좌중이 모두 썰렁해지면서 기가 꺾일 것이다.

그러므로 사람을 사귀는 데에도 기법이 있다. 첫째, 상대방을 칭찬하려거든 겉으로는 책망하는 것이 좋고, 둘째, 상대방에게 사랑함을 보여 주려거든 짐짓 성난 표정을 드러내 보여야 한다. 셋째, 상대방과 친해지려거든 뚫어질 듯 쳐다보다가 부끄러운 듯 돌아서야 하고, 넷째, 상대방으로 하여금 나를 꼭 믿게끔 하려거든 의심하게 만들어 놓고 기다려야 한다. 또한 열사烈士는 슬픔이 많고 미인은 눈물이 많다. 때문에 영웅이 잘 우는 것은 남을 감동시키자는 것이다.

이 다섯 가지 기법은 군자가 은밀하게 사용하는 방법이기는 하지만 처세處世에 있어 어디에나 통용될 수 있는 방법이다."

하였다. 탑타가 덕홍에게 묻기를,

　"송 선생님의 말씀은 그 뜻이 너무나 어려워 마치 수수께끼와 같다. 나는 도무지 무슨 말인지 모르겠다."

하니, 덕홍이 말하기를,

　"네까짓 게 어찌 알아? 잘한 일을 가지고 성토하여 책망하면 이보다 더한 칭찬은 없을 것이다. 사랑하는 마음이 있다 보니 노여움이 생기는 것이요, 꾸지람을 하는 과정에서 정이 붙는 것이므로 가족에 대해서는 이따금 호되게 다루어도 싫어하지 않는 법이다.[11] 친한 사이일수록 거리를 둔다면 이보다 더 친한 관계가 어디에 있겠는가. 이미 믿는 사이인데도 오히려 의심을 품게 만든다면 이보다 더 긴밀한 관계가 어디에 있겠는가.

　술이 거나해지고 밤이 깊어 뭇사람은 다 졸고 있을 때 말없이 서로 바라보다가 그 남은 취기醉氣를 타서 슬픈 심사를 자극하면 누구든 뭉클하여 공감하지 않는 자 없다. 그러므로 사람을 사귀는 데에는 상대를 이해해 주는 것이 가장 중요하고, 즐겁기로는 서로 공감하는 것보다 더한 것이 없다. 따라서 편협한 사람의 불만을 풀어 주고 시기심 많은 사람의 원망을 진정시켜 주는 데에는 우는 것보다 더 효과적인 것이 없다. 나는 사람을 사귈 때 울고 싶지 않은 적이 없었지만 울어도 눈물이 나오지 않았다. 이 때문에 31년 동안 나라 안을 돌아다녀도 친구 하나 사귀지 못한 것이다."

하였다.

　탑타가 말하기를,

---

11. **가족에 …… 법이다**　『주역』「가인괘」家人卦 구삼九三의 효사에 "가족을 호되게 다루었으나 엄격함을 뉘우치면 길하니라"(家人嗃嗃 悔厲 吉)라고 하였다.

"그렇다면 충忠으로써 사귐에 임하고 의義로써 벗을 사귀면 어떻겠는가?"

하니, 덕홍이 그 얼굴에 침을 뱉으며 꾸짖기를,

"네 말하는 것을 보니 참으로 비루하구나. 그것도 말이라고 하는 거냐? 너는 듣거라. 가난한 놈이란 바라는 것이 너무도 많기 때문에 한없이 의義를 사모한다. 왜냐하면 저 아득한 하늘만 봐도 곡식을 내려 주지 않나 기대하고, 남의 기침 소리만 나도 무엇을 주지 않나 고개를 석 자나 빼고 바라기 때문이다. 반면에 재물을 모아 놓은 자는 자신이 인색하단 말을 부끄러워하지 않는다. 그것은 남이 자기에게 바라는 것을 끊자는 것이다. 그리고 천한 자는 아낄 것이 없기 때문에 충심忠心을 다하여 어려운 것도 회피하지 않는다. 왜냐하면 물을 건널 때 바짓가랑이를 걷어 올리지 않는 것은 떨어진 고의를 입었기 때문이다. 반면에 수레를 타고 다니는 자가 갖신에 덧신을 껴 신는 것은 그래도 진흙이 묻을까 염려해서이다. 신 바닥도 아끼거든 하물며 제 몸일까 보냐? 그러므로 충忠이니 의義니 하는 것은 빈천한 자에게는 일상적인 일이지만 부귀한 자에게는 관심 밖의 일이다."

하였다. 탑타가 발끈하여 정색하면서 말하기를,

"내 차라리 세상에 벗이 하나도 없을지언정 군자들과는 사귀지 못하겠다."

하고서 이에 서로 의관을 찢어 버리고 때 묻은 얼굴과 덥수룩한 머리에 새끼줄을 허리에 동여매고 저자에서 노래를 부르며 돌아다녔다.

골계선생滑稽先生은 「우정론」友情論에서 다음과 같이 말했다.[12]

---

12. **골계선생滑稽先生은 …… 말했다**   골계선생은 작가의 의견을 대변하기 위해 설정한 가상 인물이다. 따라서 「우정론」 역시 실제로는 작가가 지은 글이다. 골계란 풍자나 궤변詭辯을 잘한다는 뜻이니, 『사기』에 「골계열전」滑稽列傳이 있다.

나무를 붙이자면 부레풀로 붙이고, 쇠붙이를 붙이자면 붕사鵬砂로 붙이고, 사슴이나 말의 가죽을 붙이자면 멥쌀밥(粳飯)[13]을 이겨서 붙이는 것보다 단단한 것이 없음을 내 안다. 그러나 사람 사이의 사귐에 있어서는 떨어진 틈이란 것이 있다. 연燕나라와 월越나라처럼 멀리 떨어져 있어야 틈이 있는 것이 아니요, 산천山川이 가로막고 있어야 틈이 있는 것이 아니다. 또 무릎을 맞대고 함께 앉아 있다 하여 반드시 밀접한 사이가 아니요, 어깨를 치고 소매를 붙잡는 관계라 하여 반드시 마음이 일치하는 것도 아니다. 그런 사이에도 틈은 있게 마련이다. 예를 들어 상앙商鞅이 장황한 말을 늘어놓자 효공孝公이 꾸벅꾸벅 졸았고,[14] 범저范雎가 성내지 않았다면 채택蔡澤이 아무 말도 못했을 것이다.[15] 그러므로 밖으로 나와서 상앙을 꾸짖어 주는 사람이 반드시 있었으며, 채택의 말을 전하여 범수가 화를 내도록 만든 사람이 반드시 있었던 것이다. 공자公子 조승趙勝(평원군平原君)이 소개의 역할을 하였다.[16] 반면에 성안후成安侯(진여陳餘)와 상산왕常山王(장이張耳)은 사귐에 있어 조금의 틈도 없이 너무나 절친하게 지냈으므

---

13. 멥쌀밥(粳飯)　　참쌀밥(糯飯)의 오류인 듯하다. 멥쌀은 차지지 않아 풀로 쓰기 어렵다.
14. 상앙商鞅이 …… 졸았고　　상앙이 진秦나라 총신寵臣인 경감景監을 통해 진 효공을 만났는데, 첫 번째 만남에서 제도帝道에 대하여 유세하였더니 진 효공이 꾸벅꾸벅 졸았다. 이에 경감이 나와서 상앙을 꾸짖자 다음 만남에서는 왕도王道에 대해 말하였으나 이 또한 듣지 않았고, 다음에는 패도覇道에 대하여 말하자 차츰 관심을 보였다. 마지막으로 강국強國에 대하여 말하자 효공이 매우 좋아하였다. 『史記』 卷68 「商君列傳」
15. 범저范雎가 …… 것이다　　채택蔡澤이 진나라에 들어가 진 소왕秦昭王을 볼 목적으로 먼저 사람을 시켜 당시 승상인 범저에게 자신이 진왕을 만나면 승상의 자리를 빼앗게 될 것이라고 하여 범저를 노하게 만듦으로써 범저와 만나 자신의 존재를 알리고 이를 통해 진왕을 만났다. 『史記』 卷79 「范雎蔡澤列傳」
16. 공자公子 …… 하였다　　진秦나라 군대가 조趙나라 수도를 포위하자 노중련魯仲連이 위魏나라 장수 신원연新垣衍을 설득하여 조나라를 돕도록 하겠노라고 자청했으므로, 공자 조승, 즉 평원군平原君이 노중련을 신원연에게 소개하였다. 『史記』 卷83 「魯仲連列傳」 일개 선비인 노중련이 위나라 장수 신원연을 상대로 유세할 수 있었던 것은 평원군의 소개 덕분이었다는 뜻이지만, 탈문脫文이 있는지, 아니면 지나치게 생략한 탓인지 문맥이 잘 통하지 않는다.

로, 그들 사이에 한번 틈이 생기자 누구도 그들을 위해 사이에 끼어들수가 없었다.[17] 그러기 때문에, 중히 여길 것은 틈이 아니고 무엇이며, 두려워할 것도 틈이 아니고 무엇이랴. 아첨도 그 틈을 파고들어가 영합하는 것이요, 참소도 그 틈을 파고들어가 이간질하는 것이다. 그러므로 사람을 잘 사귀는 이는 먼저 그 틈을 잘 이용하고, 사람을 잘 사귈 줄 모르는 이는 틈을 이용할 줄 모른다.

성격이 강직한 사람은 외골수여서 자신을 굽히고 남에게 나아가지도 않고 우회적으로 말을 하지도 않으며, 한번 말을 꺼냈다가 의견이 합치하지 않으면 남이 이간질하지 않아도 제풀에 막히고 만다. 그러므로 속담에 이르기를, "찍고 또 찍어라. 열 번 찍어 안 넘어가는 나무 어디 있으리"라고 했으며, "아랫목에 잘 보이기보다는 아궁이에 잘 보여라"[18]라고 했는데, 이를 두고 말한 것이다.

따라서 아첨을 전하는 데에도 방법이 있다. 몸을 정제整齊하고 얼굴을 다듬고 말을 얌전스레 하고 명예와 이익에 담담하며 상대와 사귀려는 마음이 없는 척함으로써 저절로 아첨을 하는 것이 상급의 아첨이다. 다음으로, 바른 말을 간곡하게 하여 자신의 애정을 드러내 보인 다음 그 틈을 잘 이용하여 자신의 호의를 전달하는 것이 중급의 아첨이다. 말굽이 닳도록 조석朝夕으로 문안問安하며 돗자리가 떨어지도록 뭉개 앉아, 상대방의 입술을 쳐다보며 얼굴빛을 살펴서, 그 사람이 하는 말마다 다 좋다하고 그 사람이 행하는 것마다 다 칭송한다면, 처음 들을 때에야 좋아하겠지만 오래 들으면 도리어 싫증이 난다. 싫증이 나면 비루하게 여기게되어, 마침내는 자기를 가지고 노는 게 아닌가 의심하게 된다. 이는 하급

17. **성안후成安侯와 …… 없었다** 『사기』 권89 「장이진여열전」張耳陳餘列傳에 자세히 나온다. 단 『사기』에는 진열을 '성안후'라 하지 않고 '성안군'成安君이라 지칭하였다.
18. **아랫목에 …… 보여라** 『논어』 「팔일」八佾에 나오는 말이다.

의 아첨이다.

관중管仲이 제후諸侯를 여러 번 규합하였고, 소진蘇秦이 육국六國을 합종
合縱시켰으니 천하의 큰 사귐이라 이를 만하다. 그러나 송욱과 탑타는 길
에서 걸식을 하고 덕홍은 저자에서 미친 듯이 큰 소리로 노래 부르고 다
니면서도 오히려 말 거간꾼의 술수를 부리지 않았거늘, 하물며 군자로서
글 읽는 사람이야 더 말할 나위가 있겠는가.

예덕선생전 穢德先生傳

선귤자蟬橘子[1]에게 예덕선생이라 부르는 벗이 한 사람 있다. 그는 종본탑宗本塔[2] 동쪽에 살면서 날마다 마을 안의 똥을 치는 일을 생업으로 삼고 지냈는데 마을 사람들은 모두들 그를 엄 행수嚴行首라 불렀다. '행수'란 막일꾼 가운데 나이가 많은 사람에 대한 칭호요, '엄'은 그의 성姓이다.

자목子牧[3]이 선귤자에게 따져 묻기를,

"예전에 제가 선생님께 벗의 도를 들었는데, '벗이란 함께 살지 않는

---

1. **선귤자蟬橘子**　이덕무의 호號 중의 하나이다.
2. **종본탑宗本塔**　현재 서울 종로의 탑골공원 안에 있는 원각사지圓覺寺址의 석탑(白塔)을 가리킨다. 원각사는 조선 태조 때 조계종曹溪宗의 본사本寺로 삼았던 절이었으므로, 세조 때 그 절에 세운 10층 석탑을 후세에 종본탑이라고도 부른 듯하다. 「산해경보」山海經補에서 이덕무는 연암에게 장난삼아 답한 편지에서 "한산주漢山州 조계曹溪의 종본탑宗本塔 동쪽에 옛날 어느 이씨가 ……"라고 자신을 소개하였다. 『靑莊館全書』권28 박제가朴齊家의 『정유문집』貞蕤文集 권1 「백탑청연집서」白塔淸緣集序에 의하면, 한때 백탑 부근에 연암과 이덕무, 이서구, 유득공 등이 살았다고 한다.
3. **자목子牧**　이서구의 사촌동생이자 이덕무의 제자였던 이정구李鼎九(1756~1783)를 가리킨다. 그의 자가 중목仲牧이었다. 김윤조, 「강산전서薑山全書 해제」, 『강산전서』, 성균관대 대동문화연구원, 2005. 참조.

아내요 핏줄을 같이하지 않은 형제와 같다'[4]고 말씀하셨습니다. 벗이란 이같이 소중한 것인 줄 알았습니다. 세상의 이름난 사대부들이 선생님을 따라 그 아랫자리에서 노닐기를 원하는 자가 많았지만 선생님께서는 아무도 받아들이지 않았습니다. 그런데 저 엄 행수라는 자는 마을에서 가장 비천한 막일꾼으로서 열악한 곳[5]에 살면서 남들이 치욕으로 여기는 일을 하고 있는 사람인데, 선생님께서는 자주 그의 덕德을 칭송하여 선생이라 부르는 동시에 장차 그와 교분을 맺고 벗하기를 청할 것같이 하시니 제자로서 심히 부끄럽습니다. 그러하오니 문하에서 떠나기를 원하옵니다."

하니, 선귤자가 웃으면서,

"앉아라. 내가 너에게 벗을 사귀는 것에 대해 말해 주마. 속담에 '의원이 제 병 못 고치고 무당이 제 굿 못 한다' 했다. 사람마다 자기가 스스로 잘한다고 여기는 것이 있는데 남들이 몰라주면, 답답해하면서 자신의 허물에 대해 듣고 싶은 체한다. 그럴 때 예찬만 늘어놓는다면 아첨에 가까워 무미건조하게 되고, 단점만 늘어놓는다면 잘못을 파헤치는 것 같아 무정하게 보인다. 따라서 잘하지 못하는 일에 대해서는 얼렁뚱땅 변죽만 울리고 제대로 지적하지 않는다면 제아무리 크게 책망하더라도 화를 내지는 않을 것이니, 상대방의 꺼림칙한 곳을 건드리지 않았기 때문이다. 그러다가 비슷한 물건을 늘어놓고 숨긴 것을 알아맞히듯이 자신이 잘한다고 여기는 것을 은근슬쩍 언급한다면, 마치 가려운 데를 긁어 준 것처럼 진심으로 감동할 것이다. 가려운 데를 긁어 주는 것에도 방법이 있다. 등을 토닥일 때는 겨드랑이에 가까이 가지 말고 가슴을 어루만질

---

4. **벗이란······ 같다**   윤광심尹光心의 『병세집』幷世集에 수록된 이덕무의 「적언찬」適言讚 찬지칠 讚之七 '간유'簡遊에 나오는 말이다.
5. **열악한 곳**   원문은 '下流'이다. 『논어』「자장」子張에 "그러므로 군자는 하류下流에 거처하기를 싫어한다. 천하의 더러운 것이 모두 모여들기 때문이다"라고 하였다.

때는 목을 건드리지 말아야 한다. 뜬구름 같은 말을 하는 것 같으면서도 그 속에 결국 자신에 대한 칭찬이 들어 있다면, 뛸 듯이 기뻐하며 자신을 알아준다고 말할 것이다. 이렇게 벗을 사귄다면 되겠느냐?"

하였다. 자목은 귀를 막고 뒷걸음질 치며 말하기를,

"지금 선생님께서는 시정잡배나 하인놈들이 하는 짓거리를 가지고 저를 가르치려 하시는군요."

하니, 선귤자가 말하기를,

"그렇게 말하는 것을 보니 네가 부끄럽게 여기는 것은 과연 전자가 아니라 후자로구나. 무릇 시장에서는 이해관계로 사람을 사귀고 면전에서는 아첨으로 사람을 사귀지. 따라서 아무리 친한 사이라도 세 번 손을 내밀면 누구나 멀어지게 되고, 아무리 묵은 원한이 있다 하더라도 세 번 도와주면 누구나 친하게 되기 마련이지. 그러므로 이해관계로 사귀게 되면 지속되기 어렵고, 아첨으로 사귀어도 오래갈 수 없다네. 훌륭한 사귐은 꼭 얼굴을 마주해야 할 필요가 없으며, 훌륭한 벗은 꼭 가까이 두고 지낼 필요가 없지. 다만 마음으로 사귀고 덕으로 벗하면 되는 것이니, 이것이 바로 도의道義로 사귀는 것일세. 위로 천고千古의 옛사람과 벗해도 먼 것이 아니요, 만리萬里나 떨어져 있는 사람과 사귀어도 먼 것이 아니라네.

저 엄 행수란 사람은 일찍이 나에게 알아 달라고 요구하지 않았는데도 나는 항상 그를 예찬하고 싶어 못 견뎌했지. 그는 밥을 먹을 때는 끼니마다 착실히 먹고, 길을 걸을 때는 조심스레 걷고, 졸음이 오면 쿨쿨 자고, 웃을 때는 껄껄 웃고, 그냥 가만히 있을 때는 마치 바보처럼 보인다네. 흙벽을 쌓아 풀로 덮은 움막에 조그마한 구멍을 내고, 들어갈 때는 새우등을 하고 들어가고 잘 때는 개처럼 몸을 웅크리고 잠을 자지만, 아침이면 개운하게 일어나 삼태기를 지고 마을로 들어와 뒷간을 청소하지. 9월에 서리가 내리고 10월에 엷은 얼음이 얼 때쯤이면 뒷간에 말라붙은 사람똥, 마구간의 말똥, 외양간의 소똥, 홰 아래에 떨어진 닭똥이며 개똥과 거위똥, 그리고 돼지똥, 비둘기똥, 토끼똥, 참새똥 따위를 주옥인 양 긁어 가도 염치에 손상이 가지 않고, 그 이익을 독차지하여도 의로움에는 해가 되지 않으며, 욕심을 부려 많은 것을 차지하려고 해도 남들이 양보심 없다고 비난하지 않는다네. 그는 손바닥에 침을 발라 삽을 잡고는 새가 모이를 쪼아 먹듯 꾸부정히 허리를 구부려 일에만 열중할 뿐, 아무리 화려한 미관이라도 마음에 끌리는 법이 없고 아무리 좋은 풍악이라도 관심을 두는 법이 없지. 부귀란 사람이라면 누구나 원하는 것이지만 바란다고 해서 얻을 수 있는 것이 아니기에 부러워하지 않는 것이지. 따라서 그에 대해 예찬을 한다고 해서 더 영예로울 것도 없으며, 헐뜯는다 해서 욕될 것도 없다네.

왕십리枉十里의 무와 살곶이(箭串)[6]의 순무, 석교石郊[7]의 가지·오이·수박·호박이며 연희궁延禧宮[8]의 고추·마늘·부추·파·염교며 청파靑坡[9]의 미나리와 이태인利泰仁[10]의 토란들은 상상전上上田[11]에 심는데, 모두 엄씨의 똥을 가져다 써야 땅이 비옥해지고 많은 수확을 올릴 수 있으며, 그 수입이 1년에 6천 푼(60냥)이나 된다네. 하지만 그는 아침에 밥 한 사발이면 의기가 흡족해지고 저녁이 되어서야 다시 한 사발 먹을 뿐이지. 남들이 고

---

6. **살곶이(箭串)**   현재 서울 성동구에 있는 뚝섬의 옛 이름 중의 하나이다.
7. **석교石郊**   현재 서울시 성북구 석관동 일대이다. 석교가 곧 석관石串이었음은 『삼연집』三淵集 권7과 『삼연집 습유』三淵集拾遺 권6에 각각 「자석교기우향벽계」自石郊騎牛向璧溪, 「이월십일일 자석관기우향벽계」二月十二日自石串騎牛向璧溪라는 거의 동일한 제목의 시가 실려 있는 점으로 미루어 알 수 있다.
8. **연희궁延禧宮**   현재 서울 서대문구 연희동 연세대학 부근에 있었던 별궁이다.
9. **청파靑坡**   현재 서울 용산구 청파동 일대이다.
10. **이태인利泰仁**   현재 서울 용산구 이태원동 일대이다.
11. **상상전上上田**   토지의 질에 따라 차등적으로 세금을 부과하기 위해 토지를 상·중·하로 나누고, 각각을 다시 상·중·하로 나누어 모두 9등급을 두었다. 상상전은 최상급의 토지를 말한다.

기를 먹으라고 권하였더니, 목구멍에 넘어가면 푸성귀나 고기나 배를 채
우기는 마찬가지인데 맛을 따져 무엇 하겠느냐고 대꾸하고, 반반한 옷이
나 좀 입으라고 권하였더니, 넓은 소매를 입으면 몸에 익숙하지 않고 새
옷을 입으면 더러운 흙을 짊어질 수 없다고 하더군. 해마다 정월 초하루
아침이나 되어야 비로소 의관을 갖추어 입고 이웃들을 두루 찾아다니며
세배를 하는데, 세배를 마치고 돌아오면 곧바로 헌 옷으로 갈아입고 다
시 삼태기를 메고 마을 안으로 들어간다네. 엄 행수와 같은 이는 아마도
'자신의 덕을 더러움으로 감추고 세속에 숨어 사는 대은大隱'[12]이라 할 수
있겠지.

　『중용』中庸에 이르기를, '부귀를 타고나면 부귀하게 지내고 빈천을 타
고나면 빈천한 대로 지낸다' 하였으니, 타고난다는 것은 이미 정해져 있
음을 말한다네. 『시경』에, '이른 새벽부터 밤까지 공소公所에 있으니, 진실
로 명이 똑같지 않기 때문이라'(夙夜在公 寔命不同)[13] 하였으니, 명이란 그 사
람의 분수를 말하는 것이네. 하늘이 만백성을 낼 때 정해진 분수가 있으
니 명을 타고난 이상 무슨 원망할 까닭이 있으랴. 그런데 새우젓을 먹게
되면 달걀이 먹고 싶고 갈포옷을 입게 되면 모시옷이 입고 싶어지게 마
련이니, 천하가 이로부터 크게 어지러워져 백성들이 들고일어나고 농토가
황폐하게 되는 것이지. 진승陳勝·오광吳廣·항적項籍[14]의 무리들은 그 뜻이
어찌 농사일에 안주할 인물들이었겠는가. 『주역』에 이르기를, '짐을 짊어
져야 할 사람이 수레를 탔으니 도적을 불러들일 것이다'[15] 한 것도 이를

12. 자신의 …… 대은大隱　　한漢나라 때의 동방삭東方朔이나 위진魏晉 때의 죽림칠현竹林七賢과
같은 인물을 가리킨다.
13. 이른 …… 때문이라　　『시경』 소남召南 「소성」小星의 한 구절이다.
14. 진승陳勝·오광吳廣·항적項籍　　진승과 오광은 진秦나라 때 함께 농민 반란을 일으켰다. 항적
은 곧 항우項羽이니, 그의 자字가 우羽이다.
15. 짐을 …… 것이다　　『주역』 「해괘」解卦 육삼六三의 효사이다.

두고 말한 것이네. 그러므로 의리에 맞지 않으면 만종萬鍾의 녹을 준다 하여도 불결한 것이요, 아무런 노력 없이 재물을 모으면 막대한 부를 축적하더라도 그 이름에 썩는 냄새가 나게 될 걸세. 그런 까닭에 사람이 죽었을 때 입속에다 구슬을 넣어 주어[16] 그 사람이 깨끗하게 살았음을 나타내 주는 걸세.

엄 행수는 지저분한 똥을 날라다 주고 먹고살고 있으니 지극히 불결하다 할 수 있겠지만 그가 먹고사는 방법은 지극히 향기로우며, 그가 처한 곳은 지극히 지저분하지만 의리를 지키는 점에 있어서는 지극히 높다 할 것이니, 그 뜻을 미루어 보면 비록 만종의 녹을 준다 해도 그가 어떻게 처신할는지는 알 만하다네.

이상을 통해 나는 깨끗한 가운데서도 깨끗하지 않은 것이 있고, 더러운 가운데서도 더럽지 않은 것이 있음을 알게 되었네. 나는 먹고사는 일에 아주 견디기 힘든 경우를 당하면 언제나 나보다 못한 사람을 떠올리게 되는데, 엄 행수를 생각하면 견디지 못할 일이 없었지. 진실로 마음속에 좀도둑질할 뜻이 없는 사람이라면 언제나 엄 행수를 생각하지 않을 수 없겠지. 이를 더 확대시켜 나간다면 성인聖人의 경지에도 이를 것일세.

선비로서 곤궁하게 산다고 하여 얼굴에까지 그 티를 나타내는 것도 부끄러운 일이요, 출세했다 하여 몸짓에까지 나타내는 것도 부끄러운 일이니, 엄 행수와 비교하여 부끄러워하지 않을 자는 거의 드물 걸세. 그래서 나는 엄 행수에 대하여 스승으로 모신다고 한 것이네. 어찌 감히 벗하겠다고 말할 수 있겠는가. 이러한 이유에서 나는 엄 행수의 이름을 감히 부르지 못하고 예덕선생이라 부르는 것일세."

하였다.

---

16. **사람이 …… 주어** 이를 반함飯含이라 한다.

민옹전閔翁傳

민옹이란 이는 남양南陽[1] 사람이다. 무신년 난리[2]에 출정하여 그 공으로 첨사僉使[3]가 되었는데, 그 뒤로 집으로 물러나 다시는 벼슬하지 않았다. 옹翁은 어려서부터 영민하고 총명하였다. 유독 옛사람들의 뛰어난 절개와 위대한 자취를 사모하여 강개慷慨히 분발하였으며, 그들의 전기를 하나씩 읽을 때마다 탄식하며 눈물을 흘리지 않은 적이 없었다. 7세 때에는 벽에다 큰 글씨로 "항탁項橐이 스승이 되었다"[4]라고 썼으며, 12세 때에는 "감라甘羅가 승상이 되었다"[5]고 하고, 13세 때에는 "외황外黃 고을 아이가

---

1. **남양南陽**　현재 경기도 화성군 남양면 일대이다.
2. **무신년 난리**　영조 4년(1728)에 일어난 이인좌李麟佐의 난을 가리킨다.
3. **첨사僉使**　첨절제사僉節制使의 준말이다. 첨절제사는 병마절도사의 다음 가는 벼슬로 종3품 무관직이다.
4. **항탁項橐이 스승이 되었다**　항탁은 7세에 공자孔子의 스승이 되었다고 한다. 감라甘羅가 여불위呂不韋를 설득하면서 한 말이다. 『戰國策』「秦策」『史記』卷71「甘茂列傳」
5. **감라甘羅가 승상이 되었다**　대본은 '장수'(將)가 되었다고 했으나, 영남대본과 일본 동양문고본 등에 의거하여 '승상'(相)으로 바로잡았다. 감라는 진秦나라 명장 감무甘茂의 손자로 여불위의 가신家臣이었다. 여불위에게 등용되어 12세에 조趙나라에 가서 사신의 임무를 완수한 공로로 상경上卿이 되었으므로, 그가 12세에 승상이 되었다는 전설이 생겼다. 『戰國策』「秦策」

유세를 하였다"[6]고 썼으며, 18세 때에는 더욱 쓰기를 "곽거병霍去病이 기련산祁連山에 나갔다"[7]고 했으며, 24세 때에는 "항적項籍이 강을 건넜다"[8]고 썼다. 40세가 되었으나 더욱더 이름을 날린 바가 없었기에 마침내 "맹자는 마음이 흔들리지 않았다"[9]라고 크게 써 놓았다. 이렇게 해마다 쓰기를 게을리 하지 않아 벽이 다 온통 새까맣게 되었다. 70세가 되자 그의 아내가 조롱하기를,

"영감, 금년에는 까마귀를 그리시려우?"

하니, 옹이 기뻐하며,

"당신은 빨리 먹을 가시오."

하고, 마침내 크게 쓰기를,

"범증范增이 기발한 계책을 좋아하였다."[10]

하니, 그 아내가 더욱 화를 내면서,

"계책이 아무리 기발한들 장차 언제 쓰시려우?"

하니, 옹이 웃으며 말하기를,

"옛날에 강태공姜太公은 80살에 매가 날아오르듯이 용맹하였으니[11] 지

---

6. **외황外黃 …… 하였다**　　항우가 진류陳留의 외황을 공격하였는데 외황 사람들이 항복하지 않고 버티다 며칠 후 항복하자 항우가 노하여 15세 이상 남자들을 성의 동쪽에다 파묻으려 하였다. 이에 외황 영外黃令 사인舍人의 13된 아들이 항우에게 유세하여 외황 백성들을 살렸다. 『史記』 卷7 「項羽本紀」

7. **곽거병霍去病이 …… 나갔다**　　곽거병이 18세에 대장군 위청衛靑을 따라 표요교위剽姚校尉가 되어 흉노족을 공격하여 공을 세웠다. 그러나 기련산에까지 출정하여 공을 세운 것은 그가 표기장군驃騎將軍이 된 21세 때의 일이다. 기련산은 중국 감숙성甘肅省과 청해성靑海省 경계에 있는 고산高山이다. 『史記』 卷111 「衛將軍驃騎列傳」 『太平寰宇記』 卷191 「匈奴篇」

8. **항적項籍이 강을 건넜다**　　항우는 24세 때 처음 기병起兵하여, 진秦나라 군대에 포위당한 조왕趙王을 구하기 위해 오강烏江을 건넜다. 『史記』 卷7 「項羽本紀」

9. **맹자는 …… 않았다**　　『맹자』 「공손추 상」公孫丑上에서 맹자가 "나는 40세에 마음이 흔들리지 않았다"(我四十不動心)고 하였다.

10. **범증范增이 …… 좋아하였다**　　범증은 기발한 계책을 좋아하여, 나이 70세 때 항우의 숙부인 항량項梁을 찾아가 진秦나라에 대해 반란을 일으키도록 권하였다. 『史記』 卷7 「項羽本紀」

금 나는 그에 비하면 젊고 어린 아우뻘이 아니오?"

하였다.

계유·갑술년 간,[12] 내 나이 17, 8세 즈음 오랜 병으로 몸이 지쳐 있을 때 집에 있으면서 노래나 서화, 옛 칼, 거문고, 이기彝器(골동품)와 여러 잡물들에 취미를 붙이고, 더욱더 손님을 불러들여 우스갯소리나 옛이야기로 마음을 가라앉히려고 백방으로 노력해 보았으나 그 답답함을 풀지 못하였다. 이때 어떤 이가 나에게 민옹을 소개하면서, 그는 기이한 선비로서 노래를 잘하며 담론도 잘하는데 거침없고 기묘하여 듣는 사람마다 후련해하지 않는 사람이 없다 하기에, 나는 그 말을 듣고 너무나 반가워 함께 와 달라고 청하였다.

옹이 찾아왔을 때 내가 마침 사람들과 풍악을 벌이고 있었는데, 옹은 인사도 하지 아니하고 물끄러미 피리 부는 자를 보고 있더니 별안간 그의 따귀를 갈기며 크게 꾸짖기를,

"주인은 즐거워하는데 너는 왜 성을 내느냐?"

하였다. 내가 놀라 그 까닭을 물었더니, 옹이 말하기를,

"그놈이 눈을 부라리고 기를 쓰니 성낸 것이 아니고 무엇인가?"

하므로, 나는 크게 웃고 말았다. 옹이 말하기를,

"어찌 피리 부는 놈만 성낼 뿐이겠는가. 젓대 부는 놈은 얼굴을 돌리고 울 듯이 하고 있고, 장구 치는 놈은 시름하듯 인상을 찌푸리고 있으며, 온 좌중은 입을 다문 채 크게 두려워하는 듯이 앉아 있고, 하인들은 마음대로 웃고 떠들지도 못하고 있으니, 이러고서야 음악이 즐거울

---

11. 옛날에 …… 용맹하였으니　『시경』 대아大雅 「대명」大明에 "태사太師 상보尙父는 당시 매가 날아오르는 듯하였네"(維師尙父 時維鷹揚)라는 구절이 있다. 강태공이 무왕武王을 도와 은殷나라를 정벌한 사실을 가리킨다. 강태공은 80살에 문왕文王을 만났다고 한다. 『野客叢書』 28 「太公元年」.

12. 계유·갑술년 간　영조 29년(1753)과 영조 30년(1754)이다.

리 없지."

하기에, 나는 당장에 풍악을 걷어치우고 옹을 자리에 맞아들였다. 옹은 매우 작은 키에 하얀 눈썹이 눈을 내리덮고 있었다. 그는 자신의 이름은 유신有信이며 나이는 73세라고 소개하고는 이내 나에게 물었다.

"그대는 무슨 병인가? 머리가 아픈가?"

"아닙니다."

"배가 아픈가?"

"아닙니다."

"그렇다면 병이 든 게 아니구먼."

그리고는 드디어 문을 열고 들창을 걷어 올리니, 바람이 솔솔 들어와 마음속이 차츰차츰 후련해지면서 예전과 아주 달라졌다. 그래서 옹에게 말하기를,

"저는 단지 밥을 잘 먹지 못하고 밤에 잠을 잘 못 자는 것이 병입니다."

했더니, 옹이 일어나서 나에게 축하를 하는 것이었다. 나는 놀라며,

"옹은 어찌하여 저에게 축하를 하는 것입니까?"

하니, 옹이 말하기를,

"그대는 집이 가난한데 다행히 밥을 잘 먹지 못하고 있으니 재산이 남아돌 게고, 잠을 못 잔다면 밤까지 겸해 사는 것이니 남보다 갑절 사는 턱이 아닌가. 재산이 남아돌고 남보다 갑절 살면 오복五福 중에 수壽와 부富 두 가지는 이미 갖춘 셈이지."

하였다. 잠시 후 밥상을 들여왔다. 내가 신음 소리를 내며 인상을 찌푸리고 음식을 들지 못한 채 이것저것 집어서 냄새만 맡고 있었더니, 옹이 갑자기 크게 화를 내며 일어나 가려고 하였다. 내가 놀라 옹에게 왜 화를 내고 떠나려 하는지 물었더니, 옹이 대답하기를,

"그대가 손님을 초대해 놓고는 식사를 차려 내오지 않고 혼자만 먼

저 먹으려 드니 예의가 아닐세."

하였다. 내가 사과를 하고는 옹을 주저앉히고 빨리 식사를 차려 오게 하였더니 옹은 조금도 사양하지 않고 팔뚝을 걷어 올린 다음 수저를 시원스레 놀려 먹어 대는데 나도 모르게 입에서 군침이 돌고 막혔던 가슴과 코가 트이면서 예전과 같이 밥을 먹게 되었다.

　밤이 되자 옹은 눈을 내리감고 단정히 앉아 있었다. 내가 얘기 좀 하자고 하였으나, 옹은 더욱 입을 다문 채 말을 하지 않아 나는 꽤나 무료하였다. 이렇게 한참이 지나자 옹이 갑자기 일어나서 촛불을 돋우면서 하는 말이,

　"내가 어릴 적에는 눈만 스쳐도 바로 외워 버렸는데 지금은 늙었소 그려. 그대와 약속하여 평소에 못 보던 글을 두세 번 눈으로 읽어 보고 나서 외우기로 하세. 만약 한 자라도 틀리게 되면 약속대로 벌을 받기로 하세나."

하기에, 나는 그가 늙었음을 업수이여겨,

　"그렇게 합시다."

하고서, 곧바로 서가 위에 놓인 『주례』周禮를 뽑아 들었다. 그래서 옹은 「고공기」考工記를 집어 들었고 나는 「춘관」春官을 집어 들었는데[13] 조금 지나자 옹이,

　"나는 벌써 다 외웠네."

하고 외쳤다. 그때 나는 한 번도 다 내리 읽지 못한 상태였으므로 놀라서 옹에게 잠시만 기다리라고 하였더니, 옹이 자꾸만 말을 걸고 방해를 하여 나는 더욱 외울 수가 없었다. 그러는 사이에 잠이 와서 그만 잠이 들고 말았다. 다음날 날이 밝자 옹에게 묻기를,

　"어젯밤에 외운 것을 기억할 수 있겠습니까?"

---

13. 옹은······ 들었는데　　「고공기」考工記와 「춘관」春官은 모두 『주례』周禮의 편명篇名이다.

하니, 옹이 웃으며,

"나는 처음부터 아예 외우지를 않았다네."

하였다.

하루는 옹과 더불어 밤에 얘기를 나누고 있었는데, 옹이 좌중의 사람들을 조롱하기도 하고 매도하기도 하였으나 아무도 막아 낼 사람이 없었다. 그들 중에 한 사람이 옹을 궁지에 몰아넣고자 하여 옹에게 물었다.

"옹은 귀신을 본 일이 있소?"

"보았지."

"귀신이 어디 있습니까?"

옹이 눈을 부릅뜨고 물끄러미 둘러보다가 손님 하나가 등잔 뒤에 앉아 있는 것을 보고는 크게 외치면서,

"귀신이 저기 있지 않소."

하였다. 그 손님이 노하여 따져 들자,

"밝은 데 있는 것은 사람이요, 껌껌한 데 있는 것은 귀신인데, 지금 그대는 어두운 데 앉아 밝은 데를 보고 제 몸을 감추고 사람들을 엿보고 있으니, 귀신이 아니고 무엇이오."

하니, 온 좌중이 크게 웃었다. 손님이 또 물었다.

"옹은 신선을 본 일이 있소?"

"보았지."

"신선이 어디에 있던가요?"

"가난뱅이가 모두 신선이지. 부자들은 늘 세상에 애착을 가지지만 가난뱅이는 늘 세상에 싫증을 느끼거든. 세상에 싫증을 느끼는 사람이 신선이 아니고 무엇이겠는가."

"옹은 나이 많이 먹은 사람을 보았소?"

"보았지. 내가 아침나절 숲 속에 갔더니 두꺼비와 토끼가 서로 나이가 많다고 다투고 있더군. 토끼가 두꺼비에게 하는 말이 '나는 팽조彭祖[14]

와 동갑이니 너는 나보다 늦게 태어났다' 하니, 두꺼비가 고개를 푹 숙이고 울더군. 토끼가 놀라 '너는 왜 그처럼 슬퍼하느냐?'[15] 하고 물으니, 두꺼비가 말했지. '나는 동쪽 이웃집의 어린애와 동갑인데 그 어린애가 다섯 살 먹어서 글을 배우게 되었지. 그 애는 목덕木德으로 태어나서 섭제격攝提格(인년寅年)으로 왕조의 기년紀年을 시작한 이래[16] 여러 왕대를 거치다가, 주周나라의 왕통王統이 끊어짐으로써 순수한 역서曆書 한 권이 이루어졌고,[17] 마침내 진秦나라로 이어졌으며,[18] 한漢나라와 당唐나라를 거친 다음 아침에는 송宋나라, 저녁에는 명明나라를 거쳤지. 그러는 동안에 갖가지 일을 다 겪으면서 기뻐하기도 하고 놀라기도 하였으며, 죽은 이를 조문하기도 하고 장례를 치르기도 하면서 지금까지 지루하게 이어져 왔지. 그런데도 귀와 눈이 밝고 이와 머리털이 날마다 자라나니, 나이가 많기로는 그 어린애만 한 자가 없겠지. 팽조는 기껏 800살 살고 요절하여[19] 시대를 겪은 것도 많지 않고 일을 겪은 것도 오래지 않으니, 이 때문에

14. 팽조彭祖　　800살까지 살았다는 전설적인 인물로, 유향劉向의 『열선전』列仙傳, 갈홍葛洪의 『신선전』神仙傳 등에 소개되어 있다.
15. 너는 …… 슬퍼하느냐　　원문은 '若乃若悲也'인데, 승계문고본에는 '若乃何悲也'로 되어 있다. 이에 따르면 '너는 어째서 슬퍼하느냐?'로 번역되어야 한다.
16. 목덕木德으로 …… 이래　　『십팔사략』十八史略 첫머리에, "천황씨天皇氏가 목덕으로 왕이 되고 해가 섭제攝提로부터 시작되었다"(天皇氏以木德王 歲起攝提)고 하였다. 세성歲星(목성)이 섭제攝提 즉 인방寅方에 나타난 달을 한 해의 시작으로 삼았다는 뜻이다. 섭제는 섭제격攝提格의 준말이다. 『십팔사략』은 천황씨를 삼황오제三皇五帝 이전 중국 최초의 왕으로 기록하고 있다. 따라서 이 구절은 초학初學 역사 교과서인 『십팔사략』을 읽기 시작했다는 뜻이다.
17. 주周나라의 …… 이루어졌고　　상고上古부터 주나라 때까지의 정통 왕조의 역사를 섭렵했다는 뜻으로 풀이된다. 『춘추』春秋에서는 일 년의 첫 달을 "춘春 왕정월王正月"이라 표기하여 주나라의 왕통을 받들고 있음을 나타냈다. 순수한 역서란 『춘추』를 가리키는 듯하다.
18. 마침내 진秦나라로 이어졌으며　　원문은 '乃閏于秦'이다. 진나라와 같이 정통으로 인정받지 못한 왕조는 윤달과 같다고 해서 윤통閏統이라 폄하貶下한다.
19. 팽조는 …… 요절하여　　『장자』莊子 「제물론」齊物論에서 "요절한 아이보다 더 오래 산 자가 없으니, 그에 비하면 팽조도 요절한 셈이다"(莫壽乎殤子 而彭祖爲夭)라고 하였다.

170 연암집 제8권 별집

나는 슬퍼한 것이다.' 토끼가 이 말을 듣고는 거듭 절하고 뒤로 물러나 달아나면서 '너는 내 할아버지뻘이다' 하였네. 이로 미루어 보건대 글을 많이 읽은 사람이 가장 오래 산 사람이 될 걸세."

"옹은 세상에서 제일 맛있는 것을 보았소?"

"보았지. 달이 하현下弦이 되어 조수潮水가 빠지고 갯벌이 드러나면 그 땅을 갈아 염전을 만들어 염분이 많은 흙을 굽는데, 알갱이가 굵은 것은 수정염水晶鹽이 되고 가는 것은 소금素金이 된다네. 온갖 음식 맛을 내는 데에 소금 없이 되겠는가?"

좌중의 사람들이 모두 말하기를,

"참으로 좋은 말입니다. 그러나 불사약不死藥만은 옹도 못 보았을 것입니다."

하니, 옹이 빙그레 웃으며,

"그거야 내 아침저녁으로 늘 먹는 것인데 어찌 모를 수 있겠는가. 깊은 골짜기의 반송盤松에 맺힌 감로甘露가 땅에 떨어져 천 년이 지나면 복령茯靈이 되지.[20] 인삼은 나삼羅蔘[21]이 최상품인데 모양이 단아하고 붉은 빛을 띠며, 사지를 다 갖추고 동자처럼 쌍상투를 틀고 있지.[22] 구기자枸杞子는 천 년이 되면 사람을 보고 짖는다 하네. 내가 이것들을 먹은 다음

---

20. **반송盤松에 …… 되지**   복령茯靈은 곧 버섯의 일종인 복령茯苓을 말한다. 송진(松脂)이 땅에 스민 지 천 년이 되면 변하여 복령이 되고, 복령이 변하여 호박琥珀이 된다고 한다. 『廣東通志』 卷52 「寶」

21. **나삼羅蔘**   우리나라 인삼 중에서 영남嶺南에서 나는 것을 나삼羅蔘이라 하고, 영동嶺東에서 나는 것을 산삼山蔘이라 하며, 강계江界에서 나는 것을 강삼江蔘이라 하고, 집에서 재배하는 것을 가삼家蔘이라 한다. 『心田考』 3 「應求漫錄」 신라의 수도였던 경주慶州에서 나는 인삼을 나삼이라고도 한다. 『近畿實學淵源諸賢集』 2 李家煥 「貞軒瑣錄」

22. **동자처럼 …… 있지**   쌍상투(雙紒)는 고대 중국의 예법에 따른 남녀 아동의 머리 모양이다. 『居家雜服攷』 卷3 「幼服」 조선 시대의 아동은 변발辮髮을 하고 있었는데, 연암은 정온鄭蘊이나 송시열 등의 선구적 시도를 계승하여 이를 쌍상투로 개혁하고 싶어했다. 『過庭錄』 卷2

백 일가량을 아무것도 먹지 않은 채 지냈더니 숨이 차면서 곧 죽을 것만 같았네. 이웃 할머니가 와서 보고는 한숨을 지으며 하는 말이, '그대는 주림병이 들었소. 옛날 신농씨神農氏가 온갖 풀을 맛본 다음에야 비로소 오곡을 파종하였소. 무릇 병을 낫게 하는 것은 약이 되고 주림병을 고치는 것은 밥이 되니, 그대의 병은 오곡이 아니면 낫지 못하오' 하고는 밥을 지어 먹여 주는 바람에 죽지 않았지. 불사약으로는 밥만 한 것이 없네. 나는 아침에 밥 한 사발 저녁에 밥 한 사발로 지금껏 이미 70여 년을 살았다네."

하였다.

민옹은 말을 할 때면 장황하게 하면서도 이리저리 둘러대지만,[23] 어느 것 하나 곡진히 들어맞지 않는 것이 없었으며 그 속에는 풍자를 담고 있었으니, 그는 달변가라 할 만하다. 손님이 옹에게 물을 말이 다하여 더 이상 따질 수 없게 되자, 마침내 분이 올라 하는 말이,

"옹도 역시 두려운 것을 보았습니까?"

하니, 옹이 말없이 한참 있다가 소리를 버럭 지르며,

"두려워할 것은 나 자신만 한 것이 없다네. 내 오른 눈은 용이 되고 왼 눈은 범이 되며,[24] 혀 밑에는 도끼가 들었고 팔은 활처럼 휘었으니, 깊이 잘 생각하면 갓난아기처럼 순수한 마음을 보존하겠으나[25] 생각이 조금만 어긋나도 되놈이 되고 만다네. 이를 경계하지 않으면 장차 제 자신을 잡아먹거나 물어뜯고, 쳐 죽이거나 베어 버릴 것이야. 이 때문에 성인

---

23. **이리저리 둘러대지만**　원문은 '遷就而爲之'이다. 가의賈誼의 「치안책」治安策에서, 대신大臣을 중히 여기는 까닭에 그에게 분명히 죄가 있어도 그 죄상罪狀을 직접 가리켜 말하지 않고 "둘러대어 말함으로써 이를 덮어 준다"(遷就而爲之諱也)고 하였다.
24. **내 …… 되며**　위엄이 있거나 무시무시한 모습을 용정호목龍睛虎目이라 한다.
25. **갓난아기처럼 …… 보존하겠으나**　『맹자』「이루 하」離婁下에 "대인이란 그의 갓난아기 때의 마음을 잃지 않는 사람이다"(大人者 不失其赤子之心者也)라고 하였다.

은 사심私心을 극복하여 예禮로 돌아간 것이며 사악함을 막아 진실된 자신을 보존한 것이니,[26] 스스로 두려워하지 않은 적이 없었다네."

하였다.

수십 가지 난제難題를 물어보아도 모두 메아리처럼 재빨리 대답해 내 끝내 아무도 그를 궁지에 몰 수 없었다. 자신에 대해서는 추어올리고 칭찬하는 반면 곁에 있는 사람에게는 조롱하고 업신여기곤 하였다. 사람들이 옹의 말을 듣고 배꼽을 잡고 웃어도 옹은 안색 하나 변하지 않았다. 누가 말하기를,

"황해도는 황충蝗蟲이 들끓어 관에서 백성을 독려하여 잡느라 야단들입니다."

하자, 옹이,

"황충을 뭐 하려고 잡느냐?"

하고 물었다.

"이 벌레는 크기가 첫잠 잔 누에보다도 작으며, 색깔은 알록달록하고 털이 나 있습니다. 날아다니는 것을 명螟이라 하고 볏줄기에 기어오르는 것을 모蟊라 하는데, 우리의 벼농사에 피해를 주므로 이를 멸구(滅穀)라 부릅니다. 그래서 잡아다가 파묻을 작정이지요."

하니, 옹이 말하기를,

"이런 작은 벌레들은 근심할 거리도 못 된다네. 내가 보기에 종루鐘樓 앞길을 가득 메우고 있는 것들이 있는데 이것들이 모두 황충이오. 길이는 모두 7척 남짓이고, 머리는 까맣고 눈은 반짝거리고 입은 커서 주먹이 들락날락할 정도인데, 웅얼웅얼 소리를 내고 꾸부정한 모습으로 줄줄

---

26. **사심私心을 …… 것이니**　　원문은 '克己復禮 閑邪存誠'이다. 극기복례克己復禮는 『논어』 「안연」 顔淵에 나오는 공자의 말이고, 한사존성閑邪存誠은 『주역』 「건괘」乾卦 풀이에 나오는 공자의 말이다.

이 몰려다니며 곡식이란 곡식은 죄다 해치우는 것이 이것들만 한 것이 없더군. 그래서 내가 잡으려고 했지만, 그렇게 큰 바가지가 없어 아쉽게도 잡지를 못했네."

하였다. 그랬더니 주위 사람들이 모두 정말로 이러한 벌레가 있는 줄 알고 크게 무서워하였다.

하루는 옹이 오고 있기에, 나는 멀찍이 바라보다가 은어隱語로 '춘첩자방제'春帖子獟啼라는 글귀를 써서 보였더니, 옹이 웃으며,

"춘첩자春帖子란 문門에 붙이는 글월(文)이니 바로 내 성 민閔이요, 방獟은 늙은 개를 지칭하니 바로 나를 욕하는 것이구면. 그 개가 울면 듣기가 싫은데, 이 또한 나의 이가 다 빠져 말소리가 분명치 않은 것을 비꼰 것이로군. 아무리 그렇다 해도, 그대가 늙은 개를 무서워한다면 개 견犬 변을 떼어 버리면 될 것이고, 또 우는 소리가 싫으면 그 입 구口변을 막아 버리면 그만이지. 무릇 제帝란 조화를 부리고 방尨은 큰 물건을 가리키니, 제帝 자에 방尨 자를 붙이면 조화를 일으켜 큰 것이 되니 바로 용龐이라네.[27] 그렇다면 이는 그대가 나를 욕한 것이 아니라, 그만 나를 크게 칭송한 것이 되어 버렸구면."

하였다.

다음 해에 옹이 죽었다. 옹이 비록 엉뚱하고 거침없이 행동했지만 천성이 곧고 착한 일 하기를 좋아한 데다, 『주역』周易에 밝고 노자老子의 말을 좋아하였으며, 책이란 책은 안 본 것이 없었다 한다. 두 아들이 다 무과에 급제하였으나 아직 벼슬은 받지 못했다.

금년 가을에 나의 병이 도졌으나, 이제는 더 이상 민옹을 볼 수 없게 되었다. 이에 나와 함께 주고받은 은어와 우스갯소리, 담론談論과 풍자 등을 기록하여 「민옹전」을 지었으니, 때는 정축년(1757, 영조 33) 가을이다.

---

27. 바로 용龐이라네 '龍' 자를 '龐' 자로 쓰기도 한다. 원래는 얼룩덜룩할 '망' 자로 읽어야 한다.

나는 민옹을 위하여 다음과 같이 뇌문謙文(추도문)을 지었다.

아아! 민옹이시여	嗚呼閔翁
괴상하고 기이하기도 하며	可怪可奇
놀랍고 어처구니없기도 하고	可驚可愕
기뻐함직도 하고 성냄직도 하며	可喜可怒
게다가 밉살스럽기도 하구려	而又可憎
벽에 그린 까마귀	壁上烏
매가 되지 못하였듯이	未化鷹
옹은 뜻 있는 선비였으나	翁蓋有志士
늙어 죽도록 포부를 펴지 못했구려	竟老死莫施
내가 그대 위해 전을 지었으니	我爲作傳
아아! 죽어도 죽지 않았구려	嗚呼死未曾

광문자전廣文者傳

광문廣文이라는 자는 거지였다. 일찍이 종루鐘樓의 저잣거리에서 빌어먹고 다녔는데, 거지 아이들이 광문을 추대하여 패거리의 우두머리로 삼고, 소굴을 지키게 한 적이 있었다.

하루는 날이 몹시 차고 눈이 내리는데, 거지 아이들이 다 함께 빌러 나가고 그중 한 아이만이 병이 들어 따라가지 못했다. 조금 뒤 그 아이가 추위에 떨며 거듭 흐느끼는데[1] 그 소리가 몹시 처량하였다. 광문이 너무도 불쌍하여 몸소 나가 밥을 빌어 왔는데, 병든 아이를 먹이려고 보니 아이는 벌써 죽어 있었다. 거지 아이들이 돌아와서는 광문이 그 애를 죽였다고 의심하여 다 함께 광문을 두들겨 쫓아내니, 광문이 밤에 엉금엉금 기어서 마을의 어느 집으로 들어가다가 그 집 개를 놀라게 하였다. 집주인이 광문을 잡아다 꽁꽁 묶으니, 광문이 외치며 하는 말이,

---

1. 추위에 …… 흐느끼는데   원문은 '寒專嚘欷'인데, '寒專'은 '寒戰' 또는 '寒顫'과 같은 뜻으로 풀이된다. '嚘欷'는 거듭 흐느껴 운다는 뜻으로, 『연암집』 권10 「도화동시축발」桃花洞詩軸跋에도 '累欷掩抑'이란 표현이 있다.

"나는 원수를 피해 온 것이지 감히 도적질을 하러 온 것이 아닙니다. 영감님이 믿지 못하신다면 내일 아침에 저자에 나가 알아보십시오."

하는데, 말이 몹시 순박하므로 집주인이 내심 광문이 도적이 아닌 줄을 알고서 새벽녘에 풀어 주었다. 광문이 고맙다는 인사를 하고는, 떨어진 거적을 달라 하여 가지고 떠났다. 집주인이 끝내 몹시 이상히 여겨 그 뒤를 밟아 멀찍이서 바라보니, 거지 아이들이 시체 하나를 끌고 수표교水 標橋²에 와서 그 시체를 다리 밑으로 던져 버리는데, 광문이 다리 속에 숨어 있다가 떨어진 거적으로 그 시체를 싸서 가만히 짊어지고 가, 서쪽 교외 공동묘지에다 묻고서 울다가 중얼거리다가 하는 것이었다.

이에 집주인이 광문을 붙들고 사유를 물으니, 광문이 그제야 그전에 한 일과 어제 그렇게 된 상황을 낱낱이 고하였다. 집주인이 내심 광문을 의롭게 여겨, 데리고 집에 돌아와 의복을 주며 후히 대우하였다. 그리고 마침내 광문을 약국을 운영하는 어느 부자에게 천거하여 고용인을 삼게 하였다.

오랜 후 어느 날 그 부자가 문을 나서다 말고 자주자주 뒤를 돌아보다, 도로 다시 방으로 들어가서 자물쇠가 걸렸나 안 걸렸나를 살펴본 다음 문을 나서는데, 마음이 몹시 미심쩍은 눈치였다. 얼마 후 돌아와 깜짝 놀라며, 광문을 물끄러미 살펴보면서 무슨 말을 하고자 하다가, 안색이 달라지면서 그만두었다. 광문은 실로 무슨 영문인지 몰라서 날마다 아무 말도 못하고 지냈으며, 그렇다고 그만두겠다고 말할 수도 없었다.

그 후 며칠이 지나, 부자의 처조카가 돈을 가지고 와 부자에게 돌려주며,

"얼마 전 제가 아저씨께 돈을 빌리러 왔다가, 마침 아저씨가 계시지

---

2. **수표교水標橋**　청계천에 놓여 있던 다리의 하나로, 홍수에 대비하여 수심을 재는 눈금이 교각橋脚에 표시되어 있었다.

않아서 제멋대로 방에 들어가 가져갔는데, 아마도 아저씨는 모르셨을 것
입니다."

하는 것이었다. 이에 부자는 광문에게 너무도 부끄러워서 그에게,

"나는 소인이다. 장자長者의 마음에 상처를 주었으니 나는 앞으로 너
를 볼 낯이 없다."

하고 사죄하였다. 그러고는 알고 지내는 여러 사람들과 다른 부자와 큰
장사치들에게 광문을 의로운 사람이라고 두루 칭찬을 하고, 또 여러 종
실宗室의 빈객들과 공경公卿 문하門下의 측근들에게도 지나치리만큼 칭찬을
해 대니, 공경 문하의 측근들과 종실의 빈객들이 모두 이야깃거리를 만
들어 자기네가 섬기는 분들이 잠을 청할 적에 들려주었다. 그래서 두어
달이 지나는 사이에 사대부들까지도 모두 광문이 옛날의 훌륭한 사람들
과 같다는 이야기를 듣게 되었다. 그 당시에 서울 안에서는 모두, 전날
광문을 후하게 대우한 집주인이 현명하여 사람을 알아본 것을 칭송함과
아울러, 약국의 부자를 장자長者라고 더욱 칭찬하였다.

이때 돈놀이하는 자들이 대체로 머리꽂이, 옥과 비취, 의복, 가재도
구 및 가옥·전장田庄·노복 등의 문서를 저당잡고서 본값의 십분의 삼이
나 십분의 오를 쳐서 돈을 내주게 마련이었다. 그러나 광문이 빚보증을
서 주는 경우에는 담보를 따지지 아니하고 천 냥이라도 당장에 내주곤
하였다.

광문은 사람됨이 외모는 극히 추악하고, 말솜씨도 남을 감동시킬 만
하지 못하며, 입은 커서 두 주먹이 들락날락하고, 만석희曼碩戲[3]를 잘하고

---

3. **만석희曼碩戲**　 개성 지방에서 음력 4월 8일에 연희되던 무언 인형극이다. 이 놀이는 개성의
명기 황진이黃眞伊의 미색과 교태에 미혹되어 파계하였다는 지족선사知足禪師를 조롱하기 위하여
연희되었다는 속전이 있으며, 일설에는 지족선사가 불공 비용을 만 석이나 받은 것을 욕하기 위
하여 연희되었다고도 한다.

철괴무鐵拐舞[4]를 잘 추었다. 우리나라 아이들이 서로 욕을 할 때면, "니 형은 달문達文이다"라고 놀려 댔는데, 달문은 광문의 또 다른 이름이었다.

광문이 길을 가다가 싸우는 사람을 만나면 그도 역시 옷을 홀랑 벗고 싸움판에 뛰어들어, 뭐라고 시부렁대면서 땅에 금을 그어 마치 누가 바르고 누가 틀리다는 것을 판정이라도 하는 듯한 시늉을 하니, 온 저자 사람들이 다 웃어 대고 싸우던 자도 웃음이 터져, 어느새 싸움을 풀고 가 버렸다.

광문은 나이 마흔이 넘어서도 머리를 땋고 다녔다. 남들이 장가가라고 권하면, 하는 말이,

"잘생긴 얼굴은 누구나 좋아하는 법이다. 그러나 사내만 그런 것이 아니라 비록 여자라도 역시 마찬가지다.[5] 그러기에 나는 본래 못생겨서 아예 용모를 꾸밀 생각을 하지 않는다."

하였다. 남들이 집을 가지라고 권하면,

"나는 부모도 형제도 처자도 없는데 집을 가져 무엇 하리. 더구나 나는 아침이면 소리 높여 노래를 부르며 저자에 들어갔다가, 저물면 부귀한 집 문간에서 자는 게 보통인데, 서울 안에 집 호수가 자그마치 팔만 호다. 내가 날마다 자리를 바꾼다 해도 내 평생에는 다 못 자게 된다."

고 사양하였다.

서울 안에 명기名妓들이 아무리 곱고 아름다워도, 광문이 성원해 주지 않으면 그 값이 한 푼어치도 못 나갔다.

---

4. **철괴무鐵拐舞**　　중국 전설상의 팔선八仙 중의 하나인 이철괴李鐵拐의 모습을 흉내 내어 추는 춤이다. 이철괴는 그 모습이 머리를 산발하고 얼굴에는 때가 자욱하고 배는 홀떡 걷어 올리고 다리는 절뚝거리며 쇠로 만든 지팡이를 짚고 다녔다고 한다.

5. **비록 …… 마찬가지다**　　원문은 '唯女亦然'인데, 이 경우 '唯' 자는 '비록'이란 뜻으로 '雖' 자와 같다.

예전에 궁중의 우림아羽林兒,[6] 각 전殿의 별감別監,[7] 부마도위駙馬都尉의 청지기들이 옷소매를 늘어뜨리고[8] 운심雲心의 집을 찾아간 적이 있다. 운심은 유명한 기생이었다. 대청에서 술자리를 벌이고 가야금을 타면서 운심더러 춤을 추라고 재촉해도, 운심은 일부러 느리대며 선뜻 추지를 않았다. 광문이 밤에 그 집으로 가서 대청 아래에서 어슬렁거리다가, 마침내 자리에 들어가 스스로 상좌上坐에 앉았다. 광문이 비록 해진 옷을 입었으나 행동에는 조금의 거리낌도 없이 의기가 양양하였다. 눈가는 짓무르고 눈곱이 끼었으며 취한 척 게욱질을 해 대고, 곱슬머리로 북상투北髻[9]를 튼 채였다. 온 좌상이 실색하여 광문에게 눈짓을 하며 쫓아내려고 하였다.[10] 광문이 더욱 앞으로 나아가 무릎을 치며 곡조에 맞춰 높으락나지락 콧노래를 부르자, 운심이 곧바로 일어나 옷을 바꿔 입고 광문을 위하여 칼춤을 한바탕 추었다. 그리하여 온 좌상이 모두 즐겁게 놀았을 뿐 아니라, 또한 광문과 벗을 맺고 헤어졌다.

광문전 뒤에 쓰다

내 나이 열여덟 살 적에 몹시 병을 앓아서, 늘 밤이면 예전부터

---

6. **우림아羽林兒**　궁궐의 호위를 맡은 친위親衛 부대 중의 하나인 우림위羽林衛 소속의 군인들을 말한다. 우림위는 영조 때 용호영龍虎營에 소속되었다.
7. **별감別監**　궁중의 하례下隷로서 대전大殿과 중궁전中宮殿 등에서 잡무를 수행하는 한편 국왕이 행차할 때 시위와 봉도奉導를 맡았다.
8. **옷소매를 늘어뜨리고**　원문은 '垂袂'인데, '옷소매를 나란히 하고 함께'라는 뜻의 '聯袂'라야 합당할 듯하다.
9. **북상투北髻**　여자의 쪽머리(낭자머리)를 모방하여 뒤통수에 상투처럼 묶은 머리 모양을 가리킨다. 『硏經齋集』 外集 卷5 「蘭室譚叢 北髻」
10. **광문에게 …… 하였다**　원문은 '瞬文欲毆之'인데, 여기서 '毆'는 '驅'의 고자古字로 '쫓아내다'로 새겨야 한다.

집에서 부리던 사람들을 불러 놓고 여염閭閻에서 일어난 얘깃거리 될 만한 일들을 묻곤 하였는데, 대개는 광문의 일을 말하는 것이었다.

나 또한 어렸을 적에 그 얼굴을 보았는데 너무도 못났었다. 나는 한창 문장을 배우기에 힘쓰던 판이라, 이 전(傳)을 만들어 여러 어른들께 돌려 보였는데, 하루아침에 옛날의 문장(古文辭)을 잘 짓는다는 칭찬을 크게 받게 되었다.

광문은 이때 호남과 영남의 여러 고을을 돌아다니면서 가는 곳마다 명성을 남겼고, 더 이상 서울에 올라오지 않은 지가 이미 수십 년이나 지났다.

바닷가에서 온 거지 아이 하나가 개령開寧의 수다사水多寺[11]에서 빌어먹고 있었다. 밤이 되어 그 절의 중들이 광문의 일을 한가롭게 이야기하고 있었는데, 모두 그의 사람됨을 상상하며 흠모하고 감탄해 마지않았다. 이때 그 거지 아이가 눈물을 흘리고 있자 사람들이 이상히 여겨 그 까닭을 물었다. 그 거지 아이는 한동안 머뭇거리다 마침내 광문의 아들이라 자칭하니, 그 절의 중들이 모두 크게 놀랐다. 이때까지 그에게 밥을 줄 때는 박짝에다 주었는데, 광문의 아들이라는 말을 듣고서는 씻은 사발에 밥을 담고 수저에다 푸성귀랑 염장을 갖추어서 매번 소반에 차려 주었다.

이 무렵에 영남에는 몰래 역모를 꾀하는 요사한 사람이 있었는데, 거지 아이가 이와 같이 융숭한 대우를 받는 것을 보고 대중을 현혹시킬 수 있겠다 생각하여 가만히 거지 아이를 달래기를,

"네가 나를 숙부라 부르면 부귀를 얻을 수 있을 것이다."

하고, 마침내 저는 광문의 아우라 칭하고 제 이름을 광손廣孫이라 하

---

11. **개령開寧의 수다사水多寺** 개령은 현재 경상북도 김천시에 속하는 고을이고, 수다사는 그 이웃 고을인 선산군善山郡에 있다. 신라 때 진감국사眞鑑國師가 창건했다고 한다.

여 광문에게 갖다 붙였다. 어떤 사람이 의심하기를,

"광문은 본래 제 성도 모르고 평생을 형제도 처첩도 없이 독신으로 지냈는데, 지금 어떻게 저런 나이 많은 아우와 장성한 아들이 있을 수 있겠는가."

하고서, 마침내 고변告變을 하였다. 관청에서 이들을 모두 다 잡아들여 광문과 대질심문을 벌였는데, 제각기 얼굴을 몰랐다. 이에 그 요사한 자를 베어 죽이고 거지 아이는 귀양 보냈다.

광문이 석방되자,[12] 늙은이며 어린애들까지 모두 가서 구경하는 바람에 한양의 저잣거리가 며칠 동안 텅 비게 되었다.

광문이 표철주表鐵柱[13]를 가리키며,

"너는 사람 잘 치던 표망둥이(表望同)가 아니냐. 지금은 늙어서 너도 별 수 없구나."

했는데, 망둥이는 그의 별명이었다. 서로 고생을 위로하고 나서 광문이 물었다.

"영성군靈城君(박문수朴文秀)과 풍원군豊原君(조현명趙顯命)은 무고들 하신가?"

"모두 다 세상을 떠나셨다네."

"김군경金君擊은 시방 무슨 벼슬을 하고 있지?"

---

12. **광문이 석방되자**　영조 40년(1764년)에 일찍이 나주羅州 괘서掛書 사건으로 처형된 나주 목사羅州牧使 이하징李夏徵의 서얼 이태정李太丁이란 자가 달손達孫 즉 광문의 동생을 자처하면서, 광문의 아들이라는 자근만者斤萬을 시켜 유언비어를 퍼뜨리다가 체포되었다. 이 사건으로 인해 덩달아 체포되었던 광문은 역모 혐의는 벗었으나 함경도 경성鏡城으로 유배되었다. 『推案及鞫案』卷22 『英祖實錄』 40년 4월 17일

13. **표철주表鐵柱**　실존 인물로서 당시 서울의 무뢰배 조직인 검계劍契의 일원이었다. 이들은 자칭 왈짜(曰者)라고도 하는데, 노름판과 사창가 등을 무대로 활동하면서 살인과 약탈, 강간 등을 자행하였다.

"용호장龍虎將[14]이 되었다네."

그러자 광문이 말했다.

"이 녀석은 미남자로서 몸이 그렇게 뚱뚱했어도 기생을 껴안고 담을 잘도 뛰어넘었으며 돈 쓰기를 더러운 흙 버리듯 했는데, 지금은 귀인貴人이 되었으니 만나 볼 수가 없겠군. 분단粉丹이는 어디로 갔지?"

"벌써 죽었다네."

그러자 광문이 탄식하며 말했다.

"옛날에 풍원군이 밤에 기린각麒麟閣에서 잔치를 벌인 후 유독 분단이만 잡아 두고서 함께 잔 적이 있었지. 새벽에 일어나 대궐에 들어갈 차비를 하는데, 분단이가 불이 커진 초를 잡다가 그만 잘못하여 초모貂帽를 태워 버리는 바람에 어쩔 줄을 몰라 하였네. 풍원군이 웃으면서 '네가 부끄러운 모양이구나' 하고는 곧바로 압수전壓羞錢[15] 5천 문(50냥)을 주었지. 나는 그때 분단이의 수파首帕와 부군副裙[16]을 들고 난간 밑에서 기다리며 시커멓게 도깨비처럼 서 있었네. 풍원군이 방문을 열고 가래침을 뱉다가 분단이의 귀에 대고 말하기를, '저 시커먼 것이 무엇이냐?' 하니, 분단이가 대답하기를 '천하 사람 중에 누가 광문을 모르리까' 했지. 풍원군이 웃으며 '바로 네 후배後陪[17]냐?' 하고는, 나를 불러들여 큰 술잔에 술을 한 잔 부어 주고, 자신도 홍로주紅露酒[18] 일곱 잔을 따라 마시고 초헌軺軒을 타고 나갔지. 이 모두 다

---

14. **용호장龍虎將**　용호영龍虎營의 정3품 벼슬이다.
15. **압수전壓羞錢**　부끄러움을 진정시킨다는 명분으로 주는 돈이다.
16. **수파首帕와 부군副裙**　수파는 여자들의 머리를 감싸는 머릿수건이고, 부군은 덧치마를 가리킨다.
17. **후배後陪**　뒤를 따르는 하인을 말한다.
18. **홍로주紅露酒**　소주에다 멥쌀로 만든 누룩과 계피 등을 넣고 우려 만든 약주로, 감홍로甘紅露, 감홍주甘紅酒라고도 부른다.

예전 일이 되어 버렸네그려. 요즈음 한양의 어린 기생으로는 누가 가장 유명한가?"

"작은아기(小阿其)[19]라네."

"조방助房[20]은 누군가?"

"최박만崔撲滿[21]이지."

"아침나절 상고당尙古堂[22]에서 사람을 보내어 나에게 안부를 물어 왔네. 듣자니 집을 둥그재(圓嶠)[23] 아래로 옮기고 대청 앞에는 벽오동 나무를 심어 놓고 그 아래에서 손수 차를 달이며 철돌鐵突[24]을 시켜 거문고를 탄다고 하데."

"철돌은 지금 그 형제가 다 유명하다네."

"그런가? 이는 김정칠金鼎七의 아들일세. 나는 제 애비와 좋은 사이였거든."

이렇게 말하고 다시 서글퍼하며 한참 있다가 말하기를,

"이는 다 나 떠난 후의 일들이군."

하였다. 광문은 머리털을 짧게 자르기는 하였지만 그래도 쥐꼬리처럼 땋아 내리고 있었으며, 이가 빠지고 입이 틀어져 이제는 주먹이 들락

---

19. 작은아기(小阿其) '小阿其'는 소아小兒의 조선식 한자 표기로, '小阿只'라고도 적는다. 기녀나 무녀의 이름으로도 종종 쓰였다. 『承政院日記』高宗 19년 6월 12일

20. 조방助房 기생의 기둥서방으로, 조방助幇이라고도 한다.

21. 최박만崔撲滿 '박만'撲滿은 원래 질그릇으로 된 벙어리저금통을 가리킨다. 질그릇에 돈이 가득 차면 쳐서 깨드렸기 때문에(滿則撲之) '박만'이라 하였다.

22. 상고당尙古堂 김광수金光遂의 호이다. 숙종 25년(1699) 이조 판서 김동필金東弼의 아들로 출생하였다. 서른 살에 진사 급제 후 군수를 지냈다. 서화에 뛰어났으며, 골동품 수집과 감정으로 명성이 높았다. 『연암집』권3 「필세설」筆洗說, 권7 「관재가 소장한 청명상하도 발문」(觀齋所藏淸明上河圖跋)에도 그에 관한 언급이 있다.

23. 둥그재(圓嶠) 서대문 밖 아현동 부근에 있었던 고개로, 원현圓峴이라고도 한다.

24. 철돌鐵突 거문고의 명수로 알려진 실존 인물로, 김철석金哲石이라고 한다. 가객歌客 이세춘李世春, 가기歌妓 추월秋月·매월梅月·계섬桂蟾 등과 한 그룹을 이루어 직업적인 연예 활동으로 자못 명성이 높았다고 한다.

거리지 못한다고 한다.

광문이 표철주더러 말하였다.

"너도 이제는 늙었구나. 어떻게 해서 밥을 먹고사나?"

"집이 가난하여 집주릅이 되었다네."

"너도 이제는 궁함을 면했구나.[25] 아아! 옛날 네 집 재산이 누거만累鉅萬이었지. 그때에는 너를 '황금투구'라고 불렀는데 그 투구 어따 두었노?"

"이제야 나는 세상 물정을 알았다네."

광문이 허허 웃으며 말하기를,

"네 꼴이 마치 '재주를 다 배우고 나니 눈이 어둡다'[26]는 격이로구나."

하였다.

그 뒤로 광문이 어디서 어떻게 죽었는지는 아무도 모른다고 한다.

---

25. **너도 …… 면했구나**   원문은 '汝今免矣'인데, 곤궁困窮에서 벗어나는 것을 '면궁'免窮이라 한다.

26. **재주를 …… 어둡다**   '복이 박하다'는 뜻의 우리나라 속담이다. 이덕무의 『청장관전서』 권62 「열상방언」洌上方言에 "기술 익히자 눈에 백태 낀다"(技纔成 眼有眚)는 유사한 속담이 소개되어 있다.

양반전兩班傳

양반兩班이란 사족士族을 높여 부르는 말이다. 정선旌善 고을에 한 양반이 있었는데 어질고 글 읽기를 좋아하였으므로, 군수가 새로 도임하게 되면 반드시 몸소 그의 오두막집에 가서 인사를 차렸다. 그러나 집이 가난하여 해마다 관청의 환곡을 빌려 먹다 보니, 해마다 쌓여서 그 빚이 1천 섬에 이르렀다. 관찰사가 고을을 순행하면서 환곡 출납을 조사해 보고 크게 노하여,

"어떤 놈의 양반이 군량미를 축냈단 말인가?"

하고서 그 양반을 잡아 가두라고 명했다. 군수는 그 양반이 가난하여 보상을 할 길이 없음을 내심 안타깝게 여겨 차마 가두지는 못하였으나, 그 역시도 어찌할 수 없는 일이었다. 양반이 어떻게 해야 할 줄을 모르고 밤낮으로 울기만 하고 있으니, 그의 아내가 몰아세우며,

"당신은 평소에 그렇게도 글 읽기를 좋아하더니만 현관縣官[1]에게 환곡을 갚는 데에는 아무 소용이 없구려. 쯧쯧 양반이라니, 한 푼짜리도 못

---

1. **현관縣官**   현령縣令이나 현감縣監을 말한다. 여기서는 정선 군수를 가리킨다.

되는 그놈의 양반."

이라 했다.

그때 그 마을에 사는 부자가 식구들과 상의하기를,

"양반은 아무리 가난해도 늘 높고 귀하며, 우리는 아무리 잘 살아도 늘 낮고 천하여 감히 말도 타지 못한다. 또한 양반을 보면 움츠러들어 숨도 제대로 못 쉬고 뜰 아래 엎드려 절해야 하며, 코를 땅에 박고 무릎으로 기어가야 하니 우리는 이와 같이 욕을 보는 신세다. 지금 저 양반이 환곡을 갚을 길이 없어 이만저만 군욕軍辱을 보고 있지 않으니 진실로 양반의 신분을 보존 못할 형편이다. 그러니 우리가 그 양반을 사서 가져 보자."

하고서 그 집 문에 나아가 그 환곡을 갚아 주겠다고 청하니, 양반이 반색하며 그렇게 하라고 했다. 그래서 부자는 당장에 그 환곡을 관에 바쳤다. 군수가 크게 놀라 웬일인가 하며 그 양반을 위로도 할 겸 어떻게 해서 환곡을 갚게 되었는지 묻기 위해 찾아갔다. 그런데 그 양반이 벙거지[2]를 쓰고 잠방이를 입고 길에 엎드려 소인이라 아뢰며 감히 쳐다보지도 못하는 것이 아닌가. 군수가 깜짝 놀라 내려가 붙들며,

"그대는 왜 이렇게 자신을 낮추어 욕되게 하시오?"

하니까, 양반이 더욱더 벌벌 떨며 머리를 조아리고 땅에 엎드리며,

"황송하옵니다. 소인 놈이 제 몸을 낮게 하려는 것이 아니라 환곡을 갚기 위하여 이미 제 양반을 팔았으니, 이 마을의 부자가 이제는 양반입니다. 소인이 어찌 감히 예전의 칭호를 함부로 쓰면서 스스로 높은 척하오리까?"

했다. 군수가 탄복하며,

"군자로다, 부자여! 양반이로다, 부자여! 부자로서 인색하지 않은 것

2. **벙거지**　하인들이 쓰던 털모자.

은 의義요, 남의 어려운 일을 봐준 것은 인仁이요, 비천한 것을 싫어하고 존귀한 것을 바라는 것은 지智라 할 것이니 이 사람이야말로 참으로 양반이로고. 아무리 그렇지만 사적으로 주고받았을 뿐 아무런 증서도 작성하지 않았으니 이는 소송의 빌미가 될 것이다. 그러므로 나와 너는 고을 백성들을 불러 모아 그들을 증인으로 세우고, 증서를 작성하여 믿게 하자. 군수인 나도 당연히 자수自手로 수결手決할 것이다."

했다. 그리고 군수는 관사로 돌아와, 고을 안의 사족士族 및 농부, 장인, 장사치들을 모조리 불러다 뜰 앞에 모두 모이게 하고서, 부자를 향소鄕所[3]의 바른편에 앉히고 양반은 공형公兄[4]의 아래에 서게 하고 다음과 같이 증서를 작성했다.

"건륭乾隆 10년(1745, 영조 21) 9월 모일 위의 명문明文[5]은 양반을 값을 쳐서 팔아[6] 관곡을 갚기 위한 것으로서 그 값은 1천 섬이다.

대체 그 양반이란, 이름 붙임 갖가지라. 글 읽은 인 선비 되고, 벼슬 아친 대부 되고, 덕 있으면 군자란다. 무관 줄은 서쪽이요, 문관 줄은 동쪽이라.[7] 이것이 바로 양반, 네 맘대로 따를지니.

비루한 일 끊어 버리고, 옛사람을 흠모하고 뜻을 고상하게 가지며, 오경이면 늘 일어나 유황에 불붙여 기름등잔 켜고서, 눈은 코끝을 내리보며[8] 발꿈치를 괴고 앉아, 얼음 위에 박 밀듯이 『동래박의』東萊博議[9]를 줄

---

3. **향소鄕所**   향청鄕廳의 좌수座首와 별감別監을 가리킨다.
4. **공형公兄**   호장戶長과 이방吏房 및 수형리首刑吏를 삼공형三公兄이라 한다.
5. **위의 명문明文**   명문明文은 증명서란 뜻으로, '적발'이라고도 한다. 위와 같은 제목의 증명서란 뜻이다.
6. **양반을 값을 쳐서 팔아**   대본에 '斥賣兩班'으로 되어 있는 것을 '斥賣兩班'으로 바로잡아 번역하였다. '척매'斥賣는 값을 쳐서 파는 것, 곧 경매를 뜻한다.
7. **무관 …… 동쪽이라**   궁궐에서 무관과 문관이 각각 서쪽과 동쪽에 나누어 서는 것을 가리킨다.
8. **눈은 …… 보며**   호흡법의 일종이다. 주자朱子의 「조식잠」調息箴에 보인다. 『연암집』 권4 「담원 팔영」澹園八詠 중 소심거素心居를 노래한 제3수에도 나온다.

줄 외어야 한다. 주림 참고 추위 견디고 가난 타령 아예 말며, 이빨을 마주치고 머리 뒤를 손가락으로 퉁기며 침을 입 안에 머금고 가볍게 양치질하듯 한 뒤 삼키며[10] 옷소매로 휘양(揮項)을 닦아 먼지 털고 털무늬를 일으키며, 세수할 땐 주먹 쥐고 벼르듯이 하지 말고, 냄새 없게 이 잘 닦고,[11] 긴 소리로 종을 부르며, 느린 걸음으로 신발을 끌듯이 걸어야 한다. 『고문진보』古文眞寶, 『당시품휘』唐詩品彙[12]를 깨알같이 베껴 쓰되 한 줄에 백 글자씩 쓴다. 손에 돈을 쥐지 말고 쌀값도 묻지 말고, 날 더워도 버선 안 벗고 맨상투로 밥상 받지 말고, 밥보다 먼저 국 먹지 말고, 소리 내어 마시지 말고, 젓가락으로 방아 찧지 말고, 생파를 먹지 말고, 술 마시고 수염 빨지 말고, 담배 필 젠 볼이 옴푹 패도록 빨지 말고, 분 나도 아내 치지 말고, 성 나도 그릇 차지 말고, 애들에게 주먹질 말고, 뒈져라고 종을 나무라지 말고,[13] 마소를 꾸짖을 때 판 주인까지 싸잡아 욕하지 말고,

9. 『동래박의』東萊博議　　남송南宋 때 여조겸呂祖謙이 지은 『동래좌씨박의』東萊左氏博議를 말한다. 『춘추좌씨전』春秋左氏傳에서 주제를 취해 평론한 것인데, 과거科擧에서 논설을 짓는 데 도움되는 책으로 중국과 조선에서 널리 읽혔다.
10. 이빨을 …… 삼키며　　도가道家에서 유래한 양생법養生法이다. 가볍게 윗니와 아랫니를 36번 부딪치고, 손바닥으로 귀를 막고 둘째와 셋째 손가락으로 뒷골을 24번 퉁긴다. 입 안에 고이게 한 침을 가볍게 양치질하듯이 부걱부걱하기를 36번 하면 이를 수진漱津이라 하여 맑은 물이 되는데, 이것을 3번에 나누어 꾸르륵 소리를 내며 삼켜서 단전丹田에 이르게 한다. 퇴계退溪 선생의 유묵遺墨으로 전하는 명明나라 현주도인玄洲道人 함허자涵虛子의 『활인심방』活人心方에 자세하다. 『열하일기』「도강록」渡江錄 7월 6일 조를 보면 연암이 고치탄뇌叩齒彈腦하는 모습이 그려져 있다.
11. 냄새 …… 닦고　　원문은 '漱口無過'인데, 입냄새를 구과口過라 한다. 당唐나라 측천무후則天武后는 송지문宋之問이 재주 있는 시인임을 알았으나 그의 입냄새가 심한 것을 싫어하여 기용하지 않았다. 『고문진보』에도 수록되어 있는 송지문의 걸작 「명하편」明河編은 그러한 자신의 처지를 슬퍼하여 지은 시라고 한다.
12. 『당시품휘』唐詩品彙　　명明나라 때 고병高棅이 편찬한 당시집唐詩集이다. 모두 90권으로 시인 620인의 작품 5700여 수를 형식별로 수록하였다. 따로 습유拾遺 10권이 있다.
13. 뒈져라고 …… 말고　　『연암집』 권3 「소완정의 하야방우기에 화답하다」(酬素玩亭夏夜訪友記)에도 "뒈져라고 악담하다"(惡言뜻死)와 같은 표현이 있다. 이덕무의 『사소절』士小節 권1 「사전」士典 1 언어조語條에, 종에게 '뒈질 놈'(可殺) '왜 안 뒈지냐'(胡不死)와 같은 욕을 하지 말라고 하였다.

병에 무당 부르지 말고, 제사에 중 불러 재齋를 올리지 말고, 화로에 불
쬐지 말고, 말할 때 입에서 침을 튀기지 말고, 소 잡지 말고 도박하지
말라.

이상의 모든 행실 가운데 양반에게 어긋난 것이 있다면 이 문서를
관청에 가져와서 변정卞正할 것이다.

성주城主 정선 군수旌善郡守가 화압花押(수결手決)하고 좌수座首와 별감別監이
증서證署함."

이에 통인通引이 여기저기 도장을 찍는데, 그 소리가 엄고嚴鼓[14] 치는
것 같았으며, 모양은 북두칠성과 삼성參星이 종횡으로 늘어선 것 같았다.
호장戶長이 문서를 다 읽고 나자 부자가 어처구니없어 한참 있다가 하는
말이,

"양반이라는 것이 겨우 이것뿐입니까? 제가 듣기로는 양반은 신선
같다는데, 정말 이와 같다면 너무도 심하게 횡령당한 셈이니,[15] 원컨대
이익이 될 수 있도록 고쳐 주옵소서."

하므로, 마침내 증서를 이렇게 고쳐 만들었다.

"하느님이 백성 내니, 그 백성은 사농공상士農工商 넷이로세. 네 백성
가운데는 선비 가장 귀한지라, 양반으로 불리면 이익이 막대하다. 농사,
장사 아니하고, 문사文史 대강 섭렵하면, 크게 되면 문과文科 급제, 작게
되면 진사進士로세. 문과 급제 홍패紅牌라면 두 자 길이 못 넘는데, 온갖
물건 구비되니, 이게 바로 돈 전대纏帶요, 서른에야 진사 되어 첫 벼슬에
발 디뎌도, 이름난 음관蔭官되어 웅남행雄南行[16]으로 잘 섬겨진다. 일산 바

14. **엄고嚴鼓**　임금이 행차할 때 치던 큰북이다.
15. **너무도 …… 셈이니**　원문은 '太乾沒'인데, 간몰乾沒은 물을 말려 없애듯이 남의 재산을 마구
횡령하거나 몰수하는 것을 말한다. 부자가 양반을 대신해서 환곡 1천 섬을 갚아 주었으나 그 대
가가 너무도 보잘것없어서 그렇게 말한 것이다.
16. **웅남행雄南行**　음관을 남행南行이라 한다. 웅남행은 위품位品이 높은 음관을 가리킨다.

람에 귀가 희고 설렁줄에 배 처지며,[17] 방 안에 떨어진 귀걸이는 어여쁜 기생의 것이요,[18] 뜨락에 흩어져 있는 곡식은 학鶴을 위한 것이라. 궁한 선비 시골 살면 나름대로 횡포 부려, 이웃 소로 먼저 갈고, 일꾼 뺏어 김을 매도 누가 나를 거역하리. 네 놈 코에 잿물 붓고, 상투 잡아 도리질 치고 귀얄수염 다 뽑아도, 감히 원망 없느니라."

　　부자가 그 문서 낭독을 중지시키고 혀를 내두르며,

　　"그만두시오. 그만두시오. 참으로 맹랑한 일이오. 장차 날더러 도적놈이 되란 말입니까?"

하며 머리를 흔들고 가서는, 종신토록 다시 양반의 일을 입에 내지 않았다.

---

17. **일산 …… 처지며**　　수령은 행차할 때 일산을 받쳐 얼굴에 그늘을 드리우므로 햇빛을 쏘이지 않아 귀가 회어지고, 일을 시킬 때 설렁줄을 당겨 사람을 부르면 되므로 편해서 배에 살만 찐다는 뜻이다.

18. **방 안에 …… 것이요**　　기생이 놀다 간 뒤라 귀걸이가 떨어져 있다는 뜻이다. 『사기』 「골계열전」에서 순우곤淳于髡이 제齊나라 위왕威王에게 자신의 주량酒量을 설명하며 한 말 중에, 주려州閭의 모임에 남녀가 뒤섞어 앉아 술을 즐겁게 마시고 나면 "앞에는 귀걸이가 떨어져 있고 뒤에는 비녀가 남겨져 있다"(前有墮珥 後有遺簪)고 하였다.

김신선전金神仙傳

김 신선의 이름은 홍기弘基[1]이다. 나이 16세에 장가를 들어 아내와 한 번 동침하여 아들을 낳고서는 더 이상 가까이하지 않았다. 화식火食을 물리치고 벽을 향하여 앉아서, 그렇게 하기를 여러 해 만에 몸이 갑자기 가벼워졌다. 국내의 명산을 두루 구경하였는데, 항상 수백 리 길을 걷고서야 때가 얼마나 되었나 해를 살폈으며, 5년에 신을 한 번 바꿔 신고, 험한 곳을 만나게 되면 걸음이 오히려 더욱 빨라졌다. 그런데도 그는,

"물을 만나 바지를 걷고 건너기도 하고, 배를 타고 건너기도 하느라 이렇게 늦어진 것이다."

라고 말하곤 하였다. 밥을 먹지 않기 때문에 사람들은 그가 찾아오는 것을 싫어하지 않았으며, 겨울에도 솜옷을 입지 않고 여름에도 부채질을 하지 않았으므로 마침내 신선이란 이름을 얻게 되었다.

나는 예전에 우울증을 앓은 적이 있었다. 그때 듣자니 신선의 방술方

---

1. **홍기弘基**　김홍기는 당시의 실존 인물로, 이덕무의 『이목구심서』耳目口心書 권3에는 '金洪器'로 소개되어 있다.

術이 더러 특이한 효험이 있다 하므로 더욱 그를 만나고 싶었다. 그래서 윤생尹生과 신생申生[2]을 시켜서 가만히 찾아보게 하여, 한양 안을 열흘 동안 뒤졌으나 만나지 못했다. 윤생이 이렇게 말했다.

"예전에 홍기가 서학동西學洞[3]에 산다고 들었는데, 지금 보니 그게 아니라 바로 그 사촌 형제의 집으로 거기다 처자를 맡겨 두었습디다. 아들에게 물어보았더니, '저의 부친은 한 해에 대략 서너 번 찾아올 뿐이지요. 부친의 친구 분이 체부동體府洞에 살고 있는데 그분은 술을 좋아하고 노래를 잘하는 김 봉사金奉事라 하더군요. 누각동樓閣洞[4] 김 첨지金僉知는 바둑을 좋아하고, 그 뒷집 이 만호李萬戶는 거문고를 좋아하고, 삼청동三淸洞 사는 이 만호는 손님을 좋아하고, 미원동美垣洞[5] 사는 서 초관徐哨官[6]과 모교毛橋[7] 사는 장 첨사張僉使와 사복천司僕川[8] 가에 사는 지 승池丞[9]은 모두 손님을 좋아하고 술 마시기를 좋아합니다. 이문안(里門內)[10] 조 봉사趙奉事라는

---

2. 윤생尹生과 신생申生 '광문전 뒤에 쓰다'(書廣文傳後)에서 연암은 예전부터 집에서 부리던 사람들에게 여염에서 일어난 얘깃거리가 될 만한 일들을 물었다고 했는데, 윤생과 신생이 바로 그러한 사람들이었던 듯하다.
3. 서학동西學洞 한양의 사학四學의 하나인 서학西學이 있던 동네로, 현재 태평로 1가 조선일보사 부근이다.
4. 누각동樓閣洞 누각골이라고도 한다. 누상동樓上洞, 누하동樓下洞, 체부동體府洞에 걸쳐 있던 마을이다. 서리胥吏들의 거주지로 인왕산 아래 누각이 있었으므로 누각동이라고 했다고 한다.
5. 미원동美垣洞 미장동美墻洞 또는 줄여서 미동美洞이라고도 한다. 미동은 현재 을지로 1가.
6. 서 초관徐哨官 초관哨官은 군대의 편제인 초哨의 우두머리로 종9품의 벼슬이다.
7. 모교毛橋 청계천에 놓인 다리의 하나로, 모전교毛廛橋라고도 한다. 현재의 무교동과 서린동의 사거리 지점에 있었다.
8. 사복천司僕川 한양 중부 수진방壽進坊(현재 수송동 일대)에 있던 사복시司僕寺 앞의 계천溪川이다.
9. 지 승池丞 승丞은 서署·시寺·감監 등 중앙의 각 관청에 있던, 종5품에서 종9품에 걸친 벼슬이다.
10. 이문안(里門內) 한양 중부에 있던 동네로, 이문동里門洞이라고도 하였다. 『漢京識略』권2「各洞」 지금의 종로구 공평동 삼성타워(예전 화신백화점 자리) 뒤편에서 태화빌딩(옛날 순화궁順化宮과 태화관 자리)에 이르는 골목 일대에 해당한다.

분도 역시 부친의 친구 분인데 그 집엔 이름난 화초가 심겨져 있고, 계동桂洞 유 판관劉判官은 기서奇書와 고검古劍을 가지고 있어, 부친이 늘 그분들 집에서 놀며 지내고 있으니, 그대가 만나 뵙고 싶으면 이 몇 집을 찾아보시오' 하는 것이었습니다.

그래서 이들 집을 다니며 일일이 물어보았으나 어느 집에도 있지 않았습니다. 저물녘에 한 집에 들렀더니, 주인은 거문고를 타고 있고 두 손은 모두 조용히 듣고 있었는데, 허연 머리에 관도 쓰지 않고 있었습니다. 저는 이제는 김홍기를 만났구나 생각하고 한참 동안 서서 기다렸습니다. 거문고 가락이 끝나 가기에 나아가, '어느 분이 김 장인金丈人(장인은 노인에 대한 경칭)이신지 감히 여쭙습니다' 했지요. 주인이 거문고를 밀쳐놓고 대답하기를, '좌중에 김씨 성 가진 사람은 없소. 그대는 왜 묻는가?' 하기에, '저는 목욕재계하고서 감히 찾아와 뵙는 것이오니 노인께서는 숨기지 마소서' 하였더니, 주인이 웃으며, '그대가 아마 김홍기를 찾는가 보오. 홍기는 오지 않았소' 하였습니다. '어느 때나 오시는지 감히 여쭙습니다' 하였더니, '홍기란 사람은 묵어도 일정한 거처가 없고 놀아도 일정한 곳이 없으며, 와도 온다고 예고하지 않고 가도 다시 오겠다는 약조를 하지 않으며, 하루에 두세 번 올 때도 있는 반면 안 올 때는 해가 지나도 오지 않소. 듣자니 홍기가 창동倉洞[11]이나 회현방會賢坊에 주로 있고, 또 동관董關·배오개·구리개·자수교慈壽橋·사동社洞·장동壯洞·대릉大陵·소릉小陵[12] 등

---

11. **창동倉洞**　남대문 안 선혜청宣惠廳의 창고 부근에 있던 동네로, 현재 남대문 시장이 있는 남창동 일대이다.

12. **동관董關 …… 소릉小陵**　동관은 미상未詳이다. 배오개는 현재 종로 4가 인의동에 있던 고개이고, 구리개는 현재 을지로 입구, 롯데백화점 맞은편에 있던 고개이다. 자수교는 현재 옥인동과 효자동·궁정동이 만나는 곳에 있던 다리로, 조선 시대에 후궁들의 거처로 쓰인 자수궁慈壽宮이 있던 곳이어서 자수궁교라고도 하였다. 사동은 사직단社稷壇(현재 사직공원) 부근의 동네이다. 장동은 장의동壯義洞이라고도 하는데, 현재의 효자동·궁정동·청운동 일대이다. 대릉과 소릉은 각각 대정동大貞洞과 소정동小貞洞을 가리킨다. 원래 태조의 계비 신덕왕후神德王后의 무덤인 정릉貞陵이 있던 곳으로, 현재 중구 정동 일대이다.

지에도 오락가락하며 놀고 자곤 한다는데, 내가 그 주인의 이름은 거의 다 모르고 유독 창동만 알고 있으니 그리로 가서 물어보오' 하였습니다.

그래서 그 집을 찾아가 물었더니, '그가 오지 않은 것이 벌써 두어 달 되었소. 내 들으니 장창교長暢橋[13]에 사는 임 동지林同知가 술 마시기를 좋아해서 날마다 홍기와 더불어 술 겨루기를 한다는데, 지금 임씨 집에 있는지도 모르겠소'라고 답했습니다. 그래서 바로 그 집을 찾아갔더니, 임 동지라는 이는 나이 80여 세여서 자못 귀가 먹었는데, 하는 말이, '쯧쯧, 어젯밤에 나와 술을 잔뜩 마시고 오늘 아침에 취기가 남은 채로 강릉江陵에 간다고 떠났소' 하였습니다. 너무나 어처구니가 없어 한참 있다 묻기를, '김홍기란 이에게 특이한 점이 있습니까?' 하니, '그저 평범한 사람으로, 단지 밥 먹는 것을 못 보았소' 하였고, '생김생김이 어떠합니까?' 하였더니, '키는 7척이 넘고 몸집은 여위고 수염이 좋으며, 눈동자는 파랗고 귀는 길고 누렇지요' 하였으며, '술은 얼마나 마시오?' 하였더니, '한 잔만 마셔도 취하는데 한 말을 마셔도 더 취하지는 않소. 예전에 취하여 길에 누워 버린 적이 있었는데, 포리捕吏가 잡아다가 이레 동안 구속했으나 그 술이 깨지 않으므로 마침내 놓아주었다오' 하였습니다. '말할 때는 어떻습디까?' 하였더니, '여러 사람이 모여 이야기를 할 때면 그대로 앉아서 졸고 있다가, 그 말이 끝나면 계속해서 웃기만 한다오' 하였으며, '몸가짐은 어떻습디까?' 하였더니, '조용한 품은 참선參禪하는 중 같고, 꾸밀 줄 모르기는 수절하는 과부 같았지요' 하였습니다."

나는 한때 윤생이 힘들여 찾지 않나 의심을 했었다. 그러나 신생 역시 수십 집을 찾아다녔어도 다 못 만났고, 그의 말도 윤생과 마찬가지였다.

---

13. **장창교長暢橋**   청계천에 놓였던 다리의 하나로 한양 중부 장통방長通坊(현재 장교동, 관철동 일대)에 있었다. 장창교長倉橋, 장통교長通橋, 장교長橋라고도 불렀다.

어떤 이는 말하기를,

"홍기는 나이가 백여 살이고, 더불어 노는 사람들도 모두 노인이다."

하고, 어떤 이는

"그렇지 않다. 홍기가 나이 열아홉에 장가들어 곧바로 아들을 낳았고 지금 그 아들이 겨우 스물 전후이니, 홍기의 나이 지금 쉰 남짓쯤 될 것이다.[14]"

하였으며, 어떤 이는

"김 신선이 지리산으로 약초를 캐러 갔다가 벼랑에서 떨어져서 돌아오지 못한 지 지금 하마 수십 년이 되었다."

하고, 어떤 이는

"지금도 컴컴한 바위굴에 번쩍번쩍하는 무언가가 있다."

하고, 어떤 이는

"그게 바로 노인의 눈빛이다. 산골짜기에서 이따금 기지개하는 소리가 들린다."

하였다. 그런데 지금 홍기는 단지 술을 잘 마실 뿐이요, 딴 방술이 있는 것은 아니고 오직 그 이름을 빌려서 행세한다는 것이다. 그러나 나는 또 동자 복福을 시켜서 가서 찾아보라 했으나 끝내 만나 보지 못하고 말았는데, 이때는 계미년(1763, 영조 39)이었다.

그 이듬해 가을에 나는 동으로 바닷가를 여행하다가 저녁나절 단발령斷髮嶺에 올라서 금강산을 바라보았다.[15] 그 봉우리가 만 이천 개나 된다고 하는데 흰빛을 띠고 있었다. 산에 들어가 보니 단풍나무가 많아서

---

14. 홍기가 …… 것이다   약간의 착오가 있는 듯하다. 작품의 서두에서는 김홍기가 16세에 장가들었다고 하였다. 설령 그가 열아홉에 장가들었다고 해도 그때 낳은 아들이 스무 살 전후가 되었다면 홍기의 현재 나이는 마흔 살쯤이라야 한다.
15. 그 이듬해 …… 바라보았다   박종채의 『과정록』에는 연암이 금강산을 유람한 것은 2년 뒤인 을유년(1765, 영조 41) 가을의 일로 기록되어 있다.

한창 탈 듯이 붉었으며, 싸리나무, 가시나무, 녹나무, 예장豫章나무는 다 서리를 맞아 노랗고, 삼나무, 노송나무는 더욱 푸르며, 사철나무가 특히 나 많았다. 산중의 갖가지 기이한 나무들은 다 잎이 노랗고 붉게 물들어 있어 둘러보고 즐거워했다. 가마를 멘 중에게 묻기를,

"이 산중에 도승이 있느냐? 있다면 그 도승과 더불어 놀 수 있느냐?" 하니,

"그런 중은 없고, 선암船菴[16]에 벽곡辟穀하는 사람이 있다고는 들었소. 누구는 말하기를 영남 선비라고 하는데, 꼭 알 수는 없습니다. 선암은 길이 험하여 당도하는 자가 없습니다."

했다. 내가 밤에 장안사長安寺에 앉아서 여러 중들에게 물으니, 모두 처음의 대답과 같았으며, 벽곡하는 자가 100일을 채우고 떠나겠다고 했는데 지금 거의 90일 남짓이 되었다고 하였다. 나는 몹시 기뻐서 '아마 그 사람이 선인仙人인가 보다' 생각하고 당장에 밤이라도 가고 싶었으나, 그 이튿날 아침을 기다려서 진주담眞珠潭[17] 아래에 앉아 같이 갈 사람을 기다렸다. 거기서 한참 동안 주위를 돌아보았으나 모두 약조를 어기고 오지 않았다. 게다가 관찰사가 군읍郡邑을 순행하다가 마침내 산에 들어와 여러 절을 돌아다니며 쉬고 있었으므로, 각 고을의 수령들이 모두 모여들어 잔치를 벌이고 음식과 거마車馬를 제공했으며, 매양 구경 나갈 때는 따라다니는 중이 100여 명이나 되었다. 선암은 길이 끊기고 험준하여 도저히 혼자 도달할 수는 없으므로 영원靈源과 백탑白塔[18] 사이를 스스로 오가며 애만 태운 적이 있었다.

그 후로 날이 오랫동안 비가 내려 산중에 엿새 동안을 묵고서야 선

---

16. **선암船菴**　　내금강內金剛 표훈사表訓寺에 딸린 암자이다.
17. **진주담眞珠潭**　　금강산 입구 만폭동萬瀑洞의 팔담八潭 중 가장 장대한 명승지이다.
18. **영원靈源과 백탑白塔**　　골짜기의 이름으로, 내금강 명경대明鏡臺 구역에 있는 명승지들이다.

암에 당도할 수 있었다. 선암은 수미봉須彌峯 아래에 있었으므로 내원통內圓通으로부터 20여 리를 들어갔는데, 큰 바위가 깎아질러 천 길이나 되었으며 길이 끊어질 때마다 쇠줄을 부여잡고 공중에 매달려서 가야만 했다. 당도하고 보니 뜨락은 텅 비어 우는 새 한 마리도 없고, 탑榻 위에는 조그마한 구리부처가 놓여 있고 신 두 짝만 남아 있을 뿐이었다.[19] 나는[20] 그만 어처구니가 없어 이리저리 서성이며 우두커니 바라만 보다가, 마침내 암벽 아래에다 이름을 써 놓고 탄식하며 떠나왔다. 그런데 거기에는 노상 구름 기운이 감돌고 바람이 쓸쓸하게 불었다.

어떤 책에는 "신선(仙)이란 산사람(山人)을 의미한다"[21]라고 하며 또 어떤 책에는 "'산에 들어가 있는 사람'(入山)을 신선(仚)이라고 한다" 하기도 한다. 또한 신선(僊)이란 너울너울(僊僊) 가볍게 날아오르는 사람을 의미한다. 그렇다면 벽곡하는 사람이 꼭 신선이라고 할 수는 없다. 그는 아마도 뜻을 얻지 못해 울적하게 살다 간 사람일 것이다.

---

19. **신⋯⋯ 뿐이었다**　신선이 득도하여 승천昇天한 증거로 흔히 신발만 남기고 행방이 묘연해진 사실을 든다.
20. **나는**　원문은 '余'인데, 몇몇 이본에는 '除'로 되어 있다. 후자에 따라 번역하자면, '除'는 섬돌의 뜻으로 앞 구에 연결되어 "신 두 짝만 섬돌에 남아 있을 뿐이었다"로 되어야 한다.
21. **어떤⋯⋯ 의미한다**　『석명』釋名이나 『자휘』字彙 등의 사전류에서 '仙' 자를 풀이한 내용을 인용한 것이다.

우상전虞裳傳

일본 관백關白이 새로 들어서자,[1] 널리 재정을 비축하고 이궁離宮과 별관을 수리하고 선박을 정비하고서, 속국[2]의 각 섬들에서 남다른 재주를 갖춘 검객과 기이한 기예를 갖춘 사람과 서화나 문학에 재능이 있는 인사를 샅샅이 긁어내어, 도읍으로 불러 모아 놓고 수년 동안 훈련을 시킨 다음에, 마치 시험 문제 내기를 기다리기라도 하듯이 우리나라에 사신을 보내달라고 요청해 왔다. 이에 조정에서는 3품 이하의 문관을 엄선하여 삼사三使를 갖추어 보냈다.[3] 사신을 보좌하는 이들도 모두 문장이 뛰어나고 식견이 많은 자들이었으며, 천문, 지리, 산수算數, 복서卜筮, 의술, 관상, 무

---

1. **일본 …… 들어서자** 관백은 천황을 대신하여 섭정攝政한다는 뜻으로, 막부幕府의 최고 실력자인 쇼군將軍을 가리킨다. 제10대 쇼군인 도쿠가와 이에하루德川家治가 1760년(영조36) 정식으로 관백에 즉위하였다.
2. **속국** 당시 일본은 기내畿內 5국國, 동해도東海道 15국, 동산도東山道 8국, 북륙도北陸道 7국, 산음도山陰道 8국, 산양도山陽道 8국, 남해도南海道 6국, 서해도西海道 9국 등의 소국으로 이루어져 있었다. 『청령국지蜻蛉國志』권2 「여지輿地」
3. **삼사三使를 갖추어 보냈다** 영조 39년(1763) 정사正使 조엄趙曮, 부사副使 이인배李仁培, 종사관從事官 김상익金相翊을 통신사通信使의 삼사로 임명하여 파견하였다.

예에 뛰어난 자들로부터, 피리나 거문고 등의 연주, 해학이나 만담, 음주가무, 장기, 바둑, 말타기, 활쏘기 등에 이르기까지 한 가지 재주로써 나라 안에서 이름난 자들을 모두 딸려 보냈다. 그러나 그들은 시문詩文과 서화書畵를 가장 중하게 여겼으니, 조선 사람이 쓴 글을 한 자라도 얻는다면 양식을 지니지 않아도 천 리를 갈 수 있었다.

사신들이 거처하는 건물은 모두 비췻빛 구리 기와를 이었고 섬돌은 무늬를 아로새긴 돌이었으며[4] 기둥과 난간에는 붉은 옻칠을 하고, 휘장은 화제주火齊珠,[5] 말갈아靺鞨芽,[6] 슬슬瑟瑟[7] 등으로 치장하고, 식기는 모두 금은金銀으로 도금하여 사치스럽고 화려하였다. 천 리를 가는 동안 그들은 곳곳에 기묘한 볼거리를 제공하였을 뿐만 아니라, 하찮은 포정庖丁이나 역부驛夫[8]에게까지도 의자에 걸터앉아 발을 비자榧子나무로 만든 통에 드리우게 하고 꽃무늬 적삼 입은 왜놈 아이종으로 하여금 씻어 주게 하였다. 이처럼 그들이 겉으로 순종하는 척하며 존모尊慕의 뜻을 보였으나, 우리 역관들이 호랑이 가죽, 표범 가죽, 담비 가죽, 인삼 등 금지된 물건들을 가져다 보석과 보도寶刀와 몰래 바꾸는 바람에 그곳의 거간꾼들이 이익을 노려 재물에 목숨을 걸기를 마치 말이 치달리듯 하니, 그 이후로는 왜인들이 겉으로만 공경하는 척할 뿐 더 이상 문명인으로 존모하지 않았다.

그런데 우상虞裳[9]만은 한어漢語의 통역관으로 수행하여 홀로 문장으로

---

4. **섬돌은……돌이었으며**　원문은 '除嵌文石'인데, 무늬 있는 돌로 된 궁궐의 섬돌을 '문석계'文石階 또는 '문석지계'文石之階라고 한다.
5. **화제주火齊珠**　보석의 일종으로 청색, 홍색, 황색 등 빛깔이 다양하다. 매괴주玫瑰珠라고도 하며 일설에는 유리琉璃라고도 한다.
6. **말갈아靺鞨芽**　보석의 일종으로 붉은빛을 띤다. 홍마노紅瑪瑙라고도 하며 주로 말갈 지역에서 생산되므로 붙여진 이름이다.
7. **슬슬瑟瑟**　보석의 일종으로 푸른빛을 띤다. 녹주綠珠라고도 한다.
8. **포정庖丁이나 역부驛夫**　통신사의 일행 중 소를 잡는 도우장屠牛匠과 말을 관리하는 이마理馬를 가리킨다.
9. **우상虞裳**　이언진李彦瑱(1740~1766)의 자字이다. 호는 운아雲我, 송목관松穆館 등이다.

일본에 큰 명성을 날렸다. 이에 일본의 이름난 중이나 귀한 신분의 사람들이 모두 칭찬하기를, "운아雲我 선생은 둘도 없는 국사國士이다"라고 하였다. 오사카大阪 이동以東에는 중들이 기생처럼 재주를 자랑하고 절들이 여관처럼 시끄러운데,[10] 도박에 돈을 걸듯이 시문詩文을 지어 보이라고 요구하였다. 그들이 수전繡牋과 화축花軸을 상에 그득 쌓아 놓고, 대개는 어려운 글제와 억센 운韻을 내어 궁지에 몰려 했으나 우상은 매번 즉석에서 읊어 대기를 마치 진작에 지어 놓은 것을 외우듯이 하였으며, 운을 맞추는 것도 평탄하고 여유가 있었다. 자리가 파할 때까지도 피로한 기색이 없었으며 기운 없는 글귀가 없었다.

그가 지은 「해람편」海覽篇[11]을 보면 다음과 같다.

대지 안에 널려 있는 일만 나라가[12]	坤輿內萬國
바둑알 놓이듯 별이 깔리듯	碁置而星列
머리 틀어 상투 쫓는 우월于越[13]의 나라	于越之魋結
머리를 박박 깎는 인도의 나라	竺乾之祝髮

10. **오사카大阪 이동以東에는 …… 시끄러운데**　　성대중成大中의 『일본록』日本錄에 "오사카 이동에는 시를 구하는 자들이 몰려들어, 중들은 기생처럼 재주를 자랑하고 절들은 역참처럼 시끄러워서, 시를 잘 짓는 승려를 이를 수치스러워한다"(大坂以東, 求詩者坌集, 僧衒如妓, 寺聒如郵, 韻釋之所恥也)고 하였다. 『日本錄』卷1, 「槎上記」甲申年 5월 6일
11. **「해람편」海覽篇**　　이언진의 『송목관신여고』松穆館燼餘稿와 이덕무의 『청장관전서』에도 수록되어 있다. 『송목관신여고』는 1860년에 저자의 시문詩文 잔편들을 수집하여 간행한 본으로서 같은 해에 중국과 조선 두 곳에서 함께 출간되었다. 중국본은 이상적李尙迪이 간행한 목판본(국립중앙도서관 소장)이고, 조선본은 후손 이진명李鎭命 등이 간행한 활자본(『한국문집총간』제252집)이다. 그리고 『청장관전서』는 1809년경에 이덕무의 아들 이광규李光葵가 재편한 것을 1900년대 초에 등사한 본(『한국문집총간』제258집)으로서 이들 『송목관신여고』2종을 포함한 4종의 판본 사이에는 자구상의 차이가 다소 있다.
12. **대지 …… 나라가**　　마테오리치(利瑪竇)가 제작한 「곤여만국전도」坤輿萬國全圖를 가리킨다.
13. **우월于越**　　중국 남방에 살았던 소수민족의 하나이다.

소매 너른 옷 입는 제로齊魯의 나라[14]	齊魯之縫腋
모포를 뒤집어쓰는 호맥胡貊의 나라[15]	胡貊之氈毲
혹은 문명하여 위의를 갖추기도 하고	或文明魚雅
혹은 미개하여 음악이 요란스럽기만 하네	或兜離侏休
무리로 나뉘고 끼리끼리 모여서	群分而類聚
온 땅에 펼쳐진 게 모두 인간인데	遍土皆是物
일본이란 나라를 볼작시면	日本之爲邦
깊은 파도 넘실대는 섬나라	波壑所蕩潏
숲 속엔 부목[16]이 울창하여	其藪則搏木
그곳에선 해돋이를 볼 수 있고	其次則賓日
여인네 하는 일은 비단에 수놓기요	女紅則文繡
토산품은 등자와 귤이며	土宜則橙橘
고기 중에 괴이한 게 낙지라면	魚之怪章擧
나무 중에 기이한 건 소철이라네	木之奇蘇鐵
그 진산鎭山과 방전芳甸(방초 무성한 들판)은	其鎭山芳甸
구진성句陳星[17]처럼 차례로 늘어서 있어	句陳配厥秩
남북으론 가을과 봄이 다르고	南北春秋異
동서로는 낮과 밤이 갈라지도다	東西晝夜別
중앙은 그릇 엎어 놓은 것과 같아서	中央類覆敦
꼭대기엔 태곳적 눈이 영롱하네	嵌空龍漢雪

14. **소매 …… 나라**   제로齊魯는 제나라와 노나라로, 공자와 맹자가 태어난 문화국가이다. 공자는 노나라에서 성장하여 소매 너른 옷을 입었다고 한다. 『禮記』「儒行」 봉액縫腋은 봉액逢掖이라고도 하며, 옷 소매가 넓은 유자儒者의 복장을 가리킨다.
15. **모포를 …… 나라**   호맥胡貊은 중국 북방에 사는 흉노匈奴 등의 민족을 가리킨다.
16. **부목搏木**   부상扶桑, 부상榑桑, 부상搏桑이라고도 하며, 전설상 해 돋는 곳에서 자란다는 신목神木이다. 일본을 가리키기도 한다.
17. **구진성句陳星**   자미원紫微垣에 속하는 별로, 모두 6개의 소성小星으로 이루어져 있는데, 천자를 상징하는 자미성紫微星을 고리처럼 둘러싸 호위하고 있다.

그늘로 소 떼를 뒤덮는 큰 나무[18]와	蔽牛之鉅材
까치 잡는 데나 쓰이는 흔한 옥돌[19]과	抵鵲之美質
단사나 금이나 주석들이	與丹砂金錫
모두 다 산에서 흔히 나온다네	皆往往山出
오사카는 큰 도회지라	大坂大都會
진기한 보물들은 용궁의 보물을 다 털어 낸 듯[20]	壞寶海藏竭
기이한 향은 용연향龍涎香[21]을 사른 것이요	奇香爇龍涎
보석은 아골석雅鶻石[22]을 쌓아 놓았네	寶石堆雅骨
입에서 뽑은 코끼리 어금니	牙象口中脫
머리에서 잘라낸 무소뿔	角犀頭上截
페르시아의 상인들도 눈이 부셔하고	波斯胡目眩
절강의 저자들도 빛이 바랬네[23]	浙江市色奪
온 섬이 지중해를 이루어	寶海地中海
오만 가지 산 것들이 구물거려라	中涵萬象活
돛을 펼친 후어鱟魚의 등이며[24]	鱟背帆幔張
깃발을 달아맨 해추海鰍의 꼬리며[25]	鰍尾旌旗綴

18. **그늘로 …… 나무** 『장자』莊子「인간세」人間世에, "장석匠石이 제齊나라에 가서 신목神木을 보았는데 그 크기가 수천 마리의 소를 그늘로 가릴 정도나 된다" 하였다.
19. **까치 …… 옥돌** 환관桓寬의 『염철론』鹽鐵論에, "곤륜산崐崙山 근처에서는 박옥璞玉으로 까치를 잡는다" 하였다. 즉 귀하게 여기는 물건이 아주 흔하게 있는 것을 비유하는 말이다.
20. **진기한 …… 듯** 『송목관신여고』와 『청장관전서』에는 그 다음에 "빛나는 것은 수시은朱提銀이요 둥근 것은 말갈아靺鞨芽요 붉은 것 푸른 것은 화제주火齊珠와 슬슬瑟瑟이라네"(光者是朱提 圓者是靺鞨 赤者與綠者 火齊映瑟瑟)라는 구절이 추가되어 있다.
21. **용연향龍涎香** 고래의 분비물로 만든 명향名香의 이름이다.
22. **아골석雅鶻石** 아골석鴉鶻石을 말한다. 슬슬瑟瑟과 비슷한 청록색 보석이다.
23. **절강의 …… 바랬네** 『송목관신여고』에는 그다음에 "수레에 가득 싣고 몰려오는데, 거간꾼들은 천호후千戶侯처럼 부유하네"(却車而[?]至 駔儈千戶埒)라는 구절이 추가되어 있다.
24. **돛을 …… 등이며** 후어鱟魚는 참게를 말한다. 등 위에는 7, 8촌寸 되는 껍질이 있는데 바람이 없으면 이 껍질을 눕히고 바람이 불면 이 껍질을 돛처럼 펴서 바람을 타고 다닌다고 한다. 『酉陽雜俎』

다닥다닥 붙은 굴은 벌집 같은데	堆疊蠣粘房
굴 더미 등에 진 거북은 소굴에서 쉬네[26]	鳳晶龜次窟
산호바다로 문득 변하니	忽變珊瑚海
번쩍번쩍 음화陰火[27]가 타오르고	煜耀陰火烈
검푸른 바다로 문득 변하니	忽變紺碧海
노을 비치어 갖가지 빛깔이로세	霞雲衆色設
수은 바다로 문득 변하니	忽變水銀海
수만 개가 뿌려진 큰 별 작은 별	星宿萬顆撒
커다란 염색 가게로 문득 변하니	忽變大染局
천 필의 능라 비단 찬란도 하고	綾羅爛千匹
커다란 용광로로 문득 변하니	忽變大鎔鑄
오금五金[28]의 빛이 터져 퍼지네	五金光迸發
용이 하늘을 가르며 힘차게 나니	龍子劈天飛
천 벼락 만 번개가 치고[29]	千霆萬電戞
발선髮鱓과 마갑주馬甲柱[30]는	髮鱓馬甲柱
신비하고 기괴해 마구 얼을 빼네	秘怪恋悦惚
백성들은 알몸에다 관을 썼는데	其民裸而冠
독하게 쏘아 대니 속이 전갈 같구나	外螫中則蝎

---

25. **깃발을 …… 꼬리며**　해추海鰌는 꼬리지느러미가 솟아 있는 긴환수염고래를 말한다. 유순劉恂의 『영표록이』嶺表錄異에 의하면 그 지느러미가 붉은 깃발을 흔드는 것 같다고 하였다.
26. **다닥다닥 …… 쉬네**　굴은 돌에 붙어 살며 서로 맞붙어서 벌집 모양을 이루므로, 굴 껍데기를 여방蠣房이라 한다. 희비鳳晶 즉 비희贔屓는 바다거북의 일종으로 몸집이 거대하여 등에 무거운 것을 짊어지고도 갈 수 있는데, 등에 산더미 같은 굴 껍데기가 붙어 있다고 한다.
27. **음화陰火**　산호가 물 속에서 내는 빛을 가리킨다.
28. **오금五金**　황색의 금, 백색의 은, 적색의 구리, 청색의 납, 흑색의 철을 가리킨다.
29. **천 벼락 …… 치고**　『송목관신여고』에는 그 다음에 "동쪽 구름 사이론 용의 비늘과 발톱이 번뜩이고 서쪽 구름 사이론 지체가 드러났네"(東雲閃鱗爪 西雲露肢節)라는 구절이 추가되어 있다.
30. **발선髮鱓과 마갑주馬甲柱**　발선은 드렁허리의 일종이다. 마갑주는 살조개, 또는 꼬막이라고 하며, 그 육주肉柱가 맛있다.

일 만나면 죽 끓듯 요란 떨고	遇事則粥沸
사람을 모략할 땐 쥐처럼 교활하네	謀人則鼠黠
이익을 탐낼 땐 물여우가 독을 쏘듯	苟利則蜮射
조금만 거슬려도 돼지처럼 덤벼들고	小拂則豕突
계집들은 남자에게 농지거리 잘하고	婦女事戲謔
아이들은 잔꾀를 잘 부리네	童子設機括
조상은 등지면서 귀신에 혹하고	背先而淫鬼
살생을 즐기면서 부처에 아첨하네	嗜殺而佞佛
글자는 제비 꼬락서니 못 면하고[31]	書未離鳥馭
말은[32] 때까치 울음소리[33]나 다를 바 없네	詩未離鴃舌
남녀 간은 사슴처럼 문란하고[34]	牝牡類麀鹿
또래끼린 물고기처럼 몰려다니며	友朋同魚鱉
씨불대는 소린 새 지저귀듯	言語之鳥嚶
통역들도 잘 알지 못한다네	象譯亦未悉
진귀한 풀과 나무들은	草木之瓖奇
나함[35]조차 자기 책을 불사를 지경	羅含焚其帙
수없이 뻗어 있는 물길들은	百泉之源滙
역생[36]조차 항아리 속 진디등에[37]로 만드네	酈生瓮底蠛

31. **글자는……면하고** 원문의 '鳥馭'은 '馭鳥' 즉 제비를 뜻한다. 한자의 초서체草書體에서 만들어진 일본의 히라가나平假名가 제비 모양과 같다고 풍자한 것이다.
32. **말은** 원문의 '詩'가 『송목관신여고』에는 '語'로 되어 있어 이에 따라 번역하였다.
33. **때까치 울음소리** 다른 나라의 잘 알아들을 수 없는 언어를 '격설'鴃舌이라고 한다.
34. **남녀간은 사슴처럼 문란하고** 『예기』「곡례 상」曲禮上에 "저 금수禽獸만은 예가 없다. 그러므로 부자가 암컷을 공유한다"(父子聚麀)고 하였다.
35. **나함羅含** 동진東晉 때의 인물로서 상수湘水 지역의 산수를 다룬 『상중산수기』湘中山水記를 저술하였다.
36. **역생酈生** 북위北魏 때의 인물인 역도원酈道元(466~527)을 가리킨다. 그는 중국지리학의 명저인 『수경주』水經注를 저술하였다.

요사스러운 수족들은	水族之弗若
사급[38]조차 도설을 덮게 하고	思及閣圖說
도검에 새겨진 꽃무늬와 글자들은	刀劍之款識
정백[39]이 속편을 다시 지어야 하리	貞白續再筆
지구에 관한 시비곡직과	地毬之同異
해도海島에 대한 갑론을박은[40]	海島之甲乙
서태 이마두[41]가	西泰利瑪竇
치밀하고 명쾌하게 밝혀 놓았네	線織而刃割
변변찮은 내가 이 시를 지어 바치노니	鄙夫陳此詩
말은 촌스러도 뜻은 퍽 진실하이	辭俚意甚實
이웃 나라와 잘 지내는 큰 계략 있으니	善隣有大謨
잘 구슬러서 화평을 잃지 마소[42]	羈縻和勿失

37. **항아리 속 진디등에** '우물 안 개구리'와 비슷한 말로 식견이 좁다는 뜻이다.

38. **사급思及** 예수회 선교사 알레니Julio Aleni(艾儒略, 1582~1649)의 자字이다. 그는 명나라 때에 중국에 들어와 『직방외기』職方外紀를 저술하였다. 그 내용은 권두에 마테오리치의 「곤여만국전도」를 수록한 뒤 아시아 등 오대주에 대해 기록하고 사해총설四海總說을 덧붙여 각국의 풍물들을 소개하고 있다.

39. **정백貞白** 양梁나라 때의 인물인 도홍경陶弘景(452~536)의 시호이다. 그는 역대 제왕들과 각국 인물들의 도검刀劍에 대하여 기술한 『고금도검록』古今刀劍錄을 저술하였다.

40. **지구에 관한……갑론을박은** 『송목관신여고』에는 '地毬之同異'가 '地毬之非是'로 되어 있다. '지구에 관한 시비곡직'은 서양의 지원설地圓說과 중국의 천원지방설天圓地方說의 대립을 가리킨다. '해도에 대한 갑론을박'은 대해에 떠 있는 대륙을 일종의 '해도'로 본다면 서양의 오대주설五大洲說과 불교의 사대주설四大洲說의 대립을 가리키는 것이 아닐까 한다. 「곤여만국전도」 중의 해설에서 마테오리치Matteo Ricci는 지원설과 오대주설을 소개하고 천원지방설과 사대주설을 비판했다.

41. **서태西泰 이마두利瑪竇** 서태는 마테오리치Matteo Ricci의 자字이다. '西泰'가 『송목관신여고』에는 서양을 뜻하는 '泰西'로 되어 있다.

42. **잘……마소** 기미羈縻란 말에 굴레를 씌우거나 소에 고삐를 매어 통제한다는 뜻으로, 억센 상대를 회유하는 것을 말한다. 중국은 주변의 이민족들에 대해 '잘 구슬리면서 외교 관계를 끊지 않는'(羈縻勿絶) 정책을 취하였다.

위의 시로 볼 때 우상 같은 자는 이른바 '문장으로 나라를 빛낸 사람'이라는 칭송을 받을 만한 자가 아니겠는가. 신종神宗 만력萬曆 임진년에 왜적 평수길平秀吉이 군사를 몰래 출동시켜 우리나라를 엄습하여, 우리의 삼도三都[43]를 유린하고 우리의 노약자들을 코를 베어 욕보였으며 왜철쭉과 동백을 우리나라 각지에 심었다. 우리 소경대왕昭敬大王(선조宣祖)이 의주로 피난을 가서 천자께 사연을 아뢰자, 천자가 크게 놀라 천하의 군사를 동원하여 동으로 구원을 보냈다. 당시에 대장군大將軍 이여송李如松, 제독提督 진린陳璘·마귀麻貴·유정劉綎·양원楊元은 모두 다 옛날 명장의 기풍이 있었으며, 어사御史 양호楊鎬·만세덕萬世德·형개邢玠는 재주가 문무文武를 겸하고 도략이 귀신을 놀래킬 만했으며, 그 군사 역시 모두 진봉秦鳳[44]·섬서陝西·절강浙江·운남雲南·등주登州·귀주貴州·내주萊州의 날랜 기병과 활 잘 쏘는 군사들이며, 대장군의 가동家僮 1천여 명과 유계幽薊[45]의 검객들이었다. 그런데도 끝내 왜적과 화평을 맺고 겨우 나라 밖으로 몰아내는 데에 그치고 말았다.

수백 년 동안 사신의 행차가 자주 에도江戶를 내왕하였다. 그러나 사신으로서 체통을 지키고 임무를 수행하는 데에 치중하느라 그 나라의 민요, 인물人物, 요새, 강약強弱의 형세에 대해서는 마침내 털끝만큼도 실상을 파악하지 못한 채 그저 왔다갔다만 하였다. 그런데 우상은 힘으로는 붓대 하나도 이기지 못할 정도였지만, 그 나라의 정화精華를 붓끝으로 남김없이 빨아들여 섬나라 만리의 도성都城으로 하여금 산천초목이 다 마르게 하였으니, 비록 '붓대 하나로써 한 나라를 무너뜨렸다'고 말하더라도

---

43. **삼도三都**   경주(東都), 한양, 평양(西都)을 가리킨다.
44. **진봉秦鳳**   봉상부鳳翔府의 진계秦階, 농봉隴鳳 일대를 가리킨다. 『大淸一統志』
45. **유계幽薊**   거란契丹이 지배했던 유주幽州와 계주薊州 등 연운燕雲 16주州를 가리키는데, 지금의 하북성河北省과 산서성山西省의 북부 일대에 해당한다. 유주와 계주의 치소治所는 각각 지금의 북경北京과 하북성 계현薊縣에 있었다.

지나친 말은 아닐 것이다.

우상의 이름은 상조湘藻[46]이다. 일찍이 손수 제 화상畵像에 제題하기를,

공봉백供奉白[47]과 업후필鄴侯泌[48]이	供奉白鄴侯泌
철괴[49]와 합쳐 창기가 되니	合鐵拐爲滄起
옛 시인과 옛 선인	古詩人古仙人
옛 산인이 모두 다 이씨李氏라네[50]	古山人皆姓李

했는데, 이李는 그의 성이요, 창기滄起는 그의 또 다른 호이다.

대체로 선비란 자신을 알아주는 이 앞에서는 재능을 펴고 자신을 몰라주는 이 앞에서는 재능을 펴지 못하는 법이다. 교청鳹鶄(푸른 백로)과 계칙鸂鶒(자원앙紫鴛鴦)은 새 중에서도 보잘것없는 새이지만, 그럼에도 제 깃털에 도취되어 물에 비추어 보고 서 있다가 다시 하늘을 맴돌다 내려앉거늘, 사람이 지닌 문장을 어찌 고작 새 깃털의 아름다움에 비하겠는가. 옛날에 경경慶卿이 밤에 검술을 논하자 합섭蓋聶이 성을 내며 눈총을 주어 나가게 하였으며, 고점리高漸離가 축筑을 연주하자 형가荊軻가 화답하여 노래하더니 이윽고 주위에 아랑곳하지 않고 서로 붙들고 운 일이 있었다.[51]

---

46. 상조湘藻 상조는 이언진이 스스로 지은 또 하나의 이름이다. 『청비록淸脾錄』 卷3 「李虞裳」

47. 공봉백供奉白 당唐나라 시인 이백李白을 가리킨다. 공봉한림供奉翰林에 제수되었으므로 공봉백이라 한 것이다.

48. 업후필鄴侯泌 당나라 문장가 이필李泌(722~789)을 가리킨다. 신선술을 좋아하였다. 업후鄴侯에 봉하여졌으므로 업후필이라 한 것이다.

49. 철괴鐵拐 중국 전설상의 팔선八仙 중의 하나인 이철괴李鐵拐를 가리킨다.

50. 공봉백供奉白과 …… 이씨李氏라네 이 시는 『송목관신여고』에 「동호거실」衕衚居室이라는 제목의 장편 육언시 중의 한 수로 수록되어 있다.

51. 옛날에 …… 있었다 형가荊軻는 전국 시대 말기 위衛나라 사람으로 위나라에서는 경경慶卿으로 불렸다. 진秦나라가 위나라를 멸망시키자 연燕나라로 망명한 다음 연나라 태자 단丹과 모의하여 진왕秦王 정政을 죽이려다 실패한 인물이다. 형가가 어느날 유차楡次 고을을 지나다가 합섭蓋聶과 검술에 대하여 이야기하게 되었는데 합섭이 성을 내며 눈총을 주자 형가가 그만 기분이

무릇 그 즐거움이야 극에 달했겠지만, 더 나아가 울기까지 한 것은 무엇 때문인가? 마음이 복받쳐서 엉겁결에 슬퍼진 것이다. 비록 그 당사자에게 물어본다 해도 역시 그때 제 마음이 무슨 마음이었는지를 알지 못할 것이다. 사람이 문장으로써 서로 높이고 낮추고 하는 것이 어찌 구구한 검사劍士의 한 기예 정도에 비할 뿐이겠는가? 우상은 아마도 때를 제대로 만나지 못한 사람일까? 그의 말에 어쩌면 그렇게도 슬픔이 많단 말인가? 그의 시에,

닭의 머리 위 벼슬은 높기가 관과 같고	鷄戴勝高似幘
소의 축 처진 멱미레는 크기가 전대 같네	牛垂胡大如袋
집에 있는 보통 물건이란 하나도 기이할 것 없지만	家常物百不奇
크게 놀랍고 괴이한 건 낙타의 등이로세[52]	大驚怪槖駝背

하였으니, 우상은 늘 자신을 남다르게 여겼던 것이다. 병이 위독하여 죽게 되자 그동안 지어 놓은 작품들을 모조리 불태우면서,

　"누가 다시 알아주겠는가."

하였으니, 그 뜻이 어찌 슬프지 아니하랴! 공자가 말하기를,

　"재주 나기가 어렵다는 말은 참으로 맞는 말이 아니겠는가."[53]

하였고, 또,

　"관중管仲은 그릇이 작다."[54]

하였다. 자공子貢이 묻기를,

상해 나가 버렸다. 또 형가가 연나라에 가서 고점리와 시장에서 술을 마셨는데 술에 취한 고점리가 축筑을 연주하자 형가가 이에 화답하여 노래를 부르고 이어 주위도 아랑곳 않고 서로 붙들고 울었다. 형가에게 있어서 합섭은 자신을 알아주지 못하는 사람에 해당하고 고점리는 자신을 알아주는 사람에 해당한다. 『史記』卷86「刺客列傳」
52. 닭의……등이로세　이 시 또한 『송목관신여고』에 「동호거실」의 한 수로 수록되어 있다.
53. 재주……아니겠는가　『논어』「태백」泰伯에 보인다.
54. 관중管仲은 그릇이 작다　『논어』「팔일」八佾에 보인다.

"저는 무슨 그릇입니까?"

하니, 공자가 말하기를,

"너는 호련瑚璉이다."[55]

하였다. 이는 자공의 재주를 칭찬하면서도 작게 여긴 것이다. 그러므로 덕은 그릇에 비유되고 재주는 그 속에 담기는 물건에 비유된다. 『시경』詩經에 이르기를 "결이 쪼록쪼록 저 옥 술잔이여, 황금빛 울창주가 그 속에 들었도다"라 했고,[56] 『주역』에 이르기를 "솥이 발이 부러져 공公의 먹을 것이 엎어졌도다" 했으니,[57] 덕만 있고 재주가 없으면 그 덕이 빈 그릇이 되고, 재주만 있고 덕이 없으면 그 재주가 담길 곳이 없으며, 있다 해도 그 그릇이 얕으면 넘치기가 쉽다. 인간은 천지天地와 나란히 서니 바로 삼재三才가 된다. 그러므로 귀신은 재才에 속하며[58] 천지는 큰 그릇이 아니겠는가? 깔끔을 떠는 자에게는 복이 붙을 데가 없고, 남의 정상情狀을 잘 꿰뚫어 보는 자에게는 사람이 붙지를 않는 법이다. 문장이란 천하의 지극한 보배이다. 오묘한 근원에서 정화精華를 끄집어내고, 형적이 없는 데서 숨겨진 이치를 찾아내어 천지 음양의 비밀을 누설하니, 귀신이 원망하고 성낼 것은 뻔한 일이다. 재목(木) 중에 좋은 감(才)이 있으면 사람이 베어 갈 생각을 하고, 재물(貝) 중에 좋은 감(才)이 있으면 사람이 뺏어 갈 생각을 한다. 그러므로 재목 재材 자와 재물 재財 자 속에 있는 '재'才

55. 자공子貢이 …… 호련瑚璉이다   『논어』「공야장」公冶長에 보인다. 호련은 종묘宗廟에서 서직黍稷을 담는 데 쓰는 그릇이다.
56. 『시경』詩經에 …… 했고   『시경』 대아大雅 「한록」旱麓에 나오는 구절이다.
57. 『주역』에 …… 했으니   『주역』 「정괘」鼎卦 구사九四의 효사이다. 구사는 대신大臣의 지위를 상징하고, 공공은 임금을 가리킨다. 소인小人이 대신의 중책을 감당하지 못해 국사를 그르친다는 뜻이다.
58. 귀신은 재才에 속하며   『예기』「예운」禮運에 "그러므로 사람이란 천지天地의 덕德이며, 음양이 서로 교통하고, 귀신이 서로 만난 것이다"(鬼神之會也)라고 하였다. 귀鬼는 형체形體, 신神은 정령精靈을 뜻한다.

자의 글자 모양이 밖으로 삐치지 않고 안으로 삐치는 것이다.

우상은 일개 역관에 불과한 자로서, 나라 안에 있을 때는 소문이 제 마을 밖을 벗어나지 못하였고 벼슬아치들이 그의 얼굴조차 몰랐다. 그런데 하루아침에 이름이 바다 밖 만리의 나라에 드날리고, 몸소 곤어鯤魚[59]와 고래와 용과 악어의 소굴까지 뒤졌으며, 솜씨는 햇빛과 달빛으로 씻은 듯 환히 빛났고,[60] 기개는 무지개와 신기루에 닿을 듯이 뻗치었다. 그러므로 '재물을 허술하게 보관하는 것은 훔쳐 가라고 가르쳐 주는 것이나 다름없다'[61]고 한 것이며, '물고기란 못을 떠날 수 없는 법이니 이기利器를 남에게 보여 주면 안 된다'[62]고 한 것이다. 어찌 경계하지 않을 수 있겠는가.

승본해勝本海[63]를 지나면서 다음의 시를 지었다.

맨발의 왜놈 사내 몰골조차 괴상한데	蠻奴赤足貌𩨷𩩄
압색의 윗도리[64] 등엔 별과 달이 그려져 있네	鴨色袍背繪星月
꽃무늬 적삼 입은 계집들 달음질해 문 나서니	花衫蠻女走出門

59. **곤어鯤魚** 북쪽 대해大海에 산다는 큰 물고기이다. 『莊子』「逍遙遊」

60. **솜씨는……빛났고** 원문은 '手沐日月'이다. 우禹임금이 남악南岳에 올라 금간옥자金簡玉字의 비서秘書를 얻었는데 거기에 '목일욕월'沐日浴月 운운한 표현이 있었다고 한다. '목일욕월'은 햇빛과 달빛으로 목욕한 듯이 윤택하다는 뜻이다. 庾仲雍, 『荊州記』

61. **재물을……다름없다** 『주역』「계사전」繫辭傳에, "재물을 허술하게 보관하는 것은 훔쳐 가라고 가르쳐 주는 것이나 다름없고, 얼굴을 예쁘게 꾸미는 것은 음심淫心을 품도록 가르쳐 주는 것이나 다름없다"(慢藏誨盜, 冶容誨淫) 하였다.

62. **물고기란……된다** 『노자』 및 『장자』莊子 「거협」胠篋에, "물고기란 못을 떠날 수 없는 법이니 나라의 이기利器를 남에게 보여 주면 안 된다"(魚不可脫於淵 國之利器 不可以示人) 하였다.

63. **승본해勝本海** 승본勝本은 현 장기현長崎縣 북쪽 일기도壹岐島에 소속된 지명으로 그 일대의 바다를 승본해라 한다.

64. **압색鴨色의 윗도리** 오리 머리 빛깔인 녹색을 가리키는 것으로 압두록鴨頭綠이라고도 한다. '袍'는 '우에노기누'라고 하는 윗도리를 말한다.

머리 빗다 못 마친 양 그 머리 동여 맸네   頭梳未竟鬊其髮

어린아이 칭얼대며 어미 젖을 빨아 대니   小兒號嗄乳母乳

어미가 등을 토닥이자 울음소리 잦아드네   母手拍背嗚嗚咽

이윽고 북 울리며 관인[65]이 들어오니   須臾搖鼓官人來

오만 눈이 둘러싸고 활불인 양 여기누나   萬目圍繞如活佛

왜놈 관리 무릎 꿇고 절하며 값진 보물 올리는데   蠻官膜拜獻厥琛

산호랑 대패[66]를 소반 받쳐 내오누나   珊瑚大貝擎盤出

주인과 손님이 늘어섰으나 실로 벙어리인 양   眞如啞者設賓主

눈짓으로 말을 하고 붓끝으로 얘기하네   眉睫能言筆有舌

왜놈의 관부官府에도 정원 풍취 풍부하여   蠻府亦耀林園趣

종려나무 푸른 귤이 뜨락에 가득 찼네[67]   栟櫚青橘配庭實

　배 안에서 치질 병이 생겨 누워서 매남梅南 스승님의 말씀을 생각하며 다음의 시[68]를 지었다.

공자의 유교와 석가의 불교는   宣尼之道麻尼教

각각 경세와 출세[69]로서 해라면 달이로세   經世出世日而月

서양 선비 일찍이 오인도 가 보았으나[70]   西士嘗至五印度

65. 관인官人　　우리나라 사신을 가리킨다.
66. 대패大貝　　바닷조개 중 가장 크다는 거거車渠와 흡사한 조개의 일종이다. 껍질은 장식품으로 쓴다.
67. 맨발의……찼네　　이 시는 「일기도」壹岐島라는 제목으로 『송목관신여고』에 수록되어 있다.
68. 다음의 시　　이 시는 「동짓날 배 안에서 혜환 스승님의 말씀을 생각하며」(壹陽舟中念惠寰老師言)라는 제목으로 『송목관신여고』에 수록되어 있다. 혜환惠寰은 이언진의 스승 이용휴李用休(1708~1782)의 호이다.
69. 경세와 출세　　유교의 현세주의現世主義와 불교의 내세주의來世主義를 가리킨다.
70. 오인도五印度 가 보았으나　　인도를 오천축五天竺이라고도 한다. 고대 인도가 동, 서, 남, 북, 중의 5부로 구획되어 있었으므로 생긴 이름이다. 이는 예수회 선교사들이 16세기에 인도에 진출

과거나 현재에 부처 하나 없었다오	過去現在無箇佛
유가에도 장사꾼이 있기로는 마찬가지	儒家有此粺販徒
붓과 혀를 까불려서 괴이한 학설[71] 퍼뜨려	簸弄筆舌神吾說
산발을 하고 뿔이 난 채 지옥에 떨어진다 하니	披毛戴角墜地犴
생시에 남 속인 죄 마땅히 받으리라	當受生日欺人律
해독의 불길이 진단의 동쪽[72]에도 미쳐 와서	毒焰亦及震旦東
화려하고 큰 절들이 도시와 시골에 널렸구려	精藍大衍都鄙列
섬 백성 흘겨보며 화복으로 겁을 주니	睢盯島衆怵禍福
향화香火라 공양미가 끊일 날이 없고말고[73]	炷香施米無時缺
비하자면 제 자식이 남의 자식 죽여 놓고	譬如人子戕人子
들어와 봉양하면 어느 부모 좋아하리	入養父母必不說
육경이 중천에서 밝은 빛을 비추는데	六經中天揚文明
이 나라 사람들은 눈에 옻칠한 듯하네	此邦之人眼如漆
양곡이나 매곡[74]이 이치가 둘이겠나	暘谷昧谷無二理
순종하면 성인 되고 배반하면 악인 되네	順之則聖背檮杌
우리 스승 나더러 대중에게 고하라기	吾師詔吾詔介衆
목탁 대신 이 시 지어 네거리에 울리노라	以詩爲金口木舌

우상의 이러한 시들은 모두 후세에 전할 만하다. 나중에 머물렀던 곳을 다시 들렀더니 그새 이 시들이 모두 책으로 인출印出되었다고 한다.

한 사실을 가리킨다.
71. 괴이한 학설 원문은 '神吾說'인데, 『송목관신여고』에는 '神怪說'로 되어 있어 이에 따라 번역하였다.
72. 진단震旦의 동쪽 일본을 가리킨다. 진단은 고대 인도에서 중국을 일컫던 말이다.
73. 향화香火라 …… 없고말고 『송목관신여고』에는 그 다음에 "부처를 받들면서 부처가 싫어하는 것 되레 좋아하여, 물고기 구워 먹고 회 쳐 먹고 마구마구 죽여 대니"(好佛反好佛所惡 燒剔魚鼈恣屠殺)라는 구절이 추가되어 있다.
74. 양곡暘谷이나 매곡昧谷 양곡은 해 뜨는 곳(일본), 매곡은 해 지는 곳(중국)을 가리킨다.

나는 우상과는 생전에 상면이 없었다. 그러나 우상은 자주 사람을
시켜 나에게 시를 보여 주며 하는 말이,

"유독 이분만이 나를 알아줄 수 있을 것이다."

했다기에, 나는 농담 삼아 그 사람더러 이르기를,

"이거야말로 오농吳儂의 간드러진 말투[75]이니 너무 잗달아서 값나갈
게 없다."

했더니, 우상이 성을 내며,

"창부傖夫[76]가 약을 올리는군!"

하고는 한참 있다가 마침내 한탄하며 말하기를,

"내가 어찌 세상에 오래갈 수 있겠는가?"

하고 두어 줄의 눈물을 쏟았다기에, 나 역시 듣고서 슬퍼했다.

얼마 후 우상이 죽으니 그의 나이 스물일곱 살이었다. 그의 집안사
람이 꿈속에서, 신선이 술에 취하여 푸른 고래를 타고 가고 그 아래로
검은 구름이 드리웠는데 우상이 머리를 풀어 헤치고 그 뒤를 따라가는
것을 보았다고 한다. 얼마 후에 우상이 죽으니, 사람들 가운데는 "우상이
신선이 되어 떠나갔다"고들 말하기도 하였다. 아! 나는 일찍이 속으로 그
재주를 남달리 아꼈다. 그럼에도 유독 그의 기를 억누른 것은, 우상이 아
직 나이 젊으니 머리를 숙이고 도道로 나아간다면, 글을 저술하여 세상에
남길 만하다고 여겼기 때문이다. 그런데 지금 와 생각하니 우상은 필시

---

75. **오농吳儂의 간드러진 말투**   오농은 오吳나라 사람, 즉 화려하고 세련됨을 추구한 강남江南
사람을 가리키는 말이다. 삼국 시대 때 오나라 땅이었던 이 지역 사람들의 말투가 간드러진 느
낌을 주었으므로 '오농연어'吳儂軟語니 '오농교어'吳儂嬌語니 하였다. 원문의 '오농세타'吳儂細唾도
같은 뜻의 말이다.

76. **창부傖夫**   창부는 시골뜨기라는 뜻으로, 강남 사람들이 중원中原 사람들을 비하하여 부른
말이다. 오나라 출신인 육기陸機가 동생 육운陸運에게 보낸 편지에서, 그의 문학적 경쟁 상대로
서 중원 출신인 좌사左思를 '창부'라 비웃은 적이 있다. 『晉書』 卷92 「文苑傳」 左思 여기서 이언
진은 자신과 연암의 관계를 육기와 좌사의 관계에 비긴 것이다.

나를 좋아할 만한 사람이 못 된다고 여겼을 것이다.

　　우상의 죽음에 대해 만가輓歌를 지은 이[77]가 있어 노래하기를,

오색을 두루 갖춘 비범한 새가	五色非常鳥
우연히도 지붕 꼭대기에 날아 앉았네	偶集屋之脊
뭇사람들 다투어 달려가 보니	衆人爭來看
놀라 일어나 홀연 자취를 감추었네	驚起忽無跡

하였고, 그 두 번째 노래에,

까닭 없이 천금을 얻고 나면	無故得千金
그 집엔 재앙이 따르는 법	其家必有災
더구나 이처럼 세상에 드문 보배를	矧此稀世寶
오래도록 빌릴 수 있으리오	焉能久假哉

하였고, 그 세 번째 노래에,

조그마한 하나의 필부였건만	渺然一匹夫
죽고 나니 사람 수가 준 걸 알겠네	死覺人數減
세도와 관련된 일이 아니겠는가	豈非關世道
사람들은 빗방울처럼 많다마는	人多如雨點

하였다. 또 노래하기를,

---

77. **만가輓歌를 지은 이**　『송목관신여고』 중국본에 「만이우상」挽李虞裳이라는 제목의 5언 고시 10수가 실려 있으며 그 작자가 이용휴로 되어 있다. 연암은 그 중 5수를 차례로 소개하고 있다.

그 사람은 쓸개가 박마냥 크고   其人膽如瓠

그 사람은 눈빛이 달같이 밝고   其人眼如月

그 사람은 팔목에 귀신 붙었고   其人腕有鬼

그 사람은 붓끝에 혀가 달렸네   其人筆有舌

하였고, 또,

남들은 아들로써 대를 잇지만   他人以子傳

우상은 그렇게 하지 않았지   虞裳不以子

혈기야 때로는 끊어지지만   血氣有時盡

명성은 끝질 날이 없으리   聲名無窮已

하였다.

　나는 이전에 우상을 보지 못하여 매양 한스럽게 여겼는데, 그 문장까지 불살라서 남은 것이 없다 하니, 세상에 그를 알 사람이 더욱 없게 되었다. 그래서 상자 속에 오래 수장한 것을 꺼내어 그가 예전에 보여 준 것을 찾았는데, 겨우 두어 편뿐이었다. 이에 모조리 다 기록하여 우상전을 지었다.

　우상에게 아우[78]가 있는데, 그 역시도 - 이하 원문 빠짐 -

---

78. 아우　　이언진의 아우 이언로李彦璐(1748년 출생)는 자가 은미殷美이며, 1773년 한학漢學으로 역과譯科에 급제하였다. 『譯科榜目』

역학대도전易學大盜傳   유실됨

봉산학자전鳳山學者傳   유실됨

외숙 지계공芝溪公(이재성)의 말씀을 듣건대, "「역학대도전」은 당시에 선비로서의 명성을 빌려 권세와 이권을 몰래 사들여 기세등등한 자가 있어서 너희 부친이 이 글을 지어 기롱한 것인데, 대체로 노소老蘇[1]의 「변간론」辨姦論과 같은 취지에서 나온 것이다. 나중에 그 사람이 패가망신 당하자, 너희 부친이 마침내 이 글을 불살라 버렸으니, 아마도 선견지명이 있었던 것으로 자처하고 싶지 않기 때문이었을 것이다. 상편 「우상전」에 결락이 있고 하편들이 유실된 것은 권질卷帙상 연결되어 있었기 때문에 다함께 없어진 것이다" 하였다.

아들 종간宗侃(박종채)이 삼가 쓰다.

이상 아홉 편의 전은 다 부친께서 약관 시절에 지은 것으로서,

---

1. **노소老蘇**   소식蘇軾의 아버지인 소순蘇洵을 가리킨다. 소순은 「변간론」辨姦論을 지어 왕안석王安石을 혹독하게 비판하였다.

집에 장본藏本이 없어 매번 남들에게서 얻어 왔다. 예전에 부친께서 이들 작품을 없애 버리라고 하시며 말씀하시기를,

"이것은 내가 젊었을 적에 작가에 뜻을 두어 작문하는 법을 익히기 위해서 지은 것인데, 지금까지도 더러 이 작품들을 칭찬하는 사람들이 있으니 몹시 부끄러운 일이다."

하셨다. 불초한 우리 형제가 비록 부친의 명을 받들고는 싶지만, 사람들이 전파하는 것은 어쩔 도리가 없었다. 지난번에 이러한 일로 외숙 지계공께 상의를 드렸더니, 공이 말씀하시기를,

"너희 선친께서 지은 논설 중에는 전아典雅하고 장중莊重한 것이 많다. 반면에 이 작품들은 사실 저술의 부산물에 지나지 않으니 있건 없건 문제가 될 것이 없다. 더구나 젊었을 때의 작품이니만큼 더욱 그렇다. 게다가 예로부터 문장가들에게는 이와 같이 유희 삼아 지어 보는 작품이 없지 않았으니, 반드시 폐기할 것까지는 없다. 다만 「양반전」한 편은 속된 말이 많아서 조그마한 흠이 될 수도 있겠으나, 이는 실로 왕포王褒의 「동약」僮約[2]을 모방하여서 지은 것인만큼 의미가 없는 것은 아니다."

하였으므로, 불초한 우리 형제가 감히 함부로 취사取捨를 할 수 없어, 별집別集의 말미에 붙여 둔다.

　　　　아들 종간이 삼가 쓰다.

---

2. 왕포王褒의 「동약」僮約　　노비 계약을 다룬 글로서 그 내용은, 왕포가 양혜楊惠라는 과부의 집에 들렀다가 오만하게 술심부름을 거부하는 양혜의 노비 편료便了를 샀는데, 그 노비문서에서 노비가 해야 할 수많은 일들을 구체적으로 제시하고 이를 어겼을 때의 처벌 조항까지도 세세하게 밝혀 놓음으로써 편료를 길들인다는 이야기이다. 왕포는 전한前漢 시대의 인물로 사부辭賦에 능했다. 『古文苑』卷17「僮約」

연암집

【제9권 별집】

고반당비장
考槃堂秘藏

조부 자헌대부資憲大夫 지돈녕부사知敦寧府事 증시贈諡 장간공章簡公 부군府君 가장家狀[1]

부군의 휘는 필균弼均, 자는 정보正甫요, 초휘初諱는 필현弼賢이다. 우리 박씨는 계통이 신라에서 나왔으며, 나주羅州의 반남현潘南縣에서 성姓을 얻어 반남인이 되었다.

고려 공양왕 때 판전교시사判典校寺事를 지낸 휘 상충尙衷이 맨 먼저 상소를 올려 명明나라를 받들 것을 청하였는데 그 사실이 『고려사』 본전本傳에 실려 있으며,[2] 우리 왕조에서 시호를 문정文正이라 추증하였다. 문정공의 아들 휘 은訔은 우리 태종대왕을 도와 좌의정에 올랐고 시호가 평도平度이다. 여러 대를 지나 휘 소紹는 사간司諫을 지냈고 영의정에 추증되

---

1. **조부……가장家狀** 연암이 만년에 지은 글이다. 박종채朴宗采의 『과정록』에 의하면, 당시 연암은 눈이 어둡고 팔이 마비되어 아들 박종채에게 구술해서 이 글을 완성했다고 한다. 『순조실록』에 의하면 순조 5년(1805) 1월 7일 박필균에게 장간章簡이라는 시호가 내려졌으며, 연암은 그해 10월 20일에 별세했으므로, 이 글은 그가 남긴 최후의 글이었을 것이다.
2. **『고려사』……있으며** 『고려사』 권112 열전列傳 25에 실려 있다. 박상충(1332~1375)은 이곡李穀의 문인이요 사위였으며, 신진 성리학자이자 친명파親明派로 활약하다가 반대파에게 암살되었다. 단 그는 공양왕 때가 아니라 우왕禑王 즉위 초에 판전교시사로 임명되었다.

었으며 시호는 문강文康인데, 세상 사람들이 야천선생治川先生이라 불렀으며 부군에게는 6세조가 된다. 휘 응복應福을 낳았는데 대사헌大司憲을 지냈으며, 고조는 우참찬右參贊을 지낸 휘 동량東亮인데, 공훈을 세워 금계군錦溪君에 봉해지고 영의정에 증직되었으며 시호는 충익忠翼이다. 증조인 금양위錦陽尉 휘 미瀰는 선조宣祖의 제5녀 정안옹주貞安翁主에게 장가들었으며 시호는 문정文貞이요, 조부는 첨정僉正을 지낸 휘 세교世橋인데 이조 판서 금흥군錦興君에 추증되었다. 부친의 휘는 태길泰吉인데 이조 판서에 추증되었으며 종숙부 문순공文純公 세채世采에게 사사師事하였고 뛰어난 행실로 명성이 사우士友들 사이에 자자하였으나 일찍 졸卒하였다. 모친은 칠원 윤씨漆原尹氏 진사 선적宣績의 따님으로서 정부인貞夫人에 증직되었다.

부군은 숙종 11년 을축년(1685) 정월 1일에 태어났다. 다섯 살에 부친을 여의고 중부仲父인 교리공校理公 태만泰萬도 곧이어 사망하였으므로 부군은 종형인 금녕군錦寧君 필하弼夏에게 양육을 받았는데, 금녕군의 아들인 판서공判書公 사익師益과 참판공參判公 사정師正이 모두 다 부군보다 나이가 많았다. 부군이 어려서 학문을 시작하여 약관에 이르러서는 경사經史를 널리 통하였는데, 이는 모두 그들을 따라 배운 덕분이었다.[3]

금녕군이 오랫동안 담화병痰火病을 앓던 중에도 부군을 사랑한 것은 유독 지성至性(극히 선량한 성품)에서 나온 것이었다. 병이 심하게 되자 발자국 소리와 문소리를 특히 싫어하였으나 부군의 발소리와 문 여닫는 소리만은 탓하지 않았다. 그래서 부군이 그 안색을 먼저 살핀 다음에 아들들을 데리고 와 뵙게 하였으며, 아들들이 매일 밤늦은 시각에 땔감을 가지

---

3. **모두……덕분이었다** 원문은 '皆肩隨師資也'인데, 『예기』禮記 「곡례 상」曲禮上에 "나이가 다섯 살이 많은 사람과는 어깨를 나란히 하여 그 뒤를 따라간다"(五年以長 則肩隨之)고 하였다. 나이 차이가 그 정도밖에 나지 않는 사이였지만 박사익·박사정 형제를 스승처럼 여겨 본받았다는 뜻이다.

고 아궁이 앞에 서 있다가 부군이 몰래 전하는 기침 신호를 받은 뒤에야 감히 불을 지피곤 하였다. 혹 그 틈을 얻지 못하면 날이 차고 눈이 얼어 붙어도 문 안팎에서 함께 날을 새며 서로 가엾이 여기지 않은 적이 없었다. 무릇 이와 같이 하기를 8, 9년이 되도록 하루같이 하였다. 그래서 판서공 형제는 부군의 은덕이 골육보다 낫다고 감격해하였으며, 부군이 비단 양육해 준 이에게 효도를 실천하였을 뿐만 아니라 다른 사람이 효를 실천하도록 만들어 주기까지 한 것을 온 집안이 모두 칭송하였다.

이보다 앞서 사대부들 사이에 언론이 서로 엇갈려 각각 자기가 어질게 여기는 이를 스승으로 삼아, 비록 한집안일지라도 지향하는 바가 동일하지 않으면 나가는 길이 서로 달라지곤 하였다.[4] 부군의 사촌 형제 수십 명 중에 부군의 나이가 가장 적었지만 명론名論(명분론)은 가장 고명하였다. 종형 여호선생黎湖先生 필주弼周가 임금의 부름을 받았으나, 장차 한강 밖으로 은둔할 계획으로 부군의 어린 아들을 데려다 양자를 삼고 가사家事를 모두 부군에게 맡기면서 출처出處(벼슬길에 나서는 문제)로써 부군을 권면하여 말하기를,

"나는 죄를 짊어지고 태어난 몸이라 - 선생이 태어나자마자 모부인母夫人이 첫 국밥도 들지 못하고 돌아가셨다. - 세상에 나갈 뜻을 끊고 지냈는데 지금 허명虛名으로 자신을 그르치게 되었으니, 부득불 한강을 경계로 삼아 그 너머에서 몸을 마치려 하네. 우리 아우는 재주나 학식이 모두 넉넉한데도 평생토록 과거를 보지 않고 있으니 장차 어떻게 자신과 집안을 일으킬 작정인가?"

하니, 부군은 썩 즐겁지 않은 표정을 지으며,

---

4. 사대부들 …… 하였다　숙종肅宗 때 서인西人이 송시열宋時烈 등을 추종하는 노론老論과 윤증尹拯 등을 추종하는 소론少論으로 갈라진 사실을 말한다. 연암의 집안에서도 박세채朴世采(1631~1695)는 소론에 속하였고, 박필주朴弼周(1665~1748)는 노론에 속하였다.

"천하의 의리가 무궁하다지만 끝내 둘 다 옳고 둘 다 그른 것은 있지 않습니다. 세상에는 조야朝野에서 이익을 농단壟斷하려는 사람이 많지만 만약 문순공文純公(박세채朴世采)을 잘못 끌어들여 이익을 독점하려고 한다면 우리 집안의 의론議論이 어디에서 나오겠습니까. 우리 집안의 양대兩代 비갈碑碣은 대로大老(송시열宋時烈)께서 지은 것이요, 우리 중부仲父(박태만朴泰萬)께서 청한 것입니다.[5] 우리 중부께서 불행히 세상을 일찍 떠나셨으나, 예전부터 팔학사八學士[6]의 칭호를 받았는데 세상에서 국시國是를 어기는 자들이 멀리서 받들어 존중하였으니, 이를 어찌 변론하여 밝히지 않을 수 있겠습니까. 남구만南九萬과 유상운柳尙運이 각자 제 몸을 위하는 꾀를 내어 사론邪論을 주창했으니 이는 진실로 해독을 백세에 끼칠 것입니다.[7] 그런데 유상운은 우리 집안의 외손이므로 그에 연루되어 점차 물들고 있으니, 마땅히 끊어야 할 것을 끊지 않는다면 이 어찌 우리 집안의 큰 누가 되지 않겠습니까. 한 집안의 명론名論이 진실로 바르게 된다면, 내가 과거 보는 것이 아무리 늦더라도 다시 무엇을 한스럽게 여기겠습니까."

---

5. **우리……것입니다**　『송자대전』宋子大全 권191에 박동량의 묘표인 「금계군 박공 동량 묘표」 錦溪君朴公東亮墓表와 권163에 박미의 신도비인 「금양군 박공 미 신도비명」 錦陽君朴公瀰神道碑銘이 수록되어 있다. 박미의 신도비는 그 손자인 박태만朴泰萬이 송시열에게 지어 주기를 청한 사실이 본문에 밝혀져 있다. 박동량의 묘표는 그 손자인 박세채朴世采가 송시열에게 지어 주기를 청한 글이었다.

6. **팔학사八學士**　송시열의 고제高弟 8인을 뜻하는 듯하다. 참고로 송시열의 제자 권상하權尙夏의 문하에 한원진韓元震·이간李柬 등 이른바 강문팔학사江門八學士가 있었다.

7. **남구만南九萬과……것입니다**　소론의 지도자였던 남구만(1629~1711)과 유상운柳尙運(1636~1707)은 숙종 20년(1694) 합세하여, 희빈禧嬪 장씨張氏의 오빠 장희재張希載를 처형하는 데 반대하고 그를 유배에 처하는 유화 조치를 취하여 노론의 지탄을 받았다. 또한 이 두 사람은 숙종 27년(1701) 노론에 맞서 세자의 생모인 희빈 장씨를 경형輕刑으로 다스릴 것을 주장했다가 숙종이 희빈 장씨에게 사사賜死를 내리자, 노론의 탄핵을 받고 함께 파직당하였다. 이러한 갈등은 왕위 계승 문제에서 소론이 희빈 장씨의 소생인 세자(후일의 경종)를 추대한 반면, 노론은 세자의 이복 동생인 연잉군延仍君(후일의 영조)을 추대한 데에서 기인한 것이었다. 유상운은 박동량朴東亮(1569~1635)의 외손자였다.

하였다. 급기야 경종景宗 초년에 남구만과 유상운의 무리가 크게 무옥誣獄을 일으켜 건저建儲한 여러 대신을 죽이고 사류士類들을 마구 없애자[8] 부군은 통진通津의 묘소 아래 은거하였다.

영종英宗 원년 을사년(1725)에 비로소 정시庭試에 응시하여 병과丙科에 들었으니, 이때 나이 벌써 41세였다. 대개 한 번의 응시로 급제하는 경우는 세상에 드문 일이었다. 이해에 왕세자를 책봉하고 시강원侍講院의 요속僚屬들을 엄선하였는데, 참하관參下官(7품 이하 관원)은 청망淸望[9]으로서 겸함兼銜을 더욱 중히 여겼다. 이때 부군은 아직 분관分館이 되지 못하였는데도[10] 상례常例를 뛰어넘어 특별히 겸설서兼說書에 제수되었고, 얼마 후 한림翰林(예문관)에 천거되어 예문관 검열藝文館檢閱이 되었다가 대교待教에 올랐다.

병오년(1726)에 모친 윤부인尹夫人의 상을 당하여 삼년복을 마치고, 도로 한림에 들어와 봉교奉教로 올랐다. 무신년(1728) 이전에 제수받은 것은 다 구명舊名(필현弼賢)으로 받은 것이고 봉교 이하의 관직부터는 지금 이름으로 받은 것이다.

기유년(1729)에 『경종실록』景宗實錄이 완성되자 4월에 적상산 사고赤裳山史庫에 수장하고 이어 선조先朝(경종景宗)의 사첩史牒을 고출考出[11]하였다. 임금

---

8. **경종景宗……없애자**　남구만과 유상운은 소론의 초기 인물이다. 이 사건은 경종 초기에 연잉군延礽君을 왕세제王世弟로 세워 대리청정을 하게 한 노론을 김일경金一鏡 등 소론 과격파들이 공격하여 대대적으로 숙청을 가한 신임사화辛壬士禍(1721~1722)를 가리키는 것으로, 남구만과 유상운이 이미 죽고 난 후의 일이다. 따라서 남구만과 유상운의 무리는 이들의 영향을 받은 김일경 등 소론 과격파들을 지칭하는 것으로 보인다.

9. **청망淸望**　청환淸宦의 의망擬望이란 뜻으로, 명예로우면서도 중요한 벼슬자리, 즉 청요직淸要職에 삼망三望 즉 3인의 후보자의 한 사람으로 천거되는 경우를 말한다. 시강원의 참하관으로는 설서設書, 겸설서, 자의諮議가 있다.

10. **아직……못하였는데도**　과거 급제자를 박사博士의 채점에 따라 삼관三館 즉 승문원과 성균관과 교서관에 차례로 배치하는 것을 분관分館이라 한다. 소정의 점수를 얻지 못해 다음번 분관을 기다리는 사람을 미분관인未分館人이라 한다.

11. **고출考出**　실록實錄을 포쇄曝曬할 때 취래取來·고출考出·개장改粧·개궤改櫃 등의 작업을 하는데, 고출은 실록의 내용을 초록抄錄하는 것을 뜻한다. 실록의 포쇄관曝曬官으로는 예문관 봉교·대교·검열이 파견되었다.

이 한림을 새로 추천할 것을 재촉하여, 부군이 추천을 맡는 것을 사양하였으나 받아들여지지 않았다. 혹자가 김약로金若魯[12]를 넣어 달라고 부탁하자 부군이 말하기를,

"내가 예전에 김사직金士直(김약로의 아버지 김유金楺)을 조상弔喪하였는데 여러 아들 가운데 눈이 붉은 자가 있더니 이자가 바로 그자인가?"

하였다. 분향고사焚香故事[13]에 추천을 맡은 자는 추천장을 소매에 넣고 한림의 선배들을 일일이 찾아다니는데, 예문관에 소속된 하인이 먼저 문으로 들어가 소리 높여 손님을 물리치라고 하면, 아무리 대관大官이라도 전에 검열을 지낸 사람이 아니면 으레 다 자리를 피해야 한다. 그리하여 찾아온 사람과 주인이 처음부터 말 한마디 건네지 않은 채 새 추천장을 꺼내 보여 털끝만큼의 하자도 지적되지 않은 다음에야 비로소 완천完薦(추천 완료)이 되었으니, 그 엄격함이 이와 같았다. 이것은 역사를 기록하는 일을 중히 여긴 까닭이다.[14]

이때에 문벌門閥과 재학才學이 막상막하인 자가 5, 6명이었는데 급기야 신만申晩과 윤급尹汲[15]을 한원翰苑(예문관)에 추천해 들이자, 온 세상이 떠들썩

---

12. **김약로金若魯**　1694~1753. 본관은 청풍淸風이다. 박세채·송시열의 문인으로 이조 참판 겸 양관의 대제학을 지낸 김유金楺(1653~1719)의 아들이다. 김약로는 영조 3년(1727) 과거 급제 후 승문원 정자가 되고, 그 후 여러 관직을 거쳐 좌의정까지 지냈다. 판서를 지낸 그의 형 김취로金取魯, 우의정을 지낸 아우 김상로金尙魯, 영의정을 지낸 사촌 형 김재로金在魯와 함께 고위직에 있으면서 한때 세도가 매우 컸다.

13. **분향고사焚香故事**　분향은 예문관에서 한림의 새 후보자를 추천하여 황천皇天과 후토后土에 분향하여 고하는 절차를 말한다. 그러나 후보자에게 소시召試를 보게 하는 것으로 제도가 바뀌면서 분향하던 절차도 없어졌다. 그러므로 고사故事라 한 것이다. 『연암집』 권3 「조부께서 손수 쓰신 한림 추천서에 대한 기록」(王考手書翰林薦記)에서도 이 사실을 언급하고 있다.

14. **이것은……까닭이다**　예문관의 봉교奉敎 이하는 춘추관春秋館의 기사관記事官을 겸하였다.

15. **신만申晩과 윤급尹汲**　신만(1703~1765)은 판중추부사 신사철申思喆(1671~1759)의 아들이다. 1726년 과거 급제 후 승문원 정자가 되었으나 이듬해 정미환국丁未換局으로 소론이 득세할 때 파직당했다. 후일 영의정까지 지냈다. 윤급(1679~1770)은 이재李縡, 박필주朴弼周의 문인으로 1725년 과거 급제 후 이조 판서, 우참찬까지 지냈으나, 탕평책에 반대하여 누차 파직 또는 좌천되었다.

하여 모두 부군을 허물하며 '오로지 외모만 취하였다' 하기도 하였다. 어떤 이는 '관옥冠玉같이 아름다운 자라고 해서 반드시 내실을 갖춘 것은 아니다'[16]라고 말하기도 하고, 어떤 이는 '어찌 그리 기탄이 없는 것이 그렇게도 제 외숙을 닮았나'라고 말하기도 했다. 어떤 사람이 부군을 위하여 걱정하며 '눈이 붉은 자가 두렵다' 하더니, 마침내 이것이 구실이 되어 원망하는 뭇사람 중에 김약로가 특히 심하였다. 얼마 안 가서 마침내 대간臺諫의 진언進言으로 추천이 폐기되었고 부군은 이로 인하여 삭직되었다가, 곧 서용敍用(복직)되어 6품에 올랐다. 경술년에 비로소 사간원 정언에 제수되었다.

이전에 임금이 새로 즉위하자 제일 먼저 김일경金一鏡과 목호룡睦虎龍 등 여러 역적을 베고 네 충신[17]을 위하여 사당을 세웠는데 두어 해가 못 가서 저쪽 사람들[18]이 다시 국권을 잡게 되어 네 충신의 관작을 추탈追奪하였으니, 이를 정미진퇴丁未進退(정미환국)라 한다. 무신역변戊申逆變(이인좌李麟佐의 난)이 있은 이후로 구신舊臣들을 거두어 서용하여 차츰차츰 조정에 다시 서게 하였지만, 이로부터 충역忠逆이 뒤섞이게 되고 시비是非가 똑같아지는 등 당파 간의 조정調停에만 힘을 쏟아 마침내 탕평책蕩平策이라고 일컬어지게 되었다. 그런데 이때 충민공忠愍公과 충익공忠翼公의 관작만을 회복시키고 충헌공忠獻公과 충문공忠文公은 죄안罪案 속에 그대로 두었음에도 그 원통함을 호소하는 사람이 없더니, 부군이 상소를 올려 극언하기를,

16. **관옥冠玉같이 …… 아니다**　『사기』권56「진승상세가」陳丞相世家에서 유방劉邦의 총애를 받던 진평陳平을 헐뜯는 자들이 "진평은 비록 미남자이지만 모자를 장식하는 옥과 같을 따름이니, 그 내실을 반드시 갖춘 것은 아니다"(平雖美丈夫 如冠玉耳 其中未必有)라고 한 말에서 따온 표현이다.
17. **네 충신**　경종 때 연잉군의 대리청정을 주장한 노론 사대가인 충헌공忠獻公 김창집金昌集, 충문공忠文公 이이명李頤命, 충민공忠愍公, 이건명李健命, 충익공忠翼公, 조태채趙泰采를 가리킨다.
18. **저쪽 사람들**　소론을 가리킨다. 영조 3년(1727) 소론 측의 이광좌李光佐가 영의정, 조태억趙泰億이 우의정이 되고, 노론 측의 정호鄭澔, 민진원閔鎭遠이 유배를 가게 되었다.

"두 신하가 신원伸寃되지 못하면 성상聖上에 대한 무고도 씻을 수 없고, 뭇 흉적凶賊을 그대로 키우면 임금의 원수 역시 그대로 있을 것입니다. 이른바 한漢나라와 역적은 양립하지 못한다[19]는 것은 의리가 본시 두 가지로 있는 것이 아니기 때문입니다. 네 신하는 바로 한 몸인데, 반은 신원이 되고 반은 신원이 되지 않아 두 갈래로 나뉜다면, 이는 비유컨대 중풍을 앓는 사람이 몸의 반만 마비가 되어 통증을 느끼지 못하는 것과 같으니, 이것을 '불인'不仁이라고 합니다. 그런데 오늘날 나라를 다스리는 이들이 이를 남의 일 보듯이 하여 조금도 구제하려 하지 않으니 그 '불인'이 너무 심하다 할 것입니다. 전하께서 하시고 싶은 일이 어찌 나라의 원칙을 세우는 정치[20]가 아니겠습니까? 그런데도 시비是非를 전도시키고 억지로 호대互對[21]를 찾고 있으니, 이는 이른바 '그 뿌리를 헤아리지 아니하고 그 끝만 맞추려는'[22] 것입니다. 나라의 원칙을 세우는 일이 어디에 있단 말입니까. 그러므로 관직을 임명하고 토죄討罪를 명하는 것이 올바른 천리天理에서 나오지 않는다면 마침내 사의私意를 면하지 못하고 말 것입니다. 본원本源을 다지는 입장에서 만약 이 병폐를 빨리 제거하지 않으면 아무리 잘 다스리고자 하여도 아마 그 방도가 없을 것입니다."

하였다. 그런데 장령掌令 윤흥무尹興茂가 이를 두고 부군이 당을 비호한다

---

19. **한漢나라와 …… 못한다** 제갈량諸葛亮의 「후출사표」後出師表 첫머리에 나오는 말이다. "선제先帝(유비)는 한나라와 역적은 양립할 수 없다고 생각하였다"(先帝慮漢賊不兩立)고 하였다. 한나라의 정통을 계승한 촉蜀은 한나라의 역적인 위魏의 조조曹操를 토벌해야 한다는 뜻이다.

20. **나라의 원칙을 세우는 정치** 『서경』「홍범」洪範에 홍범구주洪範九疇의 하나로 "임금이 원칙을 세움"(建用皇極)을 들었다.

21. **호대互對** 노론과 소론의 세력 균형을 취한 인사 정책을 말한다. 노론 측 인사를 영의정으로 삼으면 소론 측 인사를 좌의정으로 삼아 상대하게 하는 식이다.

22. **그 …… 맞추려는** 『맹자』「고자 하」告子下에 나오는 말이다. 예禮보다 식색食色이 중요하지 않느냐는 주장에 대해 맹자는 "그 뿌리를 헤아리지 아니하고 그 끝만 맞추려는"(不揣其本而齊其末) 궤변이라고 비판하였다.

고 질책하면서 삭직을 요청하는 계사啓辭를 올렸다.[23] 신해년(1731)에 비로소 정언에 제수되었으나, 소명召命을 어겼다는 죄로 파직되었다가 7월에 다시 정언에 제수되자 상소를 올리기를,

"선왕先王(경종景宗)께서 병이 있으시고 후사마저 없으므로 당시 대신들이 선왕의 수필手筆을 받들고 자성慈聖(인원왕후仁元王后)의 언교諺敎(언문 교서)를 받들어 종사宗社를 위하여 왕세제를 세웠으니 이는 대신으로서 해야 할 정상적인 직임인데, 불행히도 세도世道가 뒤바뀌어 새 죄안罪案을 억지로 첨가했으니, 어찌 거듭 원통할 일이 아니리까. 신이 지난번 상소에서 신원을 청한 것은 온 나라의 공통된 정론正論인데, 윤홍무가 갑작스레 '당을 비호한다' 일렀으니, 그가 비록 감히 그 일을 바로 거론하지는 않았지만 그의 행동과 언사에서 그 정상이 가릴 수 없을 정도로 드러나고 말았습니다."

하였다. 상소가 들어가자 특명으로 상소를 돌려주고, 소명을 어긴 죄로 파직시켰다.

임자년(1732)에 용인 현령龍仁縣令으로 나갔으며, 계축년(1733)에 홍문관 부수찬으로 선발되었다가 교리로 승진하였고, 또 옮겨서 사헌부 지평에 제수되었다가 도로 수찬에 제수되었는데, 모두 다 취임하지 않았다. 시강원侍講院의 사서司書, 겸사서兼司書, 문학文學, 보덕輔德을 지내고, 그 사이에 학교수學敎授(사학四學의 교수), 별겸춘추別兼春秋, 훈국랑訓局郎(훈련도감의 낭관郎官), 사복시 정司僕寺正을 맡았다.

경신년(1740)에 부응교副應敎에 제수되고[24] 그해 6월에 효종孝宗의 휘호徽號(존호尊號)를 가상加上할 때 대축大祝(축관의 우두머리)의 직임을 맡은 노고로

---

23. **장령掌令······올렸다** 『영조실록』 6년 8월 20일 조에 관련 기사가 실려 있다. 단 당시 윤홍무는 장령이 아니라 정언正言이었다.
24. **경신년(1740)에 부응교副應敎에 제수되고** 부사과副司果에 제수되었다. 『승정원일기』 영조 16년 5월 30일

통정대부通政大夫에 가자加資되고 동부승지同副承旨를 제수받았다. 8월에 임금이 존호를 받을 때 예방승지禮房承旨를 맡은 일로 가선대부嘉善大夫에 가자되고 좌승지를 거쳐 도승지에 올랐다. 9월에 한성부 우윤漢城府右尹에 제수되고, 10월에 형조 참판에 제수되었다가 병조 참판으로 옮겼다.

신유년(1741) 8월에 지방관으로 나가 경기 관찰사京畿觀察使가 되었는데, 임금이 능陵을 알현하고 돌아오는 길에 고양高陽에 이르러 궁시弓矢와 호피虎皮를 하사했다. 10월에 당시 정승이 표재俵災[25]의 일로 논계論啓(잘못을 따져 아룀)하여 파직되었다. ─ 가을에 장단長湍을 순시하였는데, 부사 윤경룡尹敬龍이 재해 보고를 사실보다 지나치게 한 일이 발각되었다. 이에 아전을 추궁하고 내사하자 윤경룡이 세도 재상 조현명趙顯命에게 부탁하여 조현명이 파직을 청하는 계사를 올린 것이다. ─ 곧이어 사간원 대사간에 제수되었으나 사직하여 교체되었으며, 좌윤左尹에 제수되었다가 얼마 후 호조 참판으로 옮겼다.

갑자년(1744)에 사헌부 대사헌에 제수되었으나 사직하여 교체되었다. 병인년(1746) 겨울에 외직으로 나가 춘천 부사春川府使가 되었고, 무진년(1748)에 예조 참판에 제수되었고, 경오년(1750)에 공조 참판에 제수되었다.

무인년(1758)에 동지돈녕부사同知敦寧府事에 제수되었는데, 임금의 특명으로 입시入侍하자 내시를 시켜 부축하여 전殿에 올라오게 하며 말씀하기를,

"경을 본 지 지금 몇 해가 지났도다."

하고는, 앞으로 나와 용안龍顏을 쳐다보라고 명하였다. 임금이 스스로 용수龍鬚를 쓰다듬으며,

"똑똑히 보이지 않소? 수염과 털이 이렇게 다 희었다오."

하고서, 이어 전교傳敎를 내리기를,

"이 사람은 염담恬淡[26]하여 내가 늘 가상하게 여겨 왔다. 마땅히 한漢

─────────

25. **표재俵災** 재해를 입은 논밭에 대하여 그 비율에 따라 조세의 감면을 할당하는 것을 말한다.
26. **염담恬淡** 명예나 이익에 대한 욕심이 없는 것을 뜻한다.

나라에서 탁무卓茂[27]를 봉한 예를 본떠 특별히 지중추부사知中樞府事에 제수하여 예전부터 노인을 존대하던 나의 뜻을 보이도록 하라."

하였다.[28] 이날 기로소耆老所에 들어갔다.

경진년(1760)에 지돈녕부사知敦寧府事에 제수되고 그 사이에 금오金吾(의금부)의 총부摠府(동지의금부사同知義禁府事)와 괴원槐院(승문원)의 제거提擧를 겸임하였다. 무릇 한 벼슬에 거듭 제수된 것은 다 기록하지 않았다.

그해 8월 초이튿날에 세상을 뜨시니 수壽는 76세였다. 부음이 전해지자 임금이 조제弔祭를 내리고, 며칠 후에 교서를 내려 돌아가신 이를 애도하고 유사有司에게 별도로 명하여 쌀과 포목을 더 하사하여 상사喪事에 쓰도록 하였다. 10월 초이렛날 광주廣州 초월면草月面 학현鶴峴 묘좌卯坐의 언덕에 장사하였다. — 계해년에 양주楊州 별비면別裵面 성곡星谷 술좌戌坐의 언덕에 이장하였다. —

부군은 타고난 성품이 고결하고 담박하여 젊어서부터 늙을 때까지 털끝만큼도 세속의 영욕을 가슴속에 담아 본 적이 없었다. 일찍이 선비의 평소 행실을 논하여 말하기를,

"그릇이나 물건 따위를 남에게 줄 경우에 반드시 이를 깨끗이 씻고 여러 겹 싸서 조심스레 만지거늘 하물며 임금에게 자신의 몸을 바치고자 하면서 먼저 자신을 더럽혀서야 되겠는가. 이는 그 임금을 공경하지 않는 것이다."

하였다.

부군은 조정에서 벼슬한 지 30년이 되도록 전답이나 자산이 백금百金(100냥)도 되지 않았으며, 성 아래 있는 허름한 집이 값으로 치면 돈 30꿰

---

27. **탁무卓茂** ?~28. 왕망王莽이 집권할 때 벼슬을 내렸으나 병을 핑계 대고 사직하였으므로, 후한後漢 광무제光武帝가 특별히 불러 태부太傅를 삼고 포덕후褒德侯에 봉하였다.
28. **무인년(1758)에 …… 하였다** 『영조실록』 34년 7월 24일조에 관련 기사가 실려 있다.

미(30냥)에 불과했으나 죽을 때까지 거처를 바꾸지 않았다. 오직 늙은 종 하나를 두었는데 거친 밥이나마 배를 채우지 못했음에도 죽는 날까지 주인을 원망하는 기색이 없었다. 진신搢紳(고위 벼슬아치)들과도 왕래하는 일이 전혀 없어서, 이병태李秉泰·정형복鄭亨復·황재黃梓[29] 등 세 분이 부군과 가장 친한 사이라 하는데도 일 년에 대개 한두 차례 오가는 정도에 지나지 않았으며, 겉과 속이 진솔하여 격의를 두지 않았다. 항상 사람들에게 말하기를,

"예로부터 자신의 몸을 깨끗이 지키고 권도權道에 따라 벼슬하지 않은 사람[30]이 있기는 하지만, 이로 인해 명예나 이익이 따라붙을 것 같으면 이 또한 어찌 의리를 세운 본뜻이겠는가."

하였다. 세간에 이 말을 듣고 종신토록 유감을 풀지 못하는 자가 있었다.

조만간 부군이 이조吏曹의 관직에 제수될 기회가 있었음에도 그때마다 다른 사람이 그 자리를 먼저 차지하여, 물의物議가 자못 비등하였다. 그러나 부군은 아무것도 못 들은 체하였다. 전법銓法[31]에 당하관堂下官의 통

---

29. 이병태李秉泰·정형복鄭亨復·황재黃梓   이병태(1688~1733)는 1723년 과거 급제 후 여러 관직을 거쳐 호조 참의가 되었으나 탕평책에 반대하다 파직되었고, 1730년 경상 감사·우부승지에 취임하기를 거부하여 합천 군수로 좌천되었다가 임지에서 죽었다. 청백리로서 합천의 청천서원淸川書院에 제향되었다. 정형복(1686~1769)은 1725년 과거 급제 후 여러 관직을 거쳐 강원도·전라도·황해도 감사를 지내면서 선정을 폈고 판서까지 지냈다. 황재(1689~?)는 1718년 과거 급제 후 1721년 설서設書가 되었다가 소론의 탄핵을 받아 유배되었다. 그 후 대사헌과 참판 등을 지냈으며 노론의 청류淸流로 명망이 높았다. 두 차례 중국을 갔다 온 뒤 『갑인연행록』甲寅燕行錄과 『경오연행록』庚午燕行錄을 남겼다.

30. 자신의 …… 사람   『논어』「미자」微子에서 공자가 우중虞仲과 이일夷逸을 평하여 그들은 "은거하여 기탄없이 말하면서 자신의 몸을 깨끗이 지키고 권도에 따라 벼슬하지 않았다"(隱居放言 身中淸 廢中權)고 하였다.

31. 전법銓法   전랑천대법銓郎薦代法을 말한다. 이조의 낭관이 사면辭免하려면 반드시 후임자를 추천하여 직책을 대신하도록 하게 한 규정이다.

색通塞(승진 문제)은 붓을 잡은 낭관[32]이 주관하게 되어 있다. 낭관이 후임자를 자천自薦할 때가 되자 이조 판서 김취로金取魯가 느닷없이 아무 말도 하지 않고 낭관을 주시하니 낭관이 두려워 일어나 뒷간으로 나갔다. 김취로가 갑자기 부군을 홍문관 응교로 의망擬望하니 아전이 옛 규례를 고집하며 곧바로 승차陞差(승진 임명)할 수 없다고 하자, 김취로가 꾸짖어 말하기를,

"낭관이 붓을 던지고 일어나 나갔으니, 오늘 승차를 의망한 것은 바로 옥당玉堂(홍문관)의 구차久次(오래 승진이 지체되는 자리)이다."

하였다. 이처럼 부군이 벼슬길에서 낭패를 본 까닭은 실로 한천翰薦 한 가지 일[33]로부터 말미암은 것이었다.

판서공判書公(박사익)이 일찍이 여호선생黎湖先生(박필주)에게 질문하기를,

"이여오李汝五[34]가 저에게, '그대의 집안에 명사名士가 둘이 있는데 한 사람은 해오라기가 가을 물가에 서 있어 곁에 티끌 하나 묻지 않은 모습과 같고, 또 한 사람은 소나무가 아스라한 낭떠러지 위에 솟아나 넝쿨들이 타고 오르기 어려운 모습과 같다'라고 하자, 이희경李熙卿[35]이 이 말을 듣고는 참 좋은 말이라 하면서, '이 가운데 하나만 있어도 나약한 자에게 뜻을 세우게 할 수 있고 탐욕스런 자를 청렴하게 만들 수가 있다'[36]고 하였습니다. 비유로 말한 저 두 인물 가운데 누가 나은가요?"

---

32. **붓을 잡은 낭관**   전랑銓郎이라고도 한다. 이조吏曹의 정랑正郎과 좌랑佐郎을 말한다.
33. **한천翰薦 한 가지 일**   앞서 김약로를 예문관 검열에 추천하지 않았던 일을 가리킨다.
34. **이여오李汝五**   여오는 이병상李秉常(1676~1748)의 자이다. 판서와 대제학을 지냈으며, 검소하게 살았다. 이병태李秉泰의 족형族兄이다.
35. **이희경李熙卿**   희경은 이재李縡(1680~1746)의 자이다. 대제학과 참판을 지냈으며, 탕평책에 반대하였다. 낙론洛論계의 저명한 성리학자였다.
36. **나약한……있다**   원문은 '立懦廉頑'인데, 『맹자』「만장 하」萬章下 및 「진심 하」盡心下에서 맹자는 백이伯夷를 예찬하면서 그의 기풍에 관해 들은 자라면 "탐욕스러운 자는 청렴해지고 나약한 자는 뜻을 세울 수가 있게 된다"(頑夫廉 懦夫有立志)고 하였다.

하니, 선생이 대답하기를,

"과연 그렇겠다! 시숙時叔은 꼿꼿하고 정보正甫(박필균)는 담박하지. 담박한 사람은 어리숙한 듯이 보이나 실상은 꼿꼿하고, 꼿꼿한 사람은 오만한 듯이 보이나 실상은 담박하니, 이들은 대체로 두 사람이면서도 한 몸이나 마찬가지이겠지."

하였다. 시숙時叔은 참판공參判公(박사정)의 자字이다.

급기야 참판공의 아들 명원明源이 화평옹주和平翁主에게 장가들어 금성위錦城尉로 봉해지고, 참판공이 얼마 후 돌아가시자 집안에 과거科擧에 급제하여 조정에 선 자가 없게 되었다. 부군은 등과登科하여 16년이 지난 뒤에도 백발의 늙은 학사學士[37]로 지냈으며, 늦게서야 비로소 당상관에 올랐으니,[38] 한미한 가문 출신의 평범한 진출에 지나지 않았으므로 처음에는 임금의 촉망을 받고 있는 줄을 알지 못했다. 승정원에서 숙직할 때에, 밤에 임금이 부군을 불러 물으시기를,

"승지는 지금 나이가 몇이며, 집은 어디에 있는가? 왜 집을 성안으로 옮겨 살지 않는가?"

하였다. 이때 우사右史[39]만이 그 자리에 함께 있었는데, 임금이 우사에게 밖으로 나가서 정명政命을 전달하라고 명하자, 부군이 황공하여 물러나려고 하니 임금이 갑자기 앞으로 나오라 명하고는 말씀하기를,

"존호尊號를 받는 것이 내가 즐겨하는 바는 아니지만 동조東朝[40]에게

---

37. **학사學士**　한림학사翰林學士로, 여기서는 예문관의 하급 관원을 말한다.
38. **늦게서야 …… 올랐으니**　원문은 '晚始緋玉'인데, 비옥緋玉은 홍포紅袍에다 옥관자를 붙인 당상관의 차림새를 말한다.
39. **우사右史**　고대 중국의 사관으로 좌사左史와 우사右史가 있어 각각 기사記事와 기언記言을 맡았다고 한다. 여기서는 사관史官을 가리킨다. 주로 예문관의 봉교 이하가 춘추관의 사관을 겸임하였다.
40. **동조東朝**　왕대비를 가리키는 말로 여기서는 숙종의 계비繼妃 인원왕후仁元王后 김씨를 가리킨다.

기쁨을 드리기 위해 여러 신하들의 청을 마지못해 따른 것인데 이제李濟
가 소를 올려 경계의 말을 하였으므로 나는 실로 부끄러웠다. 내시들이
이것(존호를 받는 것)은 맑은 조정의 아름다운 일이라고 말하지만, 저들이
어찌 감히 조정의 논의에 간여한단 말인가. 승지는 친인척親姻戚과 같은
사람이기 때문에[41] 말을 하는 것이니 바깥사람들에게 알리지 말라."
하였다. 부군이 물러나서 생각해 보니 황송하기도 하고 부끄러운 마음이
들기도 하였다. 생각지도 않게 하루아침에 두 자급資級을 뛰어오르는 은
택을 입은[42] 것에는 이런 이유가 있었던 것이다. 규례에 따라 도승지에
오르게 되자 열이레 동안 병을 핑계 대고는 마침내 나아가 숙배하지 않
았다. 이로부터 다시는 은대銀臺(승정원)에 들어가지 않았다.

화평옹주가 처음 시집을 올 때 의식을 가례嘉禮(왕가王家의 혼례)와 똑같
이 하여 당시에 종족宗族과 빈객賓客들이 모두 다 모였다. 그들의 생각에,
부군이 벽제辟除를 잡히고 초헌을 타고 와서 상석上席을 맡게 된다면 비단
이날에 문호門戶를 빛내는 것뿐만 아니라, 또한 부마를 위해서도 빛이 나
리라 여기어, 느지막에 종질從姪 아무개가 와서 부군에게 권하기를,

"숙부가 오시지 않으면 자못 실망하는 자가 많을 것입니다."
하니, 부군은 놀라며 하는 말이,

"옹주의 집을 외인이 어찌 함부로 갈 수 있느냐?"
하였다.

얼마 후 옹주가 정안옹주貞安翁主(박미朴瀰의 부인)의 사당을 알현하였는
데, 정안옹주의 후손 중에 지위가 잘 알려진 사람이 사당의 문에서 예의

---

41. **승지는……때문에**   박사정의 아들 박명원朴明源이 부마가 되었기 때문이다.
42. **하루아침에……입은**   박필균은 영조 16년(1740) 6월 정3품 통정대부에 오른 데 이어 7월에
다시 종2품 가선대부에 올랐다.

를 갖추라는 중지中旨[43]를 받은 데다, 장차 정안옹주에게 치제致祭하여 영광이 되게 하려고 하였다. 그런데 부군이 병으로 오지 못하여 향香을 받을 자가 없어서, 마침내 치제하는 일을 중지하였다. 종중宗中의 여러 장로長老들이 모두 부군을 나무라기를,

"어찌 병을 무릅쓰고 임금의 명을 받들어서 온 집안의 은영恩榮이 되도록 아니 했소."

하였다.

명원明源이 병이 깊어 일 년이 넘자 어의御醫가 밤낮으로 간호하고 친척들이 찾아와 문병을 하였으며 날마다 병세를 기록하고 보고하였는데, 유독 부군은 이상하게도 한 차례 안부도 물은 적이 없었다. 명원 역시 일찍이 서운히 여기어 원망하기를,

"우리 선대先代에서도 왕가王家와 혼인이 있었는데, 지금 어찌하여 나를 이렇게도 소원하게 대하여 마치 몸이 더럽혀질 듯이 여긴단 말인가.[44] 유독 우리 선친께서 소싯적에 그 고아 신세를 비호해 준 일은 생각지도 않는가."

하였다.

종질從姪 아무개가 일찍이 부군에게 와서 말하기를,

"숙부께서는 밖으로는 산림山林의 명망을 등에 업고 안으로는 왕실의 근친에 의탁하고 있어 문밖을 나가지 않고도 앉아서 풍속風俗을 진정시킬 수 있으니, 지금의 국시國是를 쥐고 있는 자가 어느 누군들 옷깃을 여미고 받들지 않겠습니까? 다섯 사람이 설원雪冤되지 못하고 세 흉적이 토죄討罪되지 못하고 있다[45]고 하여 숙부께서 삼사三司(사헌부·사간원·홍문관)에 절

---

43. **중지**中旨   임금이 조정을 거치지 않고 직접 어필로 써서 내린 명령을 말한다.
44. **나를……말인가**   원문은 '疎絶我若浼也'인데, 백이伯夷는 관을 올바로 쓰지 않은 사람을 만나면 "마치 자기 몸이 더럽혀지거나 할 듯이 여겼다"(若將浼焉)고 한다. 『孟子』「公孫丑上」

대로 들어가지 않은 것[46]이 여러 해였습니다. 그런데 지금 새로이 성상의 은총을 받고 앞길이 확 트여 세도世道를 주장할 수 있게 되었으니 저 탕평파蕩平派의 신하들까지도 우리 집안의 동정을 몰래 엿보고 있는 실정입니다."

하니, 부군이 깜짝 놀라며,

"너는 본래 우둔한 자인데, 누가 너에게 이 말을 가르쳐 주었으며, 산림이란 너에게 있어 누구를 말하는 것이냐? 위로는 어진 부형에게 누를 끼치고 아래로는 어린 자식을 망치려 들려고 하느냐? 이른바 세도라는 것이 어찌 너처럼 일개 늙은 음관蔭官이 알 수 있는 바이겠느냐."

하니, 아무개가 무색하여 말하기를,

"숙부께서 답답하게도 성벽을 마주하고 앉아[47] 여론을 접하지 않으시기에 특별히 와서 진심을 토로한 것인데, 도리어 성을 내신단 말씀입니까."

하자, 부군이,

"돌아가 지금 세도를 행하는 자에게 말하라. 숨바꼭질하듯이 몸을 숨기는 것을 도깨비(罔兩)라 이르고, 구차스레 득실을 걱정하는 자를 비부鄙夫(비열한 인간)라 이른다. 나는 진실로 답답하거니와, 어찌 너처럼 자질구레한 자 때문에 지조가 무너지겠느냐. 세상에 공정한 여론이 있다면, 지난

---

45. 다섯 …… 있다　신원되지 못한 다섯 사람이란 신임사화辛壬士禍 때 경종景宗 시해 음모 혐의로 처형된 김용택金龍澤(이이명의 사위), 이천기李天紀(김춘택의 처남), 이희지李喜之(이이명의 조카), 심상길沈尙吉, 정인중鄭麟重을 가리키며, 토죄되지 못한 세 역적이란 소론 대신인 이광좌李光佐, 최석항崔錫恒, 조태억趙泰億을 가리킨다.

46. 삼사三司에 …… 것　원문은 '鐵限於三司'인데, 철한鐵限은 철문한鐵門限 즉 얇은 철판으로 문지방을 감싼다는 뜻으로, 여기서는 출입의 제한을 엄중하게 하는 비유로 쓰였다.

47. 성벽을 마주하고 앉아　원문은 '面郭而坐'인데, 담벼락을 마주하고 서 있다는 면장이립面牆而立과 비슷한 표현이다. 소견이나 견문이 좁음을 비유한 말이다.

번에 내가 갑자기 승진한 것에 대해서 논박을 달게 받을 것이다."

하였다. 이는 추측컨대 당시 사람들이, 부군이 이미 누차 중지를 어긴 줄을 알지 못하고 근거 없는 소문에만 주목하여 남몰래 청탁할 일이 있게 되자 임금의 사랑이 얼마나 깊은가를 타진해 본 것인 듯하다.

좌의정 송인명宋寅明[48]은 본시 세상에 영합하여 뜻을 이루었는데, 임금의 마음이 한번 옮겨지고 정대한 여론이 마침내 퍼지는 날이면 자신도 한 패거리로 몰려 빠져나오지 못할 것을 다시 두려워하여, 남들과 다르다는 점을 조금이라도 보이려고 하였다. 그래서 부군이 홀로 세상과 영합하지 않아 예전에는 김씨들[49]에게 미움을 받았고 얼마 전에는 또 요상僚相[50]이 모함을 한 사실을 생각하고는, 자주 부군에게 관심을 보였으나 부군은 그의 언론이 항상 양다리를 걸치고 있는 것을 평소에 비루하게 여겨 아무런 답을 주지 않았다. 이에 마침내 여호선생을 천거하여 이조 판서를 삼았으니,[51] 이것이 바로 그가 세상에 영합하는 술책이었다. 그런데 임금은 본래 생각하기를 '산림에 묻혀 뜻을 닦는 자는 세상에 쓰이기에 적합하지 않을 뿐더러 잠깐 나왔다 곧바로 떠나곤 하여 절차만 번거롭게 할 뿐이다. 게다가 조야朝野가 편안하지 못한 것도 대개는 이에 연유한다'고 하였던 터였다. 하지만 이미 초빙이 되었으므로, 여호선생이 부군府君의 집에 와서 처소를 정하니, 처소에 모이는 자가 매일 조정의 절반은 되었다. 정승 조현명趙顯命이 찾아오자, 방과 대청이 협착하고 누추하여 여러 조신朝臣들이 피해 있을 곳이 없었다. 이에 조현명이 여러

---

48. **송인명宋寅明**　1689~1746. 영조 때 조현명趙顯命(1690~1752)과 함께 탕평책을 주장한 대표적 인물이다.
49. **김씨들**　김약로, 김취로, 김상로 등을 가리킨다.
50. **요상僚相**　정승이 다른 정승을 일컫는 말이다. 여기서는 좌의정 송인명이 앞서 표재의 일로 박필균의 파직을 청하는 계사를 올렸던 우의정 조현명趙顯命을 가리켜 한 말이다.
51. **여호선생을……삼았으니**　『영조실록』 22년 3월 6일조에 관련 기사가 실려 있다.

조신들에게 읍을 하고 자리에 나아가 말하기를,

"오늘은 선생님을 모시고 강론하고 싶은 대목이 있어 여러 분들과 더불어 함께 듣고자 하니, 조정의 예禮로써 서먹서먹하게 대하지 마십시오."

하고는 소매 속에서 『대학』大學을 꺼내 혈구장絜矩章[52]을 강론하기 시작하자 부군이 웃으며,

"상공相公의 혈구絜矩는 본디 사슴 가죽으로 된 것인데 어찌하여 사슴을 타고 와서 강론하려 드시오?"[53]

하자, 조현명이 히히 웃다가 얼굴빛이 변하면서 그쳤다. 이날 구경하던 사람들이 깜짝 놀라 모두들 부군을 위해 걱정하였다.

홍계희洪啓禧[54]는 척분戚分이 있어 날마다 선생을 모시고 잤는데, 부군이 몰래 선생에게 말하기를,

---

52. 혈구장絜矩章　　『대학장구』 전傳 10장에 "이른바 평천하平天下가 그 나라를 다스리는 사람에게 달려 있다는 것은, 위에서 노인을 노인으로 대접하니 백성들이 효심을 일으키며, 위에서 어른을 어른으로 대접하니 백성들이 공경심을 일으키며, 위에서 고아를 돌보니 백성들이 배반하지 않나니, 그러므로 군자에게는 혈구의 도(絜矩之道)가 있다. 위에서 싫어하는 바로써 아래를 부리지 말며, 아래에서 싫어하는 바로써 위를 섬기지 말며, 앞에서 싫어하는 바로써 뒤에 먼저 하지 말며, 뒤에서 싫어하는 바로써 앞이 따르게 하지 말며, 오른쪽에서 싫어하는 바로써 왼쪽에 건네지 말며, 왼쪽에서 싫어하는 바로써 오른쪽에 건네지 말라. 이것을 혈구의 도라 이른다"고 하였다. 혈구絜矩란 곡척曲尺으로써 잰다는 뜻으로, 보편적으로 적용될 수 있는 도덕 규범을 뜻한다. 여기서는 언행의 기준을 의미하는 것으로 볼 수 있다.

53. 상공相公의 …… 드시오　　조현명의 호가 귀록歸鹿인 점과 '녹비鹿皮에 가로왈'이라는 속담을 연계시켜 탕평파인 그를 신랄하게 풍자한 말이다. 사슴 가죽에 쓴 날 일日 자는 가죽을 잡아당기면 가로 왈曰 자도 되므로, 조현명의 처신이 바로 그처럼 주견이 없이 세상에 영합함을 풍자한 것이다. 또한 '사슴을 타고 와서'(騎鹿)라고 한 것은 조현명의 호가 백록을 타고 다니는 신선처럼 살고 싶다는 뜻의 '귀백록'歸白鹿에서 유래한 점을 비꼰 것이다.

54. 홍계희洪啓禧　　1703~1771. 본관은 남양南陽이다. 1737년 과거 급제 후 우의정 조현명의 천거로 교리에 특진되었으며, 좌의정 송인명의 천거로 공조 참의가 되었다. 판서와 대제학을 거쳐 봉조하奉朝賀가 되었다. 탕평파나 척신戚臣에 접근하여 출세했으므로 지탄을 받았다.

"은殷나라 수레와 주周나라 면류관에 대해 말씀하신 것은 아마도 순서가 바뀐 듯합니다."

하자, 선생이 무슨 말이냐고 물었다. 부군이,

"'말재주 있는 사람을 멀리 하라'(遠佞人)는 대목을 우선시해야 한다는 말입니다."[55]

하고 대답했다. 홍계희가 밤에 부군에게 의견을 묻기를,

"어제 여호선생이 등대登對하셨을 적에[56] 임금께서 친히 손을 잡으시고는 개정開政[57]할 것을 독촉하셨으니 한번 명命을 받드는 것이 그만둘 수 없는 일인 듯싶습니다만, 부제학 자리를 만약 신통新通(새 인물을 후보로 결정함)한다면 피차간에 어려운 점이 있어 중통重通만 못합니다. 그렇다면 김상로金尙魯보다 나은 사람이 없을 것입니다."

하였는데, 그의 말이 비록 남을 위하는 것 같지만 본심은 실로 자기가 맡으려는 것이었다. 이에 부군이 말하기를,

"이른바 집이 가까워도 사람은 멀다[58]는 격이군요. 그대는 왜 곧장 이조吏曹에 가서 그렇게 말하지 않는 거요?"

---

55. 은殷나라……말입니다 안연顏淵이 공자孔子에게 나라를 다스리는 방법을 묻자 공자는, "하나라의 역법을 쓰고, 은나라의 수레를 타고, 주나라의 면류관을 쓰고, 음악은 소무를 쓰고, 정나라 음악을 추방하고, 말재주 있는 사람을 멀리해야 한다. 정나라 음악은 인심을 음탕하게 하고 말재주 있는 사람은 나라를 위태롭게 한다"(行夏之時 乘殷之輅 服周之冕 樂則韶舞 放鄭聲 遠佞人 鄭聲淫 佞人殆)라고 하였다. 『論語』「衛靈公」'말재주 있는 사람'은 홍계희를 빗대어 한 말이다.
56. 어제……적에 『영조실록』에 의하면 22년 5월 24일 임금이 이조 판서 박필주를 인견引見하였다.
57. 개정開政 이조에서 관원들의 인사 문제를 처리하는 것을 말한다. 대개 6월과 12월에 시행하였다.
58. 집이……멀다 『시경』 정풍鄭風 「동문지선」東門之墠에 "동문 옆 평지 지나 언덕에 꼭두서니 자라는 곳. 그 집은 가까워도 그 사람은 몹시 멀어라"(東門之墠 茹藘在阪 其室則邇 其人甚遠)라고 하였다. 사모하는 사람을 만나지 못해 안타까운 심정을 표현한 것이다. 여기서는 홍계희가 인사 문제 청탁차 사처私處로까지 찾아온 것을 풍자하기 위해 이 시의 일절을 인용하였다.

하였다. 이튿날 홍계희가 우암尤庵의 고사를 다분히 끌어대어 여호선생에게 넌지시 말하자, 부군이 버럭 소리를 치기를,

　"우암이 정사政事를 했다면 김상로는 제주 목사가 되고 정익하鄭益河는 부령 부사富寧府使가 되었을 것이오."

하자, 좌중 사람들이 몸이 오싹하여 서로 쳐다보았다. 이때 홍계희는 벌써 여러 김씨金氏들에게 달려가 고자질하여 부군을 위태롭게 하고자 꾀하고, 나아가 선생에게까지 위험이 미치게 하려 하였다. 그러자 떠들기 좋아하는 자들이 제주 목사를 부풀려서 강계 부사江界府使니 영월 부사寧越府使니 하면서 다투어 상대를 지목하니, 당로자當路者들이 모두들 부군을 뼈에 사무치도록 원망하였다. 그리하여 여호선생이 직접 차자箚子를 올리고 진신搢紳들이 연명聯名으로 상소하여 유봉휘柳鳳輝와 조태구趙泰耈 등을 토죄討罪할 때[59] 유독 김상로 형제만 참여하지 않았으며, 박문수朴文秀가 상소를 올려[60] 여호선생을 쫓아냈을 때에 여러 김씨들의 힘이 작용하였으니, 이는 다 홍계희가 한 짓이었다.

　9월에 비로소 유봉휘, 조태구 등의 관작을 추탈追奪하자 세간에서 부군을 편론偏論의 도가都家[61]로 지목하는 일이 있게 되니, 부군은 스스로 마음이 편치 않아 지방으로 나가기를 구하여 춘천 부사가 되었다. 방어영防禦營을 철원鐵原으로 옮겨 설치한 것이 이때부터 시작되었으며, 두어 달 있다가 관직을 버리고 돌아왔다.

　화평옹주가 죽자 임금이 갑자기 왕림하시니 백관들이 허둥지둥 걸어서 뒤를 따랐다. 중지中旨가 내리기를,

　"시가媤家의 존속尊屬 한 사람이 입장入帳[62]하고 상사喪事를 감독하게 하

---

59. **진신搢紳들이 …… 토죄討罪할 때**　『영조실록』 22년 6월 3일조에 관련 기사가 실려 있다.
60. **박문수朴文秀가 상소를 올려**　『영조실록』 22년 6월 3일조에 관련 기사가 실려 있다.
61. **편론偏論의 도가都家**　다른 당파를 비난하는 편파적인 여론 조성을 도맡아 한다는 뜻이다.
62. **입장入帳**　기장記帳, 즉 명부名簿에 기록하는 것을 말한다.

라."

하였으나, 부군은 성명成命(공식 왕명)이 내리지 않았다 하여 병을 핑계 대고 가지 않았다. 상이 이틀 밤이 지나도록 환궁하지 않아 대신들이 누차 환궁할 것을 청했으나 거듭 엄한 분부만 듣고 모두 문밖에서 대기하였다. 어떤 사람이 부군을 원망하면서,

"이때가 어느 때인데 정情으로 보나 의義로 보나 어찌 유독 오지 않는단 말인가."

하였다. 장차 명정銘旌을 설치하려고 부군에게 와서 글씨를 요청하자, 부군은 병이 위독하다고 핑계 대고서 쓰지 않았다. 이어 붉은 비단을 그대로 돌려보내면서, 도위都尉(박명원)에게 편지를 써 나무라기를,

"들자니 삼공三公이 감히 물러가지 못하고 마구간 사이에 줄지어 있다 하니 이게 무슨 거조擧措란 말인가. 오늘날 조정이 아무리 비루하다 한들 어찌 너희같이 조의朝衣와 조관朝冠을 갖추고 도탄塗炭에 앉아 있는[63] 무리들을 용서할 수 있겠는가. 어이해 제 머리를 깨부수고 제 목을 찌를 듯이 하여 임금의 마음을 빨리 돌리지 않고, 내시들과 함께 앉아서 겨우 눈물이나 흘리고 있단 말이냐?"

하였다. 이때 군사 호위가 너무도 엄하여 뭇 신하들을 들여놓지 않았으므로 도위가 실로 바깥에서 일어나는 일을 알지 못하다가, 급기야 이 편지를 보고서 어찌할 바를 몰라 뜰에 내려와 관을 벗고 머리를 조아리니, 임금이 몹시 성을 내며,

"너도 또한 조정 신하들을 흉내 내느냐? 파직시켜라, 파직시켜라!"

하였다. 얼마 후 눈물을 흘리며 말하기를,

---

63. **조의朝衣와 …… 있는**　『맹자』「공손추 상」에 백이伯夷는 "악인의 조정에 서서 악인과 함께 말하는 것을 마치 조의와 조관을 갖추고 도탄에 앉아 있는 듯이 여겼다"(立惡人之朝 與惡人言 如 以朝衣朝冠 坐於塗炭)고 하였다.

"파직을 시킨다면 결국 맹만택孟萬澤의 경우[64]와 같은 꼴이 될 것이다."

하고는, 곧바로 그 명을 도로 거두도록 명하였다. 이때 임금이, 부군이 도위에게 편지를 보냈다는 말을 어렴풋이 듣고는 외판外辦[65]할 것을 하명하니, 대신이 그제야 비로소 진현進見할 수 있게 되어 바야흐로 진언을 드리려 하였으나, 임금이 갑자기 신사철申思喆[66]을 꾸짖으며 도로 다시 편전便殿의 문을 닫아 버렸다. 그제야 비로소 임금이 치미는 울화가 있어서 다른 일에다 성을 낸 것을 조정의 안팎에서 알게 되었다.

당시에 사대부로서 처신에 능란한 자들에게는 기회를 엿보기에 모든 것이 좋은 때였으나 홀로 부군만이 꿋꿋이 자신을 지켜 조금도 자리를 옮겨 앉지 않았으니, 19년 동안 한산직閑散職을 전전한 것만 보아도 그 본말을 증명할 수 있을 것이다. 영욕榮辱의 사이에도 확고하여 흔들리지 않았고, 방촌方寸(마음)의 사이에 담연澹然하여 얽매임이 없었던 것은 오직 부군만이 그러했으니, 비록 당세에 부군을 좋아하지 않던 이들도 또한 청신淸愼하고 개제愷悌(온화함)하다 칭송하지 않는 자가 없었다.

부인은 정부인貞夫人 여주 이씨驪州李氏로 우윤右尹 응징應徵의 따님이다. 3남 1녀를 낳으니, 아들은 사유師愈, 사헌師憲, 사근師近인데, 사근은 현감을 지냈으며 여호선생에게 출계出繼했다. 딸은 판관判官 어용림魚用霖에게 출가했다. 손자는 희원喜源과 지원趾源인데, 지원은 부사府使를 지냈으며, 손녀는 감역監役 이현모李顯模와 현감 서중수徐重修에게 출가했다. 이들은 큰아들 소

---

64. **맹만택孟萬澤의 경우**   맹만택은 맹주서孟胄瑞의 아들로 현종顯宗의 딸 명선공주明善公主에게 장가가기로 되어 신안위新安尉에 봉해졌다. 그러나 공주가 미처 시집오기 전에 죽었다 하여 그 작호를 환수당하였다. 『顯宗實錄』 12년 12월 27日

65. **외판外辦**   임금이 행차하기 위해 호위들을 소집하여 정돈시키는 것을 말한다.

66. **신사철申思喆**   1671~1759. 노론계 중신으로 영조 때 평안 감사, 예조 판서, 공조 판서 등을 역임하고 1745년 판중추부사로 기로소에 들었다.

생이다. 손자 진원進源은 일찍 죽었고, 수원綏源은 부사를 지냈으며, 손녀
는 황형黃馨에게 출가했다. 이들은 사근師近의 소생이다. 외손外孫에는 군수
어재소魚在沼와 어재운魚在雲이 있다. 나머지는 다 기록하지 않는다.

불초 손孫 지원이 삼가 쓰다.

승지 증贈 이조 판서 나은懶隱 이공李公 시장諡狀

사신詞臣[1]을 대신하여 지은 것이다.

금상今上 8년 갑진년(1784)에 영남 유생 아무개 등 몇 사람[2]이 대궐 문 앞에 엎드려 소장을 올려 다음과 같이 아뢰었다.

"엎드려 생각하건대 우리 영종대왕英宗大王(영조)께서 특별히 고故 승지 신臣 이동표李東標에게 이조 판서의 관직을 추증하시고, 그 고신告身에 '청의清議를 힘써 주장하여 수립한 공로가 남보다 뛰어났다'(力主清議 樹立卓然)라는 여덟 자를 쓰도록 명하여 포창褒彰하였으니, 조정에서 이룩한 대절大節이 이에 밝게 빛을 발하고 위대하게 드러나, 공이 기사년(1689)에 구원하려고 했던 박태보朴泰輔, 오두인吳斗寅 등 여러 충신들과 아울러 백세百世에 전해지게 되었습니다. 그러나 그 행적의 본말에 있어서는 임금이 임종하

---

1. **사신詞臣** 왕을 측근에서 수행하면서 각종의 글을 기초하는 문학시종文學侍從의 신하를 말한다. 시장諡狀은 봉상시와 홍문관에서 작성하므로, 여기서는 홍문관 제학을 가리킨다. 『나은선생문집』懶隱先生文集 권8에 수록된 시장諡狀은 연암이 지은 시장을 바탕으로 한 글인데 지은이가 서유린徐有隣으로 되어 있다. 서유린은 연암의 절친한 벗으로, 시장을 찬진할 당시 예조 판서였다.
2. **영남……사람** 안동安東 유생 권이도權履度 등을 가리킨다. 『正祖實錄』 8年 11月 5日

시기 직전이라 상세히 아뢰지 못한 바가 있어, 시호諡號를 내리는 은전이 밝게 다스려진 이 시대에 아직까지 시행되지 않았으니, 지사志士들이 오랫 동안 품어 온 유감이 오늘을 기다린 듯합니다.

옛날 송宋나라 신하 공도보孔道輔[3]는 벼슬이 중승中丞이요, 추호鄒浩[4]는 벼슬이 우정언右正言이었습니다. 법으로 따지자면 마땅히 시호를 얻지 못 할 처지인데도 단지 곧은 절개로써 둘 다 당대에 훌륭한 시호를 얻었습 니다. 지금 동표東標가 행한 의리는 이들 옛 성현과 꼭 같을 뿐만 아니라 학문의 순수하고 심오함에 있어서는 두 사람과 비교할 바가 아닙니다. 엎드려 바라건대, 빨리 유음兪音(허락하는 조서)을 내리시어 특별히 동표에게 증시贈諡의 은전을 거행케 하여 주소서. 신 등은 삼가 죽음을 무릅쓰고 아룁니다."

이 소疏가 아침에 올라가자 저녁에 회보를 내리기를,

"그가 행한 의리에 대해서는 내가 익히 아는 바이니 소청疏請한 대로 시행할 것을 특별히 윤허한다."

하였다. 이에 그 일을 태상太常(봉상시奉常寺)에 내리자 백관들은 경외하며 우러러보고 사림士林들은 면목이 섰다.

모某(서유린徐有隣)는 일찍이 관각館閣의 직책을 맡았고 사관史官을 맡은 적이 있으니, 어진 사대부의 덕업德業(덕행과 사업)과 명행名行(명성과 품행)에 대하여 기꺼이 드러내야 할 처지인데, 하물며 이 시장諡狀을 짓는 데 있

---

3. **공도보孔道輔**   공자의 45대손으로, 송나라 인종仁宗 때 어사중승御史中丞이 되자 범중엄范仲 淹 등과 함께 곽 황후郭皇后의 폐위에 극력 반대하여 직신直臣으로 명성이 높았다. 사후인 인종 황우皇祐 3년(1051)에 공부 시랑工部侍郎에 특별히 증직贈職되었다고 하나, 시호를 받았다는 기록 은 없다. 『宋史』 卷297 「孔道輔傳」

4. **추호鄒浩**   송나라 철종哲宗 때 우정언右正言에 발탁되자 맹후孟后의 폐위를 반대했으며 그 일로 인해 두 번이나 귀양을 갔다가 복직되었다. 사후인 고종高宗 즉위 초에 보문각직학사寶文閣 直學士에 증직되고 충忠이라는 시호를 받았다. 『宋史』 卷345 「鄒浩傳」

어 어찌 감히 글재주가 없다 하여 사양할 수 있으랴.

삼가 살피건대, 공公의 자는 군칙君則이요, 호는 나은懶隱이요, 그 선세先世는 진보眞寶 사람이다. 고려 말엽에 활동한 휘諱 자수子修는 문과文科에 급제하고 홍건적紅巾賊 토벌을 도와 공신이 되고 송안군松安君에 봉해졌으며, 6세조 휘 우堣는 경학과 문장으로써 정릉조靖陵朝(중종中宗)에 이름을 드날려 세상 사람들이 송재松齋라 불렀는데, 이분은 퇴계退溪 문순공文純公의 숙부叔父가 된다. 증조인 휘 일도逸道는 봉사奉事를 지내고 좌승지에 추증되었다. 조부인 휘 지형之馨은 참봉을 지내고 이조 참판에 추증되었는데, 일찍이 광해조光海朝에 상소를 올려 이이첨李爾瞻을 참형에 처하기를 청하였다. 부친인 휘 운익雲翼은 은거하여 벼슬하지 않았으며, 종조숙부從祖叔父 휘 지온之縕에게 출계出系(양자로 나감)하였다. 모친은 순천 김씨順天金氏로 생원生員 기후基厚의 따님이다.

숭정崇禎 갑신년(1644, 인조 22) 4월 5일에 공을 낳으니, 용모가 뛰어나고 인품을 타고났다. 지학志學(15세)의 나이 때부터 분발하여 성현聖賢을 목표로 삼고, 한 가지 기예로써 이름이 나는 것을 부끄러이 여겼다. 처사공處士公(부친 이운익)의 임종 시 부탁을 받고 난 뒤로 더욱 스스로 노력하여, 아우와 더불어 날마다 반드시 첫닭이 울면 일어나 세수하고 의관을 단정히 한 뒤, 자리를 맞대고 학문을 강론하여 침식을 잊을 지경까지 이르렀다.

그 아우가 죽게 되자 공은 비로소 과거 공부에 힘을 쏟았는데 이는 모부인母夫人을 위로하기 위함이었다. 을묘년(1675)에 생원과生員科에 합격하니 선비들의 기대가 더욱 커졌다. 일찍이 동당시東堂試에 응시한 적이 있었는데 여러 고관考官들이 사석에서 서로 말하기를,

"재주와 학식이 이 아무개보다 나은 자가 없으니 마땅히 장원을 차지할 것이다."

하였는데, 공은 어렴풋이 이 말을 듣고서 시험 당일이 되자 일부러 머리

를 천 번이나 빗고 또 빗으며 늑장을 부려 마침내 과장科場의 문에 들어가지 않고 물러 나왔다. 그래서 당시 사람들이 이천소李千梳라 부르며 웃음거리로 삼았다.

정사년(1677)의 증광시增廣試에 회시會試 장원壯元이 되었으나 얼마 뒤 곧 파방罷榜(급제자 발표 취소)이 되었고, 계해년(1683)의 증광시에 또다시 회시 장원이 되어 삼관三館(승정원·성균관·교서관)에 분관分館하게 되자, 노봉老峯 민정중閔鼎重[5]이 말하기를,

"영남 선비들의 여론은 모두 이 사람이 주동한다."

하고서, 마침내 성균관에 눌러두어 4년 동안 등용되지 못했다.

정묘년(1687)에 외직으로 쫓겨나 창락 찰방昌樂察訪에 제수되었다.

기사년(1689)에 사국史局(춘추관春秋館)에 천거되고 다시 남상南床(홍문관 정자)에 의선議選(선발)되었으며, 얼마 안 있어 전적典籍으로 품계를 뛰어넘어 승진되고 그 이튿날에 홍문관 부수찬에 특별히 제수되니, 공이 너무 빠른 승진이라 하여 사양하고 소명召命에 나가지 않았다. 5월에 인현왕후仁顯王后가 왕비의 자리에서 물러나자, 이때 오두인吳斗寅, 박태보朴泰輔, 이세화李世華가 상소를 올려 극력으로 간언하였다. 임금의 노여움이 극에 달하여 이들을 모두 대궐 뜰에서 국문하니, 오두인과 박태보 두 분 모두 국문의 여독으로 귀양 도중 길에서 죽었다. 임금이 명을 내리기를,

"이 일로써 다시 말하는 자가 있으면 역적의 죄로써 다스리겠다."

하였다. 공이 이때 시골집에 있다가 변을 듣고 상소를 지어 극언을 올리려 하다가 나이 많은 태부인太夫人(어머니)에게 큰 슬픔을 끼칠까 두려워서 망설이고 있는데, 태부인이 그 말을 기껍게 듣고는 공을 재촉해서 길에

---

5. **민정중閔鼎重**   1628~1692. 본관은 여흥驪興이다. 송시열의 문인이자 서인의 지도자로서 좌의정까지 지냈으나 기사환국 이후 귀양 가서 죽었다. 인현왕후의 아버지 민유중閔維重은 그의 동생이다.

오르게 하였다.

공이 서울에 당도하자, 상소 내용 가운데, "옥산의 새 무덤엔 양마석羊馬石이 우뚝 서고, 여양의 옛집은 기상이 참담하다"(玉山新阡 羊馬嵯峨 驪陽舊宅 氣像愁慘)[6]라는 말이 있어 보는 자마다 모두 얼굴빛이 변했다. 그 상소에 또 이르기를,

"전하께서 이세화李世華[7]의 죄에 대해서는 이미 다 풀어 주셨으나 이상진李尙眞[8]에 대해서는 아직 완전히 다 풀어 주지 않고 있으니 어찌 한결같이 대하고 똑같이 사랑하는 도道이겠습니까. 아! 일을 만나면 논쟁하는 것이 신하된 직분이거늘 전하의 오늘날 처사에 대하여 모두가 분부에 순종하여 한 사람도 과감히 말하는 자가 없으니, 천하만세天下萬世의 사람들이 전하의 조정에 서서 전하의 녹을 먹고 있는 자를 충신이라 하겠습니까, 아니라 하겠습니까? 오늘날 조정 신하 중에는 합문閤門에 엎드려 간언하기를 갑자기 중지한 것을 가지고 지금도 한스럽게 여기는 자들이 있는데, 그 마음이 어찌 다 전하께 불충하거나 국가의 계책을 근심하지 않아서 그런 것이겠습니까. 전하께서는 어찌하여 후회한다는 한 마디 말씀을 아끼시고 사방 백성의 소망을 가볍게 저버리려 하십니까."

하였고, 또 이르기를,

---

6. **옥산玉山의 …… 참담하다**　옥산은 장희빈의 본관인 인동仁同의 별칭으로 그 선조의 무덤이 이곳에 있으며, 여양은 인현왕후의 본관인 여흥驪興의 별칭으로 그의 아버지 민유중閔維重이 여양부원군驪陽府院君에 봉해졌다. 따라서 이 말은 인현왕후가 폐위되고 장희빈이 왕후가 된 상황을 개탄한 것이다.

7. **이세화李世華**　1630~1701. 경상 감사를 지낸 뒤 향리에 있다가, 인현왕후 폐비에 반대하는 상소에 참여하여 숙종의 친국親鞫을 받은 후 유배가던 중 풀려났다. 갑술환국甲戌換局 이후 서용되어 판서와 지중추부사를 지냈다.

8. **이상진李尙眞**　1614~1690. 우의정까지 지냈으나 인현왕후 폐비에 반대하여 간언諫言하다가 종성鍾城 등지로 귀양을 갔다. 그 뒤 용서되어 향리에서 은둔하던 중 죽었다.

"조사기趙嗣基의 말이 궁위宮闈를 범하여[9] 보고 듣기에 놀라운 점이 있는데 대간臺諫의 계사啓辭를 갑자기 정지시키셨으니 신은 이를 애석히 여깁니다."

하였다. 이 상소[10]가 올라가자 임금이 진노震怒하여 일이 장차 어찌 될지 모르는 지경에 이르렀는데, 얼마 있다가 임금의 마음이 풀려 그 죄가 파출罷黜에 그쳤다.

곧 서용되어 병조 정랑에 제수되고 다시 수찬에 제수되었다. 이때 여론을 쥐고 있는 자들이 노봉老峯 민공閔公을 논계論啓하여 기어코 사지死地에 몰아넣으려고 하였다. 그래서 삼사三司가 일제히 모여 공에게 논계에 참여하기를 청하자 공이 정색하고 말하기를,

"곤성坤聖(인현왕후)께서 폐위되던 날에 여러분이 머리가 부서지도록 힘껏 간諫하지 못하였으니 이미 신하로서 나라를 위해 죽는 의리를 잃어버렸을 뿐만 아니라, 이번에 또다시 이 사람마저 죽이려 하고 있으니, 성모聖母(인현왕후)에 대해 어찌 하려는 것인가?"

하였다. 이담명李聃命[11]이 이 주장을 특히 강력하게 지지하여 붓과 벼루를 앞에다 내놓으며 말하기를,

"그대는 너무 사양하지 말고 나를 봐서라도 계사를 기초하라."

하니, 공이 소리를 버럭 지르며,

"그대가 사적인 원한을 갚고자 하면서 어찌 남의 붓을 빌리려 하는

---

9. **조사기趙嗣基의 …… 범하여**   궁위宮闈는 현종顯宗의 비인 명성왕후明聖王后를 가리킨다. 이는 당시 호군護軍으로 있던 조사기가 상소를 올려 명성왕후의 지문誌文을 지은 송시열을 비판하면서 명성왕후에 대해 언급한 것을 두고 말한 것이다. 『숙종실록』 15년 3월 27일 조에 조사기의 상소가 실려 있다. 조사기는 이 상소로 인해 숙종 20년에 참형을 당하였다.

10. **이 상소**   『숙종실록』 15년 5월 27일 조에 이 상소가 실려 있다.

11. **이담명李聃命**   1646~1701. 남인南人으로 허목許穆의 문인이다. 경신대출척庚申大黜陟 때 홍주 목사에서 파직되었으나, 숙종 9년(1683) 복관되어 감사, 참판 등을 지냈다.

가."

하고서, 마침내 그날로 벼슬을 버리고 돌아왔다.

그 뒤 사간원 헌납, -원문 빠짐[12]- 수찬에 연이어 제수되었으나 다 사양하고 부임하지 않았다. 공은 나랏일이 걱정되기는 하였으나 세상에 나갈 뜻을 끊어 버리고 영천암靈泉巖을 사랑하여 그곳에다 집을 지어 놓고 학문을 닦을 장소로 삼아 평생토록 지낼 듯이 하였다.

경오년(1690)에 또 헌납과 교리에 제수되었으나 상소를 올려 어버이 봉양을 이유로 외직을 청하여 양양 부사襄陽府使에 제수되었다.

그 이듬해 봄에 공의 경학經學으로 보아 외방에 두어서는 안 된다고 아뢰는 자가 있어, 헌납으로 부름을 받아 서학 교수西學教授를 겸임하고 이어 수찬으로 옮겼다. 임금이 장릉章陵(인조의 생부인 원종元宗의 묘)에 행행幸行할 때 호종하였는데, 임금이 육신묘六臣墓를 지나면서 제사를 내리고 아울러 복관復官하도록 명하였다. 조정의 의론이 불가함을 고집하면서 그 이유로써 『춘추』春秋의 "어버이를 위하여 그 잘못을 숨긴다"(爲親者諱)[13]는 대문을 들고 나오자, 공이 홀로 앞에 나아가 아뢰기를,

"광묘光廟(세조世祖)께서 이미 육신을 죽였으니 만약 그 충절을 포장褒奬해 준다면 어찌 성덕聖德의 일이 되지 않겠습니까."

하니, 임금이 이를 가상히 여겨 받아들였다.

교리에 제수되자 휴가를 청하여 근친覲親하였고, 가을에 또 헌납으로 부름을 받았다가 교리로 옮겨 제수되었다. 임금이 과거 급제자들에게 광대로 하여금 앞길을 인도하도록 명하자,[14] 공이 아뢰기를,

---

12. **원문 빠짐** 이동표의 문집인 『나은선생문집』 부록 권8에 실린 홍중효洪重孝 찬撰 묘지명에는 '겸지제교'兼知製敎로 되어 있다.
13. **『춘추』春秋의 …… 숨긴다** 『춘추공양전』春秋公羊傳 「민공」閔公 원년元年 조에 나온다.
14. **과거 …… 명하자** 유가遊街라 하여, 과거 급제자가 광대를 앞세우고 풍악을 울리며 거리를 행진하고 시험관과 선배 급제자, 친지들을 방문하던 풍속이 있었다.

"광대의 잡희雜戱는 성인聖人이 싫어하신 바이니[15] 아마도 정색正色을 함으로써 아랫사람을 통솔하는 도리[16]가 아닌가 싶습니다."

하였다.

　일찍이 천둥의 이변으로 인하여 차자箚子를 올려 임금이 수성修省하는 도리를 논했는데 절실한 말들이 많았다. 공이 조정에 있을 때에는 지조가 꿋꿋했으며 풍도가 준엄하였고, 경연經筵에서 경서經書를 펼쳐 놓고 토론을 할 때에는 그 뜻이 임금의 잘못을 바로잡는 데에 있었으므로 임금이 마음을 비우고 받아들이지 않은 적이 없었다. 세속에 따라 적당히 살고자 하지 아니하여 자주 근친을 위한 휴가를 청하고 이로 인해 아주 떠나 버리고자 하였으나, 임금이 매번 공이 떠나가는 것을 아쉬워하면서 공에게 따뜻한 봄이 되면 모친을 모시고 서울로 올라오라 명한 다음, 모친에게는 곡식과 비단을 내려 특별히 은총을 베풀었다.

　또 헌납으로 부름을 받아 이조 좌랑 겸 시강원 사서吏曹佐郎兼侍講院司書에 제수되었다. 전형銓衡을 맡은 자[17]가 이수인李壽仁과 유재柳栽를 청환직淸宦職에 통망通望(후보 추천)하자고 하자, 공이 유재는 문학文學이 없고 이수인은 일찍이 기사년의 대론大論[18]을 피해 갔다는 이유를 들어 끝까지 허락하지 않았다. 또 민장도閔章道[19]를 통망하자고 하였는데, 그 아비 민암閔黯이

15. 광대의 …… 바이니　　노魯나라 정공定公이 제齊나라 경공景公과 협곡夾谷에서 회합할 때 당시 재상宰相의 일을 섭행攝行하던 공자는 제나라가 노나라 정공 앞에서 광대와 난쟁이를 시켜 잡희를 벌이는 것을 금지시키고, 임금을 웃긴 죄를 물어 처형하도록 하였다. 『春秋穀梁傳』「定公」10年『史記』卷47「孔子世家」『孔子家語』卷1「相魯」
16. 정색正色을 …… 도리　　『서경』「필명」畢命에서 강왕康王은 필공畢公에게 훈계하면서 "정색으로 아랫사람들을 통솔하라"(正色率下)고 하였다. 즉, 안색顔色을 엄하게 가짐으로써 아랫사람들이 경외敬畏하게 해야 한다는 뜻이다.
17. 전형銓衡을 맡은 자　　당시 이조 판서 오시복吳始復을 가리킨다. 『懶隱先生文集』卷8「行狀」
18. 기사년의 대론大論　　숙종 15년(1689) 장희빈의 소생을 원자元子로 정하는 것을 반대한 서인西人들의 논의를 가리킨다. 이로 인해 남인南人들이 집권하는 기사환국己巳換局이 일어났다.
19. 민장도閔章道　　1655~1694. 남인의 영수인 우의정 민암閔黯(1636~1694)의 아들로, 인현왕후의 복위를 추진하던 서인들을 체포하여 일대 옥사를 일으키려다가, 도리어 갑술환국을 당해 민장도는 국문 도중 장살杖殺되고, 민암은 제주도에 위리안치圍籬安置되었다가 사사賜死되었다.

당시에 국권을 잡고 있었다. 공이 말하기를,

"장도는 평소 훌륭한 행실이 없다."

하고, 매우 준엄하게 막아 버렸다. 이에 강요를 하다가 먹혀들지 않자 심지어 화복禍福으로써 유혹하기까지 하니,[20] 공이 탄식하며 말하기를,

"내 이따위 사람들과 함께 일하는 것이 부끄럽다."

하며, 그날로 정고呈告(사직서를 올림)하고 비를 무릅쓰고 남으로 돌아갔다. 도롱이를 입고 배에 오르니 공을 전송하는 사람들이 모두 탄식하며 서로 말하기를,

"오늘 '작은 퇴계'(小退溪)를 다시 보게 되었도다."

하였다.

고향으로 돌아가자마자 학문을 강론하려는 자들이 날마다 모여들어 그들과 토론하기를 게을리 하지 않았다. 헌납, 부교리, 교리, 겸교수에 제수되고 얼마 후 헌납으로 옮겨 제수되고 다시 이조 좌랑, 겸문학, 교리, 겸필선兼弼善에 제수되고 또다시 이조 좌랑에 제수되었으나 모두 부임하지 않았다. 일찍이 영천암의 별장에 거처하여 조용히 앉아 『주역』을 읽으면서 지냈는데, 이때 문인門人에게 답한 태극太極에 대한 변설辨說과, '천리와 인욕이 행은 같으나 정이 다르다'(天理人欲同行異情)는 설[21]에 대한 해석은 그

---

20. **심지어 …… 하니**　이세택李世澤이 쓴 행장에 의하면, 이조 판서 오시복은 심지어 사람을 시켜 넌지시 귀띔하기를 "만약 민장도의 추천을 허락한다면, 나도 역시 영남 사람을 통용通用하겠다"고 했다 한다. 『懶隱先生文集』 卷8

21. **천리天理와 …… 설**　호굉胡宏은 『지언』知言에서 천리와 인욕이 체는 같으나 용이 다르며(同體異用), 행은 같으나 정이 다르다(同行異情)고 주장하였다. 주자朱子는 이러한 호굉의 주장 중에서 '체는 같으나 용이 다르다'(同體異用)는 설은 비판하고 물리쳤으나, '행은 같으나 정이 다르다'(同行異情)는 설은 긍정하여 받아들였다. 즉 시청언동視聽言動이나 식색食色과 같은 행동은 성인도 범인과 마찬가지이지만, 성인은 그것이 예禮와 합치되게 함으로써 천리天理를 따른다는 점에서 정情이 다르다고 보았다. 『朱子語類』 卷101 「程子門人」 胡康侯

연구가 극히 정미精微하였다.[22]

계유년(1693)에 의정부 사인, 사헌부 집의, 시강원 보덕에 오르고 또다시 집의에 제수되었다.

이렇게 전후로 역마驛馬를 보내 부른 것이 13차례나 되었으므로 마침내 마지못하여 명에 응하였다. 이때 장희재張希載가 장부將符를 차고 있으면서[23] 권세를 믿고 불법을 많이 자행하고 있었으므로 공이 그의 노비 가운데 심하게 우쭐대는 놈을 호되게 처벌하니, 이 소식을 들은 이들이 통쾌히 여겼다.

사복시 정司僕寺正으로 옮겨 제수되자 또 휴가를 빌어 귀성하였다. 사간 겸 중학교수司諫兼中學敎授에 제수되자, 사직소를 올리고 이와 함께 시정時政을 논하기를,

"주자朱子는 '사대부의 출처거취出處去就가 풍속의 성쇠盛衰에 관계된다'[24]고 하였습니다. 근래에 대각臺閣의 신하들이 한 번이라도 소명召命을 어기면 곧바로 이조의 논의를 따라 하옥하고 갈아 치우니, 이는 예로써 신하를 부리는 도리[25]가 아닙니다. 대관臺官이 자기 직책을 소홀히 한 지 실로 이미 오래되기는 하였으나, 전하께서 간신諫臣을 대우하는 것 또한 그 도리를 다하지 못하고 있습니다.

열 사람의 대간臺諫이 강하게 간쟁을 하여도 받아들이지 않던 일을

22. **문인門人에게 ······ 정미精微하였다** 그의 문인 김이갑金爾甲(자는 원중元中)에게 준 편지 「답김원중문목」答金元中問目의 내용을 가리킨다. 『懶隱先生文集』 卷4

23. **장희재張希載가 ······ 있으면서** 장희빈의 오빠 장희재는 숙종 18년(1692) 총융청摠戎廳의 우두머리인 총융사摠戎使가 되었다.

24. **사대부의 ······ 관계된다** 주자는 "사대부의 사수출처辭受出處는 비단 그 자신만의 일이 아니다. 그 처신의 득실은 바로 풍속의 성쇠에 관계가 된다. 그러므로 특히 살피지 않으면 안 된다"고 하였다. 『性理大全書』 卷50 「學」 8 力行

25. **예로써 ······ 도리** 『논어』 「팔일」八佾에서 공자는 "임금은 신하를 예로써 부려야 한다"(君使臣以禮)고 하였다. 신하를 대할 때 예의를 갖추어야 한다는 뜻이다.

대신大臣 한 사람의 한 마디 말에 거뜬히 해결이 되며, 뻣뻣하게 남의 말을 거부하는 기색이 있을 뿐 허심탄회하게 받아들이는 미덕은 없으시니, 오늘날 언로言路가 막혀 버린 것이 어찌 모두가 어물쩍 넘어가는 신하들만의 죄이겠습니까. 군신간에 존재하는 정의情義가 신뢰감을 잃고 질책만 뒤따르니, 신하들이 무서워 성상의 마음을 거스르지나 않을까 오직 두려워하고 있습니다. 그래서 이른바 '황공한 마음으로 대죄합니다'(惶恐待罪)만 나불대는 승정원承政院과 '성교가 지당하십니다'(聖敎至當)만 나불대는 비변사備邊司를 불행히도 오늘날 다시 보게 되었습니다.

　　다구나 전하께서는 여러 차례 조정의 신하를 들어 쓰기도 하고 퇴출시키기도 하셨습니다. 한창 중용할 때에는 마치 무릎 위에라도 올려놓을 듯이 하다가 밀어내어 배척할 때에는 못에다 떨어뜨릴 듯이 하였으며, 정권을 바꿔 치울 때에는 대대적으로 주살誅殺을 행하였으니, 국운이 어떻게 병들지 않을 수 있겠으며 인심이 어떻게 동요되지 않을 수 있겠습니까.

　　전하께서 여러 신하에 대하여 은혜와 원수를 마음대로 처리할 수는 있겠으나 그렇게 하면 나라의 위망危亡이 장차 그 뒤를 따르게 될 것이니 어찌 크게 두려워할 만한 일이 아니겠습니까. 하물며 내언內言이 문지방 밖으로 나가고 외언外言이 문지방 안으로 들어와[26] 정도正道를 거치지 않는 것은 모두가 소인들이 사악한 농간을 부리는 매개가 되는 것이니, 임금이 그 술책에 한번 빠지게 되면 그들의 술책대로 되어 버리고 말 것입니다. 삼가 바라건대, 전하께서는 그러한 은밀한 샛길을 호되게 막으소서."
하였다.

　　성균관 사성에 제수되었다가 집의로 옮기고 응교에 제수되었다가 또

---

26. 내언內言이 …… 들어와　　내언은 여자가 규방에서 하는 말을 가리키고, 외언外言은 남자가 공무에 관해 하는 말을 가리킨다. 『예기』「곡례 상」曲禮上에 "외언이 문지방 안으로 들어오지 말아야 하며, 내언이 문지방 밖으로 나가지 말아야 한다"(外言不入於梱 內言不出於梱)고 하였다.

다시 집의에 제수되었고 다시 응교에 제수되었다. 겨울에 조정에 돌아오자 곧 동부승지에 발탁되었다. 왕명에 사은하는 날 임금이 초모貂帽를 내리고 탑전榻前에서 써 보도록 명하였다. 우부승지로 승진하였다가, 부모의 봉양을 위해 광주 목사光州牧使로 나가 요역傜役을 줄이고 민폐民弊를 혁파하니 고을이 크게 다스려졌으나, 관찰사와 일의 가부可否를 다투다가 마침내 수령의 인印을 던지고 돌아왔다.

을해년(1695)에 호조 참의에 제수되었으나 부임하지 않았고, 병자년(1696)에 삼척 부사三陟府使에 제수되었다. 이에 앞서 공은 누차 부제학, 대사성, 이조 참의의 물망에 올랐는데, 급기야 외직으로 나가게 되자 모두들 공이 나가는 것을 애석히 여겼다. 그러나 공은 관직에 나아가기를 어렵게 여기고 물러나기를 쉽게 여기는 지조만은 시종 한결같이 지키면서, 어버이를 봉양하기 위해서뿐만 아니라 고을이 한가하고 바다의 아름다운 경치가 있기도 해서, 한 고을을 힘껏 잘 다스려 나라의 은혜에 보답하고자 하였다. 그런데 마침 큰 흉년을 만나 백성들이 유랑하여 고을이 거의 다 비게 되었다. 공은 마음을 다하여 백성들을 불러 모아 자신의 녹봉을 털어 진휼하였고, 아울러 삼蔘, 꿀, 생선, 미역 등을 세금으로 걷던 것을 모두 다 없애 주고는 스스로 살길을 찾게 하였다. 그리고 상소를 올려 흉년 구제에 대한 편의를 요청하자 임금은 다 그렇게 하라고 했다. 정승 장암丈巖 정호鄭澔[27]가 그 당시 암행어사가 되어 수계繡啓에서 공의 업적을 칭찬하였고,[28] 해직하고 돌아온 뒤에는 그 고을 사민士民들이 공을 추모하

---

27. 정호鄭澔 1648~1736. 송강松江 정철鄭澈의 현손이며 송시열의 문인이다. 기사환국 때 파직되고 유배되었으나, 인현왕후가 복위하자 풀려나 판서까지 지냈다. 서인이 노론과 소론으로 분열되자 노론의 선봉으로 활약하여 파란을 많이 겪었다. 신임사화로 파직되고 유배되었으나, 영조 즉위 후 영의정까지 지냈다.
28. 그 당시 …… 칭찬하였고 원문은 '褒公績'이라고만 되어 있으나,『나은선생문집』중의 시장에는 '啓褒公績'으로 되어 있으므로 이에 따라 번역하였다.

여 동비銅碑를 만들어 그 덕을 칭송하였다.

　무인년(1698) 겨울에 모친상을 만나 묘소 곁에 여막을 짓고 아침저녁으로 묘소를 살피며 호곡號哭하였는데, 아무리 모진 바람과 심한 비가 내려도 이를 폐하지 않았다. 2년 뒤인 경진년(1700) 7월 17일, 마침내 그 슬픔으로 수척해진 끝에 졸하니 향년 57세였다. 수의襚衣가 만들어지는 대로 염斂을 마치고 부음을 알리니, 임금이 놀라고 슬퍼하여 특별히 부의賻儀를 내렸다. 부인은 정부인貞夫人 안동 권씨安東權氏이다. 공이 낳은 아들과 손자들은 묘지와 묘갈에 실려 있으므로 모두 기록하지 않는다.

　아아! 사대부 간의 명론名論이 여러 갈래로 나뉘어서 나라의 불행이 된 지 오래되었다. 이는 단지 그들이 어질다고 여기는 분이 서로 같지 아니하여 이에 따라 호오好惡가 편파적으로 이루어지고, 심지어 평피의 기회(平陂之會)[29]에 이르러 번갈아 국시國是를 정하기 때문에 일어난 일이다. 옳다고 여기는 것이 천정天定이면 세운世運이 융성하고 평화롭게 될 것이요, 옳지 않다고 여기는 것이 인승人勝이면 명의名義(명분과 도의)가 어긋나고 어지러워질 것이니,[30] 이는 호오가 공정하냐 아니냐에 달렸을 뿐이다.

　나은懶隱 이공李公을 삼가 살펴본 적이 있는데, 공은 국시가 무너지던 날에 초연히 우뚝 서서 권세에도 굽히지 아니하고 화禍를 당하는 것도 무서워하지 아니하고, 수많은 사람들의 비난 속에서도 윤리를 힘껏 지켜

---

29. **평피의 기회(平陂之會)**　　시운에 따라 세력이 크게 변하는 기회를 이른다. 『주역』「태괘」泰卦 구삼九三의 효사에 "평탄하기만 하고 기울어지지 않는 경우는 없고 가기만 하고 돌아오지 않는 법은 없다"(无平不陂 无往不復)고 하였다. 여기서는 숙종 때의 환국換局을 가리킨다.
30. **옳다고 …… 것이니**　　천정天定은 천명으로 정해진 것을 뜻하고, 인승人勝은 다수 대중의 힘으로 천명을 어기는 것을 뜻한다. 『사기』권66「오자서열전」伍子胥列傳에서 신포서申包胥는 "사람이 많으면 하늘을 이기지만, 천명도 정해지면 사람들을 능히 격파한다"(人衆者勝天 天定亦能破人)는 말을 인용하여, 초나라 평왕平王의 시신을 매질하여 복수한 벗 오자서의 난폭한 행동을 나무랐다. 수많은 사람들이 비록 한때의 난폭한 행동으로 천명을 어길 수 있을지라도, 천명 역시 화를 내려 난폭한 자들을 징계한다는 뜻이다.

나갔으니, 스스로 충정忠正을 견지하고 평소 의리에 밝아서 공정한 천정天定을 확실하게 자득한 자가 아니면 능히 이와 같이 할 수 있겠는가. 이른바 '홀로 서 있어도 두려워하지 않고 사람들이 옳다고 인정해 주지 않아도 답답해하지 않는다'[31]고 한 말은 아마도 공에게 가까운 말이 될 것이다.

영남嶺南이란 곳은 본래 우리나라의 추로鄒魯[32]에 해당되는 지역으로서 그 호오에 있어 공과 차이가 있는 사람이 거의 드무니, 이 또한 나은懶隱과 같은 사람들이다. 그러나 기사년 이후로 한결같이 명의名義로 인해 질책을 받았으니, 이는 국시를 통일시키고 호오를 함께하려는 조정의 본뜻에서 나온 것이 결코 아니다. 그러기에 선조先朝(영조)께서 관직을 추중하는 은전을 내리고 금상께서 시호諡號의 은전을 내린 것이 어찌 다만 공의 이름과 덕이 온 나라 사람들의 추앙을 받는다는 이유로 그렇게 한 것이겠는가. 공이 모범을 보인 것이 저렇듯이 우뚝하니, 이 때문에 권장하고 격려하는 임금의 뜻도 전후에 한결같았던 것이다. 그러하니 조정에서 벼슬을 같이한 사람으로서 어찌 감히 임금의 뜻을 우러러 본받아 이 일에 함께 힘쓰지 않겠는가.

삼가 공이 조정에서 벼슬을 한 경위를 수집하여 집사執事에게 고하노라.[33]

---

31. 홀로 …… 않는다   『주역』「대과괘」大過卦의 단사彖辭에 "군자는 홀로 서 있어도 두려워하지 않고 세상에 숨어 살아도 답답해하지 않는다"(君子以獨立不懼 遯世无悶)고 하였다.
32. 추로鄒魯   맹자孟子와 공자孔子의 고향으로 곧 유교의 발상지를 뜻한다.
33. 공이 …… 고하노라   정조 8년(1784) 11월 이동표에게 시호를 내리라는 어명이 내렸으며, 12년(1788) 4월 충간忠簡의 시호가 내렸다.

예조 참판 증 영의정 부군府君 묘표음기墓表陰記[1]

금성위錦城尉(박명원朴明源)를 대신하여 지은 것이다.

여기 파주坡州 읍 소재지 서쪽 백석리白石里 갑좌甲坐(정동쪽에서 북으로 15도 방향)의 언덕에 '예조 참판 증 영의정 박공지묘'禮曹參判贈領議政朴公之墓라는 묘표墓表가 있는데, 바로 우리 선친의 의리衣履[2]가 매장된 곳이다. 부군府君(선친)의 휘諱는 사정師正인데 초휘初諱는 사성師聖이요, 자字는 시숙時叔이다. 세상에서 반남 박씨潘南朴氏를 관면冠冕(벼슬을 한 집안)의 대족大族으로 높이 받드는 것은 그 선세에 문정공文正公 휘 상충尙衷과 문강공文康公 휘 소紹가 있어 곧은 도道와 바른 학문으로 명덕名德이 서로 계승된 때문이었다. 증조는 첨정僉正 휘 세교世橋인데 이조 판서 금흥군錦興君에 추증되었으며, 조부는 군수 휘 태두泰斗인데 좌찬성 금은군錦恩君에 추증되었으며, 부친은 참봉 휘 필하弼夏인데 좌찬성 금녕군錦寧君에 추증되었다. 고조인 문정공文貞公

---

1. **묘표음기墓表陰記**　　묘표의 뒤에 새긴 글을 말한다. 박사정朴師正의 묘갈명墓碣銘은 『연암집』 권3에 「재종숙부 예조 참판 증 영의정공 묘갈명」이란 제목으로 수록되어 있다.
2. **의리衣履**　　무덤에 함께 묻는 옷과 신발인데, 시신의 대유代喩로 쓰였다.

휘 미瀰 때부터 적손嫡孫으로서 충익공忠翼公 휘 동량東亮의 훈봉勳封[3]을 승습承襲하였다. 모친은 윤씨尹氏인데 정경부인貞敬夫人에 추증되었으며 관찰사 반攀의 따님이다.

숙종 9년인 계해년(1683)에 부군을 낳았는데, 셋째 아들이었다. 정유년에 문과文科에 발탁되어 예문관 검열에 천거되었다가 대교로 승진하였다. 부모의 상을 거듭 당한 뒤 상복을 벗고서 다시 봉교에 부직付職되었다. 춘방春坊(세자시강원)에서는 실직實職과 겸직兼職으로 설서에서 보덕까지 이르렀으며, 양사兩司(사간원과 사헌부)에서는 정언, 헌납, 사간, 집의, 대사간을 역임하였고, 옥서玉署(홍문관)에서는 부수찬에서 응교까지 이르렀다. 전랑銓郎(이조 좌랑)에 천배薦拜(추천 임명)되었고 의정부 검상議政府檢詳, 사복시 정司僕寺正, 종부시 정宗簿寺正을 역임하였으며, 은대銀臺(승정원)에서는 동부승지로부터 도승지에 이르렀다. 육조에서는 이조·호조·병조의 참의를 지내고, 호조·예조·공조의 참판을 지냈으며, 경조京兆(한성부)에서는 좌윤과 우윤을 지냈다. 외임外任으로는 안변 부사安邊府使, 강화 유수江華留守를 제수받았고, 별직別職으로는 지제교知製教, 겸교서교리兼校書校理,[4] 별겸춘추別兼春秋, 동학교수東學教授, 전라도 암행어사, 실록청 낭청實錄廳郎廳, 천릉도감 도청遷陵都監都廳, 동지의금부사同知義禁府事, 동지경연사同知經筵事, 동지춘추관사同知春秋館事, 오위도총부 총관五衛都摠府摠管, 태상太常(봉상시)·괴원槐院(승문원)·주사籌司(비변사)의 제거提擧에 제수되었으며, 자급資級은 가의대부嘉義大夫에 올랐다. 영종英宗(영조) 기미년(1739) 10월 26일에 돌아가시니 수수壽는 57세였다. 임금이 몹시 애도하여 윤음綸音을 내리고 특별히 관재棺材를 내렸다.

---

3. **동량東亮의 훈봉勳封** 박동량이 임진왜란 때 선조를 의주義州로 호종한 공으로 호성 공신扈聖功臣 2등을 받고 금계군錦溪君에 봉해진 것을 두고 말한 것이다.
4. **겸교서교리兼校書校理** 교서관校書館의 종5품 관직으로 겸교리라고도 한다. 홍문관 교리와 구별하기 위해 여기서는 겸교서교리라고 하였다.

예전에 한원翰院(예문관)에서 당시 명망이 있는 자를 뽑아서 사국史局(춘추관)으로 들여보낼 때 적신賊臣 이진유李眞儒[5]에 의해 밀려났다. 급기야 뭇 흉적들이 권력을 쥐고서 장차 사필史筆을 독점하기 위해 먼저 부군을 회인 현감懷仁縣監으로 내쫓아 부군이 천거되는 것을 아예 막아 버렸다. 얼마 안 있어 무옥誣獄(신임사화辛壬士禍)이 일어났는데 우리 백부伯父 장효공章孝公(박사익朴師益)이 위맹僞盟에 참여하지 아니하였다는 이유로 마침내 귀양을 가게 되자[6] 부군은 시골집으로 물러 나와 버렸다.

영조가 새로 즉위하여 구신舊臣들을 불러들이게 되자, 부군은 마침내 연명聯名으로 상소를 올려 김일경金一鏡을 처형할 것을 청하였고, 또 시정時政에 대하여 극력 진언하였으며, 신치운申致雲[7] 등이 박필몽朴弼夢[8]에게 빌붙어 사국史局의 관직을 마구 차지한 것을 공박하였으며, 양사兩司와 합동으로 조태구趙泰耈, 유봉휘柳鳳輝를 비롯한 역적들을 토죄討罪하고 사대신四大臣[9]을 한 사당에 함께 제향할 것을 건의하였으며, 차자箚子를 올려 남구만南九萬, 최석정崔錫鼎, 윤지완尹趾完을 묘정廟庭에서 출향黜享해야 한다고 주장하였다.

이조 좌랑으로 있을 때 판서가 공격公格(공직의 격식)을 어긴 것을 비판

5. 이진유李眞儒 1669~1730. 소론으로서 경종 1년(1721) 김일경金一鏡 등과 함께 노론의 사대신을 탄핵하는 상소를 올려 이들을 축출하였다. 경종이 죽자 이조 참판이 되어 고부사告訃使로 청나라에 다녀왔으며, 영조 즉위 후 유배 갔다가 불려 와 문초 중 장살되었다.
6. 위맹僞盟에 …… 되자 박사익은 경종 시해 음모를 고변告變한 목호룡睦虎龍 등 부사 공신扶社 功臣의 회맹會盟에 불참하였다고 탄핵되어 경종 3년(1723) 4월 유배되었다.
7. 신치운申致雲 1700~1755. 경종 때 소론의 신예新銳로서 노론의 거두였던 권상하權尙夏 등을 축출하는 데 앞장섰다. 영조 31년(1755) 역모 혐의로 처형되었다.
8. 박필몽朴弼夢 1668~1728. 소론 강경파로서 김일경·이진유 등과 함께 노론 사대신을 탄핵하는 상소를 올렸다. 영조 즉위 초 무신란戊申亂이 나자 유배지에서 탈출하여 가담하려 했으나 여의치 못해 은둔하던 중 체포되어 처형당했다.
9. 사대신四大臣 연잉군의 대리청정을 주장한 김창집金昌集, 이이명李頤命, 이건명李健命, 조태채趙泰采를 가리킨다.

한 것으로 임금의 뜻을 거슬러 홍양 현감興陽縣監으로 전출되었다가[10] 얼마
뒤 돌아왔다. 누차 제수除授가 있었으나 부임하지 않다가, 특별히 남해 현
령南海縣令에 보직되었다. 당시에 조정이 누차 평피平陂[11]를 겪어 사람들이
일정한 지향이 없었으며 시류에 영합하는 자들은 국시國是에 대해 말하기
를 꺼려하였고, 선악善惡을 뒤섞고 반드시 양편을 짝 지워 천거하는 것으
로써 조정調停을 삼았으므로 사대부들이 오랫동안 답답하게 여겼다. 그리
하여 아침에 머리를 숙이면 저녁에 벌써 조정의 윗자리에 오르게 되곤
하였는데 부군만은 홀로 본마음을 그대로 지켰다. 일찍이 충신과 소인이
함께 등용되는 것을 개탄하고 수치로 여겨서 임금의 부름에 기어이 응하
지 않았고, 그때마다 하옥되어 아침에 용서받았다가 저녁에 갇히기도 하
고 해를 넘기도록 갇혀 지내기도 하였다.

삼전三銓(이조 참의)을 맡은 뒤로 공정한 판단을 견지하여 관리의 선별
을 엄격하게 함으로써 당시의 규례와 완전히 다르게 하니 당로자當路者들
이 미워하여 기어이 중상하려고 하였다.[12]

불초不肖(박명원 자신을 가리킴)가 화평옹주和平翁主에게 장가를 들고 부군이
이조 참의로 오래 지체되어 있었기 때문에 규례대로 강화 유수江華留守에
승진되는 것으로 추천되었다. 그러자 당인黨人들이 묘당廟堂의 의론을 먼저
부탁했다는 이유를 들어[13] 조정을 협박했으나 다행히 임금께서 그들의 간

---

10. **이조 좌랑으로 …… 전출되었다가**　『영조실록』4년 6월 20일 조에 관련 사실이 기록되어 있다.
11. **평피平陂**　평탄했던 정세가 험난하게 바뀌는 것을 이른다. 여기서는 집권 세력의 교체를
뜻한다. 257쪽 주29 참조.
12. **당로자當路者들이 …… 하였다**　좌의정 송인명宋寅明이 임금을 알현한 자리에서 이조 참의 박
사정이 이흡을 대사간으로 의망한 것은 법을 굽혀 사정私情을 따른 조치라고 비난하였다. 『英祖
實錄』12年 3月 24日
13. **묘당廟堂의 …… 들어**　수찬 홍중일洪重一이 상소를 올려, 박사정이 아들 박명원이 부마가 되
도록 "의정부의 추천을 먼저 부탁하고"(廟薦先屬) 순서를 뛰어넘어 가의대부嘉義大夫로 승품하였
다고 비난하였다. 『英祖實錄』14年 6月 6日

사함을 환히 아셨으며, 이에 부군은 벼슬길이 갈수록 험악함을 깊이 깨
닫고는 스스로 조용히 물러나 지내려고 노력하였다. 그리고 이광좌李光佐
가 영의정이 되자 비변사의 관직을 극력 사임하였으니, 국민들이 역적이
날뛰도록 내버려 둔 것을 부끄럽게 여겨서였다.

부군은 타고난 자질이 순수하고 단정하였으며 용모가 아름다웠다. 몸
을 조심하고 명성을 단속하여 내심과 외모가 모두 정숙하였으며, 도의道義
를 숭상하고 유능하다고 명성이 나는 것을 억눌렀다.[14] 또한 온화하면서
도 씩씩하여 화복禍福 때문에 거취去就에 얽매인 적이 한 번도 없었다.

계부季父 문경공文敬公(박필주朴弼周)이 당세의 유종儒宗(유학의 대가)이 되었
고, 장효공章孝公은 원우완인元祐完人[15]이라 일컬어졌으므로, 부군이 사우師友
와 부형父兄의 사이에서 나눈 명론名論이 집 밖을 나가지 않고도 세상에
큰 영향을 끼쳤으며, 남들과 어울리고 쫓아다니며 열성적으로 영합하기를
좋아하지 않아[16] 아무리 익숙한 친구일지라도 항상 처음 대면한 듯이 하
여 생각 없이 함부로 말을 하지 않았다.

---

14. **유능하다고 …… 억눌렀다**　원문은 '絀抑聲能'인데, '성능'聲能을 '능성'能聲, 즉 '유능하다는 명
성과 같은 뜻으로 쓴 것으로 보았다.
15. **원우완인元祐完人**　송나라 때 철종 원우 연간(1086~1093)에 활동한 유안세劉安世(1048~
1125)를 가리킨다. 유안세는 사마광司馬光에게 학문을 배웠으며, 철종 즉위 후에 사마광이 집권하
자 그의 천거로 관직에 나갔다가 장돈章惇에 의해 밀려난 인물이다. 그 후 30년 동안 전전하다,
휘종徽宗 선화宣和 연간에 환관 양사성梁師成이 권력을 잡아 그에게 자식을 위해서라도 관직에
나오라는 편지를 보내자, 그는 "내가 자식을 위했더라면 이런 지경에 이르지는 않았을 것이다.
게다가 내가 밀려난 지 거의 30년이 되도록 일찍이 권력을 가진 자에게 편지 한 자 주고받은 적
이 없다. 나는 '원우의 완인'으로 그대로 남고 싶으니 그 마음은 결코 바뀌지 않을 것이다" 하고
는 편지를 되돌려 보냈다. 사마광을 추종하고 왕안석王安石의 신법新法에 반대하는 당파를 원우
당인元祐黨人이라 하며, 완인完人이란 덕행이 완미完美한 사람이란 뜻이다. 『宋名臣言行錄』 後集
卷12　여기서는 박사익이 노론의 당론에 충실한 것을 칭송한 말이다.
16. **남들과 …… 않아**　원문은 '不喜徵逐爲翕翕熱'인데, 한유韓愈의 「당 고 조산대부 상서고부랑중
정군 묘지명」唐故朝散大夫尙書庫部郎中鄭君墓誌銘 중에 '不爲翕翕熱'이라 한 대목에 출처를 둔 표현
이다. 한유의 문집 중에는 '翕翕熱'이 '翕翕然'으로 되어 있는 이본異本도 있다.

상하간에 논의를 하거나 일에 응하고 사람을 대할 때는 철두철미하고 화기애애하며 진심에서 우러나온 정성이 간절하여, 남들로 하여금 즐겁게 만들고 비루한 마음이 움트는 것을 저절로 녹여 버렸다. 무인武人이나 역관譯官들은 문에 들이지도 않았으며, 또한 방 안에 조용히 앉아 일체 세속에서 연모하는 즐거움 따위는 마음속에 두지 않았을 뿐 아니라, 일찍이 세도世道를 대신하여 부끄러워하지 않은 적이 없었다.

모친은 정경부인貞敬夫人 함평 이씨咸平李氏로 증 참판 택상宅相의 따님이요, 구원九畹 이춘영李春英의 후손이다. 16세에 부군에게 시집왔는데, 서사書史(경사류經史類의 책)에 밝으며 말이 적고 행동이 신중하였으며, 동서들과 잘 지내 규문閨門의 미덕이 세족世族(대대로 벼슬한 집)의 모범이 되었다. 왕가王家와 혼인을 맺은 후로는 더욱 조심하고 평소와 다름없이 지냈으며, 부군보다 19년 뒤에 돌아가셨다.

4남 2녀를 길렀는데, 아들은 진사 홍원興源, 정언 창원昌源, 형원亨源, 불초不肖 명원明源이며, 사위는 김기조金基祚와 이도양李度陽이다.

장남은 아들이 셋인데, 종덕宗德은 판서요, 종악宗岳은 참의參議로 셋째 아들 형원의 집으로 출후出后하고, 상철相喆은 부윤府尹인데 명원의 후사가 되었다. 종덕宗德의 아들로는 정자正字에 추증된 수수綏壽, 진사 홍수紘壽, 경수絅壽이며, 종악宗岳의 아들로는 아무와 아무가 있다. 김기조는 계자繼子 택현宅鉉을 두었는데 택현은 주부主簿이고, 이도양은 1남 갑坤을 두었는데 갑은 판서이다.

아, 부군의 산소를 누차 옮기는 바람에 비석을 갖출 겨를이 없었고, 지금 아들과 손자로서는 다만 불초와 종악이 남아 있을 뿐이다. 더구나 돌아가신 이의 덕행을 징험해 줄 만한 사람으로서 아득한 50년 사이에 누가 생존하여 이를 근심할 것인가.

아침 이슬 같은 인생, 나 역시 곧 죽을 것이 두려워서 세벌世閥과 관력官歷과 자손을 위와 같이 대략 기록해 둔다.

문효세자文孝世子[1] 진향문進香文

의빈儀賓[2]을 대신하여 지은 것이다.

하늘이 우리 동방 돌보시사 　　　　　　　　　天眷東方

광명하고 창성하니 　　　　　　　　　　　　　景明靈昌

성신聖神으로 기르시고 　　　　　　　　　　　聖造神育

인덕仁德으로 살찌우시네 　　　　　　　　　　德膴仁肪

백성 소망 살피시어[3] 　　　　　　　　　　　乃省群顒

탄생을 늦추지 않아 　　　　　　　　　　　　其降不遲

1. **문효세자文孝世子**　　정조의 첫아들이다. 정조 6년(1782) 의빈宜嬪 성씨成氏의 소생으로 태어나 정조 8년 왕세자로 책봉되었으나, 정조 10년(1786) 5월 병사病死하였다. 효창원孝昌園은 그의 묘소이다.
2. **의빈儀賓**　　임금의 사위. 여기서는 금성위 박명원을 가리킨다. 당시 경희궁慶熙宮에 안치한 빈궁殯宮에 박명원이 종척宗戚으로서 참석하여 향을 올렸다.
3. **백성 소망 살피시어**　　군옹群顒은 군생群生이 앙모仰慕함을 뜻한다. 『회남자』淮南子 「숙진훈」俶眞訓에 "이런 까닭에 성인은 음양의 기를 호흡하니 군생이 모두 앙모하여 그 덕을 우러러 유순하게 따른다"(是故聖人呼吸陰陽之氣 而群生莫不顒顒然 仰其德以和順)고 하였다. 옹옹연顒顒然은 앙망하는 모양을 뜻한다.

한 번 구해 진괘震卦 되고[4]	一索成震
두 번 밝아 이괘離卦 되었네[5]	兩明作离
영조의 증손이요	英宗曾孫
지금 임금의 세자시니	今王世子
나라 점占이 길조여서	國占用吉
선조를 계승하리라 하네[6]	厥曰攸似
붉디붉은 궁중 대추	赫赫宮棗
백년 만에 다시 열리니	百年再實
숙조와 부합하는 영험을	肅祖靈符
오늘 다시 보게 되네[7]	復覩今日
탄생하던 그날 저녁	誕彌之夕
붉은빛이 궁에 가득	紅光滿宮

4. **한 번 …… 되고** 『주역』 정전程傳에 의하면 진괘震卦는 나라를 계승하는 왕의 장남長男을 상징한다. 양효陽爻가 두 음효陰爻의 아래에 있어 "하늘과 땅의 교접을 한 번 구하여 진震이 되니, 생물의 장長이므로 장남이 된다"(乾坤之交 一索而成震 生物之長也 故爲長男)고 하였다. 여기서는 장남이 태어났다는 뜻이다.

5. **두 번 …… 되었네** 3개의 효爻로 된 소성괘小成卦 이離는 밝음(明)을 상징하는데, 이것이 중복된 것이 대성괘大成卦 이離이다. 이괘離卦는 왕이 선왕先王의 명덕明德을 계승하여 선정을 베풀 조짐을 상징한다. 『주역』 「이괘」 상사象辭에 이르기를, "밝음이 중복되어 이離를 일으키니 대인大人이 이로써 밝음을 계승하여 천하를 밝게 비춘다"(明兩作離 大人以繼明 照于四方)고 하였다. 여기서는 왕위를 능히 세습할 만한 인물이 태어났다는 뜻이다.

6. **선조를 계승하리라 하네** 점사占辭의 내용을 가리킨다. 사似는 사속嗣續의 뜻으로, 선조의 유업遺業을 계승한다는 의미이다. 『시경』詩經 소아小雅 「사간」 斯干에 "선조를 계승하여 담장이 백 도나 되는 집을 지었네"(似續妣祖 築室百堵)라는 구절이 있다.

7. **숙조肅祖와 …… 되네** 숙조는 공경하는 선조란 뜻으로, 여기서는 숙종肅宗을 가리킨다. 정조 10년 6월 판돈녕부사 김종수金鍾秀가 지어 올린 「문효세자지문」文孝世子誌文에 의하면, 경희궁慶熙宮에 있던 큰 대추나무가 한동안 시들었다가 현종顯宗 2년(1661)에 갑자기 꽃을 피우더니 그해 가을에 숙종이 탄생하였다고 한다. 그 후 대추나무가 다시 시들었다가 문효세자가 태어날 때에도 꽃을 피우는 이적異蹟을 나타냈으며, 정조는 대추가 익자 측근의 신하들에게 이를 나누어 주었다고 한다. 『夢梧集』 卷7 「文孝世子誌文」

추성樞星[8]에 번개 두른 듯	如樞繞電
화저華渚에 무지개 지듯[9]	如渚流虹
이 모든 징조들이	凡厥庶徵
처음부터 다 후하여	罔不篤初
봉의 바탕에 용의 무늬	鳳質龍章
실로 하늘이 예비하셨네[10]	實天所儲
어질고 온화함은	仁孝溫文
본성에서 나왔으니	惟性之根
임금님이 오시면	天顏載臨
기뻐하며 옹알대다	婉愉言言
임금님이 가시면	玉趾言旋
돌아보며 앙앙 우네	顧懷喤喤
병풍 위의 글자 분별	屛間辨字
걸음마도 하기 전이요	時未扶床
쓴 약 권해 올릴 때도	誘進苦劑
반드시 책을 먼저 잡으셨네[11]	必先方册
한밤중에 화재 경고하시니	深宵警火

---

8. **추성樞星**　　북두칠성의 첫째 별을 말한다. 황제黃帝는 그의 어머니가 번갯불이 추성을 에워싸는 것을 보고 감응하여 잉태하게 되었다고 한다.

9. **화저華渚에　무지개　지듯**　　황제黃帝의 아들 백제白帝 소호씨少昊氏는 그의 어머니가 큰 별이 무지개처럼 화저로 떨어지는 것을 보고 감응하여 낳았다고 한다. 『宋史』 卷23 「符瑞志」 그러므로 왕의 탄생을 유저流渚나 유홍流虹이라 한다.

10. **실로　하늘이　예비하셨네**　　저저儲는 예비로 저축한다는 뜻으로, 세자를 저군儲君이라 하고, 세자를 세우는 것을 건저建儲라고 한다.

11. **반드시 …… 잡으셨네**　　문효세자는 말을 배우기 전부터 이미 책을 좋아할 줄 알아서 글자가 씌어진 병풍을 곁에 두게 했으며, 몸이 아파 울 적에도 장난감이 아니라 책을 가져다 손에 쥐어주면 진정되었다고 한다. 그 때문에 『천자문』千字文이 닳아지고 손때가 탔을 정도라고 한다. 『夢梧集』 卷7 「文孝世子誌文」

하늘이 준 예지로세	慧智天錫
코 골던 놈 곧 깨어나	彼鼾方覺
연소延燒 아니 되었다오	遂不延逮
청구를 처음 열 제	靑邱肇闢
요임금의 첫해와 같았으니[12]	叶堯初載
조정에서 세자 책봉 받으실 제	受册大庭
해 빛나고 구름 상서로워라	日麗雲卿
쌍상투에 칠장복七章服[13]	雙髻七章
차비 갖춰 맞을 적에	備事將迎
백관의 모자 우뚝우뚝	會弁嵬峨
일만 눈이 다투어 보며	萬眸爭瞻
목을 빼고 발끝 드니	延頸跂踵
수염이 길게 드리웠네	若若其髥
의젓하게 앉았으니	穆然端坐
늘 본 것같이 여기되	若常覩之
기대거나 한눈팔지 않고	不凭不惰
두려워하거나 의심 않으니	不攝不疑
저절로 생긴 위엄	不威而嚴
하마 그 위位에 나타났네	已見其位
어릴망정 대인大人이요	雖幼大人
군자의 덕 갖추셨네[14]	維德不器

12. **청구靑邱를 …… 같았으니**　『삼국유사』三國遺事 권1 「기이」紀異 고조선古朝鮮 조에 『위서』魏書를 인용하여, 고조선의 개국이 "요임금과 같은 때"(與高同時)라고 하였다.
13. **칠장복七章服**　무늬가 장식된 대례大禮 제복祭服, 즉 면복冕服을 장복章服이라 한다. 황제는 12종의 무늬를 장식한 12장복을 입고, 왕은 9장복을 입는다. 왕세자는 화충華蟲·화火·종이宗彝·조藻·분미粉米·보黼·불黻의 무늬를 장식한 7장복을 입는다.

이날 여러 재상들이	是日群卿
뛸 듯이 기뻐하며 절하고	忭躍俯跪
사랑으로 안고 싶었으나	愛若進抱
두려워서 물러나 기다렸지	畏將退俟
이듬해 중구일重九日에	翌歲重九
『효경』 수업 시작하니	肇講孝經
우리 왕가 빛난 전통	我家徽躅
나이와 때 꼭 맞았네[15]	年辰適丁
반교泮橋(성균관 다리)에 둘러서서 귀 기울이면	環橋聳聽
글 읽는 소리 경종磬鐘을 울리는 듯	若出磬鍾
천년의 밝은 운수	千載熙運
거듭 만나 아름다워라[16]	於休重逢
사백 년의 긴긴 세월[17]	厥祺四百
쌓고 쌓인 경사에다	積慶累洽
하늘 보답 또렷하여	天有顯報
큰 덕으로 왕위를 얻으리라[18]	大德必得
장구한 국가 사업	靈長之業

14. **군자의 덕 갖추셨네** 『논어』「위정」爲政에서 공자는 "군자는 그릇이 아니다"(君子不器)라고 하였다. 특정한 용도를 가진 그릇처럼 특정한 기능만을 갖춘 존재가 아니라는 뜻이다.
15. **우리 …… 맞았네** 문효세자는 네 살이 되던 정조 9년(1785) 중양절重陽節 날부터 『효경』을 배우기 시작했는데, 이날은 숙종이 처음 『효경』을 배웠던 연월일年月日로부터 꼭 재주갑再周甲 (120년)이 되는 때였다고 한다. 『夢梧集』卷7「文孝世子誌文」
16. **천년의 …… 아름다워라** 기자箕子가 건국한 이래 천년이 지나 다시 조선朝鮮이 중흥했다는 뜻이다.
17. **사백 년의 긴긴 세월** 조선왕조 건국 이후 400년이 지났다는 뜻이다.
18. **큰 …… 얻으리라** 『중용장구』제17장에서 공자는 순舜임금의 위대한 효성을 칭찬하면서 "그러므로 큰 덕은 반드시 그 지위를 얻는다"(故大德必得其位)고 하였다.

영원하길 비옵고　　　　　　　　　　永祈千秋

우리 임금 근심 없어　　　　　　　　吾王無憂

병만을 근심했네[19]　　　　　　　　惟疾是憂

복이 내려 이튿날 나았으니　　　　　慶臻翌瘳

하늘 이치 어긋나리오　　　　　　　謂理無舛

성한 의식 거행키로　　　　　　　　縟儀將擧

좋은 날을 가렸는데　　　　　　　　吉日載選

하룻밤 새 이게 웬일　　　　　　　　云胡一夕

온 장안 놀라 뒤숭숭　　　　　　　滿城駭遑

남종 여종에다　　　　　　　　　丫青隷皂

늙은이와 어린애들까지　　　　　叟白童黃

허둥지둥 헐떡이며　　　　　　顚仆喘汗

가슴 헤치고 하늘에 호소　　　　袒胸籲旻

세자를 부르짖으며　　　　　　長號貳極

모두 대신 백번이라도 죽으려 하네　　擧懷百身

제사도 지내 봤고[20]　　　　　　圭璧旣卒

의술도 소용없어　　　　　　　刀圭亦窮

팔도는 슬픔으로 뒤덮이고　　　哀普八域

---

19. **우리 …… 근심했네**　　『논어』 「위정」爲政에서 맹무백孟武伯이 효孝에 관해 묻자 공자는 "부모 가 오직 그의 병만을 근심하게 하는 것이다"(父母唯其疾之憂)라고 답하였다. 병을 앓는 일 외의 일체의 다른 일로 부모를 근심하게 하지 않도록 하는 것이 바로 효라고 한 것이다. 여기서는 문 효세자가 다른 일로는 정조에게 근심을 끼치지 않았는데 다만 홍역을 앓아 정조가 걱정했다는 뜻이다.

20. **제사도 지내 봤고**　　『시경』 대아大雅 「운한」雲漢에 "규벽도 다 썼는데 왜 호소를 들어 주시 지 않나"(圭璧旣卒 寧莫我聽)라고 하였다. 규벽圭璧은 '규벽'珪璧과 같으며, 제사 지낼 때 예물로 바치는 옥玉이다.

삼궁[21]은 비통에 잠겼네	痛纏三宮
종묘 제사 어디 의탁하며	宗器靡托
신과 사람은 뉘를 의지하리	神人疇依
중륜[22]의 칭송 스러지고	重輪撤謠
전성[23]의 빛 가리우니	前星掩輝
상자 속 사규삼四袗衫[24]은 겨우 한 자요	篋袗纔尺
소반 위 활은 겨우 석 자로세[25]	盤弧厪三
슬프다 이 온 나라에	嗟爾區域
수많은 어린아이들	有萬女男
홍역 한창 치성하여	疹之方熾
마을 곳곳 불 지필 때	衖闥爐烘
왕께선 자식인 양 여기시고	王無弗子
내 몸처럼 아파하여	若恫在躬
영약을 집집이 돌리고	靈丹戶遍
의원을 보내 다 같이 치료받게 하여[26]	臣跗汝偕

---

21. **삼궁三宮**　왕과 대비大妃와 왕비를 가리킨다.
22. **중륜重輪**　태양 주변을 둘러싸고 있는 광채를 가리키는 것으로 고대에는 태자太子를 이에 비유하였다.
23. **전성前星**　심성心星의 세 별 중의 하나로서 세자世子를 가리킨다. 『漢書』 卷27 「五行志」에 "심성 가운데 큰 별은 천왕天王을, 앞의 별은 태자太子를, 뒤의 별은 서자庶子를 상징한다" 하였다.
24. **사규삼四袗衫**　동자童子의 평상복을 가리킨다. 『居家雜服攷』 卷3 「幼服」
25. **소반……석 자로세**　세자가 태어난 지 3일 뒤에 활 쏘는 사람이 뽕나무 활과 쑥대 화살로 천지와 사방에 여섯 번 쏜다. 세자가 장차 원대한 뜻을 품기를 기대하는 취지에서라고 한다. 『禮記』 「內則」
26. **의원을 …… 하여**　'신부'臣跗의 '부'跗는 황제黃帝 때의 명의名醫인 유부兪跗를 가리킨다. 유부는 편작扁鵲과 함께 '유편'兪扁이라 불렸으며, 명의의 치료술을 유편지술兪扁之術이라 하였다. 당시 정조는 한성부漢城府에 명하여 양반과 상민을 막론하고 자력으로 약물을 준비할 수 없는 자들에게는 의사醫司가 의원을 지정하여 진찰하고 약물도 공급하도록 했다. 『正祖實錄』 附錄 「行狀」

귀신에게서 빼앗아 내어	奪之鬼牙
어미 품에 돌려주니	還厥母懷
이 누구의 덕이더뇨	繄誰之賜
검은 머리 백성들아	群黎百姓
너희가 하루라도 안정되면	集汝一日
바로 네 경사로다	尙作汝慶
복령茯苓 백출白朮 모아다가	阜厥苓朮
산처럼 쌓았건만	猶成陵岡
하늘 실로 못 믿겠고	天固難諶
사람 또한 어질지 못하네	人亦不臧
저 의원놈 잡아다가	願執彼醫
승냥이나 범에게 던져 주었으면	投畀豺虎
아 슬퍼한들 어쩌리요	何嗟及矣
이내 마음 씀바귀 맛	我心荼苦
어린 세자 지극한 효성	沖齡至性
저승에 간들 다름없으리	無間幽明
－ 원문 빠짐[27] －	☐☐☐☐

27. **원문 빠짐**　　　몇몇 이본에는 "장지를 정하니 율목의 언덕이라"(玄隧載卜 栗木之原)는 구절이 더 있다. 율목은 고양군高陽郡 율목동으로 현재 서울시 용산구 청파동 효창공원 자리를 가리킨다.

정종대왕正宗大王 진향문進香文

대신하여 지은 것이다.[1]

천 년 지나 성인 한 분	千載一聖
동방에서 왕위를 받으시니[2]	誕膺東方
기자箕子 홍범洪範으로 다시 질서 세우고[3]	箕範再敍
문운文運 거듭 창성했네	奎運重昌
공자孔子 생각 주공周公 마음	孔思周情
계승하고 본받아서	祖述憲章
크고 넓은 정책 펴니	宏規鴻猷
한·당조차 옹색하다 여기셨네	狹陋漢唐

1. **대신하여 지은 것이다**　　정조 24년(1800) 6월 정조가 승하하자 충청 감사가 당시 면천 군수로 재임 중이던 연암을 진향문 제술관進香文製述官으로 차출했으므로, 충청 감사를 대신해서 이 글을 지었다. 『과정록』권3에도 이 진향문이 인용되어 있다.
2. **동방에서 왕위를 받으시니**　　『서경』「무성」武成에서 무왕武王은 선왕인 문왕文王을 예찬하면서 "천명을 크게 받으셨다"(誕膺天命)고 하였다. 탄응誕膺은 천명이나 왕위를 이어받는 것을 뜻한다.
3. **기자箕子 …… 세우고**　　주周나라 무왕武王이 기자에게 '인륜人倫의 질서'에 관해 묻자, 기자는 하늘이 우禹임금에게 주었다는 홍범구주洪範九疇가 곧 인륜의 질서라고 답하였다. 『書經』「洪範」

재위하신 스물네 해 동안   二紀光御

한결같이 건강⁴의 덕을 지켜   一德乾剛

궁원 호칭 바로잡고⁵   號正宮園

선왕先王을 깊이 사모하셨네⁶   慕深羹牆

총악⁷ 같은 간신 잘라 버리고   璁萼折萌

헌기⁸ 같은 외척 없애 버리니   憲冀鋤強

밝게 내건 큰 의리가⁹   大義昭揭

모든 왕에 우뚝하네   卓冠百王

교화하고 상벌 주기¹⁰   秩敍命討

---

4. 건강乾剛　『주역』周易 「잡괘전」雜卦傳에 "건괘는 강함을 상징하고 곤괘는 부드러움을 상징한다"(乾剛坤柔)고 하였다. 건강의 덕(乾剛之德)은 왕의 권위를 뜻한다.

5. 궁원宮園 호칭 바로잡고　정조의 어머니 혜빈惠嬪을 혜경궁惠慶宮으로 높이고, 아버지 사도세자思悼世子를 장헌세자莊獻世子로 추존하여 그 묘를 현륭원顯隆園으로 정한 일을 두고 말한 것이다.

6. 선왕先王을 깊이 사모하셨네　정조 10년(1786) 왕명으로 열성조列聖朝 19대의 업적을 서술한 『갱장록』羹牆錄을 간행한 일을 말한다.

7. 총악璁萼　명明나라 세종世宗의 신하인 장총張璁(1475~1539)과 계악桂萼(?~1531)을 가리킨다. 세종이 황제가 되어 자신의 생부 흥헌왕興獻王을 추숭하려고 하자 장총과 계악이 세종의 뜻에 영합하여 효종孝宗을 황백고皇伯考로, 흥헌제를 황고皇考로 부를 것을 청하고, 이에 반대하는 조정의 수많은 신하들을 죽이거나 유배를 보냈다. 여기에서는 정조 즉위년인 1776년에 사도세자를 추숭하자고 주장을 하다가 죽음을 당한 이덕사李德師와 조재한趙載翰 등을 가리킨다.

8. 헌기憲冀　후한 화제和帝의 외숙인 두헌竇憲(?~92)과 환제桓帝의 외숙인 양기梁冀(?~159)를 가리키며, 모두 황제의 외척으로서 권력을 전횡한 사람이다. 여기에서는 정조 즉위년에 죽음을 당한 정조의 외종조부 홍인한洪麟漢과 화완옹주和緩翁主의 양자 정후겸鄭厚謙 등을 가리킨다.

9. 밝게 …… 의리가　정조는 즉위 직후 홍인한 등을 역적으로 사사賜死한 사건의 전말을 밝힌 『명의록』明義錄을 간행하였다.

10. 교화하고 상벌 주기　『서경』「고요모」皐陶謨에, 하늘이 부여한 질서(天敍)에 오전五典(오륜)이 있고, 하늘이 부여한 등급(天秩)에 오례五禮가 있으며, 하늘이 임명하심(天命)은 덕이 있기 때문이니 오복五服으로써 그런 사람을 표창하고, 하늘이 성토하심(天討)은 죄가 있기 때문이니 오형五刑을 그런 사람에게 적용해야 한다고 하였다. 그러므로 서敍ㆍ질秩ㆍ명命ㆍ토討는 백성들을 전례典禮로써 교화하고 신하들에게 상벌을 공정하게 시행하는 것을 뜻한다.

우로雨露 같고 상설霜雪 같아	雨露雪霜
누가 감히 현혹하며	孰敢疑眩
누가 감히 속이리	孰敢譸張
옹호하거나 반대하는 즈음에	向背之際
군자와 소인이 판명되나니	斯判陰陽
저 일만 삼천 선비들[11]	彼萬三千
어찌하여 광풍처럼 날뛰는가	云胡飚狂
군중으로써 위협하여	要脅以衆
우리나라의 법도法度 거스르니	悖我典常
말세 풍속 길을 헤매며	末俗昏衢
자빠지고 쓰러지네	醉顚汗僵
어찌 악취가 다르랴만	豈不異臭
같은 속셈 이게 웬일	奈此同腸
화복과 이해 따라	利害禍福
허둥대는 꼬락서니	所以披猖
그 원인을 따져 보면	究厥所原
망녕된 생각이 주가 된 것	妄度爲將
거센 물결 넘실넘실	滔滔狂瀾

11. **일만 삼천 선비들**　정조 16년(1792) 4월 27일 사도세자 30주기에 즈음하여 영남 유생 이우李堣 등 1만 57명이 연명하여 사도세자의 죄를 신원하고 그를 모해한 무리들을 처벌해야 한다는 상소를 올렸다. 정조가 이를 받아들이지 않자 5월 7일에 다시 1만 368명이 연명하여 2차 상소를 올렸다. 이를 이른바 영남 만인소萬人疏라 한다. 이에 대해 이병모李秉模, 서유린徐有隣, 정민시鄭民始 등이 동조하고 소론少論 유생 700여 명도 동조하는 상소를 올렸다. 일만 삼천의 선비라고 한 것은 이들을 포함한 숫자로 보인다. 『正祖實錄』

뉘라 능히 막을쏜가[12]	誰能力鄣
의리는 대소를 막론하고	理無巨細
털끝만 한 차이로 나뉜다네	析在毫芒
이 의리를 준수하는 자	嚴此義者
상서롭고 길하거니와	迺吉迺祥
이 이치를 등진 자는	北是理者
올빼미[13] 아니면 승냥이라	爲梟爲狼
옛 성왕聖王의 훌륭하신 예절	皇王盛節
이 대방[14]을 뉘 지키리	孰此大防
황극皇極에 모이고 귀의하게 하여[15]	會極歸極
도를 따라 모두 선량하게 하니	與道偕臧
어허, 이 지극한 덕	嗚呼至德
뉘라서 잊게 하리	俾也可忘
용도각龍圖閣[16]을 세우고	龍圖建閣

12. **거센 …… 막을쏜가** 한유韓愈의 「진학해」進學解에 "백천百川을 막아 동으로 흐르게 하고, 거꾸로 흐르는 거센 물결을 돌이켰다"(障百川而東之 廻狂瀾於旣倒)고 하였다. 불교나 도교와 같은 이단사설異端邪說의 유행에 맞서 유교의 정통을 수호한 공로를 예찬한 말이다.

13. **올빼미** 올빼미는 어미를 잡아먹는다고 하여 불효조不孝鳥로 간주되었다. 부모를 잡아먹는 극악무도한 인간을 효경梟獍이라 한다.

14. **대방大防** 백성들이 악에 빠지는 것을 막아 주는 큰 둑이란 뜻이다. 옛 성왕聖王들은 이를 위해 예절을 제정하였다.

15. **황극皇極에 …… 하여** 황극은 제왕帝王이 천하를 통치할 때 지켜야 할 원칙을 말한다. 이 구절은 『서경』「홍범」의 "편벽됨이 없고 편당함이 없으면 왕의 도가 탕탕蕩蕩하며, 편당함이 없고 편벽됨이 없으면 왕의 도가 평평平平하며, 상도常道에 위배됨이 없고 기울어짐이 없으면 왕의 도가 정직正直할 것이니, 그 극極에 모여 그 극極에 돌아올 것이다"(無偏無黨 王道蕩蕩 無黨無偏 王道平平 無反無側 王道正直 會其有極 歸其有極)라고 한 데서 나온 말이다.

16. **용도각龍圖閣** 송宋나라의 왕실 도서관으로 황제의 문집, 도화圖畵, 세보世譜 등을 보관한 곳이다. 여기에서는 정조가 왕실 도서관으로 설치한 규장각奎章閣을 빗대어 말한 것이다.

천책부天策府[17]를 만드니 天策設廂

진실로 문무 갖추어[18] 允文允武

그 공 그 꾀 아름답네 謨烈思皇

백사百事가 절도에 맞아 올바르시니[19] 百度惟貞

이에 비로소 대양[20]하였네 昉此對揚

형벌을 신중히 하고 농업을 중시하여 欽刑重農

일념으로 백성을 보살피시니[21] 一念如傷

형벌을 감해 주신 은혜 뼈에 사무치고[22] 恩蠲浹髓

내린 윤음綸音 빛나고 빛나[23] 寶綸煌煌

모진 추위 심한 더위에도 祁寒盛暑

종묘 제사라면 몸소 나서고 必躬烝嘗

상신 더욱 중히 하니[24] 尤重上辛

17. **천책부天策府** 당나라 태종太宗 이세민李世民이 진왕秦王으로 있을 때 설치한 군부軍府의 이름으로 이세민은 이를 통해 막강한 권력을 갖게 된다. 여기에서는 정조가 왕권 강화를 위해 설치한 친위 군영軍營인 장용영壯勇營을 빗대어 말한 것이다.

18. **진실로 문무 갖추어** 『시경』 노송魯頌 「반수」泮水에 "진실로 문무 갖추어 조상을 빛내시니"(允文允武 昭假烈祖)라 하였다. 노魯나라 임금을 칭송한 말이다.

19. **백사百事가 …… 올바르시니** 『서경』 「여오」旅獒에 "귀와 눈에 부림을 당하지 않으면 백사가 절도에 맞아 올바를 것이다"(不役耳目 百度惟貞)라고 하였다. 여기서는 임금이 성색聲色을 멀리하였다는 뜻이다.

20. **대양對揚** 신하가 왕명을 훌륭하게 수행하는 것을 말한다.

21. **일념으로 백성을 보살피시니** 『맹자』 「이루 하」離婁下에 "문왕文王은 백성을 마치 다친 사람처럼 보살피셨다"(視民如傷)고 하였다.

22. **형벌을 …… 사무치고** 정조는 재판과 형벌에도 신중을 기하여 억울한 죄인이 나오지 않도록 했으며, 형구刑具를 정비하기 위해 『흠휼전칙』欽恤典則을 편찬하게 했다. 정조의 판결을 모은 『심리록』審理錄 26권이 있다.

23. **내린 …… 빛나** 정조는 농정農政을 권장하는 윤음을 여러 차례 내렸는데, 그중 특히 정조 22년(1798)에는 권농정권農政 구농서求農書의 윤음을 내려 널리 농사 진흥책을 구하였다.

24. **상신上辛 …… 하니** 상신은 매월 상순上旬의 신일辛日에 해당하는 날짜를 가리키는 것으로, 정월正月 신일에 농사의 풍년을 기원하는 제사를 특히 중하게 다룬 것을 말한다.

밝은 덕이 향기롭네[25]	明德馨香
친히 지은 백 권 문집[26]	御製百卷
성스러운 방략 원대하여라[27]	聖謨洋洋
정주 학문 으뜸 삼고	學宗程朱
복희伏羲 황제黃帝 법통 이어	統接義黃
대지 같고 바다 같은 학문으로	地負海涵
동방에 유교를 전파하셨네[28]	吾道其東

동東은 협운叶韻으로 도都와 량良의 반절反切, 즉 '당'으로 발음한다.

세도勢道 물리치고 속악俗樂 바로잡기	黜霸正塊
쇠를 긁어내고 쭉정이 솎아 내듯	剔鐵簸糠
열성조列聖朝 가법 따라	列聖家法
존화양이尊華攘夷 준수하고	式遵尊攘
춘추대의春秋大義 따라	一部陽秋
손수 조정의 기강 이끄시니	手提天綱
백성 중의 비범한 인물들	赤子龍蛇
임금께 대도大道 보였도다[29]	示我周行

---

25. **밝은 덕이 향기롭네** 『서경』「군진」君陳에 "훌륭한 정치는 향기로워 신명을 감응케 한다. 기장이 향기로운 것이 아니라 밝은 덕이 오직 향기롭다"(至治馨香 感于神明 黍稷非香 明德惟馨)고 하였다.

26. **백 권 문집** 『홍재전서』弘齋全書 100권을 가리킨다.

27. **성스러운 방략 원대하여라** 『서경』「이훈」伊訓에서 이윤伊尹은 탕湯임금의 손자 태갑太甲이 왕위에 오르자, 선왕先王의 "성스러운 방략은 원대하고, 훌륭한 교훈은 매우 분명하다"(聖謨洋洋 嘉言孔彰)고 하면서 이러한 선왕의 모훈謨訓을 소홀히 하지 말라고 훈계하였다.

28. **동방에 유교를 전파하셨네** 『논어』「이인」里仁에서 공자가 "오도는 일관되어 있다"(吾道一以貫之)고 하였듯이, '오도'吾道는 공자의 가르침 즉 유교를 말한다. 또한 후한後漢 때 정현鄭玄이 마융馬融의 문하를 떠나자 마융이 "오도가 동으로 갔구나"(吾道東矣)라고 탄식하였다고 한 고사에서, 동쪽으로 유학이 전파되었다는 뜻의 '오도동'吾道東이란 성어가 생겼다.

오늘날의 서학西學이란	今之西學
양주楊朱 묵적墨翟보다 심하기에	甚於墨楊
사서邪書를 불태우고	火其邪書
우리 백성 사람 되게 하셨네	人吾黔蒼
맹자孟子처럼 사설邪說을 물리치니	闢廓孟闢
우임금처럼 크신 공로[30]	功侔禹荒
선왕의 사업 잇고 앞길 개척해	繼往開來
세자 위해 좋은 계책 전했으니	燕詒元良
구여[31] 칭송 드높고	九如頌騰
사중[32] 노래 길었도다	四重歌長
요순의 도 한번 꽃피우리라	堯舜一花
은인을 용상龍床 앞에 두시더니[33]	銀印在床

29. **임금께 대도大道 보였도다**　『시경』 소아小雅 「녹명」鹿鳴에 "사람들이 나를 좋아하여 나에게 대도大道를 제시했네"(人之好我 示我周行)라고 하였다. 신하들에게 잔치를 후히 베풀어 화합을 도모하니, 신하들이 감복하여 임금인 자신에게 나라를 다스리는 대도大道를 피력했다는 뜻이다.

30. **맹자孟子처럼 …… 공로**　정조가 천주교를 배척한 것은 맹자가 피사詖辭·음사淫辭·사사邪辭·둔사遁辭를 확청廓淸함으로써 양주와 묵적 같은 이단異端 사설邪說을 배척한 것과 같으며, 우임금이 치수治水 사업으로 홍수를 막은 공로에 비할 만하다는 뜻이다.

31. **구여九如**　임금의 덕을 칭송하여 산과 같고(如山) 언덕과 같고(如阜) 산마루와 같고(如岡) 구릉과 같고(如陵) 냇물이 한창 흘러오는 것과 같으며(如川之方至) 초승달과 같고(如月之恒) 떠오르는 해와 같고(如日之升) 장구한 남산과 같고(如南山之壽) 무성한 송백과 같음(如松柏之茂)을 말한 것이다. 『詩經』 小雅 「天保」

32. **사중四重**　말을 중하게 하고(重言) 행동을 중하게 하고(重行) 용모를 중하게 하고(重貌) 좋아하는 것을 중하게 하는 것(重好)을 말한다. 揚子, 『法言』

33. **요순堯舜의 …… 두시더니**　영조 말년 대리청정할 때 정조는 영조에게 상소를 올려 『승정원일기』에서 자신의 생부生父인 사도세자와 관련된 기사를 세초洗草해 줄 것을 간청했다. 정조의 효성에 감동한 영조는 이를 허락하고 정조에게 유서諭書와 함께 '효손'孝孫이라 새긴 은으로 주조한 도장을 하사했다. 그 후 정조는 조회할 때나 행차할 때나 항상 이 유서와 은인銀印을 앞에다 두었다고 한다. 이와 같이 정조는 영조와 사도세자에 대해 효도를 다하고자 했으므로, 『정조실록』에 실린 행장에서도 『맹자』에서 "요순의 도는 효제일 따름이다"(堯舜之道 孝悌而已矣)란 말을 인용하여 정조의 효를 예찬했다.

천만년 지나도록	謂千萬年
강녕康寧 길이 받으시리 믿었는데	永受色康
어쩌자고 하루저녁	胡寧一夕
하늘나라로 떠나셨소[34]	遽遐雲鄕
하늘이 무너지고 땅이 꺼진 듯	地坼天崩
온 세상 사람들 부모를 여읜 듯이 여기네	率土如喪
남방에서 부음 듣고	奉諱南服
북을 향해 통곡하네	長號北望
팔도 백성 모두 엎디어 절하며	頓顙八埏
천지 일월 아득아득	宇宙茫茫
산과 바다도 슬피 울고	山哀海哭
피눈물이 눈에 가득	血淚盈眶
지난날 깊은 인덕仁德	驗昔深仁
이 큰 슬픔 보니 알겠도다	觀此巨創
수렴하신 성모님[35]이	聖母垂簾
희정당에 납시어서	熙政一堂
원우의 덕 짝하시고[36]	媲懿元祐
주강 미덕 이으시사[37]	嗣徽周姜

---

34. **하늘나라로 떠나셨소** 운향雲鄕은 선계仙界를 가리킨다. 『장자』莊子 「천지」天地에 성인聖人
은 "천세토록 살다가 인간 세상이 싫어지면 떠나서 신선이 되어 올라가 저 흰 구름을 타고 제향
에 이른다"(千歲厭世 去而上僊 乘彼白雲 至於帝鄕)고 하였다.

35. **성모님** 영조英祖의 계비繼妃인 정순왕후貞純王后를 가리킨다. 순조가 11세로 즉위하자 수
렴청정垂簾聽政을 하였다.

36. **원우元祐의 덕 짝하시고** 원우는 송宋나라 철종哲宗의 연호이다. 철종이 9세로 황제에 오르
자 조모 선인태후宣仁太后 고씨高氏가 수렴청정을 하여 사마광司馬光, 여공저呂公著, 문언박文彦博
을 재상으로 삼아 나라를 안정시켰다.

어린 임금 도우시니	保佑聖躬
황상원길黃裳元吉[38]과 화합하도다	吉叶黃裳
하늘이 지으신 화성에는	天作華城
뽕나무 가래나무 우거졌네[39]	有菀梓桑
가까이 선침[40] 있어	仙寢密邇
대왕을 장차 모시리라[41]	劍舃將藏
신이 오 년 동안 붓을 꽂고[42]	臣五載簪筆
대왕을 곁에 모셔	黼扆之傍
각별히 입은 총애	偏荷寵私
하해河海엔들 비하리까	河海莫量
맡은 직책 얽매이어	符守所攖
흠위도 바라보지 못했도다[43]	廞衛靡瞻

첨瞻은 협운으로 제諸와 량良의 반절, 즉 '장'으로 발음한다.

37. **주강周姜 미덕美德 이으시사** 주강은 주周나라 태왕太王의 비妃이자 문왕文王의 조모祖母인 태강太姜을 말한다. 현명하고 덕이 있었다. 『시경』 대아大雅 「사제」思齊에 "태사께서 태강의 미덕을 이으시니"(太似嗣徽音)라고 하였다.

38. **황상원길黃裳元吉과 화합하도다** 『주역』 「곤괘」坤卦 육오六五의 효사爻辭에 "황색 치마이니 크게 길하리라"(黃裳 元吉) 하였는데, 이는 여자로서 높은 신분에 있으면서 중도를 지키고 아래에 거처하면 크게 길하다는 뜻이다.

39. **뽕나무 가래나무 우거졌네** 뽕나무와 가래나무(桑梓)는 부모가 자손에게 물려주고자 심는 나무들이다. 따라서 고향이나 노부모를 상징하는데, 여기서는 정조의 부친인 사도세자가 묻힌 곳이라는 뜻이다.

40. **선침仙寢** 정조의 아버지 사도세자의 능침인 현륭원顯隆園을 가리킨다. 정조의 능침인 건릉健陵은 현륭원의 동편에 자리잡고 있으며, 이 두 능침은 현재 화성시 태안읍 안녕리 화산花山에 나란히 있다.

41. **대왕을 장차 모시리라** '검석'劍舃은 황제黃帝 헌원씨軒轅氏가 죽어 교산橋山에 묻혔는데, 산이 무너지면서 관이 텅 비고 칼과 신만 관에 남았다는 고사에서 나온 말이다. 『列仙傳』

42. **붓을 꽂고** '잠필'簪筆은 모자에다 붓을 꽂아 두어 측근에서 임금의 말씀을 기록할 준비를 하는 것을 말한다. 사관史官이나 간관諫官, 승지承旨 등의 직무를 가리킬 때 쓰는 말이다.

43. **흠위廞衛도 바라보지 못했도다** 흠위는 국장國葬의 행렬에 동원된 군대를 말한다. 장례식에 참석하지 못했다는 뜻이다.

욕의⁴⁴조차 못한 몸이   身未褥蟻

활을 안고 방황하며⁴⁵   抱弓彷徨

삼가 토산 제물 마련하고   敬修壤奠

명수⁴⁶ 따라 올립니다   明水在觴

44. **욕의褥蟻**   임금과 함께 죽는 것을 말한다. 『전국책』戰國策 「초책」楚策에 나오는 안릉군安陵
君의 고사에 출처를 둔 표현이다.
45. **활을 안고 방황하며**   황제黃帝가 죽을 때 용을 타고 승천하자, 용을 타지 못한 신하들이 용
의 수염을 붙잡는 바람에 용의 수염이 뽑혀 떨어지면서 황제가 지니고 있던 활도 함께 떨어졌으
므로, 백성들이 그 활과 용 수염을 끌어안고 통곡했다고 한다. 『史記』卷28 「封禪書」 여기서는
죽은 임금을 그리워한다는 뜻이다.
46. **명수明水**   제사 때 올리는 맑은 물을 말한다.

양 경리楊經理 호호鎬 치제문致祭文[1]

사신詞臣을 대신하여 지은 것이다.

우리 동방 되살린 건	再造我東
누구의 공이던고	繁誰之功
천자의 명을 받은	天子攸命
창서[2] 양공 이분일레	蒼嶼楊公
직책은 경리로서	職是經理

---

1. **양 경리楊經理 치제문致祭文**　　1597년 정유재란丁酉再亂 때 도찰원 우첨도어사 겸경리조선군무都察院右僉都御史兼經理朝鮮軍務로서 조선에 파견되었던 명나라 장수 양호楊鎬에 대한 제문이다. 양호는 제독提督 마귀麻貴와 함께 왜군을 격퇴했으나 울산 전투에서 고전 끝에 일시 경주로 철수한 뒤 참소를 당해 본국으로 소환되었다. 조선 정부는 여러 차례 사신을 파견하여 양호의 공적을 밝히고 그의 유임을 건의하면서 그에 대한 참소에 대해 해명하는 상소를 명나라에 보냈으며, 그의 귀환을 애석해하여 거사비去思碑를 세우고 선무사宣武祠에 배향配享하였다. 박종채朴宗采의 『과정록』過庭錄 권3에 의하면 이 글은 정조 20년(1796) 안의 현감의 임기가 만료되어 서울로 돌아와 산직散職에 있던 연암이 당시 좌승지였던 이서구李書九의 부탁으로 지은 것이라 한다. 즉 이서구가 편지를 보내, 어명으로 명나라 장수 양호와 형개刑玠의 제문을 짓게 되었으나 공무에 바빠 겨를이 없으니 각각 50운韻으로 초고를 대신 만들어 줄 것을 간절히 부탁했으므로 지어 준 것이라 한다. 이서구가 이를 윤색한 글이 『척재집』惕齋集 권7에 「경리 양공 제문」經理楊公祭文이라는 제목으로 실려 있다.
2. **창서蒼嶼**　　양호의 호號이다.

문무 재주 겸했고	才兼文武
범과 용 모양 부절符節 차니	虎符龍節
옛 윤길보尹吉甫[3]에 견줄 만하네	視古吉甫
천과[4] 휘두르며	天戈所揮
왜놈 소탕 맹세하니	誓蕩島夷
어사중승御史中丞 배도裵度가	如御史度
회서淮西 군사 순무하듯[5]	往撫淮師
동작나루에서 군대 살피고[6]	觀軍銅雀
자각[7]을 호위하네	圍碁紫閣
호령소리 들릴세라	不聞號令
방략 지시 가만가만	潛授方略
으뜸 공은 뉘의 차지	孰占頭功
휘하에 서마[8] 있어	帳有西麻

3. 윤길보尹吉甫   서주西周 선왕宣王 때의 인물로 성은 혜씨兮氏요 이름은 갑甲, 자는 백길보伯
吉甫이며, 윤尹은 관직 이름이다. 선왕 때에 험윤獫狁이 침입하여 호경鎬京을 공격하자 윤길보가
군사를 이끌고 나아가 험윤을 태원太原까지 쫓아내고 돌아왔다. 여기에서 양호楊鎬를 군이 윤길
보에 견준 것은 양호의 '호'鎬 자가 서주의 도읍인 호경의 '호' 자와 같은 데서 비롯된 것으로 보
인다. 『詩經』 小雅 「六月」
4. 천과天戈   천자의 창 즉 제왕의 군대를 가리킨다. 한유韓愈의 「조주자사사상표」潮州刺史謝上
表에 "천자의 창을 휘두르니 모두 순종하네"(天戈所麾 莫不寧順)라고 하였다.
5. 어사중승御史中丞 …… 순무하듯   당나라 헌종憲宗 원화元和 12년(817)에 어사중승 배도가 회서
선유초토처치사淮西宣諭招討處置使가 되어 채주蔡州의 오원제吳元濟를 사로잡은 일을 두고 말한
것이다. 『新唐書』 卷173 「裵度傳」
6. 동작나루에서 군대 살피고   선조 30년(1597) 9월 12일에 양호가 선조와 함께 한강의 동작나
루에 와서 남쪽 지방의 전황을 살핀 것을 두고 하는 말이다. 『宣祖實錄』
7. 자각紫閣   도성都城을 가리킨다.
8. 서마西麻   양호 휘하의 제독 마귀麻貴를 가리킨다. 당시에 명나라에서는 이여송李如松으로
대표되는 철령鐵嶺의 이씨와 마귀로 대표되는 사령沙嶺의 마씨 집안에 장수들이 가장 많이 배출
되었으므로 세상 사람들이 '동리서마'東李西麻라 하였다. 또한 이여송의 아우 이여매李如梅도 총
병總兵으로 양호의 휘하에 함께 와 있었다. 『明史』 卷238 「麻貴傳」

삼천 기병 풀어다가	發騎三千
소사[9]에서 적 맞으니	迎敵素沙
깃대 하나 둑에 꽂고	塘置一旗
묵묵히 적의 동정[10] 살피어서	默察偃竪
천리 밖의 승부 결단	千里決勝
제 손바닥 금을 보듯	如掌其觀
적들이 남쪽 지역에 집결하여	妖氛南天
호접진蝴蝶陣[11]을 치고	蝴蝶爲陣
아침 해에 거울을 비추어 신호하고	輝鏡朝旭
칼 휘두르고 진격했네	舞劍以進
이에 천자의 군사	于時天兵
다리 밑서 철갑을 걸치고[12]	浴甲橋下
원숭이 삼백 기병騎兵[13]	弄猿三百
한꺼번에 말 채찍질	一時鞭馬
― 원문 빠짐[14] ―	□□□□
말굽 아래 무찔렀으니	悉殲蹄間
이 한 접전 아니면	微此一鏖
교관郊關[15] 지키기 어려웠지	難保郊關

9. **소사素沙** 직산稷山의 소사평素沙坪으로 정유재란 때 명나라 장수 해생解生, 양등산楊等山 등이 구로다 나가마사黑田長政의 일본군을 격파한 곳이다.
10. **적의 동정** 언수偃竪는 깃발을 내리거나 세우는 것을 말한다. 적의 눈에 띄지 않도록 깃발을 내리는 것을 언기偃旗라 한다.
11. **호접진蝴蝶陣** 부채 모양으로 진을 친 왜군의 진법을 말한다.
12. **철갑을 걸치고** 철갑을 걸치는 것을 '욕철'浴鐵이라 한다.
13. **원숭이 삼백 기병騎兵** 정유재란 때 소사素沙 전투에서 제독 마귀의 부장部將인 편갈송片碣頌이 원숭이 수백 마리를 말에 태워 적진에 돌입하게 하는 기습 작전으로 대승을 거두었다고 한다. 李重煥, 『擇里志』, 「八道總論」, 忠淸道; 柳疇睦, 『溪堂集』 권10, 「書片總節實記」
14. **원문 빠짐** 몇몇 이본에는 '狡彼倭奴', 또는 '猾彼倭奴'로 되어 있다. 둘 다 '교활한 저 왜놈들'이란 뜻이다.

번개처럼 군사 달려	全師電馳
저 울산蔚山 성채 처부수니	搗彼蔚砦
왜놈 수괴[16] 궁지 몰려	凶渠窮蹙
사로잡긴 시일 문제	指日可械
반구정伴鷗亭 태화강太和江에서	鷗亭和江
적의 발톱 뽑아 버렸지만	落其牙距
몰린 왜놈 전세를 관망하며[17]	困獸隙鬪
도산성島山城[18]에서 버티네	島山是拒
절지를 앙공하며[19]	絶地仰攻
막 불을 놓아 잡으려니	方圖熏穴
마침 하늘 찬비 내려	會天凍雨
손가락 떨어지고 살갗 찢어졌네	指墮膚裂
남은 도적 못 벤 것은	殘寇逋誅
때가 아직 불리한 탓	緣時未利
포위 풀고 잠시 철수	暫撤重圍
뒷 계획을 의논하자	後擧是議
간교한 참설 꾸며[20]	讒說如簧

15. **교관郊關** 도성都城을 에워싼 교외 지역을 방어하는 관문關門을 말한다.
16. **왜놈 수괴** 왜장 가토 기요마사加藤淸正를 가리킨다.
17. **전세를 관망하며** 소식蘇軾의 「초연대기」超然臺記에 "마치 틈 사이로 싸움을 구경하는 것 같으니, 승부가 어느 쪽에 있을지 또 어찌 알 수 있으랴"(如隙中之觀鬪 又焉知勝負之所在)라고 하였다.
18. **도산성島山城** 왜장 가토 기요마사가 울산의 해변가 험준한 곳에 쌓은 성이다. 1597년 음력 12월에 양호가 울산으로 진군하여 반구정과 태화강의 왜적 소굴을 공격하자 왜군은 미리 만들어 놓은 도산성으로 도망을 가 항거하였다. 『燃藜室記述』 卷17 「宣祖朝故事本末」
19. **절지絶地를 앙공仰攻하며** 험악하여 출로가 없는 지역을 절지라 하며, 저지대에서 높은 곳을 공격하는 것을 앙공이라 한다.
20. **간교한 참설 꾸며** 당시 병부직방사 찬획주사兵部職方司贊劃主事로 조선에 온 정응태丁應泰가 명나라 조정에다 양호를 무고한 것을 두고 한 말이다. 『시경』 소아 「교언」巧言에 "간교한 말 생황의 혀 같네"(巧言如簧)라고 하였다.

성대한 공적 헐뜯으며	忮毀茂績
공이 패전 숨기고	誣公掩敗
적을 풀어 줬다 무고하니	咎公縱敵
온 나라가 놀라 부르짖으며	舉國驚號
천조天朝에 달려가 송사했는데	走訟天朝
사신 내왕 빈번했어도	冠蓋旁午
비방 여론 막지 못하였네	莫遏群囂
마침내 공이 해임되어	遂解重務
행차 돌려 돌아가니	旌棨言旋
도성 안의 백성들이	都人士女
앞서 뒤서 달려오네	奔走後先
수레 잡고 통곡하나	攀轅痛哭
뉘 이 걸음 만류하리	莫挽其行
왜 조금 더 머물러서	胡不少留
우리를 끝까지 지켜 주지 않나	究我生成
결국 왜놈 잡은 것은	終焉獲醜
실로 공의 위엄 덕분	寔公餘威
백성들이 안정되고	生靈奠妥
온 나라가 깨끗해졌네	區宇清夷
무릇 우리 조선 사람	凡我東人
은혜 입고 못 갚았으니	含恩未報
눈앞에 뵈옵는 듯한 정성으로[21]	如見之誠

---

21. **눈앞에 …… 정성으로**   제사 지낼 때 재계齋戒하는 동안 고인을 간절히 그리워하면, 그러한 정성에 감응하여 고인이 눈앞에 나타난다고 한다. 『禮記』「祭義」

빛나는 사당²² 세웠도다   有奕廟貌

아, 군탄의 해²³를 맞아   嗚呼涒灘

중국이 상전벽해桑田碧海 되었으나   桑海中州

오직 우리나라만은   惟我家法

춘추대의春秋大義 지켰노라   一部春秋

명나라 망한 것을 슬퍼하며²⁴   浸苞之悲

구원병 보내 준 일 생각하니²⁵   采芑之思

백 년이 지나도록   逮玆百年

의리 더욱 깊어지네   采篤是義

운거에다 풍마 타고²⁶   雲車風馬

칠월이라 동쪽 순행 나서시니²⁷   七月東巡

---

22. **사당**   선무사宣武祠를 가리킨다. 선무사는 선조 31년(1598)에 형개邢玠의 공로를 표창하기 위하여 세운 생사당生祠堂인데, 선조 37년(1604)에 왕명으로 양호를 배향하였다.

23. **군탄涒灘의 해**   군탄은 고갑자古甲子에서 신申에 해당한다. 여기에서는 명나라가 멸망한 1644년인 갑신년甲申年을 가리킨다.

24. **명나라……슬퍼하며**   『시경』조풍曹風 「하천」下泉에 "차갑게 흘러내리는 저 샘물, 가라지 덤불을 적시네. 아아 내 깨어나 탄식하며, 저 주나라 서울을 생각하노라"(洌彼下泉 浸彼苞稂 愾我寤嘆 念彼周京) 하였다. 서주西周의 서울은 호경鎬京이므로, 양호楊鎬의 죽음을 슬퍼한다는 뜻도 함축할 수 있다.

25. **구원병……생각하니**   『시경』소아 「채기」采芑의 내용을 가리킨다. 주나라 선왕宣王 때 만형蠻荊이 반란을 일으키자 방숙方叔에게 정벌을 명하였는데, 그때 군사들이 쓴 나물을 뜯어 먹으며 행군했다고 한다. 여기서는 정유재란 때 명나라 천자가 양호가 이끄는 구원병을 파견한 사실을 빗대어 말한 것이다.

26. **운거雲車에다 풍마風馬 타고**   한漢나라 무제武帝 때 만든 교사가郊祀歌에 "천지 신령의 수레는 검은 구름을 얽고……천지 신령이 내려오실 때 바람같이 빠른 말을 타시네"(靈之車 結玄雲……靈之下 若風馬)라고 하였다. 여기서는 명나라 신종神宗에게 제사를 올리니 황제의 신령이 강림한다는 뜻이다.

27. **칠월이라……나서시니**   음력 7월 21일이 명明나라 신종神宗의 기일忌日이었으므로, 임금이 대보단大報壇을 향해 망배례望拜禮를 행하였다. 『英祖實錄』36年 7月 21日 영조 22년(1746)부터 대보단 제사에 명나라 신종의 신하인 양호와 형개를 배향配享하기로 하였다.

충만하여 곁에 계신 듯한[28]	洋洋左右
공은 황제의 신하	公惟帝臣
성 남쪽을 돌아보니	顧瞻城南
이내 생각 깊어지고	我思邃長
깨끗하고 엄숙한 사당	庭宇汎肅
단청 다시 으리으리	丹雘復光
흡사 영용英勇한 모습으로	彷彿英姿
갑옷 입고 머무시는 듯하니	來憩鎧仗
신령의 위엄 미친 곳마다	威靈所曁
바다 육지 길이 안정되리	永鎭海壤
술과 고기 진설하고	牲醪踐列
징과 북을 울리오니	鐃鼓振作
밝으신 신명이여	神明不昧
이 잔 고이 받으소서	庶歆玆酌

---

28. **충만하여 …… 듯한**　『중용장구』제16장에서 공자는 조촐하게 재계하고 엄숙한 옷차림으로 제사를 받들면 귀신이 "충만하여 위에 계신 듯하고 좌우에 계신 듯하다"(洋洋乎如在其上 如在其左右)고 하였다.

형 상서邢尙書 개玠 치제문致祭文[1]

덕 높이고 공 갚는 건	崇德報功
나라의 큰 예법이라	邦禮之經
그 공 그 덕 무엇인고	功德維何
사직과 백성 살리신 것	社稷生靈
비하자면 물과 불이	譬如水火
문턱까지 아슬아슬	危迫堂戶
아차 순간 못 구했더라면	斯須不救
기둥까지 미쳐 집이 무너질 뻔했네	延棟潰宇
엄청난 신력으로	有大神力
불을 잡고 물 막으니	撲燎湮洪

---

1. 형 상서邢尙書 치제문致祭文　　형개邢玠는 정유재란 때 병부상서 겸 우부도어사 총독계요보정 군무兵部尙書兼右副都御史總督薊遼保定軍務로서 명나라 원병 3만 명을 이끌고 참전하였다. 형개에 대한 제문 역시 1796년경 좌승지 이서구의 부탁으로 지은 것이다. 이서구가 이를 윤색한 글이 『척재집』惕齋集 권9에 「상서 형공 제문」尙書邢公祭文이라는 제목으로 실려 있다.

어찌 갚아 좋을는지	宜如何報
그런 덕과 그러한 공	之德之功
예전에 우리나라	往歲吾邦
백륙 운수² 걸려들어	離運百六
용과 뱀을 못 죽이니	龍蛇未殂
고래 악어 다시 뭍에 올랐네³	鯨鱷復陸
영남 호남 재차 함락	嶺湖再陷
서울 근교까지 화 미쳤네	震及郊圻
이에 오 년이라 긴 세월	于時五載
우리 군사 비바람 속에 고생했으나	暴露王師
뒷마무리 계책 실수하고	策遺善後
화친和親 의논 잘못되어	和議實謬
황제 이에 성을 내어	天怒斯赫
요동 바다 병력 증가	遼海增戍
삼십 만의 대군이라	雄師卅萬
징과 북 소리 천리나 이어지고	鉦鼓千里
육지로 바다로 내달리니	陸走海運
꼴과 곡식 산더밀레	芻粟山峙

2. **백륙百六 운수**   액운厄運을 말한다. 백륙은 음양가陰陽家에서 말하는 양구陽九의 액이다. 구九는 양陽의 극수極數로, 양만 있고 음이 없으므로 만물이 교섭을 할 수 없어 천하가 어지러워진다고 한다. 4,617세歲를 1원元으로 하고, 처음 원에 든 106세 중에 양구陽九 즉 9번의 재해가 있다고 하며, 재해가 가장 많으므로 액회厄會라 한다.

3. **용과 …… 올랐네**   용과 뱀, 고래와 악어는 모두 포악한 존재, 곧 왜적을 가리킨다. 또한 용과 뱀은 각각 진辰년과 사巳년을 상징하며, 이러한 용사년龍蛇年은 흉년으로 간주되었다. 여기서는 처음 왜란이 난 임진년과 그 이듬해 계사년을 가리킨다. 임진왜란 때 왜적을 섬멸하지 못해 정유재란이 났다는 뜻이다.

왜놈 정벌 이제까지	自征倭來
이런 거동 처음이라	未有此舉
천자의 말씀이, 이럴 수가!	天子曰吁
우리 군사 뉘 독려할꼬	疇督我旅
늠름할사 우리 형공邢公	曁曁我公
궁중의 파목4이라	禁省頗牧
병법 알고 변방 익숙	知兵熟邊
온 조정이 추천하니	廷中推轂
너는 가서 공경히 행하라5	汝往欽哉
내 위엄을 대신 행하라 하시며	朕威汝將
상방검尙方劍6을 빌려 주시니	劍借尙方
추상秋霜보다 으시으시	凜若秋霜
경리라 제독이라7	惟是經理
그 이하를 막론하고	提督以下
모두 네가 통제하여	咸汝節制
가차 없이 지휘하라 하시었네	無所貸假
압록강에 공이 이르러	公臨鴨水
선발대가 한강 넘자	先驅渡漢

<hr />

4. **파목頗牧** 전국戰國 시대 조趙나라의 명장인 염파廉頗와 이목李牧을 가리키는 말로서, 궁중의 시종관侍從官 가운데 문무文武를 겸비한 신하를 '금중파목'禁中頗牧이라 한다. 여기에서는 당시에 병부시랑兵部侍郎으로 있던 형개를 빗대어 말한 것이다.
5. **너는 …… 행하라** '가서 공경히 행하라'(往欽哉)는 『서경』「요전」堯典에서 요임금이 곤鯀에게 황하로 가서 치수治水에 힘쓸 것을 명하면서 한 말이다.
6. **상방검尙方劍** 상방尙方은 천자가 사용하는 기물器物을 제작하는 관서로서 천자가 대신大臣에게 권한을 위임할 때 그 징표로 내려주는 칼을 상방검이라 한다.
7. **경리經理라 제독提督이라** 경리 양호楊鎬와 제독 마귀麻貴를 가리킨다.

군대 함성 우레 같고	軍聲震駴
벽루 모습 달라졌네	壁壘改觀
공이 군중 다짐할 제	公來誓衆
옥대에다 망포 입고	玉帶蟒袍
원수 장군 숨죽이며	元帥屛營
활집을 메고 화살통을 찼네	屬鞬注櫜
청산青山 직산稷山에서 무찌르고	靑稷旣鏖
울산蔚山 도산島山에서 몰아치니	蔚島繼躑
토끼 굴⁸이 마구 파이고	窟兔橫決
상산常山의 뱀⁹ 움츠러드네	常蛇瑟縮
괴수 놈은 넋 빠지고	凶渠褫魄
남은 잔당 놀라 숨으니	餘醜駭竄
우리나라 백성들이	惟我邦人
도탄 속을 벗어났소	得出塗炭
강을 건너 다시 올 젠	方其再渡
상처 입고 자리에 누웠더니	瘡痍衽席
마침내 돌아갈 젠	逮厥大歸
왜병 막을 꾀 남기셨네	禦倭餘策
공이 처음 올 적에는	始公之來
천둥 번개 치는 듯이	迹若雷霆
요사 흉악 쓸어 내길	蕩沴殲妖

8. **토끼 굴**　'영리한 토끼는 세 개의 굴을 만들어 놓는다'(狡兔三窟)는 고사에서 나온 것으로, 왜적들이 만들어 놓은 여러 개의 은신처를 말한다.
9. **상산常山의 뱀**　머리와 꼬리가 서로 도와 적을 공격한다는 전설상의 뱀이다. 여기에서는 군진軍陣의 수미首尾가 서로 도와 가며 적에게 공격을 가하는 진법陣法을 말한다.

재빠르고 힘차더니	奮迅砰轟
우로雨露 같은 은혜 남겨	留作雨露
죽은 목숨 살려 주고	洗痰蘇枯
은택을 베푼 뒤엔	膏澤旣潤
없는 듯이 떠났다네	斂歸如無
저 천둥과 저 이슬은[10]	惟彼雷露
상제님의 은덕이나	上帝之仁
사람으론 상제님께	人於上帝
은혜 삼지 못하나니	莫之敢恩
조선 사람 이 때문에	所以東人
공의 은덕 잊지 못하네	公之德含
은덕 잊지 못하면 어찌하리	含德如何
성 남쪽에 생사당生祠堂을	廟貌城南
남들은 사자死者 제사하나	人祭其死
우린 생자生者 제사하니	我祠其生
이는 실로 조선 사람들이	寔由東人
신명처럼 받들기 때문	奉若神明
사악四嶽의 정기 타고나신 분	嶽降之神
세상 떠나신 지 하마 오래[11]	久已騎箕

---

10. **저 …… 이슬은** 『척재집』 권9의 「상서 형공 제문」에는 "저 천둥과 비는"(惟彼雷雨)으로 되어 있다. 『주역』 「해괘」解卦에 "천지가 해동解凍하여 뇌우雷雨가 일어난다. 뇌우가 일어나 온갖 과실과 초목이 발아하니, 해동하는 시절은 위대하도다!"(天地解而雷雨作 雷雨作而百果草木皆甲坼 解之時大矣哉)라 하였다.

11. **사악四嶽의 …… 오래** 『시경』 대아大雅 「숭고」崧高에 "사악이 정기를 내려 보후甫侯와 신백申伯을 낳으셨도다"(維嶽降神 生甫及申)라고 하였다. 『장자』 「대종사」大宗師에 부열傳說이 죽어서 기미箕尾를 타고 올라가 별이 되었다고 하였다. 기수箕宿와 미수尾宿 사이에 부열성傳說星이 있다.

더더구나 백 년 지나	劖復百年
중원 문물 쑥밭이라	周京黍離
온 누리를 돌아보니	顧瞻四海
한쪽 우리 땅만 조촐하이	片土乾淨
공의 영령 예 계시니	公靈在此
누구보다 큰 업적 남기셨네[12]	孔烈無競
해마다 칠월이면	年年七月
옥로玉輅가 동순東巡하니[13]	玉輅東巡
명나라 그리는 맘[14]	風泉之思
이 사당을 중수重修하고	廟宇重新
지조 있는 선비들 잔 올리며	介士奉罍
징과 북을 울리노니	鐃鼓轟鳴
공을 죽지 않도록 하는 건	俾公不死
우리나라 사람들 정성일레	我人之誠

---

12. **누구보다 …… 남기셨네**　『시경』 주송周頌 「집경」執競에 "강력하신 무왕이여, 누구도 다툴 수 없는 업적이셨다"(執競武王 無競維烈)라고 하였다.

13. **해마다 …… 동순東巡하니**　음력 7월 21일이 명나라 신종神宗의 기일忌日이었다. 옥로玉輅는 천자가 타는 수레를 가리킨다.

14. **명나라 그리는 맘**　'풍천지사'風泉之思는 주周나라 왕실이 쇠미해짐을 탄식한 『시경』 회풍檜風의 「비풍」匪風과 조풍曹風의 「하천」下泉 시를 슬픈 마음으로 생각한다는 뜻이다.

연분年分 가청加請 장계[1]

감사를 대신하여 지은 것이다. 무오년(1798, 정조 22)[2]

본도本道의 농사가 참혹하게 흉년이 든 연유와 절박한 백성들의 사정에 대해서는 이미 연달아 장계를 올린 바 있습니다. 신이 관할 지역을 순행하면서 연해의 고을을 먼저 하고 산간의 고을을 나중에 하여 이목耳目이 미치는 고을은 거의 다 파악하였으나, 길이 돌거나 구석진 고을의 경우

---

1. **연분年分 가청加請 장계**　　매년 호조에서 그해의 작황을 참고하여 조세 감면 대상인 급재결給災結과 조세 부과 대상인 실결實結의 총수를 정하여 각 도道에 반포한 것을 연분 사목年分事目이라 한다. 호조에서 연분 사목을 내려 보내면 각 도의 감사는 도내 고을 수령들이 재실災實을 보고한 개장槪狀을 참작하여, 고을별로 초실稍實·지차之次·우심尤甚으로 등급을 정한 뒤 급재결수給災結數를 배분하고 이를 성책成冊하여 호조에 보고한다. 이를 연분 장계라 한다. 호조에서 연분 사목으로 정해 준 급재給災를 사목재事目災라고 하며, 만약 사목재가 실제보다 적게 책정되었다고 판단되면 감사는 재결災結을 추가해 달라고 요청하는 장계를 올리는데 이 장계를 가청 장계라 한다.

2. **무오년**　　대본에 '정사丁巳'로 되어 있는 것을 바로잡았다. 연암은 정사년(1797, 정조 21) 7월에 충청도 면천 군수沔川郡守에 제수되었고, 그 이듬해인 무오년에 당시 충청 감사 이태영李泰永을 위해 이 장계를 지었다. 내용 중에 호조가 획하한 사목재가 '1만 5천 결'이라는 내용이 나오는데, 이는 정사년이 아니라 무오년의 연분 사목과 부합하는 수치이다. 김채식, 「연암의 대찬代撰 '연분 가청 장계'에 대한 소론」 참고.

는 편비編裨(측근의 비장裨將)를 보내어 탐사하게 하거나 해당 수령들에게 물어서 처리하였습니다.

대저 본도는 경기와 영남의 사이에 처해 있어 왼쪽의 산간 지방은 그 지형이 높고 건조한 곳이 대부분을 차지하고, 오른쪽의 해안 지방은 그 토질이 소금기가 있는 땅이 절반이 넘습니다. 이런 까닭으로 흉년이 들면 유달리 심한 흉년이 들기도 하고 풍년이 들어도 고르게 풍년이 들지 않습니다. 이 점을 충청도 사람들은 깊이 걱정하고 크게 두려워하고 있습니다.

재해의 대장臺帳을 낱낱이 상고해 보면 그중에서도 가뭄의 피해가 가장 심합니다. 그런데 금년의 경우는 갓 해동解凍하던 때부터 이미 가뭄이 들 조짐이 있었으며, 2, 3월경에 비록 네댓 차례 비가 내리기는 하였으나 호미질하거나 쟁기질하거나 할 때 강수량이 일정치 않았으며 연해의 고을과 산간의 고을에 따라서도 강수량이 같지 않았습니다. 골짜기의 물이 나는 논이나 시내에서 봇물을 대어 오는 들판의 경우 간혹 때에 맞추어 물을 대고 파종을 하여 제때에 모내기를 한 곳이 있기도 하지만 이런 경우는 10의 2, 3에 불과합니다. 이 밖에 뭍으로 이어진 높고 메마른 땅들은 간신히 두레박으로 물을 끌어올리느라 힘은 갑절이나 들면서도, 이미 모내기한 모는 땅에 심자마자 시들어 버리고 모내기를 하지 못한 모는 모판에서 그대로 타 죽어 버리고 말았습니다.

마침내 계절이 늦여름이 되도록 한결같이 불볕 같은 가뭄이 계속되어 각처에서 기우제를 지내고[3] 인심이 목이 타들어 가듯 하였으나, 어리

---

3. **각처에서 기우제를 지내고** 원문은 '圭璧徧擧'인데, 규벽圭璧과 같은 옥기玉器를 신에게 바치고 기우제를 드린다는 뜻이다. 『시경』 대아 「운한」雲漢에 "신들에게 제사를 드리지 않음이 없고 이 희생물을 아끼지 않아, 규벽을 이미 다 바쳤거늘 어찌 나의 호소를 들어주시지 않나"(靡神不擧 靡愛斯牲 圭璧旣卒 寧莫我聽)라고 하였다.

석은 백성들은 다른 데에 생각이 미치지 못한 채 눈앞에서 농사의 때를 놓치고 있으면서도 단지 황급한 사태를 쳐다만 볼 뿐 앞으로의 조처를 어떻게 변통해야 할지 전혀 알지 못하고 있었습니다. 이렇게 하루 이틀 아무런 손도 써 보지 못하고 있을 때, 성상께서 특별히 염려하시어 식량을 넉넉히 할 방도를 생각하시어 다른 작물을 대신 파종하도록 권장하고 세금을 면제해 줄 것을 유시諭示하여 봄기운처럼 온화한 윤음綸音을 내리시니, 백성들이 갈라지고 소금기 있는 들판과 묵혀서 버려진 구릉을 갈고 파종하여 앞 다투어 일을 하였습니다.

유월 초닷새에 이르러서야 비로소 큰비가 밤낮으로 계속 쏟아져 원근의 고을에 모두 흡족히 내렸습니다. 이에 미처 모를 옮겨 심지 못한 자들도 일제히 일어나 힘을 합쳤으므로 영읍營邑(감영監營이 있는 고을)에서 백성들을 독려하고 권면할 때면 반드시 '그래도 아예 버려두는 것보다는 낫다'고 하였고, 요행을 바라는 백성들도 있어서, 비록 늦기는 하지만 혹 수확을 할 수도 있다는 생각에 노약자들까지 힘을 모아 도롱이에 삿갓을 쓰고 다투어 달려 나오기는 하였으나, 절기가 이미 늦어 버리고 말았습니다. 할 일은 어지럽게 많은데 인력이 이에 미치지 못하여 보름이나 스무날을 끄는 바람에 이조차 차례로 중지하고 말았으니, 이 때문에 늦게 모내기한 벼가 모내기하지 않은 벼보다 많고, 모내기하지 않은 벼가 일찍 모내기한 벼보다 많게 된 것입니다. 대체로 이렇게 늦게 모내기한 허다한 벼들이 모두 중복中伏 전후로 심겨져, 설령 이후의 날씨가 고르고 비가 자주 내린다 하더라도 오히려 수확을 기대하기가 어려운 형편이거늘, 농가農家에서 말하는 삼복三伏의 가뭄이 또다시 혹독하게 닥쳐와 유월 그믐과 칠월 스무날에 내린 비로는 이미 그 시듦을 막을 수가 없었으니, 일찍 모내기한 것은 대부분이 말라 버렸고 늦게 심은 것도 거의 다 타버리고 말았습니다. 이는 강가의 척박한 땅과 바닷가의 소금기가 밴 땅이 가장 심하여 한 평坪 두 평을 막론하고 마른 벼 포기가 논두렁에 연이어져 있고, 5리 10리에 걸쳐 거친 갈대가 숲을 이루어 이것저것 보이는 것이 극히 참담합니다.

다만 산에 의지하여 조금 일찍 심은 것과 가뭄을 입되 조금 덜한 것 가운데는 혹 농사가 모양을 갖추어 간혹 수확되는 것도 있기는 하나, 여러 번 재상災傷을 겪어 받은 피해가 이미 고질이 되어 열매를 맺은 것이 거의 보잘것없다시피 하며 소출이 태반이나 줄어들었습니다. 대신 파종한 각종 작물은 필경 수확한 것이 처음 예상보다 배나 더하여, 늦게 모내기하느라 아무런 이익도 없이 헛수고한 것에 비하면 그 이익이 현격히 차이가 날 뿐만이 아닙니다. 이에 이르러 민심이 마치 믿는 바가 있는 듯이 여기면서 모두들 조정에서 미리 다른 작물의 파종을 권장한 거룩한 덕과 지극한 뜻에 감격하고 있기는 합니다만, 한스러운 것이 있다면 이는 일찌감치 힘을 써 벼농사를 포기하고 다른 작물을 파종하지 못한 점입니다.

밭농사의 경우 논농사와 비교하여 훨씬 낫기는 하지만 이삭이 팰 무렵에 가뭄을 만나고 열매가 영글 무렵에 바람의 피해를 당한 탓에, 처음 대풍을 바라던 곳은 겨우 흉작을 면하였고 처음 흉작을 면할 수 있으리라 기대했던 곳은 결국 제대로 익지 못하고 말았습니다. 그리하여 콩팥은 화종和種(씨를 뿌려서 심은 것)과 근경根耕(그루갈이)을 막론하고 기름진 곳이 아니면 거의 말라 시들어 수확이 얼마 되지 않았으며, 목면木綿은 연해의 고을이 더러 흉년이 들기는 하였으나 산간의 밭은 자못 수확이 잘 되었습니다.

삼가 생각하건대, 전답을 조사하여 급재給災(재해를 입은 전답의 조세를 면제해 주는 것)해 주는 일은 위로는 나라의 살림과 관계되고 아래로는 백성들의 고통과 관계되므로 평년이라 할지라도 진실로 소홀히 다루어서는 안 되는 일이거늘, 하물며 금년처럼 곳곳에서 재해를 입어 이 고을 저 고을에서 흉작을 보고해 오는 실정에서야 두말할 나위가 있겠습니까. 전번에 사목재事目災 1만 5천 결을 획하劃下하라는 특명을 내리셨는데 이는 실로 상례常例를 넘어선 전후에 보기 드문 은혜이니, 성상의 뜻을 선양하는 직책에 있는 자로서 특히나 십분 경계하고 백배 잘 살핀 다음, 수령들을 연이어 신칙하여 고을마다 정리를 하게 하고, 간간이 염탐하는 관리를 보내어 창고마다 살피게 하여, 묵은 재탈災頉과 새 재탈 사이에 뒤섞이기 쉬운 것이나, 일찍 모내기하고 늦게 모내기한 것 사이에 구별하기 어려운 것 및 어느 면面이 재해가 많고 적은지와 어느 리里가 재해가 들고 풍실豐實한지를 별도로 조사하여 실정에 맞도록 힘써야 할 것입니다.

이렇게 하려다 보니 자연 이리저리 꿰맞추게 되어 각 고을의 개장槪狀[4]조차 마감해 들이지 못한 것이 많습니다. 따라서 모두 도착된 다음에 신이 삼가 장부를 열람하여 재총災摠(재결의 총수)을 비교하고 가감加減할 것을 변별하여 세세한 것까지 타당하게끔 만들어 차례대로 보고하도록 하겠습니다.

재해가 일어난 해에 토지의 등급을 매기는 것은 관계된 바가 더욱 중하므로, 한번 착오가 생겨 혹 은혜가 고르게 베풀어지지 못하거나 조세를 편파적으로 징수한다는 원망이 나오게 되면, 이 또한 백성들을 불쌍히 여기시는 성상의 뜻을 받드는 도리가 아닙니다.

신이 이에 고을에서 올라온 보고와 백성들의 호소를 참고하고 직접 귀로 들은 것과 눈으로 본 것을 비교하여 한 도道를 세 등급으로 나누어 정했으니, 홍주洪州 등 39개 고을과 평신진平薪鎭은 우심읍尤甚邑에 올리고 충주忠州 등 18개 고을은 지차읍之次邑에 올리고 청풍淸風 등 7개 고을은 초실읍稍實邑에 올려 해당 고을의 이름을 낱낱이 기록하여 예람睿覽(임금이 열람함)하실 수 있게 하였습니다.

대개 이와 같이 등급을 나눈 것은 다만 격례格例에 따라 거행한 것으

---

4. 개장槪狀   중요 내용을 개략적으로 보고한 문서로, 대개장大槪狀이라고도 한다.

로서, 구체적으로 따져 들어가 말하자면 그 사이에 재해를 입은 정도의 차이는 있으나 통틀어 논해 보면 등급을 달리할 만큼 우열을 보이지는 않습니다. 산간의 고을은 밭이 많은 데다 밭농사의 수확이 논농사의 수확보다 잘 되었으므로 간혹 초실읍이 나온 것이며, 바닷가의 고을은 논이 많으나 논농사의 수확이 밭농사의 수확보다 못하였으므로 대체로 우심읍이 된 것입니다. 그런데 금년에 이른바 초실읍이라고 하는 곳도 거두어들인 수확을 가지고 비교해 보면 평년의 우심읍과 차이가 없으니, 지차읍이나 우심읍의 상황 또한 이를 통해 미루어 알 수 있습니다. 우심읍 가운데 은진恩津·석성石城·부여扶餘·예산禮山·한산韓山·연기燕岐·서천舒川·태안泰安·덕산德山 등 9개 고을의 경우 강가의 토지는 척박하고 바다와 가까운 토지는 메말라 한눈에 보기에도 적지赤地[5]여서 왕왕 모든 면面이 재황災荒으로 처리된 곳도 있으니, 이는 우심읍 가운데서도 특히 심한 고을입니다.

고을의 등급이 이미 나누어졌으니 면面을 나누는 일이 흉년에는 응당 시행되어야 할 것이며, 리里를 나누고 가호家戶를 가리는 일 또한 그만두어서는 안 될 것입니다. 게다가 재해를 입은 곳이 예전에 비해 몇 갑절이나 되며, 한 평 안에서도 동쪽 서쪽이 판이하고 한 고庫[6] 안에서도 아래위로 현저히 달라서 우심면尤甚面 가운데에도 혹 초실호稍實戶가 있고 초실면稍實面 가운데에도 또한 우심호尤甚戶가 많이 있으니, 정밀하게 조사하는 정사政事를 시행해야 한다는 점에서 전 고을로 나누어 그 대체大體만을 범범하게 논해서는 진실로 안 될 것입니다. 그리하여 각 고을에 관문關文[7]

---

5. **적지赤地**　　재해를 입어 아무런 수확도 거두지 못한 땅을 말한다.
6. **고庫**　　일정한 곳의 논밭을 말한다. 『성종실록』 6년 4월 23일 조에 "토속어로 전지가 있는 곳을 고라 한다"(俗以田之所在謂庫) 하였다.
7. **관문關文**　　상급 관청에서 하급 관청에 시달하는 공문서이다.

을 보내어 유별로 구분하게 하되, 면面의 등급을 나누는 것은 고을의 보고가 올라오기를 조금 더 기다렸다가 성책成冊을 하여 추후에 비변사備邊司로 올려 보낼 계획입니다. 리里를 나누고 가호를 가리는 일을 같은 식으로 기록하자면 결국 너무 번잡해지게 되겠기에, 이것은 다만 영읍營邑에서만 사용하여 참고할 자료로 삼겠습니다.

본도本道로 말하자면 평소 토지가 척박하고 백성들이 가난하다고 일컬어지며 평년에도 목숨을 연명하는 것조차 이어 가기가 어려운 실정인데, 이번의 참혹한 흉년을 돌아보면 옛날에도 드문 일이라 길쌈질도 그만두었을 뿐 아니라 소량의 양식도 똑 떨어졌습니다. 게다가 곡물 값이 배로 뛰어 다른 지역에서 사 오려고 해도 방법이 없습니다. 그리하여 추수가 한창인 계절에 목숨을 구걸하는 백성들과 봄이 채 되기도 전에 진휼을 청하는 백성들이 신의 일행이 가는 곳마다 말을 에워싸고 울며 호소하기를,

"밭을 갈고 김을 매느라 온 힘과 양식을 다 바치고 열 식구가 이마에 손을 얹고 축수하며 추수 때가 오기만을 바라고 있었는데, 한번 가뭄이 들어 온갖 곡식이 모두 흉작이 되어 버렸습니다. 심지어 해전海箭(어전 魚箭 즉 어살), 염분鹽盆(바닷물을 가마에서 졸여 소금 만드는 일), 백저白苧(흰모시), 포소圃蔬(채소 기르기)와 같은 민간의 부업이 될 만한 것들도 거의 다 실패하게 되었으니, 신포身布는 어디서 마련해 낼 것이며 환곡還穀은 어디에서 구해 바치오리까?"

하며, 수백 수천 명이 떼를 지어 모여듭니다. 그들을 일일이 대응할 겨를도 없거니와 신 또한 이 지경이 되니 대답할 말이 없어, 단지 조정에서 백성들을 자기 몸 상한 듯이 가슴 아파하고 어린애를 보호하듯이 여기는 덕의德意를 받들어 가는 곳마다 유시하고 만나는 사람마다 위로해 줄 뿐입니다.

지금 보니 가을걷이가 완전히 끝나지 않았으므로 당장 구휼할 방법

과 앞으로의 구제책을 다시 깊이 생각하여 계속해서 즉시 아뢸 계획입니다. 앙청仰請할 여러 조목들을 참작하고 마련하여 또한 일체 개좌開坐(개록開錄 즉 기록)하였으니 묘당廟堂(비변사)으로 하여금 성상의 지시를 받들어 분부하게 하소서.

연분 가청 장계

정사년(1797, 정조 21)[1]에 감사를 대신하여 지은 것이다.

본도本道의 농사 형편은 이미 전후前後의 장계狀啓에서 대강 진술하였거니와, 신臣의 부임이 마침 사방 들판의 곡식들이 익어 가는 때였으므로 도로변에서 본 바로는 풍년이 들 희망이 없지 않았으며 열읍列邑의 보고를 참조해 보아도 또한 그렇게 파악되었습니다. 그런데 관할 지역 순행에 나섰을 때가 곡식들을 수확할 무렵이어서 직접 눈으로 본 바로는 앞서와 확연히 달라, 비단 비가 내리기를 빌고 있는 고을들만 큰 흉년이 든 것은 아닌 것으로 판단되었습니다. 그래서 순행길에 몸소 지나간 곳이 아니면 수령들을 직접 면대하여 물어보았고, 만약 또 멀리 떨어져 있는 궁벽한 곳이라면 편비編裨를 나눠 파견하여 하나하나 자세히 탐문하고 곳곳

---

1. **정사년**   대본에 '무오'戊午로 되어 있는 것을 바로잡았다. 연암은 정사년(1797)에 당시 충청 감사 한용화韓用和의 요청으로 이 장계를 지었다. 내용 중에 호조가 획하한 사목재가 '1,070결'이라는 내용이 나오는데, 이는 무오년이 아니라 정사년의 연분 사목과 부합하는 수치이다. 『승정원일기』 정조 21년 9월 29일 조에 관련 사실이 기록되어 있다. 김채식, 「연암의 대찬代撰 '연분 가청 장계'에 대한 소론」 참고.

마다 허위 보고를 적발하게 하였더니, 도내道內의 농사 정도가 보고 들은 것과 대략 동일하고 열읍列邑의 작황이 심중에 분명하게 파악되었습니다.

통틀어 논하자면 과연 혈농穴農[2]이기는 하지만, 연해와 산간 고을 사이에 득실得失의 차이가 있고 한 고을 안에서도 재해와 풍실豐實이 다릅니다. 이는 대체로 모내기할 때부터 대부분 가뭄이 들어, 비록 방죽 아래에 있는 논이나 봇물이 닿는 땅이라 하더라도 수원水源이 마른 곳이 많아서 제대로 물을 대지 못하였고, 가끔씩 소낙비가 내리기는 하였지만 물이 적셔진 곳은 같은 들에서도 배미끼리 서로 물을 다투고, 같은 배미에서도 논두렁끼리 서로 물을 다투어야 할 형편이었습니다. 이때를 틈타서 모를 옮겨 심느라 자연히 시기를 놓치게 되다 보니 한 평 안에서도 모내기를 하지 못한 곳이 여기저기 많아졌습니다.

유월 이후부터는 한결같이 내리쪼이는 햇볕이 더욱 심하여 은진恩津 등 16개 고을은 칠월 한 달 동안 시종 기우제를 지내야 했으며, 늦게야 큰비가 내리기는 했지만 말라붙은 벼포기를 소생시키기에는 별로 효험이 없었습니다.

무릇 바닷가의 소금기가 많은 땅은 모내기도 늦었거니와 그나마 곧바로 말라붙어, 미처 벼가 자라지도 못한 상태에서 소금기가 올라오는 바람에 더러는 애초부터 이삭이 패지 못한 것도 있고 더러는 빈 이삭만 나온 것도 있으며, 심지어 온 들판을 바라보면 벼들이 갈대처럼 하얗게 서 있는 곳도 있었습니다. 그리고 산골짜기에 가까운 척박한 고을은 일찌감치 가뭄을 입어 이삭도 크지 못했거니와 여문 열매 또한 드물었으며, 급기야 수확을 마치고 보니 평년보다 반이나 줄지 않은 곳이 없었습니다. 이 지경에 이르고 보니 백성들 사정이 급박한 것이 흉년을 만난 것

---

2. **혈농**穴農　곳에 따라 풍작과 흉작이 고르지 못한 농사, 즉 구메농사를 말한다.

이나 다를 바 없게 되었으나, 그럼에도 또한 감히 무슨 재해라 이름 붙여 말하지 못하는 것은, 실로 여름과 가을 이래로 바람, 서리, 멸구, 우박 같은 일시적인 재앙도 없는 상태에서 단지 비가 끝내 흡족하지 못하여 절기節氣의 변화가 늦추어진 데서 일어난 결과이기 때문입니다. 단지 신이 처음 부임하면서 풍년을 점쳤던 것이 허사로 돌아갔을 뿐만 아니라, 비록 땅만 보고 사는 늙은 농사꾼조차도 저도 모르는 사이 가만히 앉아서 풍년을 놓친 셈입니다. 이것이 바로 논농사의 대강입니다.

이어 밭농사에 대해 말하자면, 가뭄으로 타서 말라붙은 흙이 쇠처럼 굳어 싹을 잘 틔우지 못하였을 뿐 아니라, 그나마 비를 기다려서 잡초를 제거하자니 자연 때가 지나고 말아 늦게 맺은 곡식은 절반이 쭉정이뿐이었으며, 모래흙에 메마른 밭의 경우는 간혹 온 고庫가 다 버려져 종자를 찾을 희망조차 갖기 어렵게 되었습니다. 면화는 아무리 한초旱草(가뭄을 잘 견디는 식물)라고는 하지만 이것도 너무 건조하면 뿌리를 내릴 수 없으며, 비록 뿌리를 내릴 수 있다 할지라도 줄기가 왜소하고 가지가 성글어 꽃과 열매가 패지 못하여 제일 나중에 수확한 것은 겨우 큰 흉작을 면할 정도였습니다. 이것이 바로 밭농사의 대강입니다.

지금 한 도道의 좌우左右를 들어 논하면 우도右道는 해안에 접하여 논이 많고 밭이 적은 까닭에 벼가 조금이라도 익은 곳은 해안 고을이 많으며, 좌도左道는 산골짜기에 가까워서 밭이 많고 논이 적은 까닭에 각종 곡물이 조금이라도 익은 곳은 산간 고을이 비교적 낫습니다.

그리고 재해의 정도를 논하면 우도 해안의 포구에 가까운 논은 소금기가 유달리 심하고 좌도 산간의 높고 건조한 지대는 가뭄의 피해가 가장 심합니다. 신이 순행하며 살피는 길에 재해를 입은 백성들이 도처에서 떼를 지어 어깨에 말라붙은 짚단을 메고 말 머리를 에워싸는 바람에 거의 앞으로 나가지도 못할 지경이었습니다. 이에 신이 하나하나 면대하여 각자 안심할 것이며 무분별하게 조세를 징수할 염려는 하지 말라는 뜻으로 타일렀습니다.

삼가 생각하건대, 전답을 조사하여 급재給災를 하는 것은 나라를 다스리는 큰 정사로서, 위로는 국가 경비의 넉넉하고 모자람에 관계되고 아래로는 백성들의 기쁨과 근심이 거기에 달려 있습니다. 따라서 지나치게 급재를 베풀다 보면 나라 살림을 이어 가기 어렵고, 그렇다고 해서 과감하게 급재를 줄이면 백성의 고통을 구휼해 줄 길이 없습니다.

신이 변변치 못한 몸으로 외람되이 분수 밖의 관직을 받아, 밤낮으로 두려움에 떨면서 자고 먹는 것도 잊은 채 어찌하면 백성을 근심하고 불쌍히 여기시는 전하의 뜻을 만의 하나나마 받들까 생각하나, 그 길은 표재俵災(재결을 배분하는 것)를 하는 정사보다 우선되는 것이 없습니다. 더하고 덜고 하는 사이에 털끝 하나라도 실상과 어긋난다면 신이 성은聖恩을 저버린 죄야 그래도 신 한 몸에 그치고 말겠으나, 나라의 살림은 어찌하며 백성의 고통은 어찌하겠습니까?

신이 열읍列邑의 개장槪狀이 모두 당도한 후로 정밀하게 분석하기에 힘썼는데, 보고된 재총災摠 중에서 검토 결과 타당한 것은 곧 모내기조차 못한 곳이 □결結이고, 그 밖에 함손鹹損(소금기로 인해 손상됨)·준축蹲縮(땅이 내려앉아 줄어듦)·환진還陳[3] 등 각종의 재탈災頉 □결이며, 유래流來와 구초불舊初不의 경우[4]로서 신재新災로 추이推移하여 분표分俵(재결을 배분함)한 것이 또 1,237결이어서, 신구新舊의 재탈災頉을 통계하면 도합 1만 □결입니다. 이를 사목재事目災로 획하劃下한 1,070결에 비하면 부족량이 □결입니다. 만약 재해를 입은 열읍들을 통틀어서 따지자면 을묘년(1795)의 재해에 비하여

3. 환진還陳　논밭이 도로 묵어짐. 몇몇 이본에는 '續還陳'으로 되어 있다. 해마다 계속 묵히는 논밭을 속진전續陳田이라 한다.
4. 유래流來와 구초불舊初不의 경우　유래는 곧 여러 해 동안 계속 재해를 입은 논밭인 유래재결流來災結을 말하고, 구초불은 여러 해 전부터 경작하지 않고 묵히는 논밭을 말한다.

줄어들기는 하였지만, 집중적으로 재해를 입은 지역만 가지고 말하자면 을묘년과 그다지 차이가 나지 않습니다. 그런데 을묘년에 내린 표재俵災가 2만 5,500결이었으니, 금년의 재탈이 을묘년에 비하여 3분의 2가 줄어든 것으로 볼 때 너무 지나치게 책정한 것은 아닐 듯합니다.

대저 금년의 농사는 들리는 바로는 호남과 영남이 특히 심하며 농사가 제대로 되지 않은 것은 모두 가뭄으로 인한 것이라고 합니다. 지금 신이 관할하는 지역은 작황만 가지고 논한다면 차이가 있으나 재손災損을 비교해 보면 역시 크게 다를 바가 없습니다. 지금 이처럼 분등分等할 때에 신의 도를 연분年分 제5등⁵에 묶어 두어 획하한 표재俵災가 겨우 1천 결을 넘는 정도이니, 신이 아무리 변변치 못하나 도대체 유독 무슨 마음으로 의례적으로 장황하게 백성들의 고통을 실지 이상으로 늘어놓아 성상의 귀를 놀라게 하고 구중궁궐에서 밤낮으로 근심하는 성상의 마음을 더 괴롭게 하겠습니까. 만약 신이 한갓 성상에 대해 두려워하는 마음만 가지고 아무 말 없이 세월을 보내며, 백성을 어린애 돌보듯이 하시는 성상의 은혜를 우러러 본받지 못하고 마침내 한 백성이라도 그 은택을 고루 받지 못해 탄식하게 한다면, 조정에서 신을 범부凡夫 중에서 선발하여 특별히 직책을 주신 뜻이 자못 아닐 것입니다. 신의 죄가 여기에 이르러 더욱 피할 길이 없습니다. 이에 감히 외람됨을 피하지 않고 죽음을 무릅쓰고 간절한 마음을 아뢰는 바입니다.

전에 획급한 사목재 외에 부족한 급재給災 □결을 특별히 더 획급해 주도록 하시면, 신이 삼가 순서에 따라 분표分俵하여 농사를 망친 우리 백성들로 하여금 마치 다친 사람처럼 살피시는 성상의 은택⁶을 골고루

---

5. **제5등**　연분구등법年分九等法에 따라 중중년中中年으로 분류되었다는 뜻이다.
6. **마치 …… 은택**　『맹자』「이루 하」離婁下에 "문왕文王은 백성을 마치 다친 사람처럼 살피셨다"(視民如傷)고 하였다.

받게 하겠습니다. 열읍의 등급을 나누는 일은 관계된 바가 매우 중하므로 더욱 정밀하게 살펴야 합니다. 따라서 상호 참작하고 잘 재량하여 각각의 고을들을 우심읍尤甚邑, 지차읍之次邑, 초실읍稍實邑으로 구분하여 후면에 기록하였습니다. 앙청仰請할 여러 조목들을 참작하고 마련하여 일체 개좌開坐하였으니 아울러 묘당廟堂으로 하여금 성상의 지시를 받들어 분부하게 하소서.

그리고 지금 재해를 가장 혹독하게 입은 우심읍 몇 고을의 백성들에 대해서는 별도의 구휼이 있은 연후에야 자리를 잡고 생업을 지탱할 수 있을 터인데, 작년에 이미 약간의 풍년이 들었을 뿐 아니라 금년은 공통적으로 대흉大凶은 아닌 만큼, 격식을 갖추어 진휼하는 일에 대해서는 감히 갑작스레 거론할 바가 아니므로, 형편의 완급緩急에 따라 사진私賑(수령이 자신의 녹봉을 털어 구휼함) 또는 구급救急의 방법을 통해 편의에 맞게 원조하여 백성들이 굶어 죽는 일은 기어코 면하도록 할 계획입니다. 이런 연유를 아울러 치계馳啓합니다.

둔암집서遯庵集序

남을 대신하여 지은 것이다.

옛날 나의 선친이 일찍이 암행어사로서 호우湖右(전라우도全羅右道) 지방의 민심을 채방採訪할 때에, 영광靈光에 사는 양군梁君 아무개가 성품이 순근醇謹하고 학문을 좋아하여 마치 한漢나라의 삼로三老[1]가 농사에 힘쓰면서 효도와 우애를 다진 것과 같았으므로 술과 쇠고기로 위로하고 비단을 주어 장려할 만하다고 하였다.

얼마 후 조정에서 배척을 당해 호남 고을에 보직이 되자 양군이 예전에 은혜를 입었다 하여 따라와 문객門客이 되었고, 또 이로 인하여 왕래가 계속되어 한양에 와서도 문객이 되었다. 이때에 선친이 자주 전부銓部(이조吏曹)를 맡았으나 매위韎韋(무부武夫)와 제상鞮象(역관譯官)의 알현은 문전에서 거절하였으며, 심지어 먼 지방의 방기方技와 이술異術에 밝은 선비나 비록 평소 문장을 잘한다고 소문난 자에 이르러서도 모두 사절하고 한

---

1. **한漢나라의 삼로三老** 한나라 때 지방에서 덕행이 있는 장로長老를 삼로로 천거하여 향鄕에는 향삼로鄕三老, 현縣에는 현삼로縣三老, 군郡에는 군삼로郡三老를 두고, 지방관들을 도와 교화敎化에 힘쓰게 했다.

번도 대면한 일이 없었다. 반면에 유독 양군만은 문객이 된 지 수십 년 동안 명성名聲이나 세리勢利 따위는 서로 잊어버리고 지냈다. 집 남쪽에 무성한 나무 그늘이 뜨락에 반쯤 내려와 덮게 되면 바둑을 여러 판 둘 뿐 다른 일은 아무것도 하지 않았으며, 다만 손에 책 한 권을 쥐고 저녁 내내 흥얼대면서 거의 기갈飢渴도 잊어버리고 형해形骸도 내버린 듯이 지냈다. 아마도 우리 집의 청백淸白하고 화락한 가풍에 깊이 탄복한 바 있어서 우리와 감고甘苦를 같이하여 문객이 된 것을 즐겁게 여겼던 것으로 보인다. 그리하여 집안의 젊은이들부터 그가 근후謹厚한 장자長者임을 흠모하여 따랐으며, 아래로는 하인들까지도 그를 공경하여 따를 줄을 알고 그가 문객으로 있다는 사실조차 잊어버리고 지낼 정도였다. 게다가 나는 그 당시 겨우 더벅머리 어린아이였으므로 그는 유모처럼 나를 안고서 입으로 동서남북을 가르쳐 주기도 하고 손가락으로 글자를 그어 주기도 하였다.

아, 양군은 생각해 보면 우리 양대兩代와 함께 지내며 백발이 된 사람이다. 그는 평소에 공손하여 말이 입에서 나오지 않을 것 같다가도, 천인天人과 성명性命에 대하여 이야기하게 되면 마치 강둑이 터져 물이 콸콸 내려가듯이 하였으며, 그 밖에 의술, 점술, 천문 역법, 풍수風水로 대상을 넓혀 이야기를 하여도 어느 것 하나 모르는 것이 없었다. 비록 그것이 하나하나 다 맞는 말인지는 알 수 없지만, 독자적으로 터득하여 심오한 경지로 곧바로 나아갔으며 여러 학자들의 훈고訓詁에 구애되지 않은 점은 족히 칭찬할 만하였다. 또한 그의 문장은 속으로는 큰 기상이 들어 있고 겉으로는 호방하여, 글을 매끄럽게 다듬지 않았어도 예스러우면서 순박하고 노숙하면서 힘이 있어 볼 만한 것이 매우 많았다.

지금 그의 아들 아무개가 그 글을 오래도록 세상에 전하게 하고자 하여, 그 평생의 저술을 수집하여 몇 편編으로 정리하였는데 시詩와 문文이 몇 권卷이 된다. 그리고 재주 없는 내가 양대에 걸쳐 세의世誼가 있는 집안이라 하여 나의 거친 글을 청하기에 의리상 사양할 수 없어 마침내 예전에 보고 기억나는 것을 낱낱이 서술하여 돌려보낸다.

공손앙公孫鞅이 진秦나라에 들어가다

임금께서 지으신 책문策問은 이러하다.

　남이 자기를 비방한다는 말을 들으면 놀라 두려워하며 그 화를 피하려는 것이 인지상정人之常情인데 공손앙은 끝내 아무렇지도 않게 여겼으니 계책이 밝은 사람이 아니면 어찌 그럴 수 있겠는가. 그에게 범인보다 뛰어난 능력이 있음을 공숙좌公叔座가 알기는 하였으나, 위앙衛鞅(공손앙)이 쓸 만한 인물이라는 것만 알았을 뿐 혜왕惠王이 등용하지 못하리라는 점은 알지 못한 것은 어째서인가?

　신하가 임금에게 고할 적에 지성으로 고하지 않고서 그 청을 받아들이게 한 사람은 없었다. 혜왕에게 그를 반드시 죽여야 한다고 청한 말을 보건대, 이는 대체로 공손앙을 기재奇才라고 한 칭찬과 임금을 신하보다 우선시하는 의리를 실증하려는 것이었다. 그러나 이미 온 나라를 들어다 그에게 맡기라고 청해 놓고 또다시 그를 죽이라고 권했으니, 어찌 앞뒤가 어긋난다는 의심에서 벗어날 수 있겠는가.[1]

---

1. **남이 …… 있겠는가**　위魏나라 재상 공숙좌가 병이 위중하자 혜왕이 병문안을 가서 그가 죽은 후의 대책을 물었더니 공숙좌가 대답하기를, "공손앙이 나이 비록 젊으나 기재奇才가 있으니 왕

소하蕭何가 한신韓信을 천거할 때 '한신을 쓸 일이 없다'[2]고 말한 것에 불과하였으나, 한 고조漢高祖가 선뜻 그의 말을 따랐는데, 이는 단지 한 고조가 한 고조다웠기 때문만이 아니라 소하 또한 성실하고 거짓이 없었기 때문이다.[3] 이와 같이 공숙좌가 진작에 지성으로 천거하고 충심으로 아뢴 다음, 위앙이 하는 일과 말을 살피고 누차 시험하고 점차적으로 등용하는 방법을 다하게 했더라면, 혜왕이 과연 온 나라를 들어서 위앙에게 맡겼을 뿐만 아니라 진 효공秦孝公이 이룩한 부국강병富國強兵의 공렬功烈도 이룰 수 있지 않았겠는가?

신臣 아무개는 삼가 답합니다.

예로부터 신하가 그 임금에게 간언을 올림에 있어서는 어느 것이든 지성에서 우러나지 않은 것이 있겠습니까. 풍언諷言(넌지시 풍자함)으로써 간하는 것이 배우의 익살에 가깝고, 궤변으로써 대답하는 것이 회휼回遹함[4]을 면치 못하였으나 옛사람을 논한 후세의 논자論者들은 또한 그들의 간

께서 온 나라를 들어다 맡기소서" 하니, 왕이 아무 말도 하지 않고 나가려 하였다. 이에 다시 "왕께서 공손앙을 등용하지 않으시겠다면 반드시 그를 죽여서 국경 밖으로 나가지 못하게 하소서" 하였다. 그런 다음 공손앙을 불러 "신하보다 임금을 우선시하는 마음에 너를 죽여야 한다고 하였으니 빨리 도망치거라" 하니, 공손앙이 "왕이 나를 등용하라는 말을 듣지 않았으니 나를 죽이라는 말 또한 어찌 듣겠습니까?" 하고는 끝내 도망가지 않았다. 한편 혜왕은 좌우의 신하들에게 "공숙이 병이 심하니 슬픈 일이오만, 나더러 나라를 공손앙에게 맡기게 하려 하니, 어찌 앞뒤 안 맞는 소리가 아니오(豈不悖哉)"라고 하였다. 『史記』 卷68 「商君列傳」
2. 한신을 …… 없다 승상 소하가 도망친 한신을 데려와 한 고조에게 천거하면서, "왕께서 한중漢中에서 영원히 왕으로 지내고 싶으시면 한신을 쓸 일이 없겠으나, 반드시 천하를 다투고자 하신다면 한신이 아니고서는 그 누구와도 일을 도모할 수가 없습니다"라고 한 데서 나온 말이다. 『史記』 卷92 「淮陰侯列傳」
3. 성실하고 …… 때문이다 원문은 '老實無缺'로 되어 있으나, 몇몇 이본에는 '老實無妄耳'로 되어 있어 이에 따라 번역하였다.
4. 회휼回遹함 간사하고 편벽되다는 뜻이다. 『시경』 소아 「소민」小旻에 "정책이 회휼하니 언제 멈출 건가"(謀猶回遹 何日斯沮)라고 하였다.

언이 정성스럽지 못하다고 비난한 적이 없었고, 심지어는 죽은 뒤에 자신의 시신을 늘어놓게 한 일도 있었으나 군자가 오히려 그의 곧음을 인정하였습니다.[5]

어리석은 신이 가만히 생각하건대, 공숙좌가 위앙을 천거한 것은 곧은 점으로는 사어史魚와 같고, 속임수를 쓴 점으로는 소하蕭何와 같다 하겠습니다. 왜냐하면 위앙의 나라 다스림과 한신韓信의 군사 거느림은 오직 크게 써야 할 능력이지 작은 일로써 시험해서는 안 되기 때문입니다. 무릇 길가에 재를 버리는 데에서 법을 세우고,[6] 목재 하나 옮기는 데에서 상賞을 미덥게 한 것[7]은 곧 나라를 부유케 하고 군사를 강하게 하는 술책으로서, 이를 작은 관직에서나 일개 현縣에서 시험했다면, 대중의 생각과 어긋나고 풍속을 놀라게 하여 당장에 실패하고 말았을 것이며, 아무리 하루아침에 경상卿相의 자리에 앉았다 할지라도 당시의 군주가 온 나라를 들어 맡기지 않았다면 위앙이 큰 일을 하지 못하였을 것 또한 분명합니다.

---

5. **심지어는 …… 인정하였습니다**　　『공자가어』孔子家語「곤서」困誓에 위衛나라 영공靈公이 어진 거백옥蘧伯玉을 등용하지 않고 어질지 못한 미자하彌子瑕를 등용하자 대부大夫 사어史魚가 달려가 이를 간하였으나 영공이 받아들이지 않았다. 사어가 병이 들어 죽음에 임박하자 아들을 불러다 놓고, "내가 위나라 조정에 거백옥을 등용하지도 못하고 미자하를 물리치지도 못하였다. 이는 내가 임금을 바로잡지 못한 것이니 죽어도 장례를 치를 수가 없구나. 내가 죽거든 내 시신을 창문 아래에다 그냥 두거라"라고 하였다. 영공이 조문을 왔다가 이상하게 여겨 아들에게 물어서 그 연유를 알고는 깜짝 놀라 자신의 잘못을 시인하고 곧바로 거백옥을 등용하였다. 이에 대해『논어』「위령공」衛靈公에서 공자孔子는 "곧도다, 사어여! 나라에 도가 있을 때에도 화살처럼 곧으며, 나라에 도가 없을 때에도 화살처럼 곧구나"라는 말로 그를 칭송하였다.

6. **길가에 …… 세우고**　　공손앙이 변법變法을 만들면서 길가에 재를 버리는 사소한 잘못을 중형에 처함으로써 큰 법을 어기지 못하게 하였다. 『史記』卷87「李斯列傳」

7. **목재 …… 것**　　공손앙이 변법을 제정한 다음 이를 시행하기에 앞서 백성들에게 신뢰를 얻기 위한 방법으로 도성의 남문에 세 길(丈)이 되는 목재를 세워 놓고 이를 북문까지 옮겨다 놓는 사람에게는 50금金을 상으로 주겠다고 선포한 후 목재를 옮기는 사람이 나오게 되자 곧바로 50금을 주어 백성들을 속이지 않는다는 것을 보여 주었다. 『史記』卷68「商君列傳」

이 때문에 평상시 일 없는 날에 위앙을 추천하고 아뢸 기회가 없었던 것은 아니지만, 말하는 자도 힘이 되지 못할까를 항상 걱정하고, 듣는 자도 깊이 신뢰할 수 없음을 늘 괴로워할 것입니다. 따라서 그가 하는 일과 그의 말을 살피는 방법은 인재를 등용하는 보통의 방법에 불과하며, 누차 시험하고 점차적으로 등용하는 방법은 단지 약한 나라의 대부大夫에게나 적용할 방법일 뿐이니, 도리어 나라에 무슨 도움이 되겠습니까.

그러므로 아침저녁 좌우로 모시던 날에는 우선 참고 있다가 병문안을 온 임금을 대할 때[8]에야 비로소 위앙을 천거한 것은, 죽음에 임박하여 비장한 말로써 임금의 마음을 감동시키기를 바랐던 것입니다. 그러나 그래도 자신의 말을 반드시 믿게 하기에 부족하다 여겨 마지막에는 그를 죽여 버리라고 청하기까지 하였으니, 이는 비단 임금을 격동하여 그 부탁을 굳히자는 것일 뿐만 아니라, 만약 그를 놓아주어 국경을 벗어나게 한다면 진실로 위魏나라에 후일의 근심이 있을 것은 뻔한 일이기 때문입니다. 이로써 충신이 나라를 근심하는 고심을 엿볼 수 있는 동시에, 시신을 늘어놓게 한 직간直諫에도 부끄럼이 없다 할 것입니다.

소하가 한신을 천거한 경우도 역시 이와 마찬가지입니다. 소하가 이미 여러 번 말씀드렸는데도 한 고조가 등용하지 않자, 결국은 한신을 추적했노라는 궤변을 하여 고조를 격노하게 하였던 것입니다. 저 한신은 적국의 한 도망병에 불과한데, 그를 위해 하루아침에 단장壇場을 만들고 갑작스레 상장上將의 인印을 수여하는 것이 충격적인 방법을 쓰지 않고 어떻게 가능했겠습니까. 애석하게도 공숙좌의 지혜가 한 고조의 총명함을 만나지 못했던 것입니다.

8. **병문안을 …… 때**　원문은 '東首拖紳之際'이다. 『논어』 「향당」鄕黨에 공자는 "병이 들어, 임금이 와서 살펴보시거든, 동으로 머리를 두시고, 조복朝服을 몸에 덮고 그 위에 큰 띠를 얹으셨다"(疾 君視 東首 加朝服拖紳)고 하였다.

그렇기는 하지만 공숙좌는 단지 혜왕의 일개 구신具臣[9]이요 위앙의 하류下流에 불과한 자입니다. 맹자孟子도 일찍이 위나라에 갔었는데 공숙좌가 그 임금에게 천거했다는 말은 듣지 못하였으니, 그렇다면 인의仁義의 설이 천하를 통치하기에 충분하다는 것을 알지 못했던 것입니다.

또 세상에서 진 효공秦孝公을 논하는 자들은 그가 위앙을 등용했다 해서 현명하다 하고, 양 혜왕梁惠王을 논하는 자들은 공숙좌의 말을 듣지 않았다 해서 어리석다고 여깁니다. 그러나 설령 맹자가 진나라에 갔다 해도 효공孝公은 반드시 그를 등용하지 못했을 것입니다. 무엇으로써 그럴 줄을 아느냐 하면, 위앙이 먼저 제왕帝王의 도로써 말하자 효공이 이따금 졸았으니,[10] 맹자라면 한 자를 굽혀서 여덟 자를 펴는 따위[11]는 반드시 하지 않았을 것입니다. 또 만약에 혜왕이 위앙을 직접 보았다면 반드시 허둥지둥 빗자루를 끼고 맞았을 것이니,[12] 공숙좌의 천거가 없었더라도 나라를 들어 그에게 맡겼을 것입니다. 무엇으로써 그것을 아느냐 하면, 처음 맹자를 만났을 때 가장 먼저 어떻게 하면 나라를 이롭게 할지를 물은 것으로 보아, 공실公室을 강화하고 사문私門을 막아야 한다는 위앙의 주장이 나라를 이롭게 하는 술책이 아닌 것이 없으며 모두 혜왕이 듣기 좋아하는 말들이었으니, 혜왕이 부국강병의 공렬을 이루는 것이 어찌 진 효공보다 뒤졌겠습니까.

---

9. **구신具臣** 　단지 수효만 채우고 있는 쓸모 없는 신하를 말한다.
10. **위앙이 …… 졸았으니** 　위앙이 진秦나라 총신寵臣인 경감景監을 통해 진 효공을 만났는데, 첫 번째 만남에서 제도帝道에 대하여 유세하였더니 진 효공이 꾸벅꾸벅 졸았다. 다음 만남에서는 왕도王道에 대해 말하였으나 이 또한 듣지 않았고, 다음에는 패도霸道에 대하여 말하자 차츰 관심을 보였다. 마지막으로 강국强國에 대하여 말하자 효공이 매우 좋아하였다. 『史記』 卷68 「商君列傳」
11. **한 자를 …… 따위** 　원문은 '枉尺直尋'인데, 『맹자』 「등문공 하」滕文公下에 나오는 말이다. 자존심을 조금 굽힘으로써 큰 이익을 얻는 짓을 말한다.
12. **빗자루를 …… 것이니** 　고대 중국에서는 귀빈을 맞을 때 길을 먼저 청소하고, 주인이 빗자루를 끼고 대문에서 손님을 맞음으로써 경의를 표하는 풍습이 있었다.

연암집

《제10권 별집》

엄화계수일
罨畫溪蒐逸

열부烈婦 이씨李氏 정려음기旌閭陰記

박군 경유朴君景兪의 누이는 김씨의 처인데 지아비를 따라 죽으니 조정에
서 일찍이 정려旌閭의 은전을 내렸다.[1] 그 뒤 경유가 죽자 그의 아내 이
씨가 의義에 따라 처신한 것이 경유의 누이에 비해 더욱 뛰어났다.[2] 그래
서 또 그 집에 정문旌門을 세우기를 김씨 처의 경우와 같이 하였다.

　　아! 이런 일은 세상에서 드물게 있는 바이거늘 마침내 박씨의 집안
에는 저와 같이 용이하니, 또한 어찌 근본한 바가 없이 그러하겠는가?
박군은 나를 종유從遊한 지 꽤 오래되었는데, 그 사람됨이 온유하고 효우
孝友하며 평소에 『소학』小學으로써 몸을 다스렸다. 다른 사람에 있어서는
혹 마지못해 한숨지으며 하는 일이라도 박군은 날마다 항상 행하는 일이
기 때문에, 그 어린 누이와 젊은 아내가 귀에 젖고 눈에 익어 그 의열義

---

1. **박군 경유朴君景兪의 …… 내렸다**　　『연암집』 권10 「박 열부 사장」朴烈婦事狀에 그 경위가 자세
히 서술되어 있다.
2. **그 …… 뛰어났다**　　『연암집』 권10 「이 열부 사장」李烈婦事狀에 그 경위가 자세히 서술되어 있
다.

烈을 보기를 마치 물 긷고 방아 찧는 일처럼 몸소 할 만하고 술과 음식을 의논하여 마련하는 것같이 여겼으며, 그다지 가혹하여 행하기 어려운 일로 보지 않고 참으로 보통 남녀도 충분히 할 수 있는 것으로 여겼던 것이다. 그렇기 때문에 세상에서는 한 번도 얻기 어려운 것을 그 집안에서는 15년 사이에 두 번이나 보게 된 것이다.

박군은 밀양인密陽人으로 자字는 치연穉然이며 자호自號는 담영澹寧이라 한다. 이씨는 학생 윤배允培의 딸인데 임인년(1782) 5월 18일에 죽으니, 그때 나이 36세였다. 죽은 그 이듬해 정월 21일에 나라에서 정문을 세우도록 명하였다.

말 머리에 무지개 선 것을 보고 기록하다

밤에 봉상촌鳳翔村¹에서 하룻밤을 묵고 새벽에 강화江華로 들어가는데 5리쯤 가니 하늘이 비로소 밝아지기 시작하였다. 처음에는 한 점의 구름이나 한 올의 아지랑이도 없더니 해가 겨우 하늘에 한 자쯤 떠오르자 갑자기 검은 구름 한 점이 일어나 까마귀 머리만 하게 해를 가렸다. 그리고 잠깐 사이에 해의 절반을 가려 버려 어두침침해지자, 한스러운 듯 근심하듯 얼굴을 찡그리며 편안치 못한 것 같더니, 바깥으로 혜성과 같은 빛줄기를 뿜어 대는데 성난 폭포수처럼 하늘가로 내리쏘았다.

바다 건너 여러 산에는 각각 작은 구름이 나타나 멀리 서로 조응하여 뭉게뭉게 독기를 머금고 간혹 번개가 번쩍여 위용을 떨치며 해 아래서 우르르 꽝꽝 하는 소리가 났다. 잠시 후 사면이 검은빛으로 온통 뒤덮여 혼솔과 틈 하나 없고, 번개가 그 사이로 번쩍하고 나서야 비로소

---

1. **봉상촌鳳翔村** 경기도 통진현通津縣에 있던 마을이다. 연암의 선조인 박동량朴東亮이 그곳의 토지를 사서 거처한 이래, 연암의 조부 박필균도 그곳에 농장農庄을 소유하고 있었다. 『過庭錄』卷4 강화부江華府는 통진현에서 바다를 사이에 두고 서쪽으로 9리 거리에 있었다.

첩첩이 주름진 구름이 수천 꽃가지 수만 꽃잎을 이루어 마치 옷 가장자리에 선을 덧댄 듯, 꽃잎 가장자리에 무늬가 번진 듯 각각 그 엷고 짙음이 다르다는 것을 알게 되었다. 천둥소리가 찢어질 듯하여 혹시 흑룡黑龍이라도 뛰쳐나오지 않나 하였으나, 비는 그다지 사납게 내리지 않았다. 멀리 연안延安과 배천白川 사이를 바라보니 빗발이 명주필을 드리운 것 같았다.

말을 재촉하여 십 리를 가니 햇빛이 갑자기 뚫고 나와 차츰 밝고 고와지며 아까 보이던 먹구름이 상서로운 구름으로 변하여 오색이 영롱하였다. 말 머리 위로 무슨 기운이 한 길이 넘게 뻗쳐 나 누르꾸름하여 마치 엉긴 기름 같더니, 어느새 갑자기 붉고 푸른 색으로 변하여 하늘로 높이 치솟았는데, 마치 문을 삼아 지나갈 수도 있을 듯했고 다리로 삼아 건널 수도 있을 듯했다. 그것이 처음에는 말 머리에 있어 손으로 만질 수도 있을 것 같더니 앞으로 나아갈수록 더욱 멀어져만 갔다. 이윽고 문수산성文殊山城에 당도하여 산기슭으로 돌아 나가 강화부江華府의 외성外城을 바라보니, 강²을 누빈 백 리 연안에 하얀 성첩城堞이 해에 비치는데 무지개발은 여전히 강 가운데에 꽂혀 있었다.

---

2. **강**　강화도와 경기도 사이의 해협인데, 염하鹽河라고도 불렀다.

취하여 운종교雲從橋¹를 거닌 기록

7월 열사흗날 밤에 박성언朴聖彦²이 이성위李聖緯(이희경李喜經)와 그의 아우 성흠聖欽(이희명李喜明), 원약허元若虛(원유진元有鎭), 여생呂生, 정생鄭生, 동자 현룡見龍을 데리고 지나는 길에 이무관李懋官(이덕무)까지 끌고 찾아왔다. 이때 마침 참판參判 서원덕徐元德³이 먼저 와서 자리에 앉아 있었다. 이에 성언

---

1. **운종교雲從橋** 한양의 종루鐘樓 남쪽(지금의 종각 남쪽 광교 사거리)에 있었던 광통교廣通橋를 가리킨다. 광통교는 광통방廣通坊에 있던 큰다리라는 뜻으로 원래 대광통교大廣通橋라고 했으며, 북광통교北廣通橋, 대광교大廣橋, 광교廣橋라고도 했는데, 운종가雲從街(종로 네거리)에 가까이 있다고 하여 운종교라고도 한 듯하다. 정월 대보름날 다리밟기를 하면 한 해 동안 병이나 재앙을 막을 수 있다는 속신에 따라 광통교에서 다리밟기 하는 것이 한양의 한 세시풍속을 이루었다고 한다. 『瀛齋集』 권1「乙酉元夜與同閈諸人踏雲從橋」 최근 청계천 복원 공사로 인해 원래 광통교가 놓여 있던 자리에는 광교가 새롭게 놓이고, 광통교는 광교에서 서쪽으로 150여 미터 지점에 이전 복원되었다.
2. **박성언朴聖彦** 1743~1819. 서자庶子였던 박제가朴齊家의 적형嫡兄 박제도朴齊道로, 성언은 그의 자이다.
3. **서원덕徐元德** 1738~1802. 서유린徐有隣으로, 원덕은 그의 자이다. 그의 아우 서유방徐有防과 함께 약관 시절부터 연암과 절친한 사이였다. 문과 급제 후 현달하여 경기도·충청도·전라도의 관찰사와 형조·병조·호조·이조의 판서 등을 역임했다. 서유린은 영조 51년(1775)에 병조 참판으로 임명되었다. 『承政院日記』 英祖 51年 8月 25日

이 다리를 꼬고 팔짱을 끼고 앉아서 자주 밤 시간을 살피며 입으로는 작별 인사 하고 가야겠다고 말하면서도 짐짓 오래도록 눌러앉아 있었다. 좌우를 살펴보아도 아무도 선뜻 먼저 일어나려고 하지 않았다. 원덕 역시도 갈 뜻이 전혀 보이지 않자 성언이 마침내 여러 사람들을 끌고 함께 나가 버렸다.

한참 후에 동자가 돌아와 말하기를,

"손님이 이미 떠나셨을 거라면서 여러 분들이 거리를 산보하다가 선생님이 오시기를 기다려 술을 마시려고 한답니다."

하였다. 원덕이 웃으면서,

"진秦나라 사람이 아닌 자는 쫓아내는구려."[4]

하고서, 드디어 일어나 서로 손을 잡고 거리로 걸어 나갔다. 성언이 질책하기를,

"달이 밝아서 어른이 집에 찾아왔는데 술을 마련하여 환대를 아니하고, 유독 귀인貴人만 붙들고 이야기하면서 어른을 오래도록 밖에 서 있게 하니 어쩌자는 거요?"

하였으므로, 나의 아둔함을 사과하였다. 성언이 주머니에서 50전(5냥)을 꺼내어 술을 샀다. 조금 취하자, 운종가雲從街로 나가 종각鐘閣 아래서 달빛을 밟으며 거닐었다. 이때 야고夜鼓(밤에 시각을 알리는 북)가 이미 삼경三更 사점四點[5]을 쳐서 달은 더욱 밝고, 사람 그림자는 길이가 모두 열 발이나

---

4. **진秦나라 …… 쫓아내는구려**　　원문은 '非秦者逐'인데, 이사李斯의 「간축객서」諫逐客書에 나오는 말이다. 진시황이 객경客卿 즉 진나라 출신이 아닌 관리들을 추방하려 하자 이사가 글을 올려 "진나라 사람이 아닌 자는 떠나게 하고, 객경이 된 자는 추방하는"(非秦者去 爲客者逐) 축객령逐客令의 부당함을 지적하여, 추방을 면하고 복직되었다. 『史記』 卷87 「李斯列傳」 『文選』 卷39 「上書秦始皇」 여기서 서유린은 그와 같은 표현을 써서, 일행이 아닌 자신을 따돌리려는 것을 농담 섞어 항의한 것이다.

5. **삼경三更 사점四點**　　현대 시각으로 밤 12시 반쯤이다. 3경은 밤 11시에서 다음날 오전 1시까지인데, 1경은 5점으로 1점은 24분이다.

늘어져 스스로 돌아봐도 섬뜩하여 두려움이 들었다. 거리에는 여러 마리의 개들이 어지러이 짖어 대는데, 희고 여윈 큰 맹견(獒) 한 마리가 동쪽에서 다가오기에 뭇사람들이 둘러싸고 쓰다듬어 주자, 그 개가 기뻐서 꼬리를 흔들며 고개를 숙이고 오랫동안 서 있었다.

일찍이 들으니 이 큰 맹견은 몽골에서 난다는데 크기가 말만 하고 성질이 사나워서 다루기가 어렵다고 한다. 중국에 들어간 것은 그중에 특별히 작은 종자라 길들이기가 쉽고, 우리나라에 들어온 것은 더욱더 작은 종자라고 하는데 그래도 토종 개에 비하면 월등히 크다. 이 개는 이상한 것을 보아도 잘 짖지 않지만, 그러나 한번 성을 내면 으르렁거리며 위엄을 과시한다. 세간에서는 이를 호백胡白이라 부르며, 그중에 가장 작은 것을 발발이(发发)라 부르는데, 그 종자가 중국 운남雲南에서 나왔다고 한다. 모두 고깃덩이를 즐기며 아무리 배가 고파도 똥을 먹지 않는다. 일을 시키면 사람의 뜻을 잘 알아차려서 목에다 편지 쪽지를 매어주면 아무리 먼 곳이라도 반드시 전달하며, 혹 주인을 못 만나면 반드시 그 주인집 물건을 물고 돌아와서 신표信標로 삼는다고 한다. 해마다 늘 사행使行을 따라 우리나라에 들어오지만 대부분 굶어 죽고 말며, 언제나 홀로 다니고 기를 펴지 못한다. 무관이 취중에 그놈의 자字를 '호백'豪伯이라 지어 주었다. 조금 뒤에 그 개가 어디론지 가 버리고 보이지 않자, 무관이 섭섭히 여겨 동쪽을 향해 서서 '호백이!' 하고 마치 오랜 친구나 되는 듯이 세 번이나 부르니, 사람들이 모두 크게 웃었다. 그러자 거리에서 소란을 피우던 개떼들이 마구 달아나면서 더욱 짖어 댔다.

드디어 현현玄玄을 지나는 길에 찾아가 술을 더 마시고 크게 취하여, 운종교를 거닐고 난간에 기대어 서서 옛날 일을 이야기했다. 당시 정월 보름날 밤에 연옥連玉(유연柳漣)이 이 다리 위에서 춤을 추고 나서 백석白石(이홍유李弘儒)의 집에서 차를 마셨는데, 혜풍惠風(유득공柳得恭)이 장난삼아 거위의 목을 끌고 와 여러 번 돌리면서 종에게 분부하는 듯한 시늉을 하여 웃고 즐겼던 것이다. 지금 하마 6년이 지나서 혜풍은 남으로 금강錦江을 유람하고 연옥은 서쪽 관서關西로 나갔는데 모두 다 무양無恙한지 모르겠다.

다시 수표교水標橋에 당도하여 다리 위에 줄지어 앉으니, 달은 바야흐로 서쪽으로 기울어 순수하게 붉은빛을 띠고, 별빛은 더욱 흔들흔들하며 둥글고 커져서 마치 얼굴 위에 방울방울 떨어질 듯하며, 이슬이 짙게 내려 옷과 갓이 다 젖었다. 흰 구름이 동쪽에서 일어나 옆으로 뻗어 가다 천천히 북쪽으로 옮아 가니 성城 동쪽에는 청록색이 더욱 짙어졌다. 맹꽁이 소리는 늙어서 정신이 혼미한 원님 앞에 난민亂民들이 몰려와서 송사訟事하는 것 같고, 매미 소리는 일과를 엄히 지키는 서당에서 시험일에 닥쳐 글을 소리 내어 외우는 것 같으며, 닭 울음소리는 한 선비가 홀로 나서 바른말 하는 것을 자기 소임으로 삼는 것 같았다.

주영렴수재기畫永簾垂齋記

주영렴수재畫永簾垂齋는 양군 인수梁君仁叟[1]의 초당草堂이다. 집은 푸른 벼랑 늙은 소나무 아래 있었다. 모두 여덟 개의 기둥을 세우고 그 안쪽을 칸 으로 막아 깊숙한 방을 만들었으며 창살을 성글게 하여 밝은 마루를 만 들었다. 드높이어 층루層樓를 만들고, 아늑히 하여 협실夾室을 만들었으며, 대 난간으로 두르고 띠풀로 지붕을 이었으며, 바른편은 둥근 창문이요 왼편은 교창交窓[2]을 만들었다. 그 몸체는 비록 크잖으나 오밀조밀 갖출 것 은 거의 갖추어졌으며 겨울에는 밝고 여름에는 그늘이 졌다. 집 뒤에는 여남은 그루의 배나무가 있고 대 사립 안팎은 모두 묵은 은행나무와 붉

---

1. **양군 인수梁君仁叟** 인수仁叟는 양현교梁顯教의 자이다. 『사마방목』에 의하면 양현교는 본관 이 남원으로, 1752년생이다. 정조 4년(1780) 식년시에 생원 급제했으며, 거주지는 김포이다. 그의 부친 양제호梁濟浩는 1710년생으로, 영조 32년(1756) 진사 급제했으며, 거주지는 개성이다. 개성 사람으로 연암의 문생이 된 양호맹梁浩孟의 백부가 양제영梁濟泳(1700~1763)이었던 점으로 미루 어, 양현교는 양호맹과 친척간이었던 듯하다. 『燕巖集』 권7 「梁護軍墓碣銘」
2. **교창交窓** 실내를 밝게 하기 위해 설치하는 광창光窓의 일종으로, 창살을 효爻 자 모양으로 짜기 때문에 교창이라 한다.

은 복숭아나무요, 하얀 돌이 앞에 깔려 있다. 맑은 시냇물이 소리 내며 급히 흐르는데, 먼 샘물을 섬돌 밑으로 끌어들여 네 귀가 번듯한 연못을 만들었다.

양군은 본성이 게을러 들어앉아 있기를 좋아하며, 권태가 오면 문득 주렴을 내리고, 검은 궤几 하나, 거문고 하나, 검劍 하나, 향로 하나, 술병 하나, 다관茶罐 하나, 옛 서화축書畫軸 하나, 바둑판 하나 사이에 퍼진 듯이 누워 버린다. 매양 자다 일어나서 주렴을 걷고 해가 이른가 늦은가를 내다보면, 섬돌 위에 나무 그늘이 잠깐 사이에 옮겨 가고, 울 밑에 낮닭이 처음 우는 것이었다. 그제서야 궤에 기대어 검을 살펴보고, 혹은 거문고 두어 곡을 타고 술 한 잔을 홀짝거려 스스로 가슴을 트이게 하거나, 혹은 향 피우고 차 달이며, 혹은 서화를 펼쳐 보기도 하고 혹은 옛 기보棋譜를 들여다보면서 두어 판 벌여 놓기도 한다. 이내 하품이 밀물이 밀려오듯 나오고 눈시울이 처진 구름처럼 무거워져 다시 또 퍼져 누워 버린다. 손이 와서 문에 들어서면, 주렴이 드리워져 고요하고 낙화가 뜰에 가득하며 처마 끝의 풍경은 저절로 울린다. 주인의 자字를 서너 번 부르고 나서야 일어나 앉는데, 다시 나무 그늘과 처마 그림자를 바라보면 해가 여전히 서산에 걸리지 않았다.

죽오기 竹塢記[1]

예로부터 대나무를 칭송한 사람이 매우 많았다. 『시경』 「기욱」편淇澳篇에서부터 대나무를 노래하고 감탄하는 것만으로도 부족하여, 군君이라 칭하여 높이는 경우까지 있었으니,[2] 대나무가 마침내 이 때문에 병들고 말았다. 그렇지만 천하에서 대나무로써 호號를 삼는 자가 그칠 줄을 모르고, 더 나아가 글을 지어 기록까지 하고 있으니, 아무리 채륜蔡倫이 종이를 만들고 몽염蒙恬이 붓을 만들었다 한들 풍상風霜에도 변치 않는 대나무의 지조와 소탈하면서도 고고한 태도를 예찬하는 데에서 벗어나지 않았다. 그리하여 머리가 하얗게 세도록 지었다는 글들이 모두 다 쓸데없는 말만 번지르르하게 늘어놓은 셈이어서, 대나무는 이 때문에 풀이 죽고 말았다.

---

1. **죽오기竹塢記**　죽오竹塢는 죽사竹舍나 죽루竹樓라고도 한다. 대나무로 지은 집이라는 뜻이다.
2. **군君이라 …… 있었으니**　대나무를 차군此君이라 한다. 왕희지王羲之가 대나무를 몹시 사랑하여, 단 하루도 '차군'此君이 없으면 안 된다고 했다는 고사에서 유래하였다. 『晉書』 卷80 「王羲之傳」 소식蘇軾의 「묵군당기」墨君堂記에 "유독 왕희지가 대나무를 군君이라 하였으니, 천하 사람들이 이를 따라 군君으로 삼으면서도 군말이 없었다"고 하였다.

돌이켜보면 글 못하는 나조차도 대나무의 덕성德性을 칭송하고 대나무의 소리와 색깔을 형용하여 시문을 지은 것이 많은데 다시 또 무슨 글을 짓는단 말인가.

양군 양직梁君養直[3]은 강직하고 지절志節이 있는 사람이다. 일찍이 스스로 호를 '죽오'竹塢라 하여 자기 거실에 편액을 걸고 내게 기記를 지어 달라고 청했는데, 아직껏 응해 주지 못한 것은 내가 대나무에 대하여 진실로 난처하게 여기는 바가 있었기 때문이다. 그래서 내가 웃으며,

"그대가 그 액호를 바꾸면 글은 당장이라도 지어 줄 수 있다."

하고서, 그를 위하여 고금의 인물들이 지은 기발하고 운치 있는 이름으로 이를테면 연상각烟湘閣, 백척오동각百尺梧桐閣, 행화춘우림정杏花春雨林亭, 소엄화계小罨畵溪, 주영렴수재晝永簾垂齋, 우금운고루雨今雲古樓 등 열이고 백이고 누차 꼽으면서 그더러 스스로 선택하라고 권했으나, 양직은 머리를 흔들며 다 거절하였다. 그러고는 앉으나 누우나 '죽오'요 잠시 잠깐도 '죽오'를 떠나지 아니하며, 매양 글씨 잘 쓰는 사람을 만나기만 하면 문득 '죽오'라 쓰게 하여 벽에 걸곤 하니 벽의 네 모퉁이가 모두 '죽오'뿐이었다. 향리에서 죽오를 들어 기롱하는 사람 또한 많았지만, 천연덕스레 부끄러워할 줄도 모른 채 편안히 받아넘기곤 하였다. 그래서 나에게 글을 청한 것이 지금 하마 십 년이나 되었지만 여전히 조금도 변하지 않았으며, 천번 꺾이고 백번 눌려도 그 뜻을 바꾸지 않고 시간이 지날수록 더욱 간절하였다. 심지어는 술까지 대접하며 달래기도 하고 언성을 높여 강요하기까지 하였다. 내가 번번이 잠자코 대답하지 않으면, 분격하여 낯빛을 붉

---

3. **양군 양직梁君養直**　양호맹梁浩孟을 말한다. 그의 자가 양직이고, 호가 죽오였다. 양호맹은 개성의 부유한 향반鄕班으로, 연암이 황해도 금천의 연암협으로 이거하면서 개성에 잠시 머물 때 그의 별장에 묵은 적이 있었다. 그때부터 교분을 맺고 연암의 문하를 출입했다.

히고 삿대질하며 노려보는데, 눈썹은 개个 자[4] 모양으로 치켜세우고 손가락은 메마른 댓마디가 되며, 꼿꼿하면서도 비쩍 마른 모습이 갑자기 대나무의 형상을 이룬다.

아아! 양직은 어쩌면 진정으로 대나무에 미쳐서 그렇게 극진히 사랑하는지도 모른다. 겉모습만 보아도 그의 마음이 기암괴석처럼 울뚝불뚝하고, 그윽한 대나무 숲이 그 속에 무성하게 들어차 있음을 볼 수 있다. 그러니 이 지경에 이르러서야 내가 어찌 글을 써주지 않을 수 있겠는가? 옛사람 중에 이미 대나무를 높여서 군君이라 부른 사람이 있었으니, 그렇다면 양직 같은 이는 백세百世 뒤에 차군此君의 충신이 될 만하다. 나는 이에 대서특서大書特書하여 정표旌表하기를, '고고하고 정결한 양 처사의 집'(高孤貞靖梁處士之廬)이라 했다.

---

4. 개个 자　　대 줄기를 상형象形한 글자로서, 대를 헤아리는 단위로도 쓰인다. 또한 동양화에서 죽엽竹葉을 개个 자 모양으로 그린다.

도화동[1] 시축발桃花洞詩軸跋

무릇 꽃이 피고 지는 것은 모두 비바람에서 연유한다. 그렇다면 비바람은 바로 꽃의 조맹趙孟[2]이라 할 것이다. 필운동弼雲洞에서 살구꽃을 구경할 때는 어찌 이 골짜기의 복사꽃이 열흘을 넘지 않아서 필 줄을 알았겠는가. 필운동에 놀던 사람들이 모두 다 이 골짜기로 왔으니, 비하자면 위기후魏其侯의 빈객賓客들이 무안후武安侯를 섬기자고 떠난 것과 같다.[3] 어찌 나면서부터 고귀한 대접을 받는 복사꽃에 한恨을 품지 않을 수 있겠는가.

---

1. **도화동桃花洞**　　한양의 북악北岳 아래에 있었다. 복숭아나무가 많으므로 도화동이라 했다. 청헌淸軒 문성文晟이 이 동리에 살았으며, 청음淸陰 김상헌金尙憲의 옛 집터도 있었다. 『漢京識略』 卷2 「名勝」
2. **조맹趙孟**　　조맹은 춘추春秋 시대 진晉나라 권신權臣인 조돈趙盾과 그 직계 후손들을 말한다. 『맹자』 「고자 상」告子上에 "조맹이 귀하게 해 준 것은 조맹이 천하게 할 수 있다"(趙孟之所貴 趙孟能賤之)에서 나온 말로, 비바람이 꽃을 피게 할 수도 있고 떨어지게 할 수도 있음을 비유한 것이다.
3. **위기후魏其侯의 …… 같다**　　한漢나라 무제武帝 때에 위기후魏其侯 두영竇嬰의 권세가 약해지고 무안후武安侯 전분田蚡의 권세가 강해지자 권세를 좇는 사람들이 모두 무안후에게 가서 붙었다. 이 글에서 위기후는 살구꽃에 해당하고, 무안후는 복사꽃에 해당한다. 『史記』 卷107 「魏其武安侯 列傳」

유몽득劉夢得의 현도관玄都觀도 응당 이렇게 살펴보아야 할 것이니라.[4]

　기쁨과 성냄과 슬픔과 즐거움의 감정이 발發하지 않은 것을 '중中'이라 이르고, 발하여 모두 절도에 들어맞는 것을 '화和'라 이르나니,[5] '화'란 것은 하늘과 땅 사이에 충만하고 자욱하며 성대하게 유행하여, 온 누리가 따뜻한 햇빛을 머금어 한 번의 숨도 끊어지지 않고 틈이 생길 만한 한 번의 모자람도 없는 것이다. 지금 이 골짜기로 와 보니 충만하고 성대하여 중화中和의 기운이 무성하다. 한 나무도 복사 아닌 것이 없고 한 가지도 꽃이 피지 않은 것이 없어, 온후하면서도 빼어나게 환해서 나도 모르는 새 마음이 가라앉고 기氣가 평온해지니, 평소의 편벽된 성품이 어찌 이에 이르러 누그러지지 않을 수 있겠는가. 고경일高景逸의 우정郵亭[6]도 응당 이렇게 살펴보아야 할 것이니라.

　저 언덕 위에서 사람들이 무리 지어 노래하고 떼 지어 웃고 즐기고 있는데, 갑자기 술 취한 사람이 통곡하며 말끝마다 제 어미를 불러 대고 있었다. 구경꾼이 담장을 두르듯 모여들었으나, 얼굴에는 부끄러운 빛 하나 없고 거듭 흐느끼는 소리의 억양이 모두 다 절주節奏에 들어맞았다. 이는 그의 마음이 우는 데 전념하여 자연히 음률에 들어맞은 것이다. 만

---

4. 유몽득劉夢得의 …… 것이니라　　몽득은 당唐나라의 시인 유우석劉禹錫의 자字이고, 현도관은 장안長安에 있던 도교사원(道觀)이다. 「재유현도관절구」再遊玄都觀絶句의 서문에서 유우석은 지방관으로 나간 지 십여 년 만에 복귀하여 현도관에 다시 놀러 갔더니, 한때 무성했던 복사나무들이 자취도 없이 사라졌더라고 하여, 현도관의 복사꽃을 신흥 세도가에 비기고 권력의 무상함을 은근히 풍자했다. 『劉賓客文集』卷24 「再遊玄都觀絶句幷引」 또한 "응당 이렇게 살펴보아야 할 것이니라"는 불경의 어법을 모방한 것이다. 『금강경』金剛經에 "일체 유위법有爲法은 꿈과 같고 환상과 같고 물거품과 같고 그림자와 같고, 또한 아침 이슬이나 번갯불과 같으니, 응당 이렇게 살펴보아야 할 것이니라(應作如是觀)"라고 하였다.
5. 기쁨과 …… 이르나니　　『중용장구』제1장에 나오는 구절이다.
6. 고경일高景逸의 우정郵亭　　경일은 명明나라 때의 학자요 정치가이며 동림당東林黨의 영수였던 고반룡高攀龍(1562~1626)의 호이다. 우정郵亭의 복사꽃을 노래한 그의 시가 있는 듯하다. 우정郵亭은 역참驛站의 숙소를 말한다.

약 취한 사람이 복사꽃을 보고 어머니 생각이 나서 그런다 해도 아닐 것
이요, 또 이는 계절과 사물에 감촉되어 저절로 슬픔이 일어났다 해도 아
닐 것이요, 또 효자가 어머니를 생각하여 어디를 가도 그렇게 된다고 해
도 역시 아닐 것이다. 이는 곧 구경하는 사람의 억측일 뿐이요, 취한 사
람의 진정은 아니니, 모름지기 취한 사람에게 무슨 일로 통곡하고 있는
지 물어보아야 할 것이다. 아난阿難이 오묘한 이치를 깨닫고 미소를 지은
것⁷도 응당 이렇게 살펴보아야 할 것이니라.

이날 경부敬夫가 특히 많이 취하여 사언士彦의 나귀를 거꾸로 타고 소
나무 사이로 어지러이 달렸고, 일여逸如[8]의 무리는 좌우에서 소리치고 둘
러싸서 웃고 즐겼으며, 무관懋官(이덕무)과 혜보惠甫(유득공) 또한 크게 취하여
너털웃음을 그칠 줄을 몰랐다. 가위 실컷 마시고 크게 취했다[9]고 하겠으
니 즐거움이 또한 극에 달했다. 그러나 해가 저물자 서로 손에 손을 잡
고 사람마다 돌아갈 길을 재촉하는데, 한 사람도 질탕하게 복사꽃 밑에
서 머물러 자는 이가 없었으니, 아, 슬프도다! 어부가 나루터를 찾지 못
한 것[10]도 응당 이렇게 살펴보아야 할 것이니라.

7. **아난阿難이 …… 것**　　미상未詳이다. 석가의 염화시중拈花示衆에 가섭迦葉이 홀로 파안미소破顔
微笑한 고사와 혼동한 것인지도 모르겠다.
8. **일여逸如**　　김사희金思羲의 자이다. 김사희는 호를 이아탕주인爾雅宕主人이라 하며, 본관은 경
주이다. 1753년에 출생하고 1773년(영조 49)에 진사 급제하였다. 이덕무와 친하여 그가 만든 윤
회매輪回梅를 사 주었다고 한다. 『靑莊館全書』 卷63 「輪回梅十箋」 附詩 炯菴
9. **실컷 …… 취했다**　　원문의 '劇飮'은 '極飮'과 같다. 구양수歐陽修의 석비연시집서釋秘演詩集序에
비연秘演이 석만경石曼卿과 절친하여 "실컷 마시고 크게 취하게 되면 노래 부르고 시를 읊조리며
웃고 소리치는 것으로 제 마음에 맞는 천하의 즐거움으로 삼았으니 이 얼마나 씩씩한가"(當其極
飮大醉 歌吟笑呼 以適天下之樂 何其壯也)라 하였다.
10. **어부가 …… 것**　　도잠陶潛의 「도화원기」桃花源記에 전하는 이야기이다. 진晉나라 때 무릉武陵
출신의 한 어부가 복숭아나무 숲을 지나 수원水源이 다하는 곳에 있는 어느 산속의 동굴로 들어
갔다가 진秦나라 때 피난 왔다는 사람들의 후손이 모여 사는 별세상을 만났으나, 일단 그곳을
나온 뒤 다시는 그리로 들어가는 나루터를 찾을 수 없었다고 한다.

이에 관도도인觀桃道人이 마침내 게어偈語를 지었노라.

복숭아꽃 빛깔을 내 처음 보니　　　　　　　我見桃花色

발끈히 성낸 모습 생동하는 듯　　　　　　　勃然如有神

복숭아꽃도 역시 향기가 있어　　　　　　　　亦有桃花香

바람이 불면 사람 향해 뿜어 대네　　　　　　臨風噴射人

꽃망울은 팥알만 한 불상 같고　　　　　　　菩當如豆佛

뒤집힌 잎사귀는 느슨해진 활 같네　　　　　反葉學弨弓

향기와 빛깔 모두 형체에 덧붙은 것일 뿐　　香色皆附質

생명력은 도로 공空을 따라 사라지네　　　　生意還從空

－ 원문 빠짐 －　　　　　　　　　　　　　□□□□□

－ 원문 빠짐 －　　　　　　　　　　　　　□□□□□

투기 않고 앙탈도 부리잖으면　　　　　　　不妬亦不嗔

정情의 의미를 결코 모르고말고　　　　　　定不識情字

사장土章 애사哀辭

사장土章[1]이 죽어 염을 마친 뒤에야 나는 비로소 그의 방에서 곡을 하였
다. 그림을 벽에서 떼어 내고 병풍과 장자障子를 치우고 서책書冊을 옮겼
으며, 집기와 감상품 따위를 바깥 마루에다 흩어 놓았고, 방 한가운데에
머리를 동으로 둔 채 얇은 이불로 덮어 놓아, 마치 거문고를 집에 넣어
금상琴牀 위에 둔 것 같았다. 쓰다듬으며 통곡했더니 손이 끈적끈적하게
달라붙어, 울컥 싫은 마음이 나서 방문을 닫고 나왔다. 뜰에는 와자지껄
하면서 뚝딱뚝딱 널을 짜고 이음매에 옻을 칠하니, 장차 우리 사장을 가
두어 두려는 것이었다. 그의 벗 함원咸原 어경국魚景國[2]과 풍산豐山 홍숙도洪

---

1. **사장土章**　박상한朴相漢(1742~1767)의 자이다. 그의 조부는 이조 판서를 지낸 박사수朴師洙
이고, 부친은 박만원朴萬源, 장인은 보만재保晚齋 서명응徐命膺이다. 그의 집안과 연암의 집안은
야천冶川 박소朴紹 이후 갈라져, 박상한은 야천의 9대손이 되고, 연암이 8대손이 된다. 김윤조,
「『병세집』幷世集 소재所載 연암 작품의 검토」, 『安東漢文學論集』 6, 1997 참고.
2 **어경국魚景國**　경국景國은 어용빈魚用賓(1737~1781)의 자이다. 함원咸原은 곧 함종咸從으로,
함종 어씨 집안과 반남 박씨 집안은 가까운 인척간이었다. 어용빈은 어유봉魚有鳳의 손자로, 연
암의 고모부인 어용림魚用霖의 동생이다. 김윤조, 위 논문 참고.

叔道[3]의 이름이 조문객 명부에 있었다. 문설주를 잡고 엎디어 울고 있는 그들에게 "두 분은 그리도 애통하시오?" 하고 물었더니, "너무도 애통하오이다"라고 하였다.[4] 두 사람은 호곡하기도 전에 눈물 콧물을 주체하지 못했다.

아아! 사장은 명문가의 자제로 용모가 아름다웠다.[5] 일찍이 필운대弼雲臺에서 꽃구경할 적에 그때는 바야흐로 석양이라 언덕 위에 말을 세우고 부채를 들어 해를 가리고 있었더니 사람마다 얼굴을 돌려 돌아보지 않는 자가 없었다. 시詩는 전우산錢虞山(전겸익錢謙益)을 본받고 글씨는 미남궁米南宮(미불米芾)을 배웠으며, 그가 좋아하는 것은 보검寶劍인데 그 값이 왕왕 백 냥이나 되는 것도 있었다.

무릇 공작새가 먼지를 피하는 것과 화포火布[6]가 때를 씻어 내는 것과 백지白芷와 백출白朮[7]이 땀을 그치게 하는 것은 바로 그 천성이라 하겠고, 원앙새나 금계錦鷄가 물에 섰는 것은 물에 비치는 제 모습을 사랑한 때문이라 하겠다. 당시의 노래 잘 부르는 자들을 좋아하여, 한밤중에 가야금을 타면서 매양 그들의 신성新聲[8]을 변주變奏하는데 가락이 느릿느릿하게

---

3. **홍숙도洪叔道**　　숙도叔道는 홍낙임洪樂任(1741~1801)의 자이다. 그는 홍봉한洪鳳漢의 아들로, 어용빈과 절친한 사이였다. 김윤조의 위 논문 참고.
4. **두 분은 …… 하였다**　　『논어』「선진」先進에 "안연顏淵이 죽자 공자가 곡하며 너무도 애통해하니, 따라간 제자가 '선생님께서 너무도 애통해하십니다' 하였다"(顏淵死 子哭之慟 從者曰 子慟矣)는 대목에 출처를 둔 표현이다.
5. **사장士章이 죽어 …… 아름다웠다**　　이 부분이 원문에는 '缺百六字'로 되어 있는데, 윤광심尹光心의 『병세집』에 의거하여 보충·번역하였다. 단 보충된 원문은 모두 126자이다.
6. **화포火布**　　화완포火浣布라고도 하며 지금의 석면石綿에 해당한다. 화포는 불 속에다 집어넣어 때를 없앤다고 한다. 『列子』「湯問」
7. **백지白芷와 백출白朮**　　백지는 우리말로 구릿대, 백출은 흰삽주라고 하며, 이것으로써 온분溫粉을 만들어 몸에 뿌리면 땀 나는 것이 멈춘다고 한다. 『東醫寶鑑』「內經篇」止汗法 溫粉
8. **신성新聲**　　당시 한양의 가객歌客들은 새로 유행하기 시작한 빠른 가락의 시조창時調唱을 즐겨 불렀다.

변하여 처량하고 슬픈 회포를 드러내지 않은 적이 없었다. 각혈병을 앓은 지 두어 달 만에 죽으면서 뱃속에 아들을 남겼다. 그 선세先世는 나와 조상이 같다. 애사哀辭는 다음과 같다.

　나는 매양 모르겠네, 소리란 똑같이 입에서 나오는데, 즐거우면 어째서 웃음이 되고 슬프면 어째서 울음이 되는지. 어쩌면 웃고 우는 이 두 가지는 억지로는 되는 게 아니고 감정이 극에 달해야 우러나는 것이 아니겠는가?
　나는 모르겠네, 이른바 정이란 것이 어떤 모양이관대 생각만 하면 내 코 끝을 시리게 하는지. 또한 모르겠네, 눈물이란 무슨 물이관대 울기만 하면 눈에서 나오는지.
　아아, 우는 것을 남이 가르쳐서 하기로 한다면 나는 의당 부끄럼에 겨워 소리도 내지 못할 것이다. 내 이제사 알았노라, 이른바 그렁그렁 고인 눈물이란 배워서 될 수 없다는 것을.

정석치鄭石癡 제문祭文

살아 있는 석치石癡¹라면 함께 모여서 곡을 할 수도 있고, 함께 모여서 조문할 수도 있고, 함께 모여서 욕을 할 수도 있고, 함께 모여서 웃을 수도 있고, 여러 섬의 술을 마실 수도 있어 서로 벌거벗은 몸으로 치고받고 하면서 꼭지가 돌도록 크게 취하여 너니 내니도 잊어버리다가, 마구 토하고 머리가 짜개지며 위가 뒤집어지고 어찔어찔하여 거의 죽게 되어서야 그만둘 터인데, 지금 석치는 참말로 죽었구나!

석치가 죽자 그 시신을 빙 둘러싸고 곡을 하는 사람들은 바로 석치의 처첩과 형제 자손 친척들이니, 함께 모여서 곡을 하는 사람들이 진실로 적지 않다.

또한 손을 잡고 위로하기를,

"덕문德門(남의 집안을 높여 부르는 말)이 불행하여 철인哲人²이 어찌 이 지

---

1. **석치石癡**　정철조鄭喆祚의 호이다. 정철조는 정조 5년(1781)에 죽었다.
2. **철인哲人**　죽은 사람을 높여 부른 말이다. 『예기』「단궁 상」檀弓上에 공자가 죽기 얼마 전에 "태산이 무너지려는가? 대들보가 쓰러지려는가? 철인이 병들려는가?(哲人其萎乎)"라는 노래를 불렀다는 고사에서 유래한 말이다.

경에 이르렀습니까."

하면, 그 형제와 자손들이 절하고 일어나 머리를 조아리고 대답하기를,

"제 집안이 흉한 화를 만났습니다."

하고, 그 붕우들마다 서로 더불어 탄식하며,

"이 사람은 확실히 얻기 쉽지 않은 사람이었다."

하니, 함께 모여서 조문하는 사람들도 진실로 적지 않다.

한편 석치와 원한이 있는 자들은 석치더러 염병 걸려 뒈지라고 심하게 욕을 했지만, 석치가 죽었으니 욕하던 자들의 원한도 이미 갚아진 셈이다. 죄벌로는 죽음보다 더한 것이 없기 때문이다.

또한 세상에는 진실로 이 세상을 꿈으로 여기고 인간 세상에서 유희遊戱하는 자가 있을 터이니, 석치가 죽었다는 말을 들으면 진실로 한바탕 웃어젖히면서 본래 상태로 돌아갔다 여겨서, 입에 머금은 밥알이 나는 벌떼같이 튀어나오고 썩은 나무가 꺾어지듯 갓끈이 끊어질 것이다.

석치가 참말로 죽었으니 귓바퀴가 이미 뭉그러지고 눈망울이 이미 썩어서, 정말 듣지도 보지도 못할 것이며, 젯술을 따라서 땅에 부으니 참으로 마시지도 취하지도 못할 것이다. 평소에 석치와 서로 어울리던 술꾼들은 참말로 뒤도 돌아보지 않고 자리를 파하고 떠날 것이며, 진실로 장차 뒤도 돌아보지 않고 파하고 가서는 자기네들끼리 서로 모여 크게 한잔할 것이다.

제문을 지어서 읽어 가로되,

－ 원문 빠짐 －

남수南壽[1]에게 답함

사흘 낮을 이어 비가 내리니 가련하게도 필운동弼雲洞의 번성하던 살구꽃
이 다 떨어져 붉은 진흙으로 변하고 말았네. 진작 이렇게 될 줄 알았던
들, 왜 서로 주선하여 하루 동안의 심심풀이를 서둘지 않았겠는가? 긴긴
날 무료히 앉아 홀로 쌍륙雙六을 즐기자니, 바른손은 갑甲이 되고 왼손은
을乙이 되어, 오五를 부르고 백百을 부르는 사이에 그래도 피아彼我의 구분
이 있어 승부에 마음을 쏟게 되고 번갈아 가며 적수가 되니, 나도 정말
모를 일이지, 내가 나의 두 손에 대하여도 역시 편애하는 바가 있단 말
인가? 이 두 손이 이미 저것과 이것으로 나뉘어졌다면 어엿한 일물一物이
라 이를 수 있으며 나는 그들에 대해 또한 조물주라 이를 수 있는데, 오
히려 사정私情을 이기지 못하고 편들거나 억누르는 것이 이와 같단 말인
가? 어저께 비에 살구꽃이 비록 시들어 떨어졌지만 복사꽃은 한창 어여

---

1. **남수南壽**　　박남수朴南壽(1758~1787)를 말한다. 그는 자가 산여山如로, 진사 급제 후 대과에
는 누차 낙방하여 불우하게 지냈다. 연암의 증조인 박태두朴泰斗 이후 갈라진 동족간으로, 연암
의 족손族孫이 된다. 박남수는 남공철南公轍과 절친한 사이였다.

쁘니, 나는 또 모를 일이지, 저 위대한 조물주가 복사꽃을 편들고 살구꽃을 억누른 것 또한 저들에게 사정私情이 있어서 그런 것인가?

문득 보니 발(簾) 곁에서 제비가 지저귀는데, 이른바 '회여지지 지지위지지'誨汝知之知之爲知之[2]라 하기에, 나도 모르게 웃음을 터뜨리며,

"네가 글 읽기를 좋아하는구나. 그러나 '바둑이나 장기도 있지 않느냐? 그나마 하지 않는 것보다 낫겠지'[3]라 하였느니."

그랬네. 내 나이 사십이 못 되었는데 벌써 머리가 하얗게 변하고 그 기력과 태도가 하마 노인 같아, 제비 손님과 장난치며 웃으니, 이것이 노인의 소일하는 비결일세.

이때에 갑자기 그대의 서찰이 내 앞에 떨어져 나의 그리운 마음을 충분히 위안해 주기는 하였으나, 자줏빛 첩帖에 쓴 부드러운 필치는 너무도 문곡文谷[4]과 흡사하여 우아한 점은 있지만 풍골風骨(웅건한 기상)이 전혀 없네그려. 이는 용곡龍谷 윤 상서尹尙書[5]가 비록 진신搢紳(고위 벼슬아치)의 모범은 될지언정 결국은 대가大家의 필법은 아닌 것과 같으니, 이 점만은 불가불 알아야 할 것이네.

---

2. **회여지지 지지위지지誨汝知之知之爲知之** 『논어』「위정」爲政에서 공자가 자로子路에게 말하기를, "너에게 아는 것이 무엇인지 가르쳐 주겠다. 아는 것을 안다고 하고 모르는 것을 모른다고 하는 것, 이것이 바로 아는 것이니라"(誨汝知之乎 知之爲知之 不知爲不知 是知也)라고 하였는데, 원문의 음이 제비의 지저귀는 소리와 비슷하다 하여 제비를 묘사할 때 자주 쓰인다.

3. **바둑이나 …… 낫겠지** 『논어』「양화」陽貨에서 공자가 말하기를, "하루 종일 배불리 먹고 아무 마음도 쓰지 않고 지내기란 참으로 어려운 일이다. 바둑이나 장기도 있지 않느냐? 이것이라도 하는 것이 그나마 하지 않는 것보다는 나을 것이다"(飽食終日 無所用心 難矣哉 不有博奕者乎 爲之猶賢乎已)라고 한 데에서 나온 말이다.

4. **문곡文谷** 김수항金壽恒(1629~1689)의 호이다. 김수항은 숙종肅宗 때 서인西人과 노론老論의 영수로서, 전서篆書와 해서楷書·초서草書에 두루 능하였다고 한다.

5. **윤 상서尹尙書** 판서를 지낸 윤급尹汲(1697~1770)을 가리킨다. 그는 영조英祖의 탕평책蕩平策에 대해 용기 있게 반대하여 자주 파직·좌천되었으므로 직신直臣으로 명망이 매우 높았다. 필법이 정려精麗하여 당시 이름난 고관 대신들의 비갈碑碣을 많이 썼으며, 사람들이 그의 편지를 얻으면 글씨를 다투어 모방하여 그런 글씨를 '윤상서제'尹尙書體라 불렀다고 한다. 『槿域書畫徵』

「정존와기」靜存窩記는 그 글을 찾으러 오겠다는 말을 지금 읽고서야 비로소 깨달았으니, 평소 남에게 너무 쉽게 승낙하기 때문에 이런 독촉을 받게 되는 것이라 자못 후회가 되고 부끄럽군. 그러나 지금 이미 유념해 두었으니 삼가 차분하게 만들어 보겠으나, 다만 그 더디고 빠름은 미리 헤아릴 수 없네. 이만 줄임세.

어떤 이에게 보냄[1]

안의 현감安義縣監으로 있을 때 지은 것이다.

심한 더위 속에 형제분들은 여전히 건강하게 지내는지? 성흠聖欽은 근자에 어떤 생활을 하고 있는지 마음에 걸리어 더욱 잊히지 않네. 중존仲存 (이재성李在誠)과는 가끔 서로 만나 술이라도 마실 수 있겠지만, 백선伯善(남덕신南德新)은 청교靑橋[2]를 떠나고 성위聖緯도 이동泥洞(현재 서울 종로구 운니동)에 없으니, 이와 같이 긴긴날에 무얼로 소일하며 지내는지 모르겠네.

---

1. 어떤 이에게 보냄　이희영李喜英(1757~1801)에게 보낸 편지로 추정된다. 이희영은 호가 추찬秋餐으로, 서화書畵에 뛰어났다. 김건순金建淳 등과 절친하여 함께 천주교를 신봉하면서 성화聖畵를 잘 그려 포교에 이바지했다는데, 신유사옥辛酉邪獄 때 체포·처형되었다. 아마 이런 연유로 문집을 편찬할 때 이 편지의 수신인을 감춘 듯하다. 편지에 언급된 성흠聖欽은 그의 셋째형 이희명李喜明의 자字이고, 성위聖緯는 맏형 이희경李喜經의 자이다. 이희명은 1749년생으로, 정조 16년(1792) 진사 급제한 뒤 전옥서 참봉과 의금부 도사를 지냈다. 족보에 이희경과 이희명의 몰년이 모두 밝혀져 있지 않은 것은, 이희영뿐 아니라 그의 조카인 이현李鉉(이희명의 아들) 역시 천주교도로서 신유사옥 때 처형된 사실과 깊은 관련이 있을 듯하다. 연암은 정조 16년 1월에 안의에 부임하여 정조 20년(1796) 2월까지 현감으로 재직하였다. 글 중에 이덕무李德懋가 사망한 사실이 언급되어 있음을 보면, 이 편지는 1793년 여름 무렵에 쓰어진 것으로 짐작된다.
2. 청교靑橋　한양 남부 명철방明哲坊에 있던 다리 이름이다. 쌍리동雙里洞의 개울물이 북쪽으로 흘러 이 다리를 지나 태평교와 합친다고 하였다. 『漢京識略』 卷2 「橋梁」

재선在先(박제가朴齊家)은 듣자니 이미 벼슬을 그만두었다는데,[3] 집에 돌아온 뒤 몇 번이나 서로 만났는가? 그는 이미 조강지처를 잃고 또 무관懋官(이덕무李德懋) 같은 훌륭한 벗을 잃어 이승에서 오래도록 외톨이로 쓸쓸히 지내게 되었으니, 그의 얼굴과 말은 만나보지 않아도 상상할 수 있네. 그 또한 천지간에 의지가지없는 사람이라 할 수 있고말고.

　　아아, 슬프도다! 지기知己를 잃은 슬픔이 아내 잃은 슬픔보다 심하다고 논한 적이 있었지. 아내를 잃은 자는 그래도 두 번 세 번 장가라도 들 수 있고, 서너 차례 첩을 들여도 안 될 것이 없네. 마치 의복이 터지고 찢어지면 꿰매고 때우는 것과 같고, 집기가 깨지고 이지러지면 새것으로 다시 바꾸는 것과 같네. 때에 따라서는 후처後妻가 전처前妻보다 나을 수 있고, 때에 따라서는 나는 비록 늙었지만 상대는 새파랗게 젊어서 신혼의 즐거움이 초혼과 재혼 사이에 차이가 없을 수도 있네. 하지만 지기를 잃은 쓰라림에 이르러서는 그렇지가 않지. 내가 다행히 눈을 지녔지만 뉘와 더불어 내 보는 것을 같이하며, 내가 다행히 귀를 지녔지만 뉘와 더불어 내 듣는 것을 같이하며, 내가 다행히 입을 지녔지만 뉘와 더불어 나의 맛을 함께하며, 내가 다행히 코를 지녔지만 뉘와 더불어 내 맡는 것을 같이하며, 내가 다행히 마음을 지녔지만 장차 뉘와 더불어 나의 지혜와 영각靈覺[4]을 함께한단 말인가?

　　종자기鍾子期[5]가 세상을 떠났으니, 백아伯牙가 이 석 자의 오동나무 고

---

3. 재선在先은 …… 그만두었다는데　　당시 박제가는 부여 현감으로 재직 중 호서湖西 암행어사가 올린 서계에서 '정사를 잘못했다'(不治)고 지적하는 바람에 처벌을 받게 되었다. 『正祖實錄』 17年 5月 27日
4. 영각靈覺　　불교 용어로, 중생이 본래 갖추고 있다는 신령스러운 깨달음의 본성을 말한다.
5. 종자기鍾子期　　중국 춘추 시대 초楚나라 사람으로 음악에 정통했다는 인물이다. 금琴의 명수인 백아伯牙가 금을 연주하였더니, 종자기가 이를 듣고 백아의 뜻이 고산유수高山流水에 있음을 알았다고 한다. 종자기가 죽자, 백아는 이 세상에 자신의 음악을 이해할 사람(知音)이 없다고 생각하고, 마침내 줄을 끊고 금을 부수어 버린 뒤 종신토록 금을 다시는 연주하지 않았다고 한다. 『呂氏春秋』 「本味」 『列子』 「湯問」

목[6]을 끌어안고 장차 뉘를 향하여 타며 장차 뉘로 하여금 듣게 하겠는가? 그 형세로 말하자면 부득불 차고 있던 칼을 뽑아 단번에 다섯 줄을 긁어 대어, 그 소리가 쟁그르르 하고 났을 걸세. 그렇게 하여 줄을 자르고 끊고 부딪고 깨고 부수고 밟아서 모조리 아궁이에 밀어 넣고 단번에 불태워 버린 연후에야 마음이 후련하였을 것이네. 그리고 제 자신과 이렇게 문답했겠지.

"네 속이 시원하냐?"

"시원하고말고."

"울고 싶으냐?"

"울고 싶고말고."

그러자 울음소리가 천지에 가득하여 종이나 경쇠에서 울려 나오는 듯하며,[7] 눈물이 솟아나 옷깃 앞에 마치 화제火齊나 슬슬瑟瑟[8]처럼 떨어졌을 것이네. 눈물을 드리운 채 눈을 들어 바라보노라면, 빈 산에는 사람 하나 없는데 물은 절로 흐르고 꽃은 절로 피어 있네.[9]

네가 백아를 보았느냐고 물을 테지. 암, 보았고말고!

---

6. 이 석 자의 오동나무 고목   오동나무로 만든, 길이 석자의 오현금五絃琴을 가리킨다.
7. 울음소리가 …… 듯하며   『장자』「양왕」讓王에 증자曾子가 위衛나라에 있을 때 몹시 가난하게 살면서도 『시경』의 상송商頌을 노래하니 "소리가 천지에 가득하여 종이나 경쇠에서 울려 나오는 듯했다"(聲滿天地 若出金石)고 하였다.
8. 화제火齊나 슬슬瑟瑟   모두 구슬 모양으로 된 보석의 일종이다.
9. 빈 산에는 …… 피어 있네   원문은 '空山無人 水流花開'로, 소식蘇軾의 「십팔대아라한송」十八大阿羅漢頌에 나오는 구절이다. 연암은 이 구절을 빌려, 고산유수高山流水의 뜻을 표현했던 자신의 음악을 알아줄 이가 이제는 없음을 서글퍼한 백아의 심경을 나타냈다.

족제族弟 준원準源 에게 보냄[1]

인산因山이 끝나고 왕께서 영원히 떠나셨으니,[2] 멀리 운향雲鄕[3]을 바라보며 머리를 조아리고 길이 부르짖은들 어느 곳에 미치리오.

깊은 겨울 모진 추위에 대감의 기거起居는 두루 좋으신지요?

돌아가신 형님의 유집遺集[4]은 교정된 본本으로 모두 몇 권이나 되는지

---

1. **족제族弟에게 보냄**　　이 편지는 1800년 음력 8월에 양양 부사襄陽府使로 임명된 연암이 연말에 쓴 것으로 보인다.

2. **인산因山이 …… 떠나셨으니**　　순조純祖 즉위년(1800) 11월에 거행된 정조正祖의 장례를 가리킨다. 원문은 '珠邱事竣 弓劍永閟'인데, '주구'珠邱는 순순임금의 무덤에 새가 날아와 구슬을 떨어뜨린 것이 쌓여서 언덕을 이루었다는 고사에서 나온 말로 임금의 능침陵寢을 뜻한다. 『拾遺記』「虞舜」 그리고 '궁검'弓劍은 각각 황제黃帝 헌원씨軒轅氏가 용을 타고 승천할 적에 지상에 떨어뜨렸다는 활과, 텅 빈 그의 무덤 속 관에 남아 있었다는 칼을 가리킨다. 『史記』卷28「封禪書」『列仙傳』

3. **운향雲鄕**　　운향은 백운향白雲鄕 또는 제향帝鄕과 같은 말로 선계仙界를 가리킨다. 280쪽 주34 참조.

4. **돌아가신 형님의 유집遺集**　　박준원의 형인 박윤원朴胤源(1734~1799)의 문집 『근재집』近齋集을 가리킨다. 『근재집』은 이후 1807년에 박준원의 아들인 박종경朴宗慶에 의해 전사자全史字로 간행되었다.

요? 말세의 풍속이 명예만을 제일로 삼고 덕을 알아보는 자는 드물지요. 이는 아마도 형님께서 몸가짐을 나직이 하였으되[5] 뜻은 고상하고, 겉모습은 여위었지만 속마음은 여유가 있었으며,[6] 은거하면서도 친한 이를 기피하지 않아 남들이 은거하는 줄을 알지 못한 때문일 것이오. 유명해져도 선비의 본분을 벗어나지 아니하니 세상 사람들이 무어라 형용할 수 없었소. 또 처지가 이처럼 가까운데도 멀리 떠나려는 마음은 돌이킬 수가 없었고,[7] 도道가 형통하려는 때를 만났는데도 고생을 마다 않는 군은 절개를 굽히게 하기 어려웠으니, 이 어찌 '홀로 우뚝 서서 두려워하지 않으며, 굳건하여 그 뜻이 뽑히지 않는'[8] 그런 인물이 아니겠소. 옛 현인 중에서 찾아봐도 실로 더불어 짝할 이 드문지라, 비록 그 명성과 지위가 충분하지 못하고 출사出仕와 은거가 똑같지는 않지만, 민풍民風을 세워 세상을 선도하고 학설을 세워 후세에 남기고자 한 점에 있어서는 미상불 동일하다 아니 할 수 없소이다. 그 공이 어찌 다만 사문斯文(유학)이 땅에 떨어지지 않게 하는 데에 그칠 뿐이리오. 현석玄石(박세채朴世采)과 여호黎湖

---

5. **몸가짐을 나직이 하였으되**　원문은 '卑牧'인데, 『주역』周易 「겸괘」謙卦 초육初六의 상사象辭에 "지극히 겸손한 군자는 몸을 낮춤으로써 자신을 기른다"(謙謙君子 卑以自牧)고 하였다.

6. **속마음은 여유가 있었으며**　원문은 '肥遯'인데, 『주역』 「둔괘」遯卦 상구上九의 효사爻辭에 "여유 있는 마음으로 물러가 숨으니 이롭지 않음이 없다"(肥遯 无不利)고 하였다.

7. **처지가 …… 없었고**　아우 박준원의 딸이 후궁이 되어 왕세자(후일 순조純祖)를 낳음에 따라 귀근貴近의 처지가 되었는데도 굳이 은둔하려 했다는 뜻이다. 정조 22년(1798) 원자元子를 위한 강학청講學廳이 설치되자 그 요속僚屬으로 천거·선발되었으나, 박윤원은 정조의 거듭된 엄교嚴敎에도 불구하고 병을 핑계 대고 취임하지 않았다. 원문은 '地如此近 而遯心莫回'인데, 『시경』 소아 「백구」白駒에 "그대의 목소리를 금옥처럼 여겨 멀리 떠나려는 마음을 품지 마소"(毋金玉爾音 而有遐心)라고 하였다. 이 시는 산중으로 떠나려는 현자賢者를 만류하는 시라고 한다.

8. **홀로 …… 않는**　원문은 '獨立而不懼 確乎其不拔'인데, 『주역』 「대과괘」大過卦의 상사象辭에 "군자는 이 괘를 써서 홀로 우뚝 서서 두려워하지 아니한다"(君子以獨立不懼)고 하였고, 「건괘」乾卦 초구初九의 효사爻辭에 대한 문언전文言傳에 공자 가라사대 "굳건하여 그 뜻이 뽑힐 수 없는 것이 잠룡이다"(確乎其不可拔 潛龍也)라고 하였다.

(박필주朴弼周) 두 선조를 보좌하고 우리 종중을 더욱 튼튼히 하리라 믿소.

지난번 영남의 고을에 있을 적에 화양동華陽洞 선묘先墓에 제사 지낼 때 축문祝文을 쓰는 일로 장문의 편지를 나에게 내려 주신 일이 있었는데, 그 편지가 유집 가운데 수록되었는지 모르겠소. 그때 답서를 올리면서 부득불 낱낱이 들어 실정을 털어놓지 않을 수 없었지요.[9] 이에 아울러 등초謄抄하여 보내니, 부디 원서原書의 아래에다 붙이되 글자 한 자를 낮추어 기록함이 어떻겠소?

족종族從(연암을 가리킴)은 노병이 날로 심한데도 다시 산으로 바다로 헤매면서[10] 기꺼이 밥이나 탐하는 늙은이가 되었으니, 이거야말로 무슨 심보인지요? 고을의 폐단이나 백성의 고질이 모두 고치기 어려운 형편인데, 바람마저 매우 달라 나무를 뽑고 기왓장을 날리곤 하는 일이 수시로 일어나며, 고래나 악어의 울부짖음[11]이 바로 베개맡에 들린다오. 돌이켜 고향 집이 생각나도 수천 봉우리가 하늘을 찌를 듯이 가로막고 있지요. 대저 이곳은 한때의 구경꾼들이 지팡이 짚고 나막신 신고 명승지로 찾을 만한 땅은 될 수 있지만, 노경에 노닐면서 몸을 보양할 곳은 전혀 못 되지요. 더구나 하인 하나도 데리고 있지 않고 중처럼 외로이 살고 있는

9. 영남의 …… 없었지요　　안의 현감으로 재직 중이던 1796년 박윤원이, 안의현 부근의 합천陜川 화양동에 있던 선조 박소朴紹의 묘에 대한 제사를 지낼 때 호장戶長이 축문祝文을 쓴다고 잘못 전해 듣고 그 비례非禮를 견책하면서 시정을 촉구한 편지를 보내왔으므로, 연암이 그에 대해 자세히 해명하는 답서를 보낸 바 있다. 그 답서는 『연암집』 권2에 「족형 윤원씨에게 답함」(答族兄胤源氏書)이라는 제목으로 수록되어 있고, 박윤원의 편지도 부록으로 실려 있다. 『근재집』 권18에도 연암에게 보낸 박윤원의 편지가 실려 있다.
10. 산으로 바다로 헤매면서　　연암이 충청도 면천沔川의 군수로 재직하다가, 1800년 음력 8월 승진하여 강원도 양양襄陽에 부사府使로 부임한 사실을 가리킨다. 양양은 동해에 임하여 바닷바람이 거세고 산들이 하늘을 찌를 듯이 험준한 고을이었다.
11. 고래나 악어의 울부짖음　　원문은 '鯨吼鼉鳴'인데, 비바람을 몰고 오는 대해大海의 거센 파도 소리를 말한다.

신세이리요!

　이해도 저물어 가는데 그리움으로 울적한 마음을 소폭의 편지로는
다 표현할 수가 없어 이만 줄이오.

영규비靈圭碑

신종황제神宗皇帝 20년 소경왕昭敬王(선조宣祖) 25년에 왜놈이 침략해 와 우리 삼경三京(경주·한양·평양)을 무너뜨리자, 중 영규靈圭가 문열공文烈公 조헌趙憲과 더불어 군사를 합하여 수길秀吉의 군사를 청주淸州에서 크게 깨뜨리고, 군사를 금산錦山으로 옮겨 힘껏 싸우다 죽었다.

이때를 당하여 고경명高敬命과 김천일金千鎰은 의義를 내걸고 민병民兵을 일으켜 초토사招討使가 되었으며, 최경회崔慶會는 송골매 골鶻 자로 군기軍旗를 표標하고, 임계영任啓英은 범 호虎 자로 군기를 표하고, 김덕령金德齡은 초승超乘으로 휘장徽章을 만들고,[1] 곽재우郭再祐는 홍의紅衣로 군을 구별 지었는데, 이들은 모두 대부大夫였으며, 나머지 사람들도 세신世臣의 후예들이었다. 그런데 영규는 승려로서, 토지나 병갑兵甲을 지닌 것도 아니고 부신符信을 발급하거나 호령을 받을 처지도 아니었건만, 마침내 그 무리를 이끌고 궐기하였다.

---

1. **초승超乘으로 휘장徽章을 만들고**   초승은 수레 위를 훌쩍 뛰어오른다는 뜻으로 용맹스런 군대를 가리킨다. 김덕령은 선조로부터 초승장군超乘將軍의 군호를 받았다.

이때를 당하여 의를 내세워 궐기한 자들이 10여 진陣이었다. 그들은 혹 제 고장을 스스로 호위하기도 하고, 혹 병마절도사兵馬節度使의 지휘를 받아들이지 않기도 하고, 혹 연수連帥(관찰사)의 죄를 성토하여 각 고을에 격문檄文을 돌리기도 했는데, 오직 문열공 조헌의 군중만은 사자使者를 보내어 스스로 조정과 연락을 취했으니 그 의義가 특히 정대하였다. 여기에서 식자들은 영규의 의義가 동맹자를 얻었음을 알았다.

절도사節度使 박홍朴泓은 군사를 버리고 달아났으며, 이각李珏과 조대곤曹大坤은 군량 10여 만 가마를 불태우고 정기旌旗를 땅에 묻어 버리고 적을 만나자 먼저 도망했으며, 부사府使 서예원徐禮元과 군수 이유검李惟儉은 성을 버리고 달아났으며, 관찰사 이광李洸과 윤선각尹先覺은 10여 만의 군사를 지니고도 왕을 호위하지 못했고, 왕이 용만龍灣(의주義州)으로 거둥하였으나 힘을 다해 적을 토벌하지 못하였다. 그런데 영규는 승려로서, 한 치의 무기나 한 말의 군량도 지닌 처지가 아니었건만, 마침내 그 무리를 이끌고 힘껏 싸웠다. 문열공의 군사가 청주성淸州城의 동문東門을 포위하자 영규는 성의 서문에서 전투를 벌여 먼저 성에 올라가니, 모두가 일당백一當百으로 싸웠다. 여기에서 식자들은 영규의 용맹함이 반드시 그를 죽음으로 이끌리라는 것을 알았다.

이때를 당하여 천자가 대신을 보내어 조선 문제를 맡기니, 군사를 통솔한 대장군 이여송李如松, 제독提督 진린陳璘·마귀麻貴·유정劉綎은 옛날 명장의 기풍이 있었고, 군무軍務를 맡아 다스린 어사御史 만세덕萬世德·양호楊鎬[2]와 상서尚書 형개邢玠[3]는 모두 병법에 깊은 자들이었다. 유격장군遊擊將軍 낙

---

2. 군무軍務를 …… 양호楊鎬   정유재란丁酉再亂 때 도찰원都察院 우첨도어사右僉都御使 양호는 경리조선군무經理朝鮮軍務로 임명되었으며, 만세덕은 양호가 파직된 뒤 그의 후임으로 왔다.
3. 상서尚書 형개邢玠   원문 중 '尚書邢玠' 다음에 몇 자가 누락된 듯하다. 정유재란 때 병부 상서 형개는 우부도어사右副都御史와 총독계요보정군무總督薊遼保定軍務를 겸임하였다.

상지駱尚志는 '낙천근'駱千斤이라 불릴 정도로 힘이 세었고, 양원楊元과 사대
수査大受는 기이한 재주와 굳센 용맹으로 적진에 뛰어들 때는 맨 앞에서
나서고 성을 칠 때는 남보다 먼저 올라갔다. 군사들은 모두 절강浙江·사
천泗川·운남雲南·등주登州·귀주貴州·내주來州의 날랜 기병騎兵과 활 잘 쏘는
사수들이며, 거기에는 대장군의 집종 천 명과 유계幽薊[4]의 검객들까지 포
함되어 있었다. 그러나 왜놈을 공격하다가 자주 군사가 퇴각했으며, 포위
망을 공격하다 패한 적도 자주 있었으며, 항상 많은 군사로 적은 수효의
왜병을 공격했으되, 무기가 파손되고 군사는 지쳐서 7년 사이에 성을 쳐
서 빼앗은 것이 하나밖에 없었다.

그런데 저 영규는 승려로서, 머리 깎고 검은 옷 입고 술과 고기를
끊고 살생을 경계하는 무리를 이끌고 하루아침에 견고한 성 아래로 육박
하여, 왜병들로 하여금 제 한 목숨 구하기에도 바빠 죽은 시체를 불태우
고 도망가게 만들었으니, 전쟁이 일어난 이래로 이런 공적은 일찍이 있
은 적이 없었다. 급기야 군사를 금산으로 이동하여 절도사 및 여러 의병
들과 왜병을 공격하기로 약속하였는데, 마침 큰비가 내려 군사들이 모두
기일을 놓치게 됨으로써 문열공이 전사하였다. 영규가 장중帳中에 들어갔
으나 문열공이 보이지 않았으므로, 마침내 공의 휘하 700사람과 더불어
같은 날에 전사하였다.

오호라! 이때를 당하여 정발鄭撥은 적의 습격을 받아 죽었고, 송상현宋
象賢은 성이 무너지고 힘이 다해 적을 꾸짖고 죽었으며, 신립申砬과 김여
물金汝岉은 군대가 패하여 죽었으며, 신길원申吉元, 정담鄭湛, 변응정邊應井은
절개를 굽히지 않고 죽었으며, 황진黃進, 원호元豪[5]는 힘껏 싸우다 죽었으

4. 유계幽薊 거란契丹이 지배했던 유주幽州와 계주薊州 등 연운燕雲 16州를 가리키는데, 지금
의 하북성河北省과 산서성山西省의 북부 일대에 해당한다.
5. 원호元豪 1533~1592. 퇴직 무신으로서 임진왜란 때 강원도에서 의병을 규합하여 여강驪江
전투에서 왜적을 크게 무찌른 인물이다.

니, 모두 공公에 죽고 절節에 죽은 신하들이다. 저 영규는 승려로서, 공에 죽고 절에 죽어야 하는 신하가 아닌데도 마침내 그 무리들과 함께 특별히 죽었으니, 그 의열義烈과 충용忠勇은 족히 칭찬할 만한 점이 있다.

저 영규는 승려인데도 선비와 군자들이 그 절의를 지극히 사모하여 비석을 깎아 그 공을 새긴다고 한다. 영규의 법호法號는 '청허대사'清虛大師라 한다.

박 열부朴烈婦 사장事狀

예조에 바치기 위해 찾아와 청하므로 대신 지어 준 것이다.

남부南部(한양의 오부五部 중 하나)에 사는 아무 직책을 맡은 아무개 등은 작고
한 사인士人 김국보金國輔의 아내 밀양 박씨가 절사節死한 사실을 삼가 정장
呈狀합니다. 저희들은 박씨의 이웃에 살고 있는데, 이달 열아흐렛날 밤 삼
경에 이웃집 문지게를 누차 두들기며 급한 목숨 구하라는 소리가 있으므
로, 위아래 여남은 집이 일제히 놀라 일어나 급히 그 까닭을 물었더니,
바로 박씨가 독약을 마시고 인사불성이 되어 그 집안이 허둥지둥 어찌할
줄을 모르고, 이웃에 이에 대한 경험방經驗方을 여기저기 물어보아 만의
하나나마 살릴 길을 찾고 있다는 것이었습니다. 저희들이 일제히 그 집
에 모여 그가 마신 독약이 무엇인가 물었더니, 바로 간수였습니다. 그래
서 방약方藥을 이것저것 쓰게 하고 쌀뜨물을 여러 번 퍼 먹여 보았으나
이미 어쩌지 못하는 지경이 되었습니다. 이에 온 집안이 슬피 부르짖어
차마 듣지 못하도록 참혹했습니다.

박씨는 어렸을 적부터 부모에 대한 효순孝順이 천성에서 우러나와, 의
복과 음식의 범절에 있어 부모의 명령을 어긴 적이 없으며, 몸 한 번 움
직이고 발 한 번 옮기는 사이에도 반드시 어른의 뜻을 받들어 중문 밖을

내다보지 않고 바깥 뜰에는 노닐지 않으며, 단장端莊하고 근칙謹飭하여 매사에 여자의 법도를 따랐으니, 비록 이웃집의 계집종이나 물건 팔러 다니는 할멈도 그 얼굴을 본 적이 없었습니다. 예닐곱 살 때에 벌써 소문과 칭송이 무성하여 사방에서 딸 가진 자들은 누구나 박씨의 어린 딸을 칭찬하는 것으로써 자기 딸을 가르치고 타일렀습니다.

나이 열여섯 살이 되자 김씨에게 출가하였는데, 그 지아비가 불행히도 병에 걸렸고 집안이 몹시 가난하여 약물 치료도 계속하기 어려웠으므로 비녀와 가락지 등속을 다 팔았으며, 병간호를 할 사람이 없었으므로 천역賤役을 자청하였으며, 모진 추위 심한 더위에도 허리띠를 풀지 아니하고 밤낮으로 잠 한숨 붙인 적이 없었습니다. 그리고 점치고 기도하기를 극진히 아니한 적이 없어 매번 자신이 대신 죽게 해 달라고 칠성님께 빌었는데, 그 말을 마음속으로 하면서도 행여나 남이 알까 두려워하였습니다.

급기야 지아비가 죽어 초혼招魂하게 되자[1] 크게 한 번 부르고는 까무라쳤다가 겨우 깨어났으며, 그 이후로는 입을 다물고 한 숟갈 물도 마시지 않은 채, 죽어서 지하로 따라가기를 맹세하였습니다. 때때로 정신을 잃고 숨이 넘어가려 하여 친정 부모나 시부모들이 백방으로 달래고 타이르며 천 가지로 간곡히 권하자, 겨우 죽을 마음을 늦추고 억지로 부드러운 얼굴을 지었습니다. 그러나 이것은 친부모와 시부모의 마음을 상하게 할까 두려워서 그렇게 한 것이지, 죽으려는 마음은 이미 굳어져 있었습니다. 그 형제들이 처음에 가끔 말을 걸어 의중을 떠보면, 그때마다 눈물을 흘리며 목이 막혀 하는 말이,

---

1. **급기야 …… 되자**   원문은 '及其皐復'인데, 초혼招魂을 고복皐復이라 한다. 죽은 사람이 생시에 입던 저고리를 손에 들고 지붕에 오르거나 마당에 서서 영혼이 돌아오라는 뜻으로 "아무개 복!"(某復)이라고 세 번 외치는데 이를 삼고三皐라 한다.

"내가 김씨 집안에 들어와서 이미 한 점의 혈육도 둔 바 없으니 삼종三從의 도리가 끊어지고 말았습니다. 살아서 또한 무얼 하오리까? 한낮의 촛불 같은 목숨이 아직도 끊어지지 않아 오래도록 부모님께 근심만 끼쳐 드리고 있으니, 이 역시 큰 불효입니다."

하였습니다. 항상 조그마한 방에 따로 거처하여 발걸음이 뜰을 내려가지 않으니 사람 얼굴을 보기가 드물었습니다. 이 때문에 그 집안사람들이 무언중 그 뜻을 살피고서 극력 방비하여, 비록 화장실 가는 사이에도 반드시 그 동정을 살폈으며 잠시 동안이라도 감히 방심하지 못했습니다.

이렇게 하기를 반년이 되어 방비가 조금 풀어지자, 이달 초열흘경에 턱밑에 갑자기 조그마한 부스럼이 생겨 그다지 아픈 지경까지 이르지도 않았는데, 박씨는 그 오라비에게 청하여 의원에게 물어 고약을 붙이곤 하므로 그 집에서는 더욱 방심했던 것입니다. 열아흐렛날 밤 화장실에 가는 길에 그 어머니가 따라가다가 앞과 뒤가 조금 떨어졌는데 갑자기 대청 위에서 넘어져 거꾸러지는 소리가 들리기에 놀라 쫓아 나와 보니 삽시간에 이미 구완하기 어렵게 되었습니다. 그래서 스스로 목숨을 끊었으리라 생각하고 그 곁을 두루두루 살펴봐도 칼이나 비단 같은 도구들은 없고, 간수만 대청에 홍건하였습니다. 아마도 그 집안에서 막 침장沈醬[2]을 하려고 소금을 달아매어 짠맛을 빼고 있었으므로, 몰래 그 액체를 마시고서 기절하여 토했던 것입니다. 워낙 일이 경각에 일어났기 때문에 먼저 살피지 못했던 것입니다.

저희들은 이 일을 목격하고 서로 돌아보며 화들짝 놀라고는, 모두 말하기를,

"놀랍도다, 이렇게 정말 죽다니! 평소에 효순하다는 소문이 이미 저와 같이 자자했고, 오늘 절개를 지켜 죽은 결백한 모습이 또한 이와 같

---

2. **침장沈醬** 　간장이나 된장을 만들려고 메주를 소금물에 담그는 일을 말한다.

이 우뚝하니, 한 마을에 사는 정의로 보아 어찌 관청에 소지所志를 올리지 않을 수 있겠는가?"

하니, 그 아버지가 울며 중지시키면서 하는 말이,

"내 딸이 저의 뜻을 이룰 수 있었으니 열녀라 이를 수는 있지만, 나에게 지극한 슬픔을 끼치고 죽었으니 효녀라고 이를 수는 없소. 지금 일을 크게 벌인다면 이 역시 죽은 자의 본뜻이 아닐 것이오."

하였습니다. 저희들이 일제히 말하기를,

"이 일은 친정집과는 관계없는 일이오."

하고서 물러 나와, 마을 안의 제일 어른의 집에 일제히 모였으며, 소지를 올려야 마땅하다는 데에 아무도 이의가 없었습니다. 이에 그동안 듣고 본 바를 주워 엮어 일제히 예조의 문밖에서 부르짖는 바입니다.

아아! 사람들로 하여금 보고 감동하여 분발하게 하는 방법은, 진실로 남다르고 정숙한 행실을 포상하고 정표旌表하는 은전을 베푸는 데에 있습니다. 영화榮華를 탐하거나 은혜를 바라서가 아니라 실은 풍속을 돈후하게 만들자는 것입니다. 옛날에 남녀간에 권고하고 충고하는 말은 여항閭巷에서 부르는 풍요風謠의 가사에 지나지 않았지만, 그것이 성정性情에서 나와 풍속의 교화에 도움이 된다면 시를 채집하는 신하들이 이를 왕국에 바치고 악樂을 맡은 관원들이 음악으로 전파하여 사방을 교화하고 민심을 감발感發시켰는데, 지금 박씨의 아름다운 행실과 곧은 절개는 보통을 훨씬 넘었으며 담담하게 의義에 나아가고 결백하게 죽음을 맞이하였습니다. 이는 국가가 백성을 교화하고 좋은 풍속을 만들고자 하는 정책에 비추어 볼 때 실로 빛이 나는 일입니다. 엎드려 바라건대 빨리 임금님께 아뢰어 정려旌閭의 은전을 얻게 하여, 이로써 풍속의 교화에 조금이라도 도움이 되게 하고 정렬貞烈을 지킨 죽은 이의 넋을 위로한다면, 저희들이 다행히도 열녀와 한마을에서 산 덕분으로 본받는 바 있을 것이며, 그 영광에 함께 참여하게 될 것입니다.

이 열부李烈婦 사장事狀

예조에 올리기 위해 찾아와 청하므로 대신 지어 준 것이다.

남부南部에 사는 아무 직책을 맡은 아무개 등은 남양 이씨南陽李氏의 절사節
死한 사실을 삼가 정장呈狀합니다. 이씨는 곧 문장과 덕행을 지닌 선비인
박경유朴景兪[1]의 아내입니다. 경유가 불행히도 여러 해 동안 앓아 오던 병
으로 지난해 12월에 요절했는데, 그때에 경유의 조모祖母는 나이 82세로서
오래된 병고로 오늘내일하여 집안에 어떠한 상사喪事가 일어난 줄도 모르
는 상태에 있었으며, 경유의 부친도 평소 기이한 병을 앓아 역시 위독한
상태에 있었습니다. 이씨는 좌우로 병 수발하느라 남편의 죽음에 울음
울 겨를도 없이, 한편으로는 죽은 남편의 시신을 염하고 입관入棺할 채비
를 몸소 마련하고 다른 한편으로는 두 노인의 탕약을 손수 달여 올리면
서 울음소리를 죽이고 눈물을 삼키며 금방 밝은 낯빛을 짓곤 하였습니

---

1. **박경유朴景兪**　　『연암집』 권10 「열부 이씨 정려음기」烈婦李氏旌閭陰記에 소개되어 있다. 연암
의 문하門下에 출입하던 선비로 정조 5년(1781)에 요절했다. 박윤원朴胤源이나 이덕무의 문집에
박경유에게 준 답서가 수록되어 있다. 이덕무는 『사소절』士小節에서 박경유를 덕행을 갖춘 인물
로 칭찬했다.

다. 친척으로 조문하는 자들이 모두 그 효성에 감격하였으며, 이웃에서도 듣고 그 정경을 슬퍼하지 않는 자가 없었습니다.

장례를 치르고 나서 삼우제三虞祭와 졸곡卒哭을 마치자 보살피던 두 병자가 차례로 조리되어 마침내 완쾌를 보게 되니, 모두들 이씨의 지성에 신이 감동한 것이라 여겼습니다.

5월 17일이 되어 집안사람들에게 두루 이별하는 듯한 말을 하였는데, 아마도 그 이튿날이 바로 이씨의 생일이라 집안사람들은 그가 살아서 이 날을 당하고 보니 비통함이 마땅히 갑절이나 더하여 이런 말을 하는가 보다 생각하였을 뿐, 죽기로 맹세한 뜻을 품고 남몰래 시기를 정해 두었을 줄은 실로 알지 못했습니다.

밤이 되자 그는 시조모를 모시고 곁에 앉았는데 그 처량한 말과 비통한 안색을 스스로 숨길 수 없어 일어나려다가 다시 앉으며 차마 떠나지 못하고 서성대며 어물어물하다가 밤이 깊어서야 물러나니, 온 집안이 잠이 들어 변이 일어나리라고는 아무도 생각지 못했습니다. 새벽녘에 이르러 갑자기 이씨가 잠자는 방에서 숨이 끊어질 듯 급하게 몰아쉬는 소리가 나기에 옆방 사람들이 급히 가 보니 조금 전에 이미 혼절했으나 따스한 기운은 그때까지도 남아 있었으며 베개맡의 사발에 간수가 홍건해 있었으므로, 그가 이것을 마시고 스스로 목숨을 끊은 것을 알았습니다. 그 집안사람들이 허둥지둥 이웃을 찾아다니며 해독할 경험방을 여기저기 묻고 다니자, 위아래 마을 여남은 집이 놀라고 가엾이 생각하여 일제히 살피러 쫓아가서 쌀을 씻어 뜨물을 내어 수없이 입에 부어 넣었으나 이미 어쩌지 못하는 지경이 되었습니다. 이에 온 집안이 통곡하여 그 참상을 차마 볼 수 없었습니다. 과연 죽은 이날이 바로 그의 생일날이라 사람들이 서로 돌아보며 찬탄하면서, 모두 하는 말이 "열부로다!" 하였습니다.

이어 그 자리 밑에서 언문 유서 두 통을 발견했는데, 그중에 하나는 정월에 쓴 것으로서 기일을 정하여 죽기로 맹세한다는 말이었습니다. 그 내용에, '남편이 죽었는데도 바로 죽지 못한 것은 실로 시조모와 시아버님 병환이 모두 위독한 상태였기 때문으로, 10년 동안 병자를 모시면서 작은 정성이나마 다하지 못하고 갑자기 내 뜻대로 한다면 지은 죄가 더욱 클 것이요, 또 죽은 남편의 초종初終[2]도 거듭되는 초상[3]으로 인해 미진한 바가 있을까 두려워서 시일을 끌면서 참아 왔는데 5월 18일은 나의 생일이니 이날이 바로 나의 죽을 날이다' 하였습니다. 또 하나는 이달 17일에 쓴 것으로서 시아버님께 이별을 고하는 편지였습니다. 우선 끝까지 봉양하지 못함을 사죄하고, 다음으로 자신의 초상을 치르는 범절은 반드시 남편의 상보다 줄여 줄 것을 부탁했으며, 염할 준비는 다 갖추어 놓았는데 이는 모두 밤을 틈타 손수 만든 것이라 운운하였습니다. 아마도 이씨가 남편을 따라 죽을 결심을 한 것은 남편이 죽던 그날에 이미 결정되었을 터인데, 다섯 달이나 시일을 끌면서 몰래 염할 옷을 꿰매었는데도 주위 사람들에게 한 번도 들킨 적이 없었으니, 일 처리의 치밀함과 죽음을 결단하는 차분함으로 보자면 비록 옛날 전기傳紀(사전史傳)에 열거된 인물이라 하더라도 이보다 무엇이 더하오리까?

이씨는 어린 나이 때부터 부모를 사랑하고 공경하는 것이 천성에서 우러나왔으며, 성장해서는 여자로서의 행실이 예의 법도에 절로 들어맞았으며, 구태여 가르쳐 주지 않아도 바느질과 길쌈을 다 할 줄 알았습니다. 그가 경유에게 출가해서는 지아비를 스승으로 삼았는데, 경유는 뜻이 독실하고 행실이 옛사람 같았으며 평소에 『소학』小學으로써 몸을 다스렸으므로 아내를 벗으로 삼고 서로 공경하기를 손님같이 하였습니다. 경유의

2. **초종初終**　　초상이 난 이후 졸곡卒哭까지의 모든 장례 절차를 말한다.
3. **거듭되는 초상**　　병 수발을 소홀히 하여 시조모와 시아버지가 잇달아 죽게 될 경우를 가정해서 한 말이다.

조모는 여러 해를 앓아 온 고질로 노상 병상에 누워 있었는데, 이씨가 조모를 간호하고 봉양하던 범절은 한결같이 경유의 뜻을 따른 것으로서 10년 동안 조금도 게을리 한 바 없었으니, 경유가 옷의 띠를 풀지 않으면 이씨도 자기 방으로 돌아가지 않았고 경유가 몸소 변기便器를 가져 나르면 이씨는 친히 변기를 씻었습니다. 시어머니의 상을 당하자 슬픔과 예절을 다하여[4] 마을 사람들의 감탄을 자아내게 하였습니다.

이번에 절통한 마음을 머금고 때를 기다리다 한 번의 결단으로 목숨을 버린 것을 가지고는 이씨의 고절高節을 말하기에 부족할 것입니다. 그러나 평소에 효순하다는 소문이 이미 저와 같이 자자하고, 오늘 절개를 지켜 죽은 결백한 모습이 또한 이와 같이 우뚝하니, 한마을에 사는 도의로 보아 어찌 관청에 소지를 올리지 않을 수 있겠습니까?

그래서 저희들이 마을 안의 제일 어른 집에 일제히 모였는데, 어떤 이가 감격에 겨워 눈물을 흘리면서 말하기를,

"기이하도다! 우리들이 이런 일을 한 것이 이번으로 두 번째요, 10년 사이에 이런 일이 모두 한집안에서 나왔는데 우리가 전번에 이미 소지를 올려 목적을 달성했으니, 어찌 뒤의 일인들 혹시 조금이라도 늦출 수 있겠소?"

하였습니다.

경유의 누이인 김씨의 아내도 예전에 일찍 과부가 되었는데 절개를 지켜 죽은 한 가지 점에 있어서는 앞뒤로 잇닿아 빛났으므로, 저희들이 일제히 예조에 부르짖고 다시 임금님께도 들리게 하여 이미 정려의 은전을 입었습니다. 그런데 지금 이씨의 아름다운 행실과 곧은 절개도 보통

---

4. **슬픔과 예절을 다하여**　『예기』「단궁 상」檀弓上에 자로子路가 전한 공자의 말로 "상례喪禮에 슬픔은 부족한데 예절이 남음이 있는 것은, 예절은 부족하되 슬픔이 남음이 있는 것만 못하다"(喪禮 與其哀不足而禮有餘 不若禮不足而哀有餘)고 하였다.

보다 훨씬 뛰어나 전인前人의 아름다움에 뒤지지 않습니다. 이는 국가가 백성을 교화하고 좋은 풍속을 만들고자 하는 정책에 비추어 볼 때 실로 빛이 나는 일입니다.

아아! 남녀간에 권고하고 충고하는 말은 여항에서 부르는 풍요의 가사에 지나지 않으나, 그것이 성정性情에서 나와 풍속의 교화에 도움이 된다면 시를 채집하는 관원이 이를 왕국에 바치고 악樂을 맡은 관원이 음악으로 전파하여 사방을 교화하고 민심을 감발시켰는데, 지금 이씨의 성취한 바가 어찌 풍요로서 채집되거나 음악으로 만들어지는 데에 그칠 뿐이겠습니까? 그런데 저희들이 다행히도 열녀와 한마을에 살고 있어 눈으로 익히 보고 귀에 젖었으면서도 연명聯名으로 소지를 만들고 일제히 한 목소리로 집사執事에게 달려가 고하지 않는다면, 이것은 저희들의 죄입니다. 나아가, 숨겨진 일을 드러냄으로써 성명聖明한 조정에서 풍속을 바로 세우고 도탑게 하는 정사政事에 도움이 되게 하는 것은 바로 각하閣下[5]의 직분입니다. 저희들이 어찌 그것까지 관여하겠습니까?

5. **각하閣下**　　판서判書에 대한 경칭이다. 여기서는 예조 판서를 가리킨다.

원사原士

선친의 글을 살펴보니 유실된 것이 많았다. 이 편篇은 연암협燕巖峽의 묵은 종이 모아 둔 곳에서 발견한 것으로서, 책이 터지고 찢어져 윗부분에 몇 항목이 빠지고 중간에도 왕왕 빠진 데가 있으며, 또 편의 이름도 없었다. 그래서 조목 중에 '원사'原士란 두 글자를 취하여 편명篇名으로 삼았다.

아들 종채宗采가 삼가 쓰다.[1]

무릇 선비(士)란 아래로 농農·공工과 같은 부류에 속하나, 위로는 왕공王公과 벗이 된다. 지위로 말하면 농·공과 다를 바 없지만, 덕으로 말하면 왕공이 평소 섬기는 존재이다.[2] 선비 한 사람이 글을 읽으면 그 혜택

---

1. **아들……쓰다**   박종채의 『과정록』過庭錄 권4에 "일찍이 사훈士訓이라는 글을 지으셨는데, 학자가 글을 읽는 취지를 많이 논하셨다. 문집에 있지만 빠진 곳이 매우 많다"고 하였는데, 바로 이 글을 가리킨다.

이 사해四海에 미치고 그 공은 만세에 남는다. 『주역』에 이르기를 "나타난 용이 밭에 있으니 온 천하가 빛나고 밝다"(見龍在田 天下文明)[3]고 했으니, 이는 글을 읽는 선비를 두고 이름인저!

그러므로 천자는 '원래 선비'(原士)이다. 원래 선비라는 것은 생민生民의 근본을 두고 한 말이다. 그의 작위는 천자이지만 그의 신원身元은 선비인 것이다. 그러므로 작위에는 높고 낮음이 있으되 신원이 변화하는 것은 아니며, 지위에는 귀천이 있으되 선비는 다른 데로 옮겨지는 것이 아니다. 그러므로 작위가 선비에게 더해지는 것이지, 선비가 변화하여 어떤 작위가 되는 것은 아니다.

대부를 '사대부'士大夫라 하는 것은 높여서 부르는 이름이요, 군자를 '사군자'士君子라 하는 것은 어질게 여겨서 부르는 이름이다. 또 군졸을 '사'士라 하는 것은 많음을 나타낸 것이니, 이는 사람마다 사士라는 점을 밝힌 것이요, 법을 집행하는 옥관獄官을 '사'라 하는 것은 홀로임을 나타낸 것이니, 이는 천하에 공정함을 보인다는 뜻이다.

그러므로 천하의 공정한 말을 '사론'士論이라 이르고, 당세의 제일류를

---

2. **지위로 …… 존재이다** 원문은 '以位 則無等也 以德 則雅事也'인데, 『맹자』 「만장 하」萬章下에서 맹자가 한 주장에 근거를 둔 말이다. 즉, 노魯나라 목공繆公이 자사子思에게 "옛날에 제후가 선비를 벗 삼았다는데 어떻게 생각하오?"라고 묻자, 자사가 불쾌해하면서 "옛사람의 말에 '그를 섬긴다'고 했을지언정, 어찌 '그를 벗 삼는다' 했으리오"라고 답하였다. 맹자는 이 말을 풀이하기를, 자사가 불쾌해한 이유는, "지위로 말하면 그대는 임금이요 나는 신하인데 어찌 감히 임금과 벗을 할 것이며, 덕으로 말하면 그대는 나를 섬기는 사람인데 어찌 나와 벗이 될 수 있으리오"(以位 則子君也 我臣也 何敢與君友也 以德 則子事我者也 奚可以與我友)라고 생각한 때문이었을 것이라고 하였다.

3. **나타난 …… 밝다** 『주역』 「건괘」乾卦 문언전文言傳에 나온다. 주자朱子의 본의本義에 따르면, 비록 상위上位에 있지는 않으나, 천하가 이미 그의 교화를 입었다는 뜻이라고 하였다.

'사류'士流라 이르고, 사해四海에서 의로운 명성을 얻도록 고무하는 것을 '사기'士氣라 이르고, 군자가 죄 없이 죽는 것을 '사화'士禍라 이르고, 학문과 도를 강론하는 곳을 '사림'士林이라 이른다.

송 광평宋廣平이 연공燕公더러 이르기를 "만세에 존경을 받는 것이 이 일에 달려 있다" 했으니,[4] 어찌 천하의 공정한 말이 아니겠는가? 환관이나 궁첩宮妾들이 그 이름을 알지 못하는 사람이야말로[5] 어찌 당세의 제일류가 아니겠는가? 노중련魯仲連이 동해東海에 몸을 던지려 하자 진秦나라 군사가 스스로 물러갔으니,[6] 어찌 사해에서 의로운 명성을 얻도록 고무한 결과가 아니겠는가? 『시경』에 이르기를 "어진 사람이 죽어 가고, 온 나라가 병들었네"(人之云亡 邦國殄瘁)[7]라고 했으니, 이 어찌 군자가 죄 없이 죽은 것을 애석히 여긴 것이 아니겠는가? 『시경』에 이르기를 "하많은 선비들이여, 문왕文王이 이들 덕분에 편안하셨네"(濟濟多士 文王以寧)[8]라고 했으니, 학문과 도를 강론하지 않고서야 능히 이와 같이 될 수 있겠는가?

4. 송 광평宋廣平이 …… 했으니   송 광평은 당唐나라 현종玄宗 때의 명신으로, 광평군공廣平郡公에 봉해진 송경宋璟(663~737)을 가리킨다. 연공燕公은 연국공燕國公에 봉해진 장열張說(667~730)을 가리킨다. 송경과 장열이 함께 봉각사인鳳閣舍人으로 재직할 때, 무후武后의 총신寵臣 장역지張易之가 어사대부御史大夫 위원충魏元忠을 모함하면서 장열을 증인으로 끌어들이자, 송경이 장열에게 어전御前에서 결코 위증僞證하지 말도록 당부하면서 "만대萬代에 존경을 받는 것이 이 일에 달려 있다"고 하였다. 『舊唐書』 卷96 「宋璟傳」
5. 환관이나 …… 사람이야말로   송宋나라 때 인종仁宗이 왕소王素에게 고관 중 재상宰相 직을 맡길 만한 사람이 누구인가를 묻자, 왕소가 "오직 환관과 궁첩들이 성명을 모르는 사람이야말로 선택할 만하다"고 직언하였다. 이에 인종은 부필富弼을 재상으로 임명했다고 한다. 『宋名臣言行錄』 後集 卷4
6. 노중련魯仲連이 …… 물러갔으니   진秦나라 군대가 조趙나라 수도를 포위하자, 일개 선비인 노중련이 자청하여 나서 위魏나라 장수 신원연新垣衍을 상대로 진나라 왕의 폭정暴政을 성토하고 자신은 '동해에 빠져 죽을지언정 차마 진나라의 백성은 되지 않겠노라'고 하면서 조나라를 돕도록 설득하여 감동시킨 결과 신원연이 마음을 돌렸으며, 그 소문을 듣고 진나라 군대가 포위를 풀고 물러간 고사를 말한다. 『史記』 卷83 「魯仲連列傳」
7. 어진 …… 병들었네   『시경』 대아大雅 「첨앙瞻卬」 제5장의 한 구절이다.
8. 하많은 …… 편안하셨네   『시경』 대아 「문왕」文王 제3장의 한 구절이다.

무릇 선비란 다시 무엇을 해야 하는가?

천자가 태학太學을 순시할 때 삼로三老와 오경五更의 자리를 마련하여 조언을 구하고 음식을 대접한 것은 효孝를 천하에 확대하자는 것이요,[9] 천자의 원자元子와 적자適子가 태학에 입학하여 나이에 따른 질서를 지킨 것은 공손함(悌)을 천하에 보여 주자는 것이다.[10] 효제孝悌란 선비의 근원(統)이요, 선비란 인간의 근원이며, 본디(雅)는 온갖 행실의 근원이니, 천자도 오히려 그 본디를 밝히거든 하물며 소위素位의 선비[11]랴?

아, 요순堯舜은 아마도 효제孝悌를 실천한 '본디 선비'(雅士)[12]요, 공맹孔孟은 아마도 옛날에 글을 잘 읽은 분인저!

누군들 선비가 아니리요마는, 능히 본디(雅)를 행하는 자는 적고, 누군들 글을 읽지 아니하리요마는 능히 잘 읽는 자는 적다.

---

9. **천자가 …… 것이요**　삼로三老와 오경五更은 고대 중국의 천자가 설립하여 부형父兄의 예禮로써 봉양했다는 직위이다. 정현鄭玄의 설에 따르면 이들은 각 1인으로, 벼슬에서 물러난 연로하고 경험이 많은 사람들이었다고 한다. 『예기』 「문왕세자」文王世子 및 「악기」樂記에 관련 내용이 있다.
10. **천자의 …… 것이다**　『예기』 「문왕세자」에 "한 가지 일을 행하여 세 가지 선善을 모두 얻는 이는 오직 세자뿐이다. 그 한 가지 일이란 태학에서 나이에 따른 순서를 지키는 일을 말한다"고 하였다. 원문의 '天子之元子適子'에서 '適子'는 '衆子'라고 해야 온당할 듯하다. 주자朱子의 「대학장구서」大學章句序에 15세가 되면 천자의 원자와 중자衆子로부터 공경·대부·원사元士의 적자適子와 범민凡民의 수재秀才에 이르기까지 모두 태학에 입학한다고 하였다.
11. **소위素位의 선비**　평소의 처지에 맞게 행동해야 하는 선비라는 뜻이다. 『중용장구』 제14장에 "군자는 평소의 처지에 따라 행동하지, 그 이상은 바라지 않는다"(君子素其位而行 不願乎其外)고 하였다. 여기서 '素' 자는 앞 문장에서 '근원'으로 번역한 '統' 자, '본디'로 번역한 '雅' 자와 의미가 상통하는 단어이다. 모두 평소, 평상, 본래, 본바탕이라는 의미를 지니고 있다.
12. **본디 선비(雅士)**　여기서 '雅士'는 아정雅正한 선비나 고아高雅한 선비라는 일반적인 뜻이 아니라, 앞에서 천자는 '원래 선비'(原士)라고 한 것과 같은 뜻으로 쓰인 것으로 보아야 한다. 이 글에서 연암은 '雅' 자를 문맥에 따라 다양한 의미로 쓰고 있다.

이른바 글을 잘 읽는다는 것은 소리 내어 읽기를 잘한다는 것도 아니요, 구두句讀를 잘 뗀다는 것도 아니며, 그 뜻을 잘 풀이한다는 것도 아니고, 담론을 잘한다는 것도 아니다.

아무리 효제충신孝悌忠信을 갖춘 사람이 있을지라도 글을 읽지 않으면 모두 사사로운 지혜로 천착穿鑿한 것이요, 아무리 권략權略과 경륜經綸의 술책이 있다 할지라도 글을 읽지 않으면 모두가 주먹구구로 맞힌 것이니, 내가 말한 '본디 선비'(雅士)는 아니다. 내가 말한 본디 선비란, 뜻은 어린애와 같고 모습은 처녀와 같으며, 1년 내내 문을 닫고 글을 읽는 사람을 말한다.

어린애는 비록 연약하여도 오로지 부모만을 흠모하고 처녀는 비록 수줍어도 순결을 지키는 데에는 굳건하나니, 우러러봐도 하늘에 부끄럽지 않고, 굽어봐도 사람에게 부끄럽지 않은 것은 오직 문을 닫고 글을 읽는 그 일인저!

참으로 고아古雅하도다, 증자曾子의 독서여! 해진 신발을 벗어던지고 상송商頌을 노래하니 그 소리가 천지에 가득하여 마치 종이나 경쇠에서 울려 나오는 것 같았도다.[13] 또한 공자가 말씀하신 바는 『시경』, 『서경』과 지켜야 하는 예禮이니 이 셋에 대해 평소 늘 말씀하셨다.[14]

---

13. 해진 …… 같았도다 『장자』「양왕」讓王에 증자가 몹시 가난하게 살면서도 "해진 신발을 끌고 『시경』의 상송을 노래하니 소리가 천지에 가득하여 종이나 경쇠에서 울려 나오는 듯했다"(曳縱而歌商頌 聲滿天地 若出金石)고 하였다. 연암은 '曳縱'를 '縱屣'로 고쳐 인용하였다.
14. 공자가 …… 말씀하셨다 『논어』「술이」述而에 "공자가 평소 늘 말씀하신 바는 『시경』과 『서경』과 지켜야 하는 예禮이니 이 셋에 대해 평소 늘 말씀하셨다"(子所雅言 詩書執禮 皆雅言也)고 한 구절을 조금 고쳐 인용한 것이다. 이 구절에 대한 종래의 해석은 구구한데, 여기에서 연암은 '雅' 자를 '바르다'(正)는 뜻보다 '평소 늘'(素常)이라는 뜻으로 보았던 듯하다.

어떤 이가 묻기를,

"안자顏子(안회顏回)는 자주 굶주리면서도 그 즐거운 마음을 변치 않았다[15]고 하는데, 안로顏路[16]가 굶주릴 때에도 여전히 또한 즐거웠겠습니까?" 하기에, 이렇게 답하였다.

"쌀을 짊어지고 올 곳이 있다면 백 리도 멀다 아니 했을 것이며,[17] 그 쌀을 구해 와서 아내를 시켜 밥을 지어 올리게 한 다음 대청에 올라 글을 읽었을 것이다."

무릇 글을 읽는 것은 장차 무엇을 하자는 것인가? 문장술文章術을 풍부히 하자는 것인가? 글 잘 짓는다는 명예를 넓히자는 것인가? 그게 아니라 학문과 도道를 강론하기 위해 글을 읽는 것이다. 효제孝悌와 충신忠信은 이러한 강학講學의 내실이요, 예악禮樂과 형정刑政은 강학의 응용이니, 글을 읽고서도 그 내실과 응용을 알지 못한다면 강학을 하는 것이 아니다. 강학을 귀히 여기는 것은 그 내실과 응용 때문이다. 만약 고상하게 성性과 명命을 담론하고, 극도로 이理와 기氣를 분변하면서 각각 자기 소견만 주장하고 기어이 하나로 일치시키고자 한다면, 담론하고 분변하는 사이에 혈기血氣(감정)가 작용하게 되어 이와 기를 겨우 분변하는 동안 성性

---

15. **안자顏子는 …… 않았다**   원문은 '顏子屢空 不改其樂'인데, 『논어』 「선진」先進에 "안회는 도에 가까운저! 그러나 자주 굶주리는구나"(回也 其庶乎 屢空)라는 공자의 말과 「옹야」雍也에서 "어질구나, 안회여! 한 그릇의 밥과 한 바가지의 물로 누추한 동네에서 살게 되면 남들은 우울해 마지 않는데, 안회는 그 즐거운 마음을 변치 않는다. 어질구나, 안회여!"(賢哉回也 一簞食 一瓢飮 在陋巷 人不堪其憂 回也不改其樂 賢哉回也)라고 한 공자의 말을 합쳐서 줄인 것이다.
16. **안로顏路**   안회의 아버지이다. 역시 공자의 제자로서 이름은 무요無繇이고, 노路는 그의 자字이다. 안회가 죽었을 때 안로가 가난하여, 공자에게 수레를 팔아서 곽槨을 갖추어 장례를 치를 수 있게 해 달라고 청했으나 공자는 이를 완곡히 거절했다고 한다. 『史記』 卷67 「仲尼弟子列傳」
17. **쌀을 …… 것이며**   『공자가어』孔子家語 권2 「치사」致思에, 자로子路가 부모가 살아 계실 때에는 '부모를 위해 백 리 밖에서도 쌀을 짊어지고 왔는데'(爲親負米百里之外) 부모가 돌아가신 뒤에는 그렇게 할 수 없다고 한스러워하자, 공자가 그의 효성을 칭찬하였다고 한다.

과 정情이 먼저 뒤틀어질 것이다. 이는 강학이 해를 끼친 것이다.

글을 읽어서 크게 써먹기를 구하는 것은 모두 다 사심私心이다. 1년 내내 글을 읽어도 학업이 진보하지 못하는 것은 사심이 해를 끼치는 때문이다.

백가百家를 넘나들고, 경전經傳을 고거攷據하여 그 배운 바를 시험하고자 하고, 공리功利에 급급하여 그 사심을 이기지 못하는 것은 독서가 해를 끼친 때문이다.

천착穿鑿하는 것[18]을 미워하는 것은 그 속에 사심이 작용하기 때문이다. 한창 천착할 때에는 언제나 경전經傳으로써 증거를 삼고, 천착하다 막힌 데가 있으면 또 언제나 경전으로써 유추해 본다.[19] 유추하기를 그만두지 않다가 마침내 경문經文을 고치고 주註를 바꾼 뒤에야 후련해한다.

어떤 이가 말하기를,
"『주례』周禮는 아마도 주공周公의 저술인저!"[20]

---

18. **천착穿鑿하는 것**　어떤 한 가지 사항에 대하여 집요하게 파고들면서 이치에 닿지 않는 주장을 펴는 것을 말한다.
19. **경전으로써 유추해 본다**　원문은 '以經傳反之'인데, 여기서 '反' 자는 유추類推한다는 뜻이다. 『논어』「술이」述而에 "한 모서리를 들어 보였는데도 나머지 세 모서리를 유추하지 못하면 다시 일러 주지 않았다"(擧一隅 不以三隅反 則不復也)고 하였다.
20. **『주례』周禮는 …… 저술인저**　정현鄭玄은 『주례』「천관」天官 총재冢宰 '惟我王國'의 주註에서 "주공周公이 섭정攝政을 하면서 육전六典의 직책을 만들고 이를 주례周禮라고 불렀다"고 하여 『주례』를 주공의 저술로 보았다. 이것이 후세에 통설이 되었으나, 그에 대한 반론도 끊임없이 제기되었다. 그중 대표적인 것이 유흠劉歆의 위작설僞作說이다. 즉, 왕망王莽의 명에 따라 유흠이 지어냈다는 것이다.

하고, 또 어떤 이는 말하기를,

"왕망王莽은 명예를 좋아하여 천하를 해쳤고, 개보介甫(왕안석王安石)는 법을 좋아하여 천하를 그르쳤다."[21]
한다.

덕보德保(홍대용)가 말하기를,

"구차스레 동조하는 것은 아첨하는 것이요, 억지로 남과 달리하려는 것은 해를 끼치는 것이다."[22]
하였다.

글을 잘 읽는다는 것이 어찌 훈고訓詁에만 밝고 마는 것이겠으며, 이른바 선비란 것이 어찌 오경五經에만 통하고 말겠는가.

무릇 성인의 글을 읽어도 능히 성인의 고심苦心을 터득할 수 있는 자는 드물다.

주자朱子가 말하기를,

"중니仲尼가 어찌 지극히 공정하고 피나는 정성을 쏟은 분이 아니겠으며, 맹자가 어찌 거친 주먹을 휘두르고 크게 발길질한 분이 아니겠는가?"[23]

---

21. **왕망王莽은 …… 그르쳤다**　한漢나라 때 정권을 찬탈한 왕망이 『주례』를 모범으로 삼아 관제官制를 개혁하려고 한 사실과, 그와 마찬가지로 북송北宋 때 왕안석王安石이 『주례』를 모범으로 삼아 신법新法을 추진한 사실을 비판한 말이다.
22. **구차스레 …… 끼치는 것이다**　이는 1776년 북경에서 작별할 때 홍대용이 엄성嚴誠에게 지어 준 증언贈言을 인용한 것이다. 『乾淨衕筆談』, 丙戌 2月 23日
23. **중니仲尼가 …… 아니겠는가**　원문은 '仲尼豈不是至公血誠 孟子豈不是■拳大踢'으로, 주자의 「납진동보서」答陳同夫書에 나오는 구절이다. 『晦庵集』 卷28 연암은 '孔子'를 '仲尼'로 고쳐 인용했다. 맹자에 대해 '거친 주먹을 휘두르고 크게 발길질했다'고 한 것은 맹자가 이단異端 배척에 힘쓴 사실을 지적한 것이다.

하였으니, 주자 같은 이는 성인의 고심을 터득했다 할 만하다.

공자가 말하기를,

"나를 알아주는 것도 나를 죄주는 것도 오직 『춘추』春秋 때문일 것이다."[24]

하였고, 맹자가 말하기를,

"내 어찌 구변口辯을 좋아해서 그렇겠느냐? 나는 마지못해 그러는 것이다."[25]

하였다.

공자가 『주역』을 읽어 책을 엮은 가죽 끈이 세 번이나 끊어졌다. 그렇기에, "나를 몇 해만 더 살게 해 준다면 제대로 『주역』을 읽을 수 있을 텐데"라고 하였다.[26] 그러나 공자는 『주역』에 십익十翼[27]을 달았으면서도 일찍이 문인門人들에게 『주역』에 대해 말하지 않았고, 맹자는 『시경』과 『서경』에 대한 해설은 잘 하면서도 일찍이 『주역』에 대해서는 말하지 않았다.

중니仲尼의 문하에서 『주역』에 대해 들은 이는 오직 증자曾子일 것이다. 왜냐하면 증자는 "부자夫子의 도는 충서忠恕일 따름이다"라고 했기 때

---

24. **나를……것이다**   『맹자』「등문공 하」에 나오는 말이다.
25. **내……것이다**   『맹자』「등문공 하」에 나오는 말이다.
26. **공자가……하였다**   『사기』권47「공자세가」孔子世家에 나오는 말을 약간 고쳐 인용한 것이다. 『논어』「술이」述而에서도 공자는 "나를 몇 해를 더 살게 해 주어 쉰 살에 『주역』을 배운다면 큰 허물은 면할 수 있을 것이다"(加我數年 五十以學易 可以無大過矣) 하였다.
27. **십익十翼**   『주역』에 대해 공자가 저술한 것으로, 「단전」彖傳 상하, 「상전」象傳 상하, 「계사전」繫辭傳 상하, 「문언전」文言傳, 「설괘전」說卦傳, 「서괘전」序卦傳, 「잡괘전」雜卦傳을 말한다.

문이다.[28] 『주역』으로 칭찬을 들은 이는 오직 안로顔路의 아들 안자顔子일 것이다. 왜냐하면 안자는 한 가지 좋은 말을 들으면 마음속에 늘 간직하여 잊어버리지 않았기 때문이다.[29]

어질지 못하도다, 자로子路의 말이여! "거기에는 사직社稷도 있고 인민도 있으니, 어찌 꼭 글을 읽어야만 학문을 한다 하겠습니까"[30]라고 했으니 말이다.

군자가 종신토록 하루라도 폐해서는 안 되는 것은 오직 글을 읽는 그 일인저!

그러므로 선비가 하루만 글을 읽지 아니하면 얼굴이 단아하지 못하고, 말씨가 단아하지 못하고, 갈팡질팡 몸을 가누지 못하고 두려워하면서

---

28. **중니仲尼의 …… 때문이다**　『논어』「이인」里仁에, 공자가 "나의 도는 한 가지 이치로 일관되어 있다"고 하자 증자만이 알겠다고 대답하였다. 공자가 나가자 문인들이 무슨 말이냐고 물으니 "부자의 도는 충서忠恕일 따름이다"라고 증자가 대답하였다. 주자朱子와 정자程子는 이 '충서'忠恕를 『주역』「건괘」乾卦에서 말한 건도乾道로 확대 해석하였다. 연암은 『논어집주』論語集註에 소개된 이들의 해석을 따라 그렇게 말한 것으로 보인다.
29. **『주역』으로 …… 때문이다**　『중용』에서 공자가 말하기를, "안회의 사람됨이 중용을 택하여 한 가지 선善을 얻으면 마음속에 늘 간직하여 잊어버리지 않는다"고 하였다. 연암은 이 구절을 약간 고쳐 인용하였다. 그리고 이와 호응하는 대목이 『주역』에 있음을 지적한 것이다. 즉 『주역』「계사전」繫辭傳에서 공자가 "안씨顔氏의 아들은 거의 도道에 가까울 것이다. 불선不善한 점이 있으면 일찍이 모른 적이 없고, 알고 있으면 다시는 행하지 않았다. 역易에 이르기를 '멀리 가지 않고 돌아와 뉘우침에 이르지 않을 것이니, 크게 길하리라'(不遠復 无祗悔 元吉) 하였다"고 한 것을 두고 말한 것이다.
30. **거기에는 …… 하겠습니까**　자로子路가 학식이 부족한 자고子羔를 비읍費邑의 읍재邑宰로 천거한 일이 있었다. 이를 두고 공자가 "남의 아들을 해치는구나"라고 하자, 자로가 "거기에는 인민도 있고 사직도 있으니 어찌 꼭 글을 읽어야만 학문을 한다 하겠습니까"라고 항변한 것을 두고 말한 것이다. 『論語』「先進」

마음을 붙일 곳이 없게 된다. 장기 두고 바둑 두고 술 마시고 하는 것이 애초에 어찌 즐거워서 했겠는가?

자제子弟들이 오만하고 방탕하며 빈둥대면서 제멋대로 온갖 짓을 다 하다가도, 곁에서 글 읽는 사람이 있으면 풀이 죽어 그 자리에서 일어날 것이다.

자제들이 아무리 총명하고 준수해도 글 읽기를 싫어하지 않는 사람이 없고, 부인네나 농사꾼일지라도 자제들의 글 읽는 소리를 들으면 기뻐하지 않을 사람이 없다.

군자의 아름다운 말 속에도 혹 뉘우칠 만한 말이 있고, 착한 행실 속에도 혹 허물이 될 만한 것이 있다. 그러나 글을 읽는 경우에는 1년 내내 읽어도 뉘우칠 것이 없으며, 백 사람이 따라서 행하더라도 허물이 생기지 않는다.

명분과 법률이 아무리 좋아도 오래되면 폐단이 생기고, 쇠고기 돼지고기가 아무리 맛있어도 많이 먹으면 해가 생긴다. 많을수록 유익하고 오래갈수록 폐단이 없는 것은 오직 독서일 것이다.

어린애가 글을 읽으면 요망스럽게 되지 않고, 늙은이가 글을 읽으면 노망이 들지 않는다. 귀해져도 해이해지지 않고, 천해져도 제 분수를 넘지 않는다. 어진 자라 해서 남아돌지 않고, 미련한 자라 해서 도움이 안 되는 것은 아니다. 나는 집이 가난한 이가 글 읽기 좋아한다는 말은 들었어도, 부자로 잘 살면서 글 읽기 좋아한다는 말은 들어 보지 못했다.

대숙大叔[31]이 『시경』을 읽느라 3년 동안 문밖에 나가지 않았다. 하루는 대청에서 내려와 소변을 보는데 집에서 기르던 개가 그를 보고 놀라서 짖었다고 한다.

아름다운 음악소리를 들어도 때에 따라 귀가 따갑고 머리가 지끈거리는 경우가 있지만, 글을 읽는 경우에는 그 소리를 싫어할 사람은 아무도 없을 것이다.

부모의 바람은 자식이 글을 읽는 것이다. 어린 아들이 글 읽으라는 말을 듣지 않고도 글을 읽으면, 부모치고 기뻐하고 즐거워하지 않는 자 없다. 아아! 그런데 나는 어찌 그리 읽기를 싫어했던고.

도연명陶淵明은 고아高雅한 선비였다.[32] 하지만 그는 살아 있을 때 술을 많이 못 마신 것을 한스러워했을 뿐이다. 공자가 말하기를, "아침에 도를 들으면 저녁에 죽어도 좋다"[33] 하였는데, 도연명은 어찌 글을 많이 읽지 못하였던 것을 한스러워하지 않았던가?

글 읽는 법은 일과日課를 정하는 것보다 더 좋은 것이 없고, 질질 끄는 것보다 더 나쁜 것이 없다.

많이 읽으려도 말고, 속히 읽으려도 말라. 읽을 글줄을 정하고 횟수

---

31. **대숙大叔**　　누구의 자字인지, 아니면 친척을 가리키는 말인지 알 수 없다.
32. **도연명陶淵明은 고아高雅한 선비였다**　　원문은 '陶潛雅士也'인데, 여기서 '아사雅士라 한 것은 세상에서 말하는 고상하고 멋을 아는 선비를 가리킨다. 연암이 말하는 '본디 선비'라는 뜻의 '아사雅士와는 다르다. 연암은 도연명과 같은 유형의 인물을 '아사雅士로 여기는 풍조를 비판한 것이다.
33. **아침에 …… 좋다**　　『논어』「이인」里仁에 나오는 말이다.

를 제한하여 오로지 날마다 읽어 가면 글의 의미에 정통하게 되고 글자의 음과 뜻에 익숙해져 자연히 외게 된다. 그러고 나서 그 다음의 순서를 정하라.

잘 아는 글자라고 소홀히 하거나 쉽게 여기지 말고, 글자를 달리듯이 미끄러지듯이 줄줄 읽지 말며, 글자를 읽을 때 더듬거리지 말며, 글자를 거꾸로 읽지 말며, 글자를 옆줄로 건너뛰어 읽지 말라.[34] 반드시 그 음을 바르게 읽어야 하며, 반드시 그 고저가 맞아야 한다.

글 읽는 소리가 입에 머무르되 엉겨붙지 말게 하며, 눈으로 뒤쫓되 흘려 보지 말며, 몸은 흔들어도 어지럽지 않게 한다.

눈썹을 찌푸리지 말고, 어깨를 잡지 말고, 입을 빨지 말라.

책을 대하면 하품도 하지 말고, 책을 대하면 기지개도 켜지 말고, 책을 대하면 침도 뱉지 말고, 만일 기침이 나면 고개를 돌리고 책을 피하라. 책장을 뒤집을 때 손가락에 침을 바르지 말며, 표시를 할 때는 손톱으로 하지 말라.

서산書算을 만들어 읽은 횟수를 기록하되, 흡족한 기분이 들면 접었던 서산을 펴고, 흡족한 기분이 들지 않으면 서산을 펴지 않는다.

책을 베개 삼아 베지도 말고, 책으로 그릇을 덮지도 말며 권질卷帙을

---

34. **글자를 거꾸로……말라**   원문은 '字毋倒 字毋傍'인데, 이덕무의 『사소절』士小節 8 「동규」童規 교습조教習條에 독서와 관련하여 "거꾸로 읽지 말며…… 글줄을 건너뛰어 읽지 말라"(勿倒讀…… 勿越行讀)고 하였다.

어지럽히지 말라. 먼지를 털어 내고 좀벌레를 없애며, 햇볕이 나는 즉시 책을 펴서 말려라. 남의 서적을 빌려 볼 때에는 글자가 그르친 데가 있으면 교정하여 쪽지를 붙여 주며, 종이가 찢어진 데가 있으면 때워 주며, 책을 맨 실이 끊어졌으면 다시 꿰매어 돌려주어야 한다.

닭이 울면 일어나서 눈을 감고 꿇어앉아 이전에 외운 것을 복습하고 가만히 다시 음미해 보라. 그 내용이 이해되지 않는 곳은 없는가, 그 뜻이 통하지 않는 곳은 없는가, 글자를 착각한 것은 없는가? 마음속으로 검증하고 몸으로 체험해 보아 스스로 터득한 것이 있으면 기뻐하여 잊지 말아야 한다.

등불을 켜고 옷을 다 입고서 엄숙하고 공경스런 마음으로 책상을 마주한다. 이어 새로 읽을 글을 정하고 묵묵히 읽어 가되 몇 줄씩 단락을 끊어서 읽는다. 그런 다음 서산書算을 덮어 밀쳐놓고, 가만히 훈고訓詁를 따져 보며 세밀히 주소註疏를 훑어보아 그 차이를 분변하고, 그 음과 뜻을 깨우친다. 차분하고 너그러운 마음으로 대하며 제멋대로 천착하지 말고 억지로 의심하지 말 것이며, 납득이 가지 않는 것이 있으면 반복해서 생각하고 그대로 두어서는 안 된다.

하늘이 밝아지면 세수와 양치질을 하고 곧바로 부모님의 침실로 가서 문밖에서 기다리다가 기침 소리가 들리거나 가래침 뱉고 하품하는 소리가 들리면 들어가서 문안을 드린다. 부모님과 이야기를 하다가 혹 무슨 일을 시키면, 급히 제 방으로 돌아가서도 안 되고 글을 읽는다는 핑계로 거절해서도 안 된다. 바로 이것이 글을 읽는 것이니, 혹 글 읽기에 열중하느라 혼정신성昏定晨省도 제때에 하지 아니하고, 때 묻은 얼굴과 형클어진 머리로 지내는 것은 글을 읽는 것이 아니다.

부모가 물러가라고 말씀하시면 물러나 제 방으로 돌아와서 책상 위의 먼지를 털고 책들을 가지런히 바로 놓고 단정히 앉아 잡된 생각을 가라앉히기를 얼마쯤 한 연후에 책을 펴고 읽되, 느리게도 급하게도 읽지 말 것이며 자구字句를 분명히 하고 고저를 부드럽게 해서 읽는다.

긴요한 말이 아니면 한가하게 응답하지도 말며, 바쁜 일이 아니면 즉시 일어나지도 말라. 부모가 부르면 책을 덮고 바로 일어나며, 손이 오면 읽는 것을 멈추되 귀한 손님이 오면 책을 덮는다. 밥상이 들어오면 책을 덮되 반쯤 읽었으면 그 횟수는 끝마치며, 밥 먹고 나면 바로 일어나 천천히 거닐고, 밥이 소화되고 나면 다시 읽는다.

부모가 병이 나면 일과日課를 폐하고, 재계齋戒를 할 때는 일과를 폐하고, 상喪을 당하면 일과를 폐한다. 기공朞功의 상喪에 이미 성복成服했으며 집이 다를 경우[35]는 일과를 시작한다. 친구의 상사喪事에는 아무리 멀어도 학업을 같이 하던 사람이면 달려가 조문하고 일과를 폐한다.

글을 읽다가 예전에 잘 몰라서 질문을 한 적이 있던 대목을 만나면 탄식하고, 잘 몰라서 의심이 나는 대목을 만나면 탄식하고, 새로 깨닫게

---

35. 기공朞功의 …… 경우   상기喪期가 1년인 경우를 기복朞服이라 하는데 조부모·백숙부모·형제자매처 등의 상이 이에 해당하고, 9개월인 경우를 대공大功이라 하는데 사촌 형제자매의 상이 이에 해당하고, 5개월인 경우를 소공小功이라 하는데 증조부모·재종형제 등의 상이 이에 해당한다. 여기서는 바로 뒤에 '집이 다름'(異宮), 즉 분거分居가 나오므로, 형제의 상喪으로 보아야 한다. 『의례儀禮』 「상복喪服」의 전傳에 "형제는 사체四體이다. 그러므로 형제는 의리상 나누어서는 안 되지만 그런데도 나누는 것은, 자식으로서 편애하는 것을 피하기 위해서이다. 자식이 제 부모를 편애하지 않으면 제대로 된 자식이 아니다. 그러므로 동궁東宮·서궁西宮·남궁南宮·북궁北宮을 두어, 거처를 달리하되 재산은 공유한다(異居而同財)"고 하였다. 형제는 한 몸이므로 동거동재同居同財함이 원칙이나, 동거同居하면 백부伯父를 섬기는 데 힘을 다해야 하므로 각자의 부친을 섬기는 데 소홀히 할 우려가 있어 주거를 달리해야 한다는 뜻이다.

된 것이 있으면 탄식한다.

삼년상에는 장례를 치른 뒤에 예서禮書를 읽고, 동자童子는 평상시와
같이 글을 읽는다.

어떤 이가 묻기를,
"아버지가 돌아가신 뒤에 아버지가 보던 책을 선뜻 읽지 못하는 것
은 손때가 아직 남아 있기 때문[36]이라고 하는데, 그렇다면 집에 전해 내
려오는 책은 다 선반에 얹어 두고 읽지 않아야 하는가?"
하기에, 이렇게 답하였다.
"옛날에 증석曾晳이 양조羊棗(고욤)를 즐겨 먹었으므로 그 아들인 증자曾
子는 양조를 먹지 않았다."[37]

마치 부모의 명을 들으면 머뭇거리지 않을 것을 생각하고, 친구와 더
불어 약속을 하면 곧바로 실천할 것[38]을 생각하듯이, 이렇게 하는 것이
바로 글 읽는 방법이다.

천하 사람들이 편안히 앉아 글을 읽을 수 있게 한다면, 천하가 무사
할 것이다.

36. 아버지가······때문 『예기』「옥조」玉藻에 나오는 말이다.
37. 옛날에······않았다 『맹자』「진심 하」盡心下에 나오는 말을 거의 그대로 인용한 것이다. 증
자는 돌아가신 아버지 생각이 나서 양조를 차마 먹지 못했다고 한다.
38. 곧바로 실천할 것 원문은 '無宿諾'인데, 『논어』「안연」顏淵에 "자로는 승낙한 일을 묵혀두
지 않았다"(子路無宿諾)고 하였다.

燕巖集

書事

書李邦翼事

汭川郡守臣朴趾源 奉敎撰進

上之二十年 清嘉慶元年 九月二十一日 濟州人前忠壯將李邦翼 將覲其父於京師
舟遇大風 至十月初六日 泊于澎湖 官給衣食 留十餘日 護送至臺灣 抵厦門
歷福建浙江江南山東諸省 達于北京 由遼陽 明年丁巳閏六月還國 水陸萬有餘里
上特召見邦翼 問以所經山川風俗 命史官錄其事 同舟八人 惟邦翼曉文字 然僅
記程途 又追憶口奏 往往失次 臣趾源以汭川郡守 陛辭入侍于熙政堂 上曰 李
邦翼事甚奇 惜無好文字 爾宜撰進一編 臣趾源承命震越 退取其事 略加證正焉
邦翼父前五衛將光彬 曾赴武擧 涉海 漂至日本之長崎島 番舶湊集 市里繁華
有一醫士 延光彬 至其家 款待勸留 光彬堅請歸國 醫士引入內堂 出妖嬌少娥
使拜光彬曰 吾家累千金 無一箇男 只有此女 煩君爲吾女婿 吾老且死 千金之
財 君所有也 睨其女 齒白如霜 未[1]染鐵汁 果是室女也 光彬大言曰 棄其父母
之邦 耽慕財色 投屬異國 犬豕之不若也 且吾歸國登科 富貴可得 何必君之財
與君之女哉 醫士知其無可奈何 而遣還云 光彬雖是島中武弁 毅然有烈士之風
其父子遠遊異國 亦可異也

---

1. 未 대본은 '末'로 되어 있는데, 영남대본과 승계문고본, 연세대본에 의거하여 바로잡았다.

濟州、古耽羅也、北史云、百濟南海行、有耽牟羅國、土多獐鹿、附庸於百濟、又云、高句麗使芮悉弗言於魏宣武曰、黃金出於夫餘、珂則涉羅所産、今夫餘爲勿吉所逐、涉羅爲百濟所幷、二品所以不登也、唐書云、龍朔初、有澹²羅者、其王儒理³都羅、遣使入朝、國在新羅武州南島、土⁴俗樸陋、衣犬皮、夏革屋、冬窟室、初附百濟、後附新羅、按此皆指耽羅也、東國方言、島謂之剡、而國謂之羅羅、耽涉澹三音並與剡相類、蓋云島國也、古記所稱、初泊耽津、朝新羅、故曰耽羅者、附會之說也、宋嘉祐中、蘇州崑山縣海上、有一船、梢折風飄、抵岸、船中三十餘人、衣冠如唐人、係紅鞓角帶、短皁布衫、見人皆痛哭、言語不可曉、試令書字、字亦不可讀、行則相綴如鴈行、久之、出一書示人、乃漢字、唐天授中、告勅屯羅島首領陪戎副尉制、又有一書、乃是上高麗表、稱屯羅島、亦用漢字、知崑山縣事、使人爲治其梢、梢舊植船木上、不可動、工人爲之造轉軸、敎其起倒之法、按濟州古亦稱乇羅、韓文公稱耽浮羅、所謂屯羅者、乇羅之訛也、天授者、高麗太祖年號也、高麗史、天授二十年、乇羅島主來朝、王賜爵是也、宋人以爲則天年號、則尤謬也、濟州人之漂入中國、自古有之、

邦翼奏曰、舟爲風所飄蕩、或東西、或南北、凡十有六日、將近日本、忽又轉向中國、糧盡不食者累日、忽有大魚躍入舟中、八人共生啗之、淡水旣盡、天又大雨、爭掬飲解渴、船之始泊也、昏暈不省人事、有人遠立覘望、小頃成群而至、收拾船中衣服等項、各負一人而去、三十許里、有村落、可三十餘戶、中有公廨、扁曰坤德配天堂、以米飮飲之、取火燎衣、稍定精神、乃索紙硯、書問、始知爲中國福建屬島澎湖地方、

按澎湖島、西與泉州金門相望、圖經、島有東吉西吉等三十六嶼、渡海者、必由二吉以入、舊屬同安縣、明季、因地居海中、人民散處、催科所不能及、乃議棄之、

---

2. 澹 『신당서』新唐書에는 '儋'으로 되어 있다.
3. 理 『신당서』에는 '利'로 되어 있다.
4. 土 대본은 '上'으로 되어 있는데, 영남대본과 승계문고본에 의거하여 바로잡았다.

後內地苦徭役　往往逃于其中　而同安漳州之民　爲最多　及紅毛入臺灣　並其地有之　而鄭成功父子　復相繼據險　恃此爲臺灣門戶　環繞有三十六嶼　大者曰媽祖嶼等處　澳門口　有兩砲臺　次者曰西嶼頭等處　各嶼唯西嶼稍高　餘皆平坦　自廈門至澎湖　有水如黛色　深不可測　爲舟行之中道　順風僅七更半水程　一遇颶颺　小則漂流別港　阻滯月餘　大則犯礁覆舟　故舟子有望風占氣之法　羅經針定于午　放洋各有方向　春夏　由鎭海圻[5]放洋　正南風　坐乾亥向巽巳　西南風　坐乾向巽　冬由寮經放洋　正北風　坐戌向辰　至夜半　坐乾戌向巽辰　東北風　坐辛戌向乙辰　或由圍頭放洋　正北風　坐乾向巽　至夜半　坐乾亥向巽巳　東北風　坐戌向巽辰　至天明　俱可望見澎湖西嶼頭　由澎湖至臺灣　俱向巽而行　薄暮可望見　澎湖初無水田可種　但以採捕爲生　或治圃以自給　今貿易輻輳　漸成樂土

　　邦翼奏曰　八人同乘彩船　行五里許　詣馬宮衙門　沿江彩船數百艘　江邊畫閣卽衙門也　門內高唱三聲　導入八人　馬宮大人　紅袍椅坐　年可六十餘　美鬚髯階下建紅傘　臺上侍立者　可八十人　皆紋緞衣　或藍或綠　或佩劍　或負羽　臺下朱衣兵卒可三十人　皆持杖　或竹棍　黃龍旗二雙　銅鉦一雙　引八人升臺上　馬宮大人問漂海之由　答以朝鮮全羅道全州府人云云　退出有大廈鋪設　皆錦緞　各贈竹簞枕　每日給米飲一器　鷄膏一器　又給香砂六君子湯兩時

　　按馬宮大人之宮字　似是公字　公宮華音相同　當是馬姓人　作通判者耳　又耽羅人之漂到異國者　諱稱本籍　托以靈光康津南海全州等地方者　俗傳琉球商舶　被耽羅所害故云耳　或言非琉球　乃安南　李重煥擇里志　俱載其詩　然非有古記可證只是世俗流傳　不必多辨其眞僞

　　邦翼奏曰　以兩大船分載　西南向二日　到臺灣府北門外下陸　繁華壯麗　樓臺夾路　夜張琉璃燈　通明如晝　又有異鳥　馴之彩籠　知更而鳴

　　按臺灣　明史稱鷄籠山　又稱東蕃　永樂時　鄭和歷東西大洋　靡不獻琛　獨東蕃遠避　和惡之　家貽一銅鈴　俾掛其項　蓋擬之狗國也　其後人反寶之　富者至綴

數枚日。此祖宗所遺。俗不食雉雞。但取其毛以爲飾。乾隆五十二年。討林爽文之亂。爽文兵敗。入內山。生蕃等縛而獻之。熱河文廟大成門右壁碑。記其事。生蕃等。皆短小。剪髮覆額。髮色漆黑。眉間或頤上。印烙若卦文。穿耳輪。挿錫筒。前後通明。或貫橫[6]木。懸骨牌。其名有曰投旺。曰匀力力。曰囉沙懷祝。曰也璜哇丹。曰懷目懷。曾入朝熱河者也。 ○ 海環府境。皆是舟人。其渡洋。不辨里程。一日夜。以十更爲率。自雞籠淡水舟行。至福州港口五更。自臺灣港。至澎湖四更。自澎湖。至泉州金門所七更。東北至日本國七十二更。南至呂宋國六十更。東南至大港二十二更。西南至南澳七更。皆就順風而言。海居極東。月常早上。故潮水長退。視廈門同安。亦較早焉。海多颶風。最甚爲颱。土蕃有識颱草。草生無節。則周歲無風。一節則颱一吹。多亦如之。無不驗。 ○ 鹿耳門在臺灣西三十里。形如鹿耳。故名。兩岸皆築砲臺。水流峽中。委曲回旋而入。中有海翁崛。多浮沙。水淺。風急則深淺頓易。最爲險要。門內水勢寬潤。可藏千艘。卽大圓港也。 ○ 嘉義縣。鄭氏屬天興州。康熙二十三年。分置諸羅。乾隆五十二年。臺灣賊林爽文攻縣城。城內居民四萬。助提督城守。因勅改諸羅爲嘉義以旌之。 ○ 安平鎮城在一崑身之上。崑身者。蕃語沙堤也。東抵灣街渡頭。西畔沙坡抵大海。南至二崑身。北有海門。原紅毛夾版船出入之處。按一崑身。周廻五里。紅毛築城。用大塼。桐油和石灰。共搗而成。城基入地丈餘。深廣亦一二丈。城墻各垜。俱用鐵釘釘之。方圓一里。堅固不可壞。東畔設屋宇市肆。聽民貿易。城內。屈曲如樓臺下上。井泉。鹹淡不一。另有一井。僅小孔。桶不能入。水從壁上流下。其西南畔一帶。原係沙墩。紅毛載石堅築。水衝不崩。 ○ 赤嵌城亦係紅毛所築。在臺灣海邊。與安平鎮相向。其城方圓不過半里。雞籠淡水小城也。紅毛築之以防海飆。然利于南風。不利于北風。

邦翼奏曰。留臺灣七日。呈書乞歸。官給衣一襲。設餞送別。握手眷眷。舟到廈門。止舍于紫陽書院。入拜朱子像。儒生數百人來見款款。途險。又以竹轎擔去。過同安縣治泉州府興化府。有大虹橋。左右龍舟萬艘。歌吹喧轟。

6. 橫 대본에 '黃'으로 되어 있는 것을 바로잡았다.

按朱子主同安簿 造高士軒 與諸儒講習其中 今書院或其遺址 又元至正間
邑令孔公俊 建請賜額 大同書院者即此 大虹橋即洛陽橋 唐宣宗微行 覽山川之
勝 至此歎曰 大類吾家洛陽也 故名洛陽橋 一名萬安橋 江口 又有娘仔橋 甚
長 先是 海渡歲溺死者無數 郡守蔡襄 欲壘石爲梁 慮潮浸 不可以人力勝 乃
遣海神檄 遣一吏往 吏酣飲 睡於海厓半日 潮落而醒 則文書已易封矣 歸呈
襄啓之 唯一醋字 襄悟曰 神其命我以廿一日酉時興工乎 至期 潮果退舍 凡八
日夕而工成 費金錢一千四百萬 長三百六十丈 廣丈有五尺 先是 漂還濟人 亦
有歷此橋者 或稱橋長十里 或稱五十里 苦無的見 或云 長三百六十丈 虹空四
十七

邦翼奏曰 正月初五日 入福建省 門內有法海寺 大麥已黃 橘柚垂實 衣服
飲食 與我國彷彿 來見者競以蔗糖投之 或留戀不能去 或著我人衣服 而相視流
涕 或有抱衣歸 示其家人而還曰 愛玩傳看云

按漳州 有新羅縣 唐時新羅入貢之地 又云 新羅侵吳越 畫地而居之 則泉
漳之間 遺俗之略同於我人 無足怪者 至見衣服而流涕者 可見猶有思漢之心也

邦翼奏曰 以行李遲滯 又呈書哀乞于巡撫府 有官人某乘雙轎 導黃傘過去
卽遮路陳情 某官思之良久曰 數日後三十五員官齊會時更來 依其言往訴 則衆官
輪回看畢 告于巡撫府 以巡檢某派定護送 出城西門 行四十里 至黃津橋 登小
船 兩日下陸 過西陽嶺寶華寺 至浙江省 度仙霞嶺

按仙霞嶺 在江山縣 宋史浩帥師過此 以石甃路 凡三百六十級

邦翼奏曰 到江南省[7]江山縣 以舟催行 江上有小船 漁翁載數十青鳧 放之
中流 鳧銜魚入舟中

按江山縣 有江郎山 故名 船人飼猪以穀 猪味異常 語云 牲[8]之美者 大荔
之羊 江山之豕 又捉魚青鳧 乃鸕鷀 非鳧也 一名烏鬼 杜甫詩 家家養烏鬼 頓

7. 江南省 ‘浙江省’의 오류이다.
8. 牲 대본에 ‘性’으로 되어 있는 것을 바로잡았다.

頓食黃魚者是也。江南畫幅。往往有此景。

　邦翼奏曰。過龍游縣。到嚴州。登子陵臺。臺傍有子陵祠。至杭州府北關大善寺。山川之秀麗。人物之繁庶。樓臺之侈壯。目不暇給。大船縹緲。妓女數輩。遊戲船頭。環珮琅然。

　按龍邱山。在龍遊縣。九石秀立。狀似芙蓉。漢龍邱萇隱此。與嚴光善。釣臺即嚴光隱處也。兩崖峭立。夾黔婺之水。而下桐廬。蜿曲如游龍者七里。水漲則磯激如箭。山腰二巨石對峙突兀。欲傾墜。名以釣臺。天作之矣。好事者亭其上。左垂綸百尺。右留鼎一絲。登臺而俯。深淵水靘如綠玉。山麓萬木參天。下有十九泉。陸羽所品。

　邦翼奏曰。自杭州六日至蘇州。西有寒山寺。黃瓦四十間也。知縣王公。設饌款待。使之遊賞。舟行十里至姑蘇臺。又三十里有岳陽樓。以銅爲柱。牕戶廳版。皆用琉璃。爲之鑿池於廳底。養五色魚。前望洞庭。還又至虎邱寺。天下第一大寺云。七級浮圖。望見無際。

　臣趾源嘗聞。中國人稱江山杭州爲勝。繁華蘇州爲勝。又曰。婦人首饙。當以蘇州樣爲善。蓋以蘇州一州賦稅觀之。比他郡常十倍。則蘇州爲天下財賦所出可知矣。寒山寺。以寒山拾得嘗止此。故名。東人慣聽張繼詩。姑蘇城外寒山寺一句。到處必以此題品。失之摸擬。而至於眞寒山眞姑蘇。則從未有身到此地者。今邦翼乃能振衣閶門。濯纓太湖。而其曰岳陽樓者。殆如說夢。蓋太湖有東洞庭之名。中有包山。又名洞庭山。以此洞庭之名。遂冒岳州城西門樓之稱。則太逕庭矣。今附太湖諸記。以破耳食之論。○太湖在吳郡之西南。廣三萬六千頃。中有山七十二。襟帶蘇湖常三州。一名具區。一名笠澤。一名五湖。虞仲翔云。太湖東通長洲松江。南通烏程霅溪。西通宜興荊溪。北通晉陵滆[9]湖。東連嘉興韭溪。水凡五道。故謂之五湖。今湖中亦自有五湖。曰菱湖莫湖游湖貢湖胥湖。莫釐之東周三十餘里。曰菱湖。其西北周五十里。曰莫湖。長山之東周五十里。曰游湖。沿無錫老岸周一百九十里。曰貢湖。胥山

9. 滆　대본에 '滒'으로 되어 있는 것을 바로잡았다.

之西南周六十里 曰胥湖 五湖之外 又有三小湖 曰梅梁湖 曰金鼎湖 曰東皐里
湖 而吳人稱謂 則惟曰太湖云 太湖有七十二峯 其發自天目 迤邐至宜興 入太
湖 峙爲諸山 湖之西北爲山十有四 馬跡最大 又西[10]爲山四十有一 西洞庭最大
又東爲山十有七 東洞庭最大 馬跡兩洞庭 望之渺然如世外 卽之 茂林平野閭巷
井舍仙宮梵宇 星布碁列 馬跡之北 津里夫椒爲大 夫差敗越處也 西洞庭之東北
渡渚黿山橫山陰山奉餘長沙山爲大 長沙之西 衡山漫山爲大 東洞庭之東 武山
北則餘山 西南 三山厥山澤山爲大 此其上亦有居人數百家 馬跡之西北 有若積
錢者 曰錢堆 稍東 大岯小岯 與錫山若連而斷 舟行其中 曰獨山 有若二鳧
相向者 曰東鴨西鴨 中有三峯 稍南 大墮小墮 與夫椒相對而差小 爲小椒 爲
杜圻 范蠡所嘗止也 西洞庭之北貢湖 中有兩山相近 曰大貢小貢 有若五星聚
曰五石浮 曰茆浮 曰思夫山 有若兩鳥飛且止者 曰南鳥北鳥 其西兩山 南北相
對而不相見 見卽有風雷之異 曰大雷小雷 橫山之東 曰千[11]山紹山 曰疃浮 曰
東嶽[12]西嶽 世傳吳王於此 置男女二嶽也 其前爲粥山云 吳王飼囚者也 有若琴
者 曰琴山 若杵 曰杵山 曰大竹小竹 與衡山近 若物浮水面可見者 曰長浮癩
頭浮殿前浮 與黿山相對而差小者 爲龜山 有二女娟好相對 曰謝姑 有若立柱嶔
崟 玉柱 稍卻 金庭 其南爲峻山 爲歷耳 中高而旁下者 筆格 驪首若逝者 石
蛇 有若老人立者 石公 石蛇石公最奇 與黿山龜山南北對面 曰罷山 山旁 曰
小罷山 若蠃者 青浮 二罷之間 若隱若見 曰驚藍 東洞庭之南 首銳而末歧者
曰箭浮 若屋敬者 曰王舍浮[13]苧浮 又南爲白浮 澤厥之間 有若笠浮水面者 曰
蒻帽 有逸於前後追而及之者 曰猫鼠 有若碑碣橫者 曰石碑 是爲七十二 然其

10. 西 대본에 '東'으로 되어 있는 것을 바로잡았다.
11. 千 대본에 '干'으로 되어 있는 것을 바로잡았다. 태호太湖의 72개 산 중에 대천산大千山, 소
천산小千山이 있다.
12. 嶽 대본은 '嶽'으로 되어 있는데, 이 글이 인용하고 있는 『진택집』震澤集 「칠십이봉기」七十二
峯記에 의거하여 바로잡았다. 뒤의 '西嶽'도 마찬가지이다.
13. 王舍浮 『고소지』姑蘇志 권9에는 '王舍'로 되어 있다.

最大而名者兩洞庭也。漢書云。下有洞穴。潛行水底。無所不通。號爲地脈。道書以爲第九洞天。 〇 虎邱山。一名海湧峯。中多小溪。曲磵夾其間。如抱月。然其最幽麗者。莫善和靖祠墟。青攢白外與天接。其上有浮圖。下瞰姑蘇。可一掌。轉浮圖而南。世傳生公講堂。悟石軒在焉。軒側有劍池。兩厓峭壁如剖。側立數千尺。水清寒。瀏瀏鳴。下有巨石。環敵磅礴。可坐千人。中有白蓮池。白蓮挺挺。華若丹碧。又稍下。小石路逶邐其間。泉益奇。石益怪。俄斗絶突起。松篁谺然。卽和靖讀書處也。吳王闔閭葬所。中多金鳧玉雁銅駝水精碧海丹砂諸物。嘗有白虎盤踞其巓。故名。晉司徒王珣及弟珉。俱宅於此。

邦翼奏曰。金山寺以五色彩瓦蓋覆。寺前石假山。高可百丈。又砌石周五里環建二層閣。下層則儒生數千居住。鬻書爲業。上層歌吹薰天。漁釣之人。携竿列坐石假山上。橫十字銅柱。以石版造廳。卽法堂也。又有鍾磬十四。木人應時自擊。一鍾先鳴。衆鍾次第皆鳴。

按金山。在揚子江心。其勝槩爲天下第一。山下有石。並峙其前。類雙闕然。傳爲郭璞葬處。泉曰中冷。味極甘洌。陸氏水品。以爲東南第一。寺曰龍游。閣曰毘羅。毘羅之南。爲妙高臺。上故有楞伽室。宋眉山蘇公嘗書經於此。北曰善財樓大悲閣吞海留雲二亭。據山之巓。登而四望。江波渺然。臺殿皆在其下。令人神爽飛越。東坡詩。金山樓[14]閣何耽耽。撞鍾伐鼓聞淮南者是也。亭南石刻妙高臺。又玉鑑堂六大字。稍下有塔基二。南北相向。蓋宋曾丞相布所建。燬於火。經觀瀾亭。循石級西下。歲久石多斷裂。俯視江波。如行天上。足甚危慄。[15] 巖曰祖師。中肖唐裴頭陀像。卽開山得金。山因以名者也。巖之右有洞。深黑不可入。有龍池。旱歲禱之。可致雲雨。左有龍王祠。著祀典。又有江山一覽烟雲奇觀二亭。尤爲奇絶。邦翼所云二層閣。卽江天閣。釋惠凱馮夢楨吳廷簡諸記。可證。

邦翼奏曰。山東省以後。下舟登車。土俗鄙野。人民儉嗇。蓬門蓽戶。食惟黍稷

14. 樓 대본에 ‘樓’로 되어 있는 것을 바로잡았다.
15. 慄 대본에 ‘慓’로 되어 있는 것을 바로잡았다.

槩所不錄 邦翼年四十一 登甲辰武科 拜守門將 陞武兼宣傳官 以試射居首 特陞資 邦翼之召見也 以壯遊勞苦 特除全羅道中軍 以榮其歸 在昔宣廟朝 有武人魯認者 被俘於倭 逃至婺州 廩食于考亭書院 還自鴨綠 閩中諸名士別詩 至今藏于其家 魯認之後 遠遊者當以邦翼爲首 先是 入燕京者 聞有水賊梗南海 商旅阻隔云 今邦翼貫穿萬里 未之或聞 則宇內之昇平可見矣 邦翼所記程途 與周行備覽等書 沕合不差 故附錄焉

澎湖 臺灣府 廈門 同安縣 泉州府 興化府 福清[16] 福寧[17] 福建省城法海寺 黃津橋 閩清縣黃田驛 淸風館 金沙馹 南平縣大王館 太平馹 建寧府葉坊館 建陽縣仁化館 西陽嶺 萬壽橋 寶華寺 浦城縣 浙江省仙霞嶺 峽口站 浙江[18]省衢州府江山縣齊河館 西安縣浮江山 龍游縣 嚴州府建德縣 子陵釣臺 桐廬[19]縣 富陽縣 杭州府北關大善寺 石門縣 嘉興府 蘇州府寒山寺 姑蘇臺 虎邱寺 東洞庭 常州府無錫縣長洲[20] 丹陽縣 近[21]江府 瓜洲[22] 揚[23]州府江都縣 金山寺 下信縣 高郵縣[24]高郵寺 懷府懷縣 淸江阜 王家營 寶應縣 山陽縣 淸湖縣 桃源縣桃源驛 山東省郯[25]城縣 李家庄 蘭山縣牛城館 徐公店 杜庄店 蒙陰縣 新泰縣楊柳店 太安府[26]長城館 齊河縣 禹城縣 德州[27] 景州[28] 河閒縣 涿

16. 福淸 '福淸縣'이라야 정확한 표기가 된다.
17. 福寧 '福寧府'라야 정확한 표기가 된다.
18. 浙江 대본에 '江南'으로 되어 있는 것을 바로잡았다.
19. 桐廬 대본에 '銅爐'로 되어 있는 것을 바로잡았다.
20. 長洲 대본에 '長州府'로 되어 있는 것을 바로잡았다.
21. 近 '鎭'의 잘못인 듯하다.
22. 瓜洲 대본에 '瓜州府'로 되어 있는 것을 바로잡았다.
23. 揚 대본에 '楊'으로 되어 있는 것을 바로잡았다.
24. 縣 '州'의 잘못인 듯하다.
25. 郯 대본에 '剡'으로 되어 있는 것을 바로잡았다.
26. 太安府 '泰安縣'의 잘못인 듯하다.
27. 德州 대본에 '德州府'로 되어 있는 것을 바로잡았다.
28. 景州 대본에 '景州府'로 되어 있는 것을 바로잡았다.

州[29]。 娘娜縣[30]。 北京。

　　澎湖至臺灣。 水路二日。 臺灣至廈門。 水路十日。 廈門至福建省城。 一千六百里。
福州至燕京。 六千八百里。 燕京至我境義州。 二千七十里。 義州至王京。 一千三十里。
王京至康津。 九百里。 耽羅。 北抵康津。 南距臺灣。 水路不論。 合一萬二千四百里。

29. 涿州　대본에 '涿州府'로 되어 있는 것을 바로잡았다.
30. 娘娜縣　'良鄕縣'의 잘못인 듯하다.

鍾北小選

自序[1]

嗟乎 庖犧氏歿 其文章散久矣 然而蟲鬚花蘂 石綠羽翠 其文心不變 鼎足
壺腰 日環月弦 字體猶全 其風雲雷電 雨雪霜露 與夫飛潛走躍 笑啼鳴嘯 而
聲色情境 至今自在 故不讀易則不知畫 不知畫則不知文矣 何則 庖犧氏作易
不過仰觀俯察 奇偶加倍 如是而畫矣 蒼頡氏造字 亦不過曲情盡形 轉借象義
如是而文矣 然則文有聲乎 曰伊尹之大臣 周公之叔父 吾未聞其語也 想其音則
款款耳 伯奇之孤子 杞梁之寡妻[2] 吾未見其容也 思其聲則懇懇耳 文有色乎 曰
詩固有之 衣錦褧衣 裳錦褧裳 鬒髮如雲 不屑髢也 何如是情 曰鳥啼花開 水
綠山靑 何如是境 曰遠水不波 遠山不樹 遠人不目 其語在指 其聽在拱 故不
識老臣之告幼主 孤子寡婦之思慕者 不可與論聲矣 文而無詩思 不可與知乎國風
之色矣 人無別離 畫無遠意 不可與論乎文章之情境矣 不屑於蟲鬚花蘂者 都無
文心矣 不味乎器用之象者 雖謂之不識一字可也

---

1. 自序 『종북소선』鍾北小選은 ‘叙’로 되어 있으며, 자구상의 차이가 적지 않다. 「자서」自序는 이
「서」叙를 개작한 것인 듯하다.
2. 妻 영남대본, 승계문고본, 연세대본 등은 ‘婦’로 되어 있다.

蜋丸集序[1]

子務子惠出遊, 見瞽者衣錦, 子惠喟然歎曰, 嗟乎[2], 有諸己而莫之見也, 子務曰, 夫何與衣繡而夜行者, 遂[3]相與辨之於聽虛先生, 先生搖手曰, 吾不知[4], 吾不知, 昔[5]黃政丞自公而歸, 其女迎謂曰, 大人知蝨乎, 蝨奚生, 生於衣歟, 曰, 然, 女笑曰, 我固勝矣, 婦請曰, 蝨生於肌歟, 曰, 是也, 婦笑曰, 舅氏是我, 夫人怒曰, 孰謂大監智, 訟而兩是, 政丞莞爾而笑曰, 女與婦來, 夫蝨非肌不化, 非衣不傅, 故兩言皆是也, 雖然, 衣在籠中, 亦有蝨焉, 使汝裸裎, 猶將癢焉, 汗氣蒸蒸, 糊氣蟲蟲[6], 不離不襯[7], 衣膚[8]之間, 林白湖將乘馬, 僕夫進曰[9], 夫子醉矣, 隻履鞾鞋, 白湖叱曰, 由道而右者, 謂我履鞾, 由道而左者, 謂我履鞋, 我何病哉, 由是論[10]之, 天下之易見[11]者莫如足, 而所見者不同, 則鞾鞋難辨矣, 故眞正之見, 固在於是非之中, 如汗之化蝨, 至微而難審, 衣膚之間, 自有其空, 不離不襯, 不右不左, 孰得其中, 蜣蜋[12]自愛滾丸, 不羨驪龍之珠, 驪龍亦不以其珠, 笑彼蜋[13]丸, 子珮聞而喜之曰,

1. 蜋丸集序　유연柳璉의 『기하실시고략』幾何室詩藁略에는 「蛣蜣轉序」로 되어 있다.
2. 乎　『기하실시고략』「길강전서」는 '哉'로 되어 있다.
3. 遂　『기하실시고략』「길강전서」는 '遂' 자가 없다.
4. 不知　『기하실시고략』「길강전서」는 '不識'으로 되어 있다. 바로 그 다음에 나오는 '不知'도 마찬가지이다.
5. 昔　『기하실시고략』「길강전서」는 '昔' 자가 없다.
6. 汗氣蒸蒸 糊氣蟲蟲　『기하실시고략』「길강전서」는 '故蝨之生也'로 되어 있다.
7. 不離不襯　『기하실시고략』「길강전서」는 '不襯不浮'로 되어 있다. 아래에 나오는 '不離不襯'도 마찬가지이다.
8. 膚　『기하실시고략』「길강전서」는 '肌'로 되어 있다.
9. 僕夫進曰　『기하실시고략』「길강전서」는 '僕故曰'로 되어 있다.
10. 論　『기하실시고략』「길강전서」는 '觀'으로 되어 있다.
11. 見　『기하실시고략』「길강전서」는 '知'로 되어 있다.
12. 蜣蜋　『기하실시고략』「길강전서」'는 '蛣蜣'으로 되어 있다.

是可以名吾詩。遂名其集曰蜋丸。屬余序之。余謂子珮曰。昔丁令威化鶴而歸。人無知者。斯豈非衣繡而夜行乎。太玄大行。而子雲不見[14]。斯豈非瞽者之衣錦乎。覽斯集。一以爲龍珠。則見子之鞋[15]矣。一以爲蜋丸。則見子之韡[16]矣。人不知猶爲令威之羽毛[17]。不自見猶爲子雲之太玄[18]。珠丸之辨。唯聽虛先生在。吾何云乎。

13. 蜋 『기하실시고략』「길강전서」는 '蜋'으로 되어 있다.
14. 見 『기하실시고략』「길강전서」는 '知'로 되어 있다.
15. 鞋 『종북소선』鍾北小選과 『기하실시고략』「길강전서」는 '靴'로 되어 있다.
16. 韡 『종북소선』과 『기하실시고략』「길강전서」는 '鞋'로 되어 있다.
17. 猶爲令威之羽毛 『기하실시고략』「길강전서」는 '足以自喜'로 되어 있다.
18. 猶爲子雲之太玄 『기하실시고략』「길강전서」는 '也足以傳後'로 되어 있다.

綠鸚鵡經序

洛瑞得綠鸚鵡. 欲慧不慧. 將悟未悟. 臨籠涕泣曰. 爾之不言. 烏鴉[1]何異. 爾言
不曉. 我則彝 彝一本作夷 矣. 於是忽發慧悟. 乃作綠鸚鵡經. 請序於余. 余嘗夢白鸚
鵡. 乃徵博士. 訴夢占之曰. 我平生夢. 夢食不飽. 夢飲不醉. 夢臭不穢. 夢香不馨.
夢力不强. 夢呼不聲. 或飛龍在天. 或鳳凰麒麟. 鬼物異[2]獸. 駃駃馳逐. 四目神將.
其背有口. 齒嗑其劍. 手又有目. 小目小耳. 大口大鼻. 或大海洶洶. 火焚靑山. 或
日月星辰. 繞身圍體. 或雷霆霹靂. 驚怖懼汗. 或昇濛天. 御彼光雲. 或飛騰九層樓
臺. 窈窕丹靑. 琉璃牕戶. 美女婦人. 目笑眉成. 妙肉淸颺. 義舌合奏. 或身輕蟬翼.
粘彼樹葉. 或與蚓鬪. 或助蛙笑 笑一本作哭 或穿墙壁. 卽有曠室. 或爲上客. 旂旌麾
幢. 芭蕉大扇. 軺車百輪. 卽何妄想. 顚倒如是. 博士大言. 遍身寒栗. 恐懼罪過. 爾
善思念. 使汝鍊丹. 吸氣服眞. 而不飮食. 漸厭室家. 而不棟宇. 處彼岩广. 離妻去
子. 別其友朋. 一朝身輕. 肩披橡葉. 腰禪虎皮. 朝遊滄海. 夕遊崐崙. 明日明夕. 而
暫還歸. 或已千歲. 或爲八百. 如彼長生. 卽名爲仙. 則復如何. 我乃謝言. 是一妄
想. 千歲八百. 遊朝遊暮. 何其短也. 我則長生. 誰復見我. 有誰友朋. 認吾是我. 萬
一或幸. 屋室不壞. 鄉里如舊. 子孫蕃衍. 八世九世. 至或十世. 我歸我家. 乍喜入
門. 而復悵然. 久坐細聲. 暗謂家人. 園後梨樹. 廚下鼎錡. 眞珠寶璫. 何在何亡. 徵
信有漸. 子孫大怒. 彼何妄翁. 彼何狂叟. 彼何醉夫. 而來辱我. 小杖逐我. 大杖毆
我. 我則奈何. 無書證我. 訟官奈何. 譬則我夢. 我夢我夢. 人不我夢. 孰信我夢. 博
士大言. 遍身寒慄. 恐懼罪過. 發大悲心. 歎言爾言. 其實大然. 汝則知之. 子孫妻
妾. 暫別離捨. 卽不認識. 汝則何戀. 西方有國. 世界大樂. 汝則苦行. 修身大刻. 往

---

1. 烏鴉 승계문고본과 연세대본 등은 '烏鵲'으로 되어 있다.
2. 異 영남대본과 승계문고본 등은 '鬼'로 되어 있다.

生彼國　度脫三災　不入刦燒　是名爲佛　卽復如何　我乃謝言　此一妄想　旣云往
生　此死可知　茶毗揚灰　何免刦燒　棄今可樂　就此刻苦　俟彼他世　杳杳冥冥　孰
知極樂　若知他世　世界極樂　緣何此世　不識前生　或曰　非謂其眞仙而佛者也
仙靈而佛慧　鸚鵡有其性　則是博士占其靈慧而能言也　子之文章　其將日有進乎
嗟呼　至今十八年矣　道日益拙　而文不加進　其癡心妄想　不夢亦夢[3]矣　今見此經
圓舌叉跎　宛如夢見　而性霧悟妙　慧語珠轉　儘乎其仙而佛者也　博士之徵　其在
是乎

---

3. 夢　대본은 '覺'으로 되어 있는데, 뜻이 통하지 않고 김택영 편 『중편연암집』에는 '夢' 자로 고
쳐져 있어 이에 따라 바로잡았다.

愚夫艸序[1]

邇言皆爾雅也。今閭閻之間[2]。指瘤謂麗。喚醋爲甘。幼女聞里嫗賣甘。意其蜜
也。倚母肩[3]。染指嘗之。矉曰。酸也。云胡作甘。母無以應。吾惕然曰。是禮也。夫禮
緣人情。聞[4]梅者齒次。故醋之未和也。猶諱其酸。況人之所嫌。有甚於瘤之醜[5]乎。
於是作士小典以自警[6]。凡聾衰重聽。不號聾而曰不樂囁嗫。矇瞽失明。不號瞽而曰
不省瑕纇。嚌瘖嘎記。不號啞而曰不屑雌黃。鉤[7]背曲胸曰不喜便佞。附瘻懸瘤曰不
失重厚。至於駢枝跛躄。雖病於形。而無害於德。猶思迁諱。嫌其直斥。況所謂
愚者。小人之德而不移之性乎。天下之儌辱。莫加乎此。以汝京之聰明慧智。乃據其
愚[8]而不恥自號。何也。及讀其燕石集。其所以觸忌諱犯嫌怒者多矣[9]。掇挹乎百家。
牢籠乎萬物。得其情狀[10]。若燃犀而畫鼎。其變化於渺微者。若卵之始毛而蜩之將翼
也。雲膚石髓。可推爬也。虫鬚花蘂。可計數也。其所指斥[11]者。奚特聾瞽瘖啞。而其

1. 愚夫艸序　『기계문헌』杞溪文獻 권12에는 「연석서」燕石序로 되어 있다.
2. 今閭閻之間　「연석서」는 '今閭巷'으로 되어 있다.
3. 倚母肩　「연석서」는 '肩其母'로 되어 있다.
4. 聞　대본은 '間'으로 되어 있는데, 영남대본과 승계문고본에 의거하여 바로잡았다.
5. 瘤之醜　「연석서」는 '齒之次'으로 되어 있다.
6. 警　「연석서」는 '戒'로 되어 있다.
7. 鉤　대본은 '釣'로 되어 있는데, 영남대본과 승계문고본, 연세대본에 의거하여 바로잡았다.
8. 至於駢枝跛躄 …… 乃據其愚　「연석서」는 '此吾所以自爲禮也 吾友兪士京 出其近所爲詩文 而示余 目之
曰燕石 屬余叙之 余惑之曰 夫燕石者 愚人之所寶 而天下之所笑也 天下之儌辱 莫加於愚 而夫以士京之聰
明慧智 乃據天下之儌辱'으로 되어 있다.
9. 及讀其燕石集 其所以觸忌諱犯嫌怒者多矣　「연석서」는 '及夫讀之而後知之 乃復悚然而懼 栗然而寒曰 有
是哉 其觸忌諱而犯嫌怒者 若是其多也'로 되어 있다.
10. 狀　「연석서」는 그 다음에 '也' 자가 추가되어 있다.

所怨怒 亦奚特醯之酸乎[12] 觸人怒[13]猶諱之 況造化之所忌乎 夫爲斯之懼焉 則
聰明慧智之反[14]而自諱之不暇也 世之人無亦指染而齒汰也夫[15] 噫[16]

11. 指斥 「연석서」는 '觸犯'으로 되어 있다.
12. 奚特聾瞽瘖啞 …… 亦奚特醯之酸乎 「연석서」는 '奚特聾瞽瘖啞之嫌其指乎'로 되어 있다.
13. 觸人怒 「연석서」와 영남대본, 승계문고본, 연세대본은 '觸人之怒'로 되어 있다.
14. 反 「연석서」는 그 다음에 '焉' 자가 추가되어 있다.
15. 夫 「연석서」는 '夫' 자가 없다.
16. 噫 「연석서」는 '歲乙未二陽之月 燕巖朴美仲 書'로 되어 있다.

菱洋詩集序[1]

達士無所怪[2]。俗人多所疑[3]。所謂少所見。多所怪也[4]。夫豈達士者。逐物而目覩哉。聞一則形十於目。見十則設百於心。千怪萬奇。還寄於物。而己無與焉。故心閒有餘。應酬無窮。所見少者[5]。以鷺嗤烏。以鳧危鶴。物自無怪。己迺生嗔。一事不同。都誣萬物。噫。瞻彼烏矣。莫黑其羽。忽暈乳金。復耀石綠。日映之而騰紫。目閃閃而轉翠。然則吾雖謂之蒼烏可也。復謂之赤烏。亦可也。彼旣本無定色。而我乃以目先定[6]。奚特定於其目。不覩而先定於其心。噫。錮烏於黑足矣。迺復以烏錮天下之衆色。烏果黑矣。誰復知所謂蒼赤乃色中之光耶。謂黑爲闇者。非但不識烏。並黑而不知。何則[7]。水玄。故能照。漆黑。故能鑑。是故有色者。莫不有光。有形者。莫不有態[8]。觀乎美人。可以知詩[9]矣。彼低頭。見其羞也。支頤。見其恨也。獨立。見其思也。顰眉。見其愁也。有所待也。見其立欄干下。有所望也。見其立芭蕉下[10]。若復責其立不如齋。坐不如塑。則是罵楊妃之病齒。而禁樊姬之擁髻也。譏蓮步之妖妙。而叱掌舞之輕儇也。余佺宗善。字繼之[11]。工於詩。不繩一法。百體俱該。蔚然爲東方

---

1. 菱洋詩集序 『겸헌만필』謙軒漫筆(단국대 소장 곤坤책)에는 「선서재집서」薛書齋集序로 되어 있다.
2. 怪 「선서재집서」는 '疑'로 되어 있다.
3. 疑 「선서재집서」는 '怪'로 되어 있다.
4. 所謂少所見 多所怪也 「선서재집서」는 '此無他 所見者狹 則所怪者多爾矣'로 되어 있다.
5. 所見少者 「선서재집서」는 '彼所見狹者'로 되어 있다.
6. 特 「선서재집서」는 '獨'으로 되어 있다.
7. 則 「선서재집서」는 '也'로 되어 있다.
8. 有形者 莫不有態 「선서재집서」는 '則'으로 되어 있다.
9. 詩 「선서재집서」는 '詩之態'로 되어 있다.
10. 有所待也 …… 見其立芭蕉下 「선서재집서」는 '立欄干下 見其有所待也 立芭蕉下 見其望初月也 窺鏡見其整叙釧也'로 되어 있다.

大家。 視爲[12]盛唐。 則忽焉漢魏。 而忽焉宋明。 縱謂[13]宋明。 復有盛唐。 嗚呼。 世人之噦烏危鶴。 亦已[14]甚矣。 而繼之[15]之園烏。 忽紫忽翠。 世人之欲齋塑美人。 而掌舞蓮步。 日益輕妙。 擁髻病齒。 俱各有態。 無惑乎其嗔怒之日滋[16]也。 世之達士少而俗人衆。 則默而不言可也。 然言之不休[17]。 何也。 噫。 燕岩老人。 書于烟湘閣[18]。

11. 余任宗善 字繼之　「선서재집서」는 '友人李君峙仲 年纔十七'로 되어 있다.
12. 爲　「선서재집서」는 '以'로 되어 있다.
13. 謂　「선서재집서」는 '言'으로 되어 있다.
14. 已　「선서재집서」는 '以'로 되어 있다.
15. 繼之　「선서재집서」는 '峙仲'으로 되어 있다.
16. 其嗔怒之日滋　「선서재집서」는 '其嗔怪之日至'로 되어 있다.
17. 然言之不休　「선서재집서」는 '然而言之不休者'로 되어 있다.
18. 燕岩老人 書于烟湘閣　「선서재집서」는 이 구절이 없다.

北學議序

學問之道無他　有不識　執塗之人而問之可也　僮僕多識我一字　姑學汝矣[1]
恥己之不若人而不問勝己　則是終身自錮於固陋無術之地也　舜自耕稼陶漁　以至
爲帝　無非取諸人　孔子曰　吾少也賤　多能鄙事　亦耕稼陶漁之類是也　雖以舜孔
子之聖且藝　卽物而剏巧　臨事而製器　日猶不足　而智有所窮　故舜與孔子之爲聖
不過好問於人　而善學之者也　吾東之士　得偏氣於一隅之土　足不蹈函夏之地　目
未見中州之人　生老病死　不離疆域　則鶴長烏黑[2]　各守其天　蛙井蚡田[3]　獨信其
地　謂禮寧野　認陋爲儉　所謂四民　僅存名目　而至於利用厚生之具　日趨困窮
此無他　不知學問之過也　如將學問　舍中國而何　然其言曰　今之主中國者　夷狄
也　恥學焉　幷與中國之故常而鄙夷之　彼誠薙髮左袵　然其所據之地　豈非三代以
來漢唐宋明之函夏乎　其生乎此土之中者　豈非三代以來漢唐宋明之遺黎乎　苟使
法良而制美　則固將進夷狄而師之　況其規模之廣大　心法[4]之精微　制作之宏遠　文
章之煥爀　猶存三代以來漢唐宋明固有之故常哉　以我較彼　固無寸長　而獨以一撮
之結　自賢於天下曰　今之中國　非古之中國也　其山川則罪之以腥羶　其人民則辱
之以犬羊　其言語則誣之以侏離　幷與其中國固有之良法美制而攘斥之　則亦將何
所倣而行之耶　余自燕還　在先[5]爲示其北學議內外二編　蓋在先先余入燕者也　自
農蠶畜牧城郭宮室舟車　以至瓦簟筆尺之制　莫不目數而心較　目有所未至　則必問

---

1. 矣　대본에는 빠져 있는데, 박제가朴齊家의 『북학의』北學議에 붙은 원래의 서문에 의거하여
　보충하였다.
2. 鶴長烏黑　『북학의』는 '鶴脛烏羽'로 되어 있다.
3. 蚡田　『북학의』는 '鼴枝'로 되어 있다.
4. 心法　『북학의』는 '心術'로 되어 있다.
5. 在先　『북학의』는 '楚亭'으로 되어 있다. 아래에 나오는 '在先'도 마찬가지이다.

焉。 心有所未諦。 則必學焉。 試一開卷。 與余日錄。 無所齟齬。 如出一手。 此固所以樂而示余。 而余之所欣然讀之三日而不厭者也。 噫。 此豈徒吾二人者得之於目擊而後然哉。 固嘗研究於雨屋雪簷之下。 抵掌於酒爛燈灺之際。 而乃一驗之於目爾。 要之。 不可以語人。 人固不信矣。 不信則固將怒我。 怒之性。 由偏氣。 不信之端。 在罪山川[6]

6. 在罪山川   『북학의』는 그 다음에 '辛丑重陽日 朴趾源燕巖夫 撰'으로 되어 있다.

楓嶽堂集序

古之爲浮屠者。類多聰明英偉儁傑之士。一有世主高其戒行。留心釋典。錫號殊禮。賓遇師迎。而于時士大夫亦莫不樂與之遊。則苦枯沈沒寂寞之行焉。而乃反安富尊榮。此固非空門本分。而有可以勸於其術。其言語文章。燦然可觀。國朝以來。專尙儒教。士大夫嚴於斥異。由是而世無獨行自得之士。並與所謂異端之學而不可見焉。今其荒寺廢刹。不絶居僧。而皆窮氓餓隷。逃竄丁役。削髮被緇。雖名浮屠。頑愚昏蒙。目不知書。則不待禁絶而其道幾乎息矣。余常樂遊名山。足跡殆半。嘗思得異僧。以爲方外之遊。而登山臨水。未嘗不悵然裴徊。嘗與友人申元發兪士京。同宿白華菴。有緇俊者。深夜獨坐。佛燈炯然。禪榻明淨。几上有般若法華諸經。因問俊爾頗曉經否。謝不知。又問爾能解作詩律否。又謝不能。又問山中有異僧可與遊乎。對曰。無有。明日坐眞珠[1]潭下。相與言。俊公眉眼淸朗。若能粗解文字。詩不必工。可與聯軸。談不必玄。足以寫懷。則豈不趣吾輩事耶。因相顧嘆息而起。今覽楓嶽大師普印詩文。未及卒業而歎曰。余向所欲遇以爲方外之遊者。失之印公歟。蓋其禪定在內圓通。而卽余東遊時也。及見集中有與緇俊唱酬者。則俊固其友也。何不以印荅余之問也。俊其欺余哉。吾於是益知印固高僧。而俊果爲之諱之也。由是觀之。俊果能詩也。俊果能談經也。俊亦高僧也歟。吾旣失之於同遊之緇俊。則況於未見之印公乎。無可以勸於其術。而其信道自修也如此。則其未見而如印公者何限。吾於山猶北有長白。南有智異。西有九月。吾將遍遊。庶幾一遇。則儻不爲俊公之所侮爾。姑爲之序此集。

---

1. 珠　대본에 '殊'로 되어 있는 것을 바로잡았다.

柳氏圖書譜序

連玉善刻章　握石承膝　側肩垂頤　目之所瞬　口之所吹　蠶蝕[1]其墨　不絶如絲
聚吻進刀　用力以眉　旣而捧腰　仰天而欷　懋官過而勞之曰　子之攻堅也　將以何
爲　連玉曰　夫天下之物　各有其主　有主則有信　故十室之邑　百夫之長　亦有符
印　無主乃散　無信乃亂　我得暈石　膚理膩沃　方武一寸　瑩然如玉　獅蹲其鈕　鞠
乳獰吼　鎭我文房　綏厥四友　我祖軒轅　氏柳名璉　文明爾雅　鼎鼓鳥雲　印我書
帙[2]　遺我子孫　無憂散佚　百弓其全　懋官笑曰　子以和氏之璧爲何如也　曰　天下
之至寶也　曰　然　昔秦皇帝旣兼六國　破璞爲章[3]　上蟠蒼虯[4]　旁屈絳螭　以爲天子
之信　四海之鎭　使蒙恬築萬里之城以守之　其言豈不曰　二世三世　至于萬世　傳
之無窮乎　連玉俛首寂然　推墮其幼子於膝曰　安得使而公頭白者乎　一日携其前所
集古今印本　彙爲一卷　屬余序之　孔子曰　吾猶及史之闕文　今亡矣　蓋傷之也
於是幷書之　以爲不借書者之深戒

1. 蝕　대본에 '飮'으로 되어 있는 것을 바로잡았다.
2. 帙　대본에 '秩'로 되어 있는 것을 바로잡았다. 영남대본과 승계문고본 등에도 바르게 되어 있
다.
3. 章　대본에 '璋'으로 되어 있는데, 영남대본 등 여러 이본에 의거하여 바로잡았다.
4. 虯　대본에 '蚪'로 되어 있는 것을 바로잡았다.

嬰處稿序

子佩曰。陋哉。懋官之爲詩也。學古人而不見其似也。曾毫髮之不類。詎髣髴乎音聲。安野人之鄙鄙。樂時俗之瑣瑣。乃今之詩也。非古之詩也。余聞而大喜曰。此可以觀。由古視今。今誠卑矣。古人自視。未必自古。當時觀者。亦一今耳。故日月滔滔。風謠屢變。朝而飮酒者。夕去其帷。千秋萬世。從此以古矣。然則今者對古之謂也。似者方彼之辭也。夫云似也似也。彼則彼也。方則非彼也。吾未見其爲彼也。紙旣白矣。墨不可以從白。像雖肖矣。畵不可以爲語。雩祀壇之下。桃渚之衕。靑甍而廟。貌之渥丹而鬚。儼然關公也。士女患瘧。納其牀下。懾神褫魄。遁寒祟也。孺子不嚴。瀆冒威尊。爬瞳不瞬。觸鼻不嚏[1]。塊然泥塑也。由是觀之。外舐水匏[2]。全呑胡椒者。不可與語味也。羨隣人之貂裘。借衣於盛夏者。不可與語時也。假像衣冠。不足以欺孺子之眞率矣。夫愍時病俗者。莫如屈原。而楚俗尙鬼。九歌是歌。按秦之舊。帝其土宇。都其城邑。民其黔首。三章之約。不襲其法。今懋官朝鮮人也。山川風氣。地異中華。言語謠俗。世非漢唐。若乃效法於中華。襲體於漢唐。則吾徒見其法益高而意實[3]卑。體益似而言益僞耳。左海雖僻。國亦千乘。羅麗雖儉。民多美俗。則字其方言。韻其民謠。自然成章。眞機發現。不事沿襲。無相假貸。從容現在。卽事森羅。惟此詩爲然。嗚呼。三百之篇。無非鳥獸草木之名。不過閭巷男女之語。則北檜之間。地不同風。江漢之上。民各其俗。故采詩者以爲列國之風。攷其性情。驗其謠俗也。復何疑乎此詩之不古耶。若使聖人者。作於諸夏。而觀風於列國也。攷諸嬰處之稿。而三韓之鳥獸艸木。多識其名矣。貊男濟婦之性情。可以觀矣。雖謂朝鮮之風可也。

1. 嚏　대본에 '唓'으로 되어 있는 것을 바로잡았다.
2. 水匏　영남대본과 김택영 편 『연암집』은 '西瓜'로 되어 있다.
3. 實　영남대본과 승계문고본, 연세대본 등은 '益'으로 되어 있다.

炯言桃筆帖序

雖小技　有所忘　然後能成　而況大道乎　崔興孝　通國之善書者也　嘗赴舉
書卷得一字　類王羲之　坐視終日　忍不能捨　懷卷而歸　是可謂得失不存於心耳
李澄　幼登樓而習畫　家失其所在　三日乃得　父怒而笞之　泣引淚而成鳥　此可謂
忘榮辱於畫者也　鶴山守　通國之善歌者也　入山肆　每一闋　拾沙投屐　滿屐乃歸
嘗遇盜將殺之　倚風而歌　群盜莫不感激泣下者　此所謂死生不入於心　吾始聞之歎
曰　夫大道散久矣　吾未見好賢如好色者也　彼以爲技足以易其生　噫　朝聞道　夕
死可也　桃隱書炯菴叢言　凡十三則　爲一卷　屬余敍之　夫二子專用心於內者歟
夫二子游於藝者歟　將二子忘死生榮辱之分　而至此其工也　豈非過歟　若二子之能
有忘　願相忘於道德也

綠天館集序

倣古爲文。如鏡之照形。可謂似也歟。曰。左右相反。惡得而似也。如水之寫形。
可謂似也歟。曰。本末倒見。惡得而似也。如影之隨形。可謂似也歟。曰。午陽則侏
儒僬僥。斜日則龍伯防風。惡得而似也。如畵之描形。可謂似也歟。曰。行者不動。
語者無聲。惡得而似也。曰。然則終不可得而似歟。曰。夫何求乎似也。求似者非眞
也。天下之所謂相同者。必稱酷肖。難辨者。亦曰逼眞。夫語眞語肖之際。假與異在
其中矣。故天下有難解而可學。絶異而相似者。鞮象寄譯。可以通意。篆籒隷楷。皆
能成文。何則。所異者形。所同者心故耳。繇是觀之。心似者志意也。形似者皮毛也。
李氏子洛瑞。年十六。從不佞學有年矣。心靈夙開。慧識如珠。嘗携其綠天之稿。質
于不佞曰。嗟乎。余之爲文纔數歲矣。其犯人之怒多矣。片言[1]稍新。隻字涉奇。則輒
問古有是否。否則怫然于色曰。安敢乃爾。噫。於古有之。我何更爲。願夫子有以定
之也。不佞攢手加額。三拜以跪曰。此言甚正。可興絶學。蒼頡造字。倣於何古。顏
淵好學。獨無著書。苟使好古者。思蒼頡造字之時。著顏子未發之旨。文始正矣。吾
子年少耳。逢人之怒。敬而謝之曰。不能博學。未攷於古矣。問猶不止。怒猶未解。
曉曉然答曰。殷誥周雅。三代之時文。丞相右軍。秦晉之俗筆。

---

1. 言 영남대본 등 여러 이본은 '語'로 되어 있다.

泠齋集序

匠石謂刓劂氏曰．夫天下之物．莫堅於石．爰伐其堅．斷而斲之．螭首龜趺．樹之神道．永世不騫．是我之功也．刓劂氏曰．久而不磨者．莫壽於刻．大人有行．君子銘之．匪余攸工．將焉用碑．遂相與訟之於馬鬣子．馬鬣子寂然無聲．三呼而三不應．於是石翁仲．啞然而笑曰．子謂天下之至堅者．莫堅乎石．久而不磨者．莫壽乎刻也．雖然．石果堅也．斲而爲碑乎．若可不磨也．惡能刻乎．既得以斲而刻之．又安知築竈者不取之以爲安鼎之題乎．揚子雲好古士也．多識奇字．方艸太玄．愀然變色易容．慨然太息曰．嗟乎．烏．爾其知之．聞石翁仲之風者．其將以玄覆醬瓿乎．聞者皆大笑．春日．書之泠齋集．

旬稗序

　　小川菴雜記域內風謠民彝。方言俗技。至於紙鷂有譜。丱謎著解。曲巷窮閭。爛
情熟態。倚門鼓刀。肩媚掌誓。靡不蒐載。各有條貫。口舌之所難辨。而筆則形之。
志意之所未到。而開卷輒有。凡鷄鳴狗嘷。虫翹蠡蠢。盡得其容聲。於是配以十干。
名爲旬稗。一日袖以示余曰。此吾童子時手戲也。子獨不見食之有粔籹[1]乎。粉米漬
酒。截以蠶大。煖煠焙之。羃油漲之。其形如繭。非不潔且美也。其中空空。啖而難
飽。其質易碎。吹則雪飛。故凡物之外美而中空者。謂之粔籹。今夫榛栗稻秔。卽人
所賤。然實美而眞飽。則可以事上帝。亦可以贊盛賓。夫文章之道亦如是。而人以其
榛栗稻秔而鄙夷之。則子盍爲我辨之。余旣卒業而復之曰。莊周之化蝶。不得不信。
李廣之射石。終涉可疑。何則。夢寐難見。卽事易驗也。今吾子察言於鄙邇。撫事於
側陋。愚夫愚婦。淺笑常茶。無非卽事。則目酸耳飫。城朝庸奴。固其然也。雖然。宿
醬換器。口齒生新。恒情殊境。心目俱遷。覽斯卷者。不必問小川菴之爲何人。風謠
之何方。方可以得之。於是爲聯讀成韻。則性情可論。按譜爲畵。則鬚眉可徵。睟眒
道人。嘗論夕陽片帆。乍隱蘆葦。舟人漁子。雖皆拳鬚突鬢。遵渚而望。甚疑其高士
陸魯望先生。嗟乎。道人先獲矣。子於道人師之也。往徵也哉。

---

1. 籹　대본에 '糅'로 되어 있는 것을 바로잡았다. 다음에 나오는 '籹'도 마찬가지이다.

念齋記[1]

宋旭醉宿　朝日乃醒　臥而聽之　鳶嘶鵲吠　車馬喧囂　杵鳴籬下　滌器廚中　老幼叫笑　婢僕叱咳　凡戶外之事　莫不辨之　獨無其聲　乃語朦朧曰　家人俱在　我何獨無　周目而視　上衣在楎　下衣在桅　笠掛其壁　帶懸椸頭　書帙在案　琴橫瑟立　蛛絲縈樑　蒼蠅附牖　凡室中之物　莫不俱在　獨不自見　急起而立　視其寢處　南枕而席　袞見其裡　於是謂旭發狂　裸體而去　甚悲憐之　且罵且笑　遂抱其衣冠　欲往衣之　遍求諸道　不見宋旭　遂占之東郭之瞽者　瞽者占之曰　西山大師　斷纓散珠　招彼訓狐　爰計算之　圓者善走　遇閾則止　囊錢而賀曰　主人出遊　客無旅衣[2]　遺九存一　七日乃歸　此辭大吉　當占上科　旭大喜　每設科試士　旭必儒巾而赴之　輒自批其券　大書高等　故漢陽諺　事之必無成者　稱宋旭應試　君子聞之曰　狂則狂矣　士乎哉　是赴擧而不志乎擧者也　季雨[3]性疎宕　嗜飮豪歌　自號酒聖　視世之色莊而內荏者　若浼而哇之　余戲之曰　醉而稱聖　諱狂也　若乃不醉而罔念　則不幾近於大狂乎　季雨愀然爲間曰　子之言是也　遂名其堂曰念齋[4]　屬余記之　遂書宋旭之事以勉之　夫旭狂者也　亦以自勉焉

---

1. 念齋記　『종북소선』鍾北小選은 「念哉堂記」로 되어 있다.
2. 衣　대본에 '依'로 되어 있는 것을 바로잡았다.
3. 季雨　『종북소선』은 '叔凝'으로 되어 있다. 아래에 나오는 '季雨'도 마찬가지이다.
4. 念齋　『종북소선』은 '念哉'로 되어 있다.

觀齋記[1]

歲乙酉秋、余溯自八潭、入摩訶衍、訪緇俊大師、師指連坎中、目視鼻端、有小童子、撥爐點香、團如縮髮、鬱如蒸芝、不扶而直、無風自波、蹲蹲婀娜、如將不勝、童子忽妙悟發笑曰、功德旣滿、動轉歸風、成我浮圖、一粒起虹、師展眼曰、小子、汝聞其香、我觀其灰、汝喜其烟、我觀其空、動轉[2]旣寂、功德何施、童子曰、敢問何謂也、師曰、汝試嗅其灰、誰復聞者、汝觀其空、誰復有者、童子涕泣漣如曰、昔者夫子摩我頂、律我五戒、施我法名、今夫子言之、名則非我、我則是空、空則無形、名將焉施、請還其名、師曰、汝順受而遣之、我觀世六十[3]年、物無留者、滔滔皆往、日月其逝、不停其輪、明日之日、非今日也、故迎者逆也、挽者勉也[4]、遣[5]者順也、汝無心留、汝無氣滯、順之以命、命以觀我、遣之以理、理以觀物、流水在指、白雲起矣、余時支頤、旁坐聽之、固茫然也、伯五名其軒曰觀齋[6]、屬余序之、夫伯五、豈有聞乎俊師之說者耶、遂書其言、以爲之記、

1. 觀齋記　『종북소선』은 「觀物軒記」로 되어 있다.
2. 動轉　대본에 '動靜'으로 되어 있는 것을 바로잡았다. 영남대본과 승계문고본, 연세대본도 '動轉'으로 되어 있다.
3. 六十　『종북소선』은 '八十'으로 되어 있다.
4. 挽者勉也　『종북소선』은 '留者强也'로 되어 있다.
5. 遣　『종북소선』은 '逐'으로 되어 있다.
6. 觀齋　『종북소선』은 '觀物'로 되어 있다.

蟬橘堂記

嬰處子爲堂而名之曰蟬橘　其友有笑之者曰　子之何紛然多號也　昔悅卿懺悔佛前　發大證誓　願棄俗名　而從法號　大師撫掌　笑謂悅卿　甚矣汝惑　爾猶好名形如枯木　呼木比邱　心如死灰　呼灰頭陀　山高水深　安用名爲　汝顧爾形　名在何處　緣汝有形　卽有是影　名本無影　將欲何棄　汝摩爾頂　卽有髮故　而用櫛梳髮之旣剃　安施櫛梳　汝將棄名　名匪玉帛　名匪田宅　匪金珠錢　匪食穀物　匪鼎匪錡　匪鬵匪鼎　匪筐筥桮　杯车瓶盎　及俎豆物　卽匪佩囊　劍刀茝香　可以解去匪錦圓領　繡鶴補子　帶犀魚果　可以脫去　卽匪綉[1]枕　兩頭鴛鴦　流蘇寶帳　可賣與人　匪垢匪塵　非水可洗　匪鯁[2]梗喉　非水鴉羽　可引嘔欸　匪癰乾痂　可爪剔除卽此汝名　匪在汝身　在他人口　隨口呼謂　卽有善惡　卽有榮辱　卽有貴賤　妄生悅惡　以悅惡故　從而誘之　從而悅之　從而懼之　又從恐動　寄身齒吻　茹吐在人不知汝身　何時可還　譬彼風聲　風[3]本是虛　着樹爲聲　反搖動樹　汝起視樹　樹之靜時　風在何處　不知汝身　本無有是　卽有是事[4]　廼有是名　而縲縛身　刼守把留譬彼皷鍾　枅止響騰　身雖百化　名則自在　以其虛故　不受變滅　如蟬有殼　如橘存皮　尋聲逐香　皮殼之外　不知皮殼　空空如彼　如汝初生　喤喤在褓　無有是名父母愛悅　選字吉祥　復喚穢辱　無不祝汝　汝方是時　隨父母身　不能自有　及汝壯大　廼有汝身　旣得立我　不得無彼　彼來偶我　遂[5]忽爲雙　雙身好會　有男女身

---

1. 綉　대본은 '皷'로 되어 있는데, 영남대본 등 여러 이본에 의거하여 바로잡았다.
2. 鯁　대본은 '綉'로 되어 있는데, 영남대본 등 여러 이본에 의거하여 바로잡았다.
3. 風　대본에 '聲'으로 되어 있는 것을 바로잡았다. 『연암집』 권1 「열녀함양박씨전」烈女咸陽朴氏傳에 "바람이란 소리는 있으되 형체가 없다"(風者有聲而無形也) 하였다.
4. 是事　『종북소선』은 '身故'로 되어 있다.

兩兩相配。如彼八卦[6]。身之旣多[7]。朧腫闒茸。重不可行。雖有名山。欲遊佳水。爲此艮兌[8]。生悲憐憂。有好友朋。選酒相邀。樂彼名辰。持扇出門。還復入室。念此卦[9]身。不能去赴。凡爲汝身。牽掛拘攣。以多[10]身故。亦如汝名。幼有乳名。長有冠名。表德爲字。所居有號。若有賢德。加以先生。生呼尊爵。死稱美諡。名之旣多。如是以重。不知汝身。將不勝名。此出大覺無經。蓋悅卿隱者也。最多名。自五歲有號。故大師以是戒之。夫孺子無名。故稱嬰兒[11]。女子未字曰處子。嬰處者。蓋隱士之不欲有名者也。今忽以蟬橘自號。則子將從此而不勝其名矣。何則。夫嬰兒至弱。處女至柔。人見其柔弱也。猶以此呼之。夫蟬聲而橘香。則子之堂其將從此而如市矣。嬰處子曰。夫若如大師之言。蟬蛻而殼枯。橘老而皮空。夫何聲色臭味之有。旣無聲色臭味之可悅。則人將求我於皮殼之外耶。

---

5. 逐 『종북소선』은 '身'으로 되어 있다.
6. 如彼八卦 『종북소선』은 '卽成四身'으로 되어 있다.
7. 多 『종북소선』은 '四'로 되어 있다.
8. 艮兌 『종북소선』은 '四身'으로 되어 있다.
9. 卦 『종북소선』은 '此'로 되어 있다.
10. 多 『종북소선』은 '四'로 되어 있다.
11. 兒 대본에는 없는데, 승계문고본에 의거하여 보충했다. 『연암집』 권10 「원사」原士에도 '志如嬰兒 貌若處子'라는 유사한 표현이 있다.

愛吾廬記

鄭君仁山[1]號其所居之廬曰愛吾。而一日請記於余。余謂仁山曰。夫民物之生也。固未始自別。則人與我皆物也。一朝將己而對彼。稱吾而異之。於是乎天下之衆。始乃紛然而自謂。事事而稱吾。則已不勝其私焉。又況自加以愛之乎。經曰。身體髮膚。受之父母。無敢毀傷。吾旣吾之。則今夫牽吾之一髮。而擧體爲之不寧。豈惟擧吾之一身而爲吾哉。雖一髮之微。皆可得以稱吾。而固將無不愛矣。嗚呼。一髮之吾。旣無不愛。則其離吾之身者。雖僅一毫之際。固將漠然而不相涉矣。故有拔一毛而利天下不爲者。彼旣重吾之一毛於天下。而愛之也至厚。則思所以全護保嗇之者。豈有所不至哉。雖四海之至廣。將無以善藏吾一髮。則又有外其身而身存者。彼旣知外其身之不足以自存。而愛之愈深。憂之益切。至欲寂滅其身。以吾爲假合。以愛爲冤業。絶棄倫常。視其生如仇怨。彼於其一身之吾。不遑自有。而況於一髮之吾哉。向之所謂至厚者。乃反爲天下之至薄。則此無他。私吾之一身而自愛之過也。傳曰。人之於身也。兼所愛。則兼所養也。毋以小害大。毋以賤害貴。故王凝之妻。引斧斷臂。以潔其身。彼旣受之於父母。則其小大貴賤。夫豈一膚一髮之比哉。然而若將浼焉。悍然斷之。而不少顧戀者。何也。所以愛其臂耳。如愛吾者。若王氏之婦。則斯可謂知所愛也已。

---

1. 仁山　『겸헌만필』謙軒漫筆 곤坤은 '子山'으로 되어 있다. 그 다음의 '仁山'도 마찬가지이다.

喚醒堂記

字堂之額　以喚醒者何　主人翁之所自題也　主人翁誰　西峰李公也　喚之者誰　乃自喚也　何以喚之　公平居直內　造次主一　欽欽慥慥　無非一敬字著工　而世界昏蒙　醉生夢死　則無人覰破這箇道理　故喚之不足以覺其夢也　醒之不足以解其醉也　於是乎扁其興居之堂　而以代夫座右之銘　以朝夕自警　而爲常目之資　可不韙哉　今公之後孫尙書公不忘肯搆之義　輪奐[1]斯煥　克趾前美　可謂家之肖孫　而不忝厥祖者也　吾於斯堂也　重有感焉　所謂故家者　非謂其有喬木也　然而世臣相傳之宅　必有數百年之木　今其周瞻園壇　老樹偃蹇　孫枝子條　鬱鬱蒼蒼　此非但雨露之養而已　若無培植之功　庸詎能至斯其盛也哉　繼此而居斯室者　苟不居敬而自持　則其於老樹之蔭庭　得無愧乎王氏之三槐也歟　夫是之勉旃歟

---

1. 奐　대본에 '扁'으로 되어 있는 것을 바로잡았다. '윤환'輪奐은 저택이 높고 크며 아주 많은 것을 가리킨다.

翠眉樓記

歲价之入燕也　士大夫使象譯　求書堂額　則必博明之筆也　明方起居注日講官　固善書堂額　其後多見明他書　則筆力大遜於堂額　吾心竊怪之　聞一譯請書四勿齋　明擲紙而罵曰　東方何其多同號者　吾緣沈筆　盡禿於四勿齋　蓋明乃朝鮮主顧黃氏　之婿　故象譯[1]知博起居善書　而博之善書堂額　蓋熟於四勿之號爾　噫　墮井之　毛遂　驚座之陳遵　猶笑於當世　況號者　所以別之也　三省九容　到處皆然　訥窩　默齋　什居三四　居南山之下者　軒必拱辰　家北里之中者　堂皆悠然　稍有園林　暫涉幽趣　必揭城市山林　一固有之　再則過矣　嗟呼　南陽黃州　地名偶同　必祠　臥龍　强搆竹樓　此慕實乎慕名乎　余過臨津　見江岸　削壁數十里　楓葉正紅　與　數客沿洄久之　客有愀然整襟而危坐者曰　赤壁依舊　獨恨歲非壬戌　且無旣望之　月　余笑應曰　從今待壬戌　吾壽六十六老人　秋江風露難勝　且奈君非姓蘇　吾不　吹簫何　仍相與大笑　今登李君有一書樓　樓在南麓側　北望白嶽　西對鞍嶺　東臨　駱峰　四顧平暢　萬戶撲地　而遠岑浮簷　窈窕如眉　則樓之號翠眉者以是也　然而　聞樓名者　謂其似美人閨[2]居　則叱爲怪駭　衆咻嘷嗟　李君爲是之鬱焉　請余釋之　余直應之曰　自古有忠愛於君者　必咏美人而懷之　詩云　有美一人兮[3]　西方之人　兮　說者曰　西方美人　文王也　屈原景差之徒　所以賦頌美人者多　今子之樓　何　必曰翠眉　雖謂之美人樓亦可也　況其天際　脩眉黛綠如畫　則因見起想　如詩人之　賦詠　不亦可乎　吾知子不喜雷同者也　爲詩文　必務去陳言者也　吾以名樓而占之　也　是足以記之也

---

1. 象譯　영남대본과 승계문고본 등 여러 이본은 그 다음에 '獨' 자가 추가되어 있다.
2. 閨　대본은 '聞'으로 되어 있는데, 영남대본 등 여러 이본에 의거하여 바로잡았다.
3. 有美一人兮　『시경』 패풍邶風 「간혜」簡兮에는 '彼美人兮'로 되어 있다. 영남대본에도 '彼美人兮'로 바로잡혀 있다.

題李唐畫

　　宋道君時。河陽三城人李唐。字晞古。補入畫院。建炎間。太尉邵淵薦之。奉旨授成忠郎畫院待詔。賜金帶。時年八十。善畫山水人物。尤工畫牛。高宗雅愛之。嘗題長夏江寺卷上云。李唐可方唐李思訓。此帖出東方。在萬曆末。題有陳仁錫申用懋陳繼儒婁堅姚希孟董其昌文震孟范允臨薛明益陳元素諸書。有貨此爲過歲資。値五千。然諱其主名。意其爲杞溪兪氏物也。余旣貧無以有之。則爲記其來歷。時萬曆後四甲午除夕。典醫衕衕題。

天山獵騎圖跋

　　獵騎圖出東方者凡五軸，而惟陳氏居中所畫最可，樹外雲氣暗慘者乃雪意，而長尾白鳥，勢窮投枝，毛羽益白，流眄拔箭，胡眼全白，馬上琵琶，彈指紗白，益驗其朔氣陰澹滿天雪意也，

清明上河圖跋

　　都邑富盛。莫如汴宋時節。繁華莫如清明。畫品之最纖妙者。莫如仇英。爲此軸
當費十年工夫。除此軸。計吾所觀。已七本。十洲自十五丁年始。此當壽九十五。雙
眸能不眊昏翳花。爲秋豪爭纖否。街行術敞。依依如夢。豆人芥馬。渺渺可喚。最是
驅鵝生動有意。

觀齋所藏淸明上河圖跋

此軸乃尙古金氏所藏　以爲仇十洲眞蹟　誓以殉他日斧堂　金氏旣病　復爲觀齋
徐氏所蓄　當屬妙品　雖使細心人十廻玩繹　每復開軸　輒得所遺　切勿久玩　頗懼
眼眚　金氏精賞鑑古董書畵　遇所妙絶　輒竭家資　賣田宅以繼之　以故域中寶
玩盡歸金氏　家日益貧　旣老則曰　吾已眼暗矣　平生供眼者　可以供口已　然所售
値不過十之二三　齒已豁　所謂供口者　皆膏汁磨屑　可恨可恨

日修齋所藏清明上河圖跋

汴京盛時。爲四十萬戶。崇禎末。周王守汴。闖將羅汝才。號曹操者。三次來圍。
而貨寶山積。士女海沸。資糧器械。無不取諸城中而用之。故汴最久陷。方其受圍久。
糧盡。人相食。麥升可直銀千百。人蔘白朮茯苓諸藥物旣食盡。則水中紅蟲。糞窖蠐
螬。皆貨以寶玉。而不可得。及河決城沒。一夜之間。遂成澤國。而周府八面閣黃金
胡盧。纔見其頭。吾每玩此圖。想當日之繁華。而其複殿周廊層臺疊榭。未嘗不撫心
於周府之金胡盧。

湛軒所藏淸明上河圖跋

　　吾爲跋此圖，亦已多矣，皆稱仇英十洲，孰爲眞蹟，孰爲贋本，吳兒狡獪，東俗眯眊，宜乎其此軸之多東渡鴨水也，書何必鍾王顏柳，畫何必顧陸閻吳，鼎彝何必宣德五金，求其眞蹟，故詐僞百出，愈似而愈假，隆福之寺，玉河之橋，有自賣其手筆書畫，當略辨雅俗，收而有之，爐則雖乾隆年製，卽取型範古怪敦厚者，庶不爲燕市之一笑，

題友人菊花詩軸

　　花以參差攲斜爲齊整。如晉人之筆。字不苟排而行自疎直。若其黃白相對。便失天趣。無使烟茶致煤。以爲花癉。無使俗客妄評。以爲花餒。時以淸水微噗。以頓花神。

孝子贈司憲府持平尹君墓碣銘

孝子諱觀周　字仲賓　漆原人也　自其七世祖霌　從皇明都督陳璘　禦倭駐順天　及都督歸　遂落南　子孫世居　至君連六世進士　君以孝聞鄕邑　事後母至孝　君旣沒　鄕人士以狀申觀察使　蓋其狀有難言者　君之長子某亦以孝聞　追諸塗　壞其狀泣曰　孰謂先君孝者　鄕人士無不涕泣感嘆者　於是聚議於鄕曰　是無與孝子子弟然與其沒其善　寧無憾其孝子心　矧憾其死者　遂改其狀埋沒　深奧其文辭　呈觀察使　觀察使察其孝無憑據　置不啓聞于朝　更三使始啓　事下禮曹　禮曹以孝子事親本末文字　悅惚昧亂不章　置不覆啓　於是鄕人士一十四人　以一道五十七官八百三十六人狀　立禮官門下　大言曰　爲親者諱　觀過知仁　吾黨之直　義在相隱　因涕泣橫流　言辭慷慨　禮官曰　諾　卽日啓　旌孝子閭　越三年　御史之察是道者　啓贈司憲府持平　墓在郡治南十里坐坤之兆　三子某某某[1]　銘曰

孝可聲　如可聲也　太息而銘

---

1. 某　대본은 '其'로 되어 있는데, 영남대본 등 여러 이본에 의거하여 바로잡았다.

梁護軍墓碣銘

余營燕巖峽。將家焉。數道崧京。客南原梁氏。梁舊大家。多賢豪長者。從其子弟。遊崧南水石間。其池臺淸敻。林木皆合抱。相與飲酒[1]。顧而樂之。有浩孟者嘆曰。子不及吾伯父遊也。多名酒。喜賓客。旣而以其狀謁曰。伯父魁傑人也。願吾子之銘之也。按狀。諱濟泳。字君涉。曾祖敷信。贈司僕寺正。祖義暹。贈左承旨。考諱枝盛。通德郎。妣南陽洪氏。君善騎射。登武科。以原從勳。勳揚武。階折衝。年少富厚。爲豪擧。自以勳。胥足以策[2]名當世。則揚揚飾裘馬。遊歷諸公間。諸公薦寵慰藉。目與爲可用。咸欲出其門。然居久之。益知金帛有脚手。仕宦多蹉躓。則喟曰。吾可以樂吾鄕矣。歸益汎治園宇。一界弟家人。業無關我。日與鄕之父老飲酒。樂而卒。享年六十四。歲癸未十二月十二日。篤於孝友。爲一鄕式。其居憂。旣老白首。而禮持嶄嶄。配平山李氏。基崇女。合葬于先塋坐坤之兆。生四男。皆夭。以其弟濟澤子時孟繼。早死。以彦孟子景憲嗣之。銘曰。

鎡基不如待時。或曰巧宦不如乘時。或曰人生行樂耳。須富貴何時。

---

1. 飲酒 승계문고본은 '飲食'으로 되어 있다.
2. 策 대본은 '筞'으로 되어 있는데, 영남대본 등 여러 이본에 의거하여 바로잡았다.

醉默窩金君墓碣銘

某嘗客[1]松京　觀乎其鄕人士之飮射者　屢於稠人廣衆　默而識之　有頎而鬖　容姿端凝　竟日於絃歌尊俎之間　而言談擧止　常如初至　類名德貴人　不自矜泰　而體貌舒重　余旣聳然異之　與語良久　知其爲貞州金氏進士亨百其人也　徐而聞諸鄕人之倫擬者　則莫不以忠厚長者歸之　咸曰　好義樂善　當世其惟金公云　今於其遺狀益驗焉　向余所默異　與夫鄕人之所稱道　有以也夫　謹按　君字錫汝　貞州　今豐德府是也　有諱守　五傳而至諱大春　卓犖不羈　好遊名山水　人以處士號　寔君高祖也　曾祖諱承輝　贈司憲府執義　祖諱宗燁　贈承政院左承旨　考諱始光　武科龍驤衛副司果　妣沃野林氏　學生興良之女　以英宗二年丙午三月二十四日生君　幼而沈雄異凡　司果君奇愛之曰　兒識度過人　必遠大器也　遂謝外事　專意保育　夫婦相勸戒普施　厚積善　爲兒養福備至　七歲而孤　及壯　創痛莫逮　遇諱日　輒皇皇如也　終身孺慕　庶幾著存　與一兄三姊　共事母林氏　及兄沒　哀之如失怙　終事克殫情文　養孤寡　溫而劬　攝家政審密　視其生　顧益治　林氏就養於己　性慈悲　樂施與　不忍於族親隣里之窮匱者　則意在幾微　必先左右之　未嘗有難色　旣而丁憂　喪制一遵禮則　純心哀慕　不以他事及閒言語間之　於諸姊友愛均至　生而衣食與共　沒而爲之撫摩　訓誨其遺體子若孫　如樹斯雍　如苗斯溉　必期其植立而有遂也　家乘燬於兵　恐先德無徵　則亟修世譜　闕疑傳信　自爲文以敍敦宗之誼　先墓三世闕幽誌　則謹具事行及係派　納于窆　爲久遠圖　族人之當奉祧主者　貧不能家　則爲之買舍營産　以需其歲事　外氏孤貧　有一玄孫　弱而育於家　壯爲之娶婦割莊土　以食以祀　其追先慮後　皆至誠如此也　至於朋友之喪　吊賻稱情量力　或爲之棺槨衣衾以送　窮族之入峽者　或與之田土　舊貸之貧不能償者　或還其券　聞

---

1. 客　영남대본 등 여러 이본은 '客遊'로 되어 있다.

貧無以嫁娶者．雖非親知．必助成其人倫．園圃田舍之以業貧人者．率皆薄收其入．賴以全活者甚衆．童子時．已能勉勵．爲學數年間．遍誦四書．有志欲窮經．而自念幹蠱無人．爲林氏之憂．竟未卒業．以此爲終身恨．然識力精確．凡制治規畫卓絕．非常慮所及．遇事之是非混淆．而衆議方紛紜．君徐以一言析之．見者初以爲其然豈然．及事已果驗．則衆莫不驚服．平居外內肅穆．子弟僮僕．莫不雅馴職職．不踰彀度．君則日必早起盥櫛．正衣冠．坐聽事．賓客常滿．必置酒食．下至佃人村夫．雜還膠撓．求索傍午．隨事應副．莫不款洽．與人不設畦畛．襟懷坦夷．獨奉身嚴畏．口不涉鄉議．足不及官府．旣中司馬試．登上庠．遊京師．所與遊．必謹厚長者．以是終身未嘗近殆辱．晚節尤寬樂安榮．爲別業於帶郭水石之地．壇沼清洗．樹木薈列．日徜徉嘯傲於其間．嘗東入楓岳．觀海上諸勝．西登妙香山．俯沸流水．追躡古跡．飄然有出世之意．及疾篤．戒家人無怛化．怡然而逝．是己酉七月二十八日也．享年六十四．以是年九月初九日．葬于修隅里高山洞亥坐之兆．配花開金氏．學生麗兌之女．生三男三女．男長載晉進士．次載海早歿．次載普武科．女長適金尙埨．次適生員李熙祖．次適朴尙欽．載晉娶虞侯祥原崔昌祐女．生一女．載海娶文義李春喬女．生二女．繼子彦敎．載普娶木川馬之光女．生一男彦師．爲載晉子．一女．銘曰．

　　未嘗奉公．焉知其忠．未嘗莅民．焉知其仁．惟孝友于．實源百行．如彼玉帛．未將也敬．不試何傷．利器在躬．必有餘慶．積善之家．善人之藏．澤及松柞．我刻銘詩．以勸衰薄．

雲峯縣監崔君[1]墓碣銘

君諱某 字某 陽川崔氏 高麗時有諱某[2] 三重大匡門下侍中 食采衿川 子孫世居焉 因籍衿川[3] 後徙開城府 君[4]善騎射 精穎飄疾 衆莫能先[5] 上之[6]四年戊申 嶺賊大起西上 君自詣府 隷壯士選 箭鋪房 馬飾纓 掛弓握刀出日 大丈夫生當死國 賊平 錄揚武勳 賜鐵券 十九 中武科 由部將 陞武兼宣傳官 上試才[7]滿月臺 中格 陞折衝[8] 由五衛將 出爲雲峯縣監兼營將 時郡邑大飢疾疫 君嘆日 我鄕廢久矣 吾今蒙被厚恩 佩符組張蓋 驅五馬 爲我鄕榮 一不活國家赤子 爲我鄕恥[9]耶 悉捐俸以賙救 不足則遍假[10]貸所管五邑以賑之[11] 務出至誠 比歲[12]登 民無瘯札者 以年月日[13] 卒于京第 享年七十一 以年月日 葬于某坐之兆[14] 考諱某 贈戶曹參判 祖諱某 贈左承旨 曾祖諱某 贈司僕寺正 配貞夫人某氏[15] 子女

1. 君 『엄계집』罨溪集은 '侯'로 되어 있다. 아래 본문 중의 '君'도 모두 마찬가지이다.
2. 諱某 『엄계집』은 이 두 자가 없다.
3. 子孫世居焉 因籍衿川 성균관대 소장 필사본 『연암집』산고散稿(이하 성대본으로 약칭함)는 '子孫因世居焉 遂別系衿川'으로 되어 있다.
4. 君 성대본은 그 다음에 '弱冠'이 추가되어 있다.
5. 衆莫能先 성대본은 '莫有出其右者'로 되어 있다.
6. 上之 성대본은 '英宗'으로 되어 있다.
7. 試才 성대본은 '觀武'로 되어 있다.
8. 陞折衝 성대본은 그 다음에 '階' 자가 추가되어 있다.
9. 恥 숭계문고본과 김택영 편 『중편연암집』은 '洗恥'로 되어 있다.
10. 假 성대본은 '丐'로 되어 있다.
11. 五邑以賑之 성대본은 '諸邑'으로만 되어 있다.
12. 歲 성대본은 '秋'로 되어 있다.
13. 以年月日 『엄계집』은 이 구절이 없다.
14. 享年七十一……葬于某坐之兆 성대본은 '享年幾'로만 되어 있다. 『엄계집』은 '兆'가 '原'으로 되어 있다.
15. 配貞夫人某氏 성대본은 이 구절이 없다.

錄于下方。銘曰。

窖廥囷倉固所藏。庾斛釜鍾有司良。升以雲峯失所量。積久腐紅悲我鄉。不振厥躬留後昌[16]。

16. 子女錄于下方 銘曰 …… 不振厥躬留後昌 『엄계집』은 이 부분이 없다.

放璚閣外傳

自序

友居倫季	匪厥疎卑
如土於行	寄王四時
親義別敍	非信奚爲
常若不常	友廼正之
所以居後	廼殿統斯
三狂相友	遯世流離
論厥讔詻	若見鬚眉
於是述馬駔	
士累口腹	百行餒缺
鼎食鼎烹	不識饕餮
嚴自食糞[1]	迹穢口潔
於是述穢德先生	

---

1. **糞**　박종채朴宗采의 『과정록』過庭錄에는 ‘力’으로 되어 있다.

閔翁蝗人　　　　學道猶龍

託諷滑稽　　　　翫世不恭

書壁自憤　　　　可警惰慵

　　於是述閔翁

士殖天爵　　　　士心爲志

其志如何　　　　弗謀勢利

達不離士　　　　窮不失士

不飭名節　　　　徒貨門地

酤鬻世德　　　　商賈何異

　　於是述兩班

弘基大隱　　　　殖隱於遊

清濁無失　　　　不忮不求

　　於是述金神仙

廣文窮丐　　　　聲聞過情

非好名者　　　　猶不免刑

矧復盜竊　　　　要假以爭

　　於是述廣文

變彼虞裳　　　　力古文章

禮失求野　　　　亨短流長

　　於是述虞裳

世降衰季　　　　崇飾虛僞

詩發含珠　　　　愿賊亂紫

邏捷終南　　　　從古以醜

　　於是述易學大盜

入孝出悌　　　　未學謂學

斯言雖過　　　　可警僞德

明宣不讀　　　　三年善學

農夫耕野　　　　賓妻相揖

目不知書　　　　可謂眞學

　於是述鳳山學者

馬駔傳

馬駔舍儈．擊掌擬指．管仲蘇秦．鷄狗馬牛之血．信矣．微聞別離．抛彄裂帨．回燈向壁．垂頭吞聲．信妾矣．吐肝瀝膽．握手證心．信友矣．然而界準音藏隔扇．左右瞬目．駔儈之術也．動蕩危辭．話情投忌．脅强制弱．散同合異．霸者說士．捽閫之權也．昔者有病心而使妻煎藥．多寡不適．怒而使妾．多寡恒適．甚宜其妾．穴牖窺之．多則損地．寡則添水．此其所以取適之道也．故附耳低聲．非至言也．戒囑勿洩．非深交也．訟情淺深．非盛友也．宋旭趙闒拖張德弘．相與論交於廣通橋上．闒拖曰．吾朝日鼓瓢行丐．入于布㕓．有登樓而貿布者．擇布而舐之．暎空而視之．價則在口．讓其先呼．旣而兩相忘布．布人忽然望遠山．謠其出雲．其人負手逍遙．壁上觀畵．宋旭曰．汝得交態．而於道則未也．德弘曰．傀儡垂帷．爲引繩也．宋旭曰．汝得交面．而於道則未也．夫君子之交三．所以處之者五．而吾未能一焉．故行年三十．無一友焉．雖然．其道則吾昔者竊聞之矣．臂不外信．把酒盃也．德弘曰．然．詩[1]固有之．鳴鶴在陰．其子和之．我有好爵．吾與爾麋之．其斯之謂歟．宋旭曰．爾可與言友矣．吾向者告其一．爾知其二者矣．天下[2]之所趨者勢也．所共謀者名與利也．盃不與口謀．而臂自屈者．應至之勢也．相和以鳴．非名乎．夫好爵利也．然而趨之者多則勢分．謀之者衆則名利無功．故君子諱言此三者久矣．吾故隱而告汝．汝則知之．汝與人交．無譽其善．譽其成善．倦然不靈矣．毋醒其所未及．將行而及之．憮然失矣．稱人廣衆．無稱人第一．第一則無上．一座索然沮矣．故處交有術．將欲譽之．莫如顯責．將欲示歡．怒而明之．將欲親之．注意若植．回身若羞．使人欲吾

1. 詩 '易'의 잘못인 듯하다. 인용된 구절은 『주역』周易 「중부괘」中孚卦 구이九二의 효사爻辭이다.
2. 天下 영남대본 등 여러 이본은 그 앞에 '夫' 자가 추가되어 있다.

信也 設疑而待之 夫烈士多悲 美人多淚 故英雄善泣者 所以動人 夫此五術者 君子之微權 而處世之達道也 闊拖問於德弘曰 夫宋子之言 陳義犖牙 廋辭也 吾不知也 德弘曰 汝奚足以知之 夫聲其善而責之 譽莫揚焉 夫怒生於愛 情出 於譴 家人不厭時嗃嗃也 夫已親而逾疎 親孰踰之 已信而尙疑 信孰密焉 酒闌 夜深 衆人皆睡 默然相視 倚其餘醉 動其悲思 未有不悽然而感者矣 故交莫貴 乎相知 樂莫極乎相感 狷者解其愠 忮者平其怨 莫疾乎泣 吾與人交 未嘗不欲 泣 泣而淚不下 故行于國中三十有一年矣 未有友焉 闊拖曰 然則忠而處交 義 而得友 何如 德弘唾面而罵之曰 鄙鄙哉 爾之言之也 此亦言乎哉 汝聽之 夫 貧者多所望 故慕義無窮 何則 視天莫莫 猶思其雨粟 聞人咳聲 延頸三尺 夫 積財者 不恥其吝名 所以絶人之望我也 夫賤者 無所惜 故忠不辭難 何則 水 涉不褰 衣幣袴也 乘車者[3] 靴加套 猶恐沾泥 履底尙愛 而況於身乎 故忠義 者 貧賤者之常事 而非所論於富貴耳 闊拖愀然變乎色曰 吾寧無友於世 不能爲 君子之交 於是相與毀冠裂衣 垢面蓬髮 帶索而歌於市

滑稽先生友情論曰 續木 吾知其膠魚肺也 接鐵 吾知其鎔鵬砂也 附鹿馬之 皮 莫緻乎糊粳[4]飯 至於交也 介然有間 燕越之遠也非間也 山川間之非間也 促 膝聯席非接也 拍肩摻袂非合也 有間於其間 衛軼張皇 孝公時睡 應侯不怒 蔡 澤嗫嚅 故出而讓之 必有其人也 宣言怒之 必有其人也 趙勝公子爲之紹介 夫 成安侯常山王 其交無間 故一有間焉 莫能爲之間焉 故可愛非間 可畏非間 諂 由間合 讒由間離 故善交人者 先事其間 不善交人者 無所事間 夫直則逕矣 不 委曲而就之 不宛轉而爲之 一言而不合 非人離之 已自阻也 故鄙諺有之曰 伐 樹伐樹 十斫無蹶 與其媚於奧 寧媚於竈 其此之謂歟 故導諛有術 飭躬修容 發 言愷悌 澹泊名利 無意交遊 以自獻媚 此上諂也 其次讜言款款 以顯其情 善事

3. 乘車者　영남대본 등 여러 이본은 그 앞에 '彼' 자가 추가되어 있다.
4. 粳　'糯'의 잘못인 듯하다.

其間。以通其意。此中謟也。穿馬蹄。弊薦席。仰唇吻。俟顏色。所言則善之。所行則
美之。初聞則喜。久則反厭。厭則鄙之。乃疑其玩己也。此下謟也。夫管仲九合諸侯。
蘇秦從約六國。可謂天下之大交矣。然而宋旭闠拖乞食於道。德弘狂歌於市。猶不爲
馬駔之術。而況君子而讀書者乎。

穢德先生傳

蟬橘子有友曰穢德先生　在宗本塔東　日負里中糞　以爲業　里中皆稱嚴行首
行首者　役夫老者之稱也　嚴其姓也　子牧問乎蟬橘子曰　昔者　吾聞友於夫子曰
不室而妻　匪氣之弟　友如此其重也　世之名士大夫　願從足下遊於下風者多矣　夫
子無所取焉　夫嚴行首者　里中之賤人役夫　下流之處而恥辱之行也　夫子亟稱其德
曰先生　若將納交而請友焉　弟子甚羞之　請辭於門　蟬橘子笑曰　居　吾語若友
里諺有之曰　醫無自藥　巫不己舞　人皆有己所自善而人不知　慇然若求聞過　徒譽
則近諂而無味　專短則近訐而非情　於是泛濫乎其所未善　逍遙而不中　雖大責不怒
不當其所忌也　偶然及其所自善　比物而射其覆　中心感之　若爬癢焉　爬癢有道
拊背無近腋　摩膺毋侵項　成說於空而美自歸　躍然曰　知　如是而友可乎　子牧掩
耳郤走曰　此夫子敎我以市井之事　傭僕之役耳　蟬橘子曰　然則子之所羞者　果在
此而不在彼也　夫市交以利　面交[1]以諂　故雖有至懽　三求則無不疎　雖有宿怨　三
與則無不親　故以利則難繼　以諂則不久　夫大交不面　盛友不親　但交之以心　而
友之以德　是爲道義之交　上友千古而不爲遙　相居萬里而不爲疎　彼嚴行首者　未
嘗求知於吾　吾常欲譽之而不厭也　其飯也頓頓　其行也伈伈　其睡也昏昏　其笑也
訶訶　其居也若愚　築土覆藁而圭其竇　入則蝦脊　眠則狗喙　朝日煕煕然起　荷畚
入里中除溷　歲九月天雨霜　十月薄氷　圊人餘乾　皂馬通　閑牛下　坺落鷄狗鵝矢
笠豨苓　左盤龍　翫月砂　白丁香　取之如珠玉　不傷於廉　獨專其利　而不害於義
貪多而務得　人不謂其不讓　唾掌揮鍬　磬腰傴僂　若禽鳥之啄也　雖文章之觀　非
其志也　雖鍾鼓之樂　不顧也　夫富貴者　人之所同願也　非慕而可得　故不羨也
譽之而不加榮　毀之而不加辱　枉十里蘿蔔　箭串菁　石郊茄葧水瓠胡瓠　延禧宮苦

---

1. 交　영남대본과 승계문고본 등은 '友'로 되어 있다.

椒蒜韭葱薤、青坡水芹、利泰仁土卵、田用上上、皆取嚴氏糞、膏沃衍饒、歲致錢六千、朝而一盂飯、意氣充充然、及日之夕、又一盂矣、人勸之肉、則辭曰、下咽則蔬肉同飽矣、奚以味爲、勸之衣、則辭曰、衣廣袖、不閑於體、衣新、不能負塗矣、歲元日朝、始笠帶衣屨、遍拜其隣里、還乃衣故衣、復荷畚入里中、如嚴行首者、豈非所謂穢其德而大隱於世者耶、傳曰、素富貴、行乎富貴、素貧賤、行乎貧賤、夫素也者定也、詩云、夙夜在公、寔命不同、命也者分也、夫天生萬民、各有定分、命之素矣、何怨之有、食蝦醢、思鷄子、衣葛、羨衣紵、天下從此大亂、黔首地奮、田畝荒矣、陳勝吳廣項籍之徒、其志豈安於鋤櫌者耶、易曰、負且乘、致寇至、其此之謂也、故苟非其義、雖萬鍾之祿、有不潔者耳、不力而致財、雖圬富素封、有臭其名矣、故人之大往、飲珠飯玉、明其潔也、夫嚴行首、負糞擔溷以自食、可謂至不潔矣、然而其所以取食者至馨香、其處身也至鄙污、而其守義也至抗高、推其志也、雖萬鍾可知也、繇是觀之、潔者有不潔、而穢者不穢耳、故吾於口體之養、有至不堪者、未嘗不思其不如我者、至於嚴行首無不堪矣、苟其心無穿窬之志、未嘗不思嚴行首、推以大之、可以至聖人矣、故夫士也窮居、達於面目恥也、既得志也、施於四體恥也、其視嚴行首、有不忸怩者幾希矣、故吾於嚴行首、師之云乎、豈敢友之云乎、故吾於嚴行首、不敢名之、而號曰穢德先生、

閔翁傳

閔翁者南陽人也 戊申軍興從征 功授僉使 後家居 遂不復仕 翁幼警悟聰給
獨慕古人奇節偉跡 慷慨發憤 每讀其一傳 未嘗不歎息泣下也 七歲大書其壁曰
項橐爲師 十二 書甘羅爲將[1] 十三 書外黃兒遊說 十八 益書去病出祈連 二十
四 書項籍渡江 至四十 益無所成名 乃大書曰孟子不動心 年年書益不倦 壁盡
黑 及年七十 其妻嘲曰 翁今年畫烏未 翁喜曰 若疾磨墨 遂大書曰范增好奇計
其妻益恚曰 計雖奇 將幾時施乎 翁笑曰 昔呂尚八十鷹揚 今翁視呂尚 猶少弱
弟耳 歲癸酉甲戌之間 余年十七八 病久困劣 留好聲歌書畫古劍琴彝器諸雜物
益致客 俳諧古譚 慰心萬方 無所開其幽鬱 有言閔翁奇士 工歌曲 善譚辨 俶
怪譎恢 聽者人無不爽然意豁也 余聞甚喜 請與俱至 翁來而余方與人樂 翁不爲
禮 熟視管者 批其頰 大罵曰 主人慟 汝何怒也 余驚問其故 翁曰 彼瞋目而盛
氣 匪怒而何 余大笑 翁曰 豈獨管者怒也 笛者反面若啼 缶者頤若愁 一座默
然若大恐 僮僕忌譚笑語 樂不可爲歡也 余遂立撤去 延翁坐 翁殊短小 白眉覆
眼 自言名有信 年七十三 因問余君何病 病頭乎 曰不 曰病腹乎 曰不 曰
然則君不病 遂闢戶揭牖 風來颼然 余意稍豁 甚異昔者也 謂翁吾特厭食 夜
失睡 是爲病也 翁起賀 余驚曰 翁何賀也 曰 君家貧 幸厭食 財可羡也 不寐
則兼夜 幸倍年 財羨而年倍 壽且富也 須臾飯至 余呻矉不擧 揀物而嗅 翁忽
大怒 欲起去 余驚問翁何怒去也 翁曰 君招客 不爲具 獨自先飯 非禮也 余謝
留翁 且促爲具食 翁不辭讓 腕肘呈袒 匙箸磊落 余不覺口津 心鼻開張 乃飯
如舊 夜翁闔眼端坐 余要與語 翁益閉口 余殊無聊 久之 翁忽起剔燭 謂曰 吾
年少時 過眼輒誦 今老矣 與君約生平所未見書 各默涉三再乃誦 若錯一字 罰

---

1. 將 영남대본은 '相'으로 되어 있다.

如契誓。余侮其老曰。諾。卽抽架上周禮。翁拈考工。余得春官。小閒。翁呼曰。吾已誦。余未及下一遍。驚止翁且居。翁語侵頗困。而余益不能誦。思睡乃睡。天旣明。問翁能記宿誦乎。翁笑曰。吾未嘗誦。嘗與翁夜語。翁弄罵坐。客人莫能難。有欲窮翁者。問翁見鬼乎。曰。見之。鬼何在。翁瞠目熟視。有一客坐燈後。遂大呼曰。鬼在彼。客怒詰翁。翁曰。夫明則爲人。幽則爲鬼。今子[2]處暗而視明。匿形而伺人。豈非鬼乎。一座皆笑。又問翁見仙乎。曰。見之。仙何在。曰。家貧者仙耳。富者常戀世。貧者常厭世。厭世者非仙耶。翁能見長年者乎。曰。見之。吾朝日入林中。蟾與兎爭長。兎謂蟾曰。吾與彭祖同年。若乃晩生也。蟾俛首而泣。兎驚問曰。若乃若[3]悲也。蟾曰。吾與東家孺子同年。孺子五歲乃知讀書。生于木德。肇紀攝提。迭王更帝。統絶王春。純成一曆。乃閏于秦。歷漢閒唐。暮朝宋明。窮事更變。可喜可驚。弔死送往。支離于今。然而耳目聰明。齒髮日長。長年者乃莫如孺子。而彭祖乃八百歲蚤夭閱世不多。更事未久。吾是以悲耳。兎乃再拜郤走曰。若乃大父行也。由是觀之。讀書多者。最壽耳。翁能見味之至者乎。曰。見之。月之下弦。潮落步土。耕而爲田。煑其斥鹵。粗爲水晶。纖爲素金。百味齊和。孰爲之鹽。皆曰。善。然不死藥。翁必不見也。翁笑曰。此吾朝夕常餌者。惡得而不知。大鏊松盤。甘露其零。入地千年。化爲茯蕶[4]。蔘伯羅産。形端色紅。四體俱備。雙紒如童。枸杞千歲。見人則吠。吾嘗餌之。不復飮食者。蓋百日。喘喘然將死。鄰媼來視。歎曰。子病饑也。昔神農氏嘗百草。始播五穀。夫效疾爲藥。療饑爲食。非五穀。將不治。遂飯稻粱而餌之。得以不死。不死藥。莫如飯。吾朝一盂。夕一盂。今已七十餘年矣。翁嘗支離其辭。遷就而爲之。莫不曲中。內含譏諷。蓋辯士也。客索問。無以復詰。乃忿然曰。翁亦見畏乎。翁默然良久。忽厲聲曰。可畏者。莫吾若也。吾右目爲龍。左目爲虎。舌下藏斧。彎臂如弓。念則赤子。差爲夷戎。不戒。則將自暾自齧。自戕自伐。是以聖人克己復禮。閑

2. 子 대본에 '者'로 되어 있는데, 영남대본과 승계문고본, 연세대본에 의거하여 바로잡았다. 『연암집』 권3 소완정기(素玩亭記)에 '今子穴牖而專之於目'과 같은 유사한 예가 있다.
3. 若 승계문고본은 '何'로 되어 있다.
4. 蕶 영남대본과 승계문고본, 연세대본은 '苓'으로 되어 있다.

邪存誠　未嘗不自畏也　語數十難　皆辨捷如響　竟莫能窮　自贊自譽　嘲傲旁人　人皆絶倒　而翁顔色不變　或言海西蝗官　督民捕之　翁問捕蝗何爲　曰　是虫也　小於眠蠶　色斑而毛　飛則爲螟　緣則爲蝨　害我稼穡　號爲滅穀　故將捕而瘞之耳　翁曰　此小虫　不足憂　吾見鍾樓塡道者皆蝗耳　長皆七尺餘　頭黔目熒　口大運拳　咿啞偶旅　蹕接尻連　損稼殘穀　無如是曹　我欲捕之　恨無大匏　左右皆大恐　若眞有是虫然　一日翁來　余望而爲隱曰　春帖子狣啼　翁笑曰　春帖子榜門之文　乃吾姓也　狣老犬　乃辱我也　啼則厭聞　吾齒豁　音嵲兀也　雖然　君若畏狣　莫如去犬　若又厭啼　且塞其口　夫帝者造化也　尨者大物也　著帝傳尨　化而爲大　其惟龍乎　君非能辱我也　乃反善贊我也　明年翁死　翁雖恢奇倜蕩　性介直樂善　明於易　好老子之言　於書蓋無所不窺云　二子皆登武科未官　今年秋　余又益病而閔翁不可見　遂著其與余爲隱俳詼　言談譏諷　爲閔翁傳　歲丁丑秋也　余誄閔翁曰　嗚呼閔翁　可怪可奇　可驚可愕　可喜可怒　而又可憎　壁上烏　未化鷹　翁蓋有志士　竟老死莫施　我爲作傳　嗚呼死未曾

廣文者傳

廣文者, 丐者也. 嘗行乞鍾樓市道中. 群丐兒. 推文作牌頭. 使守窠. 一日天寒
雨雪. 群兒相與出丐. 一兒病不從. 旣而兒寒專慄欷. 聲甚悲. 文甚憐之. 身行丐得
食. 將食病兒. 兒業已死. 群兒返. 乃疑文殺之. 相與搏逐文. 文夜匍匐入里中舍.
驚舍中犬. 舍主得文縛之. 文呼曰. 吾避仇. 非敢爲盗. 如翁不信. 朝日辨於市. 辭
甚樸[1]. 舍主心知廣文非盗賊. 曉縱之. 文辭謝. 請弊席而去. 舍主終已怪之. 踵其後.
望見群丐兒曳一尸. 至水標橋. 投尸橋下. 文匿橋中. 裹以弊席. 潛負去. 埋之西郊
之塘間. 且哭且語. 於是舍主執詰文. 文於是盡告其前所爲及昨所以狀. 舍主心義文.
與文歸家. 予文衣. 厚遇文. 竟薦文藥肆富人. 作傭保. 久之. 富人出門. 數數顧. 還
復入室. 視其扃[2]. 出門而去. 意殊怏怏. 旣還. 大驚熟視文. 欲有所言. 色變而止.
文實不知. 日默默. 亦不敢辭去. 旣數日. 富人妻兄子. 持錢還富人曰. 向者. 吾要
貸於叔. 會叔不在. 自入室取去. 恐叔不知也. 於是富人大慚廣文. 謝文曰. 吾小人
也. 以傷長者之意. 吾將無以見若矣. 於是遍譽所知諸君及他富人大商賈. 廣文義人.
而又過贊廣文諸宗室賓客及公卿門下左右. 公卿門下左右及宗室賓客. 皆作話套以
供寢. 數月間. 士大夫盡聞廣文如古人. 當是時. 漢陽中皆稱廣文前所厚遇舍主之賢
能知人. 而益多藥肆富人長者也. 時殖錢者. 大較典當首飾璣翠衣件器什宮室田僮
奴之簿書. 參伍本幣以得當. 然文爲人保債. 不問當. 一諾千金. 文爲人. 貌極醜.
言語不能動人. 口大幷容兩拳. 善曼碩戲. 爲鐵拐舞. 三韓兒相訾傲. 稱爾兄達文
達文又其名也. 文行遇鬪者. 文亦解衣與鬪. 啞啞俯劃地. 若辨曲直狀. 一市皆笑
鬪者亦笑. 皆解去. 文年四十餘. 尙編髮. 人勸之妻. 則曰. 夫美色. 衆所嗜也. 然非

---

1. 樸 영남대본과 승계문고본 등 여러 이본은 '歎樸'으로 되어 있다.
2. 扃 대본에 '扁'으로 되어 있는 것을 바로잡았다.

男所獨也。唯女亦然也。故吾陋而不能自爲容也。人勸之家則辭曰。吾無父母兄弟妻子。何以家爲。且吾朝而歌呼入市中。暮而宿富貴家門下。漢陽戶八萬爾。吾逐日而易其處。不能盡吾之年壽矣。漢陽名妓。窈窕都雅。然非廣文聲之。不能直一錢。初羽林兒各殿別監駙馬都尉傔從。垂袂[3]過雲心。心名姬也。堂上置酒鼓瑟。屬雲心舞。心故遲。不肯舞也。文夜往。彷徨堂下。遂入座。自坐上坐。文雖弊衣袴。舉止無前。意自得也。眦膿而眵。陽醉嘔。羊髮北髻。一座愕然。瞬文欲毆之。文益前坐。拊膝度曲。鼻吟高低。心卽起更衣。爲文釖舞。一座盡歡。更結友而去。

書廣文傳後

余年十八時。嘗甚病。常夜召門下舊傔。徵問閭閻奇事。其言大抵廣文事。余亦幼時。見其貌極醜。余方力爲文章。作爲此傳。傳示諸公長者。一朝以古文辭。大見推詡。蓋文時已南遊湖嶺諸郡。所至有聲。不復至京師數十年。海上丐兒。嘗乞食於開寧水多寺。夜聞寺僧閒話廣文事。皆愛慕感嘆。想見其爲人。於是丐兒泣。衆怪問之。於是丐兒囁嚅。遂自稱廣文兒。寺僧皆大驚。時嘗予飯瓢。及聞廣文兒。洗盂盛飯。具匙箸蔬醬。每盤而進之。時嶺中妖人。有潛謀不軌者。見丐兒如此其盛待也。冀得以惑衆。潛說丐兒曰。爾能呼我叔。富貴可圖也。乃稱廣文弟。自名廣孫以附文。或有疑廣文自不知姓。生平獨無昆弟妻妾。今安得忽有長弟壯兒也。遂上變。皆得逐捕。及對質驗問。各不識面。於是遂誅其妖人。而流丐兒。廣文旣得出。老幼皆往觀。漢陽市數日爲空。文指表鐵柱曰。汝豈非善打人表望同耶。今老無能矣。蓋望同其號也。因相與勞苦。文問靈城君豐原君無恙乎。曰。皆已下世矣。金君擎方何官。曰。爲龍虎將。文曰。此兒美男子。體雖肥。能挾妓超墻。用錢如糞土。今貴人不可見矣。粉丹何去。曰。已死矣。文嘆曰。昔豐原君。夜讌麒麟閣。獨留粉丹宿。曉起。將赴闕。丹執燭。誤爇貂帽

3. 垂袂 '聯袂'의 잘못인 듯하다.

惶恐。君笑曰。爾羞乎。即與壓羞錢五千。吾時擁首帕副裙。候闌干下。黑而鬼立。君拓戶唾。倚丹而耳曰。彼黑者何物。對曰。天下誰不知廣文也。君笑曰。是汝後陪耶。呼與一大鍾。君自飲紅露七鍾。乘軺而去。皆昔年事也。漢陽纖兒誰最名。曰。小阿其。助房誰。曰。崔撲滿。曰。朝日尙古堂遣人勞我。聞移家圓嶠下。堂前有碧梧桐樹。常自賣茗其下。使鐵突鼓琴。曰。鐵突昆弟方擅名。曰。然。此金鼎七兒也。吾與其父善。復悵然久之曰。此皆吾去後事耳。文斷髮。猶辮如鼠尾。齒豁口窳。不能內拳云。語鐵柱曰。汝今老矣。何能自食。曰。家貧爲舍儈。文曰。汝今免矣。嗟呼。昔汝家貲鉅萬。時號汝黃金兜。今兜安在。曰。今而後吾知世情矣。文笑曰。汝可謂學匠而眼暗矣。文後不知所終云。

兩班傳

兩班者 士族之尊稱也 旌善之郡 有一兩班 賢而好讀書 每郡守新至 必親造其廬而禮之 然家貧 歲食郡糶 積歲至千石 觀察使巡行郡邑 閱糴糶 大怒曰 何物兩班 乃乏軍興 命囚其兩班 郡守意哀其兩班 貧無以爲償 不忍囚之 亦無可奈何 兩班日夜泣 計不知所出 其妻罵曰 生平子好讀書 無益縣官糶 咄兩班 兩班不直一錢 其里之富人 私相議曰 兩班雖貧 常尊榮 我雖富 常卑賤 不敢騎馬 見兩班 則跼蹐屛營 匍匐拜庭 曳鼻膝行 我常如此其僇辱也 今兩班 貧不能償糶 方大窘 其勢誠不能保其兩班 我且買而有之 遂踵門而請償其糴 兩班大喜許諾 於是富人立輸其糴於官 郡守大驚異之 自往勞其兩班 且問償糴狀 兩班氈笠 衣短衣 伏塗謁稱小人 不敢仰視 郡守大驚 下扶曰 足下何自貶辱若是 兩班益恐懼 頓首俯伏曰 惶悚 小人非敢自辱 已自鬻其兩班 以償糴 里之富人 乃兩班也 小人復安敢冒其舊號而自尊乎 郡守歎曰 君子哉富人也 兩班哉富人也 富而不吝 義也 急人之難 仁也 惡卑而慕尊 智也 此眞兩班 雖然 私自交易而不立券 訟之端也 我與汝 約郡人而證之 立券而信之 郡守當自署之 於是郡守歸府 悉召郡中之士族及農工商賈 悉至于庭 富人坐鄉所之右 兩班立於公兄之下 乃爲立券曰 乾隆十年九月日 右明文段 屛[1]賣兩班 爲償官穀 其直千斛 維厥兩班 名謂多端 讀書曰士 從政爲大夫 有德爲君子 武階列西 文秩敍東 是爲兩班 任爾所從 絶棄鄙事 希古尙志 五更常起 點硫燃脂 目視鼻端 會踵支尻 東萊博議 誦如氷瓢 忍饑耐寒 口不說貧 叩齒彈腦 細嗽嚥津 袖刷氈冠 拂塵生波 盥無擦拳 漱口無過 長聲喚婢 緩步曳履 古文眞寶 唐詩品彙 鈔寫如荏 一行百字 手毋執錢 不問米價 暑毋跣襪 飯毋徒髻 食毋先羹 歠毋流聲 下箸毋

春。母餌生葱。飲醪母嘬鬚。吸煙母輔顝。忿母搏妻。怒母踢器。母拳毆兒女。母詈
死奴僕。叱牛馬。母辱鬻主。病母招巫。祭不[2]齋僧。爐不賣手。語不齒唾。母屠牛。母
賭錢。凡此百行。有違兩班。持此文記。卞正于官。城主旌善郡守押。座首別監證署。
於是通引擩印錯落。聲中嚴皷。斗縱參橫。戶長讀旣畢。富人悵然久之曰。兩班只此
而已耶。吾聞兩班如神仙。審如是。太乾沒。願改爲可利。於是乃更作券曰。維天生
民。其民維四。四民之中。最貴者士。稱以兩班。利莫大矣。不耕不商。粗涉文史。大
決文科。小成進士。文科紅牌。不過二尺。百物備具。維錢之槖。進士三十。乃筮初
仕。猶爲名蔭。善事雄南。耳白傘風。腹皤鈴諾。室珥冶妓。庭穀鳴鶴。窮士居鄕。猶
能武斷。先耕隣牛。借耘里氓。孰敢慢我。灰灌汝鼻。暈髻汰鬐。無敢怨咨。富人聞
其券而吐舌曰。已之已之。孟浪哉。將使我爲盜耶。掉頭而去。終身不復言兩班之事。

2. 不　영남대본과 승계문고본, 연세대본은 '毋'로 되어 있다.

金神仙傳

金神仙。名弘基。年十六娶妻。一歡而生子。遂不復近。辟穀面壁坐。坐數歲身忽輕。遍遊國內名山。常行數百里。方視日早晏。五歲一易履。遇險則步益捷。嘗曰。褰而涉。方而越。故遲我行也。不食。故人不厭其來客。冬不絮。夏不扇。遂以神仙名。余嘗有幽憂之疾。蓋[1]聞神仙方技。或有奇效。益欲得之。使尹生申生陰求之。訪漢陽中。十日不得。尹生言嘗聞弘基家西學洞。今非也。乃其從昆弟家。寓其妻子問其子。言父一歲中率四三來。父友在體府洞。其人好酒而善歌。金奉事云。樓閣洞金僉知好碁。後家李萬戶好琴。三淸洞李萬戶好客。美垣洞徐哨官。毛橋張僉使。司僕川邊池丞。俱好客而喜飲。里門內趙奉事。亦父友也。家蒔名花。桂洞劉判官。有奇書古釼。父常遊居其間。君欲見。訪此數家。遂行歷問之。皆不在。暮至一家。主人琴。有二客皆靜默。頭白而不冠。於是自意得金弘基。立久之。曲終而進曰。敢問誰爲金丈人。主人捨琴而對曰。座無姓金者。子奚問。曰。小子齋戒而後。敢來求也。願老人無諱。主人笑曰。子訪金弘基耶。不來耳。敢問來何時曰。是居無常主。遊無定方。來不預期。去不留約。一日中或再三過。不來則亦閱歲。聞金多在倉洞會賢之坊。且董關梨峴銅峴慈壽橋社洞壯洞大陵小陵之間。嘗往來遊居。然皆不知其主名。獨倉洞。吾知之。子往問焉。遂行。訪其家。問焉。對曰。是不來者嘗數月。吾聞長暢橋林同知喜飲酒。日與金角。今在林否也。遂訪其家。林同知八十餘。頗重聽。曰。咄。夜劇飲。朝日餘醉。入江陵。於是悵然久之。問曰。金有異歟[2]。曰。一凡人。特未嘗飯。狀貌何如。曰。身長七尺餘。癯而髯。瞳子碧。耳長而黃。能飲幾何。曰。飲一杯醉。然一斗醉不加。嘗醉臥塗。吏得之。拘七日不醒。乃釋去。言談何如。曰。衆人

---

1. 蓋　영남대본 등 여러 이본은 '益'으로 되어 있다.
2. 歟　승계문고본은 '否'로 되어 있다.

言。輒坐睡。談已。輒笑不止。持身何如。曰。靜若參禪。拙如守寡。余嘗疑尹生求不力。然申生亦訪數十家。皆不得。其言亦然。或曰。弘基年百餘。所與遊皆老人。或曰。不然。弘基年十九娶。卽有男。今其子纔弱冠。弘基年計今可五十餘。或言金神仙。採藥智異山。隕崖不返。今已數十年。或言巖穴窅冥。有物熒熒。或曰。此老人眼光也。山谷中。時聞長欠聲。今弘基。惟善飲酒。非有術。獨假其名而行云。然余又使童子福往求之。終不可得。歲癸未也。明年秋。余東遊海上。夕日登斷髮嶺。望見金剛山。其峯萬二千云。其色白。入山。山多楓。方丹赤。枏梗柟豫章。皆霜黃。杉檜益碧。又多冬靑樹。山中諸奇木。皆葉黃紅。顧而樂之。問轝僧。山中有異僧。得道術可與遊乎。曰。無有。聞船菴有辟穀者。或言嶺南士人。然不可知。船菴道險。無至者。余夜坐長安寺。問諸僧衆。俱對如初言。辟穀者。滿百日當去。今幾九十餘日。余喜甚。意者其仙人乎。卽夜立欲往。朝日坐眞珠潭下。候同遊。眄睞久之。皆失期不至。又觀察使巡行郡邑。遂入山。流連諸寺間。守令皆來會。供張廚傳。每出遊。從僧百餘。船菴道絶峻險。不可獨至。嘗自往來靈源白塔之間。而意怏怏。旣而天久雨。留山中六日。乃得至船菴。在須彌峯下。從內圓通行二十餘里。大石削立千仞。路絶。輒攀鐵索。懸空而行。旣至。庭空無禽鳥啼。榻上小銅佛。唯二屨在。余[3]悵然徘徊。立而望之。遂題名巖壁下。歎息而去。常有雲氣。風瑟然。或曰。仙者山人也。又曰。入山爲仚[4]也。又僊者。僊僊然輕擧之意也。辟穀者。未必仙也。其鬱鬱不得志者也。

3. 余 영남대본과 승계문고본, 연세대본은 '除'로 되어 있다. 그렇게 되면 구두句讀가 변하여 '唯二屨在除 悵然徘徊'로 되어야 한다.
4. 仚 대본에 '仙'으로 되어 있는 것을 바로잡았다.

虞裳傳

日本關白新立。於是廣儲蓄。繕宮館。理舟檝。刮屬國諸島。奇材釼客詭技淫巧書畵文學之士。聚之都邑。練肄完具數年。然後乃敢請使於我。若待命策之爲者。朝廷極選文臣三品以下。備三价以送之。其幕佐賓客。皆宏辭博識。自天文地理算數卜筮醫相武力之士。以至吹竹彈絲詼浪戲笑歌呼飮酒博奕騎射。以一藝名國者悉從行。而最重詞章書畵。得朝鮮一字。不齎糧而適千里。其所居館。皆翠銅甍。除嵌文石。而楹檻朱漆。帷帳飾以火齊靺鞨瑟瑟。食皆金銀鍍。侈靡瑰麗。千里往往設爲奇巧。庖丁驛夫。據牀而坐。垂足於杌子桶。使花衫蠻章洗之。其陽浮慕尊如此。而象譯持虎豹貂鼠人蔘諸禁物。潛貨璣珠寶刀。駔儈機利。殉財賄如鶩。倭外謬爲恭敬。不復衣冠慕之。虞裳以漢語通官隨行。獨以文章。大鳴日本中。其名釋貴人。皆稱雲我先生。國士無雙也。大坂以東。僧如妓。寺刹如傳舍。責詩文如博進。繡牋花軸。堆床塡案。而類爲難題强韻以窮之。虞裳每倉卒口占。如誦宿搆。步押平妥從容。席散。無罷色。無軟詞。其海覽篇曰。坤輿内萬國。碁置而星列。于越之魋結。竺乾之祝髮。齊魯之縫腋。胡貊之氈[1]毼。或文明魚雅。或兜離侏休。群分而類聚。遍土皆是物。日本之爲邦。波壑所蕩潏。其藪則搏[2]木。其次則賓日。女紅則文繡。土宜則橙橘。魚之怪章擧。木之奇[3]蘇鐵。其鎭山芳甸。句陳配厥秩。南北春秋異。東西晝夜別。中央類覆敦。嵌空龍漢雪。蔽牛之鉅材。抵鵲之美質。與丹砂金錫。皆往往山出。大坂大都會。瓌[4]寶海藏竭[5]。奇香爇龍涎。寶石堆雅[6]骨。牙象口中脫。角犀頭上截。波斯胡目

1. 氈 『송목관신여고』松穆館燼餘稿는 '氉'로 되어 있다.
2. 搏 『송목관신여고』 중국본은 '榑'로 되어 있다.
3. 木之奇 『송목관신여고』와 『청장관전서』靑莊館全書는 '卉之怪'로 되어 있다.
4. 瓌 대본에 '環'으로 되어 있는 것을 바로잡았다.
5. 瓌寶海藏竭 『송목관신여고』와 『청장관전서』에는 그 다음에 '光者是朱提 圓者是靺鞨 赤者與綠者 火齊映瑟瑟'이 추가되어 있다.

眩。浙江市色奪[7]。寘海地中海。中涵萬象活。鼇背帆幔張。鰌尾旌旗綴。堆壘[8]蠣粘房。贔屭龜次窟。忽變珊瑚海。煜耀陰火烈。忽變紺碧海。霞雲衆[9]色設。忽變水銀海。星宿萬顆撒。忽變大染局。綾羅爛千匹。忽變大鎔鑄。五金光迸發。龍子劈[10]天飛。千霆萬電戞[11]。髮鬡馬甲柱。秘怪态悗惚。其民裸而冠。外螫中則蝎。遇事則糜[12]沸。謀人則鼠黠。苟利則蠆射。小拂[13]則豕突。婦女事戲謔。童子設機括。背先而淫鬼。嗜殺而佞佛。書未離鳥馱[14]。詩[15]未離鴃舌。牝牡類麀鹿。友朋[16]同魚鱉。言語之鳥嚶[17]。象譯亦[18]未悉。草木之瓌奇。羅含焚其帙。百泉之源滙。鼮生瓮底蟣。水族之弗若。思及閩圖說。刀劍之款識[19]。貞白續再筆。地毯之同異[20]。海島之甲乙。西泰[21]利瑪竇。線織而刃[22]割。鄙夫陳此詩。辭俚意[23]甚實。善隣有大謨。羈縻和勿失。如虞裳者。豈

6. 雅 『송목관신여고』는 '鴉'로 되어 있다.
7. 浙江市色奪 『송목관신여고』에는 그 다음에 '却車而續至 馹儈千戶埒'가 추가되어 있다.
8. 壘 『송목관신여고』는 '磊'로, 『청장관전서』는 '疊'으로 되어 있다.
9. 衆 『송목관신여고』는 '象'으로 되어 있다.
10. 劈 『송목관신여고』는 '擘'으로 되어 있다.
11. 千霆萬電戞 『송목관신여고』중국본은 '千電萬霆戞', 조선본은 '雷霆極閃戞'로 되어 있다. 『송목관신여고』는 그 다음에 '東雲閃鱗爪 西雲露肢節'이 추가되어 있다.
12. 糜 『송목관신여고』와 『청장관전서』는 '麇'로 되어 있다.
13. 拂 『송목관신여고』는 '怒'로 되어 있다.
14. 鳥馱 『송목관신여고』는 '鳥跡'으로 되어 있다. 그러나 '鳥跡'은 조전鳥篆, 즉 새의 형태와 같은 장식을 가하여 전체篆體 비슷하게 된 예술적인 자체字體를 가리키는 것으로, 일본의 글자 모양과는 무관하다.
15. 詩 『송목관신여고』는 '語'로 되어 있다.
16. 友朋 『송목관신여고』는 '朋流'로 되어 있다.
17. 鳥嚶 『송목관신여고』는 '喇啾'로 되어 있다.
18. 象譯亦 『송목관신여고』과 『청장관전서』는 '鞮象譯'으로 되어 있다.
19. 識 『송목관신여고』는 '銘'으로 되어 있다.
20. 同異 『우상잉복』虞裳剩馥은 '異同'으로 되어 있고, 『송목관신여고』松穆館爐餘稿는 '非是'로 되어 있다.
21. 西泰 『송목관신여고』는 '泰西'로 되어 있다.
22. 刃 『송목관신여고』는 '刀'로 되어 있다.
23. 辭俚意 『송목관신여고』는 '語俚義'로 되어 있다.

非所謂華國之譽耶。神宗萬曆壬辰。倭秀吉潛師襲我。蹴我三都。劓辱我髦倪。躑躅
冬柏。植於三韓。我昭敬大王避兵灣上。奏聞天子。天子大驚。提天下之兵。東援之
大將軍李如松。提督陳璘麻貴劉綎楊元。有古名將之風。御史楊鎬萬世德邢玠。才兼
文武。略驚鬼神。其兵皆秦鳳陝浙雲登貴萊驍騎射士。大將軍家僮千人。幽薊劍客。
然卒與倭平。僅能驅之出境而已。數百年之間。使者冠蓋。數至江戶。然謹體貌。嚴
使事。其風謠人物險塞强弱之勢。卒不得其一毫。徒手來去。虞裳力不能勝柔毫。然
吮精嗽華。使水國萬里之都。木枯川渴。雖謂之筆拔山河可也。虞裳。名湘藻。嘗自
題其畫像[24]曰。供奉白鄴侯泌。合鐵拐爲滄起。古詩人古仙人[25]。古山人[26]皆姓李。李
其姓也。滄起又其號也。夫士伸於知己。屈於不知己。鶂鶡鷁鵜。禽之微者也。然猶
自愛其羽毛。暎水而立。翔而後[27]集。人之有文章。豈羽毛之美而已哉。昔慶卿夜論
劍。蓋聶怒而目之。及高漸離擊筑。荊軻和而歌。已而相泣。旁若無人者。夫樂亦極
矣。復從而泣之。何也。中心激而哀之無從也。雖問諸其人者。亦將不自知其何心矣。
人之以文章相高下。豈區區劍士之一技哉。虞裳其不遇者耶。何其言之多悲也。鷄戴
勝高似幘。牛垂胡大如袋。家常物百不奇。大驚怪槖駝背。未嘗不自異也。及其[28]疾病
且死。悉焚其藁曰。誰復知者。其志豈不悲耶。孔子曰。才難。不其然乎。管仲之器
小哉。子貢曰。賜何器也。子曰。汝瑚璉也。蓋美而小之也。故德譬則器也。才譬則
物也。詩云。瑟彼玉瓚。黃流在中。易曰。鼎折足。覆公餗。有德而無才。則德爲虛
器。有才而無德。則才無所貯。其器淺者易溢。人參天地。是爲三才。故鬼神者才也。
天地其大器歟。彼潔潔者。福無所寓。善得情狀者。人不附。文章者天下之至寶也。
發精蘊於玄樞。探幽隱於無形。漏洩陰陽。神鬼嗔怨矣。木有才。人思伐之。貝有才。
人思奪之。故才之爲字。內撇而不外颺也。虞裳一譯官。居國中。聲譽不出里閭。衣

24. 像　대본에 '象'으로 되어 있는 것을 바로잡았다.
25. 仙人　『송목관신여고』는 '山人'으로 되어 있다.
26. 山人　『송목관신여고』는 '仙人'으로 되어 있다.
27. 後　영남대본과 승계문고본은 '復'로 되어 있다.
28. 其　영남대본과 승계문고본, 연세대본은 '旣'로 되어 있다.

冠不識面目。一朝名震耀海外萬里之國。身傾側鯤鯨龍鼉之家。手沐日月。氣薄虹蜃。故曰。慢藏誨盜。魚不可脫於淵。利器不可以示人。可不戒哉。過勝本海作詩曰。蠻奴赤足貌艦魊。鴨色袍背繪星月。花衫[29]蠻女走出門。頭梳未竟鬖其髮。小兒號嗄乳母乳。母手拍背鳴[30]嗚咽。須臾擂鼓官人來。萬目圍繞如活佛。蠻官膜拜獻厥琛。珊瑚大貝擎盤出。眞如啞者設賓主。眉睫能言[31]筆有舌。蠻府亦耀[32]林園趣。枡欄靑橘配庭實。病痔舟中。臥念梅南老師言。乃作詩曰。宣尼之道麻[33]尼敎。經世出世日而月。西士嘗[34]至五印度。過去現在無箇佛。儒家有此稗[35]販徒。簸弄筆舌神吾[36]說。披毛戴角墜地犴[37]。當受生日欺[38]人律。毒焰亦及震旦東。精藍大衍[39]都鄙列。睢盱島衆怵禍福。炷香施米無時缺[40]。譬如人子戕人子。入養父母必不說。六經中天揚文明[41]。此邦之人眼如漆。暘谷眜谷無二理。順之則聖背檮杌。吾師詔[42]吾詔介衆。以詩爲[43]金口木舌。詩皆可傳也。及旣還過所次。皆已梓印云。余與虞裳。生不相識。然虞裳數使示其詩曰。獨此子庶能知吾。余戲謂其人曰。此吳儂細唾。瑣瑣不足珍也。虞裳怒曰。儈夫氣人。久之歎曰。吾其久於世哉。因泣數行下。余亦聞而悲之。旣而

29. 衫 『송목관신여고』와 『청장관전서』는 '裙'으로 되어 있다.
30. 鳴 『송목관신여고』는 '聲'으로 되어 있다.
31. 言 『송목관신여고』와 『청장관전서』는 '語'로 되어 있다.
32. 耀 『송목관신여고』는 '解'로 되어 있다.
33. 麻 『송목관신여고』는 '牟', 『청장관전서』는 '摩'로 되어 있다.
34. 嘗 『청장관전서』는 '常'으로 되어 있다.
35. 稗 대본에 '俾'로 되어 있는데, 『송목관신여고』와 『청장관전서』에 의거하여 바로잡았다.
36. 吾 『송목관신여고』는 '怪'로 되어 있다.
37. 墜地犴 『송목관신여고』와 『청장관전서』는 '墮地獄'으로 되어 있다.
38. 日欺 『송목관신여고』는 '前諢', 『청장관전서』는 '日諢'으로 되어 있다.
39. 衍 『송목관신여고』와 『청장관전서』는 '刹'로 되어 있다.
40. 炷香施米無時缺 『송목관신여고』는 '無時'가 '長無'로 되어 있고, 그 다음에 '好佛反好佛所惡 燒剔魚鼈烹屠殺'가 추가되어 있다.
41. 揚文明 『송목관신여고』 중국본은 '揭文明', 조선본은 '揭大明'으로 되어 있다.
42. 詔 『송목관신여고』는 '訓'으로 되어 있다. 그 다음의 '詔'도 마찬가지이다.
43. 爲 『송목관신여고』는 '替'로 되어 있다.

虞裳死。年二十七。其家人夢見仙子醉騎蒼鯨。黑雲下垂。虞裳披髮而隨之。良久虞裳死。或曰。虞裳仙去。嗟呼。余嘗內獨愛其才。然獨挫之。以爲虞裳年少。俛就道可著書垂世也。乃今思之。虞裳必以余爲不足喜也。有輓之者。歌曰。五色非常鳥。偶集屋之脊。衆人爭來看。驚起[44]忽無跡。其二曰。無故得千金。其家必有災。矧此稀世寶。焉能久假哉。其三曰。渺然一匹夫。死覺人數減。豈非關世道。人多如雨點。又歌曰。其人膽如瓠。其人眼如月。其人腕有鬼。其人筆有舌。又曰。他人以子傳虞裳不以子。血氣有時盡。聲名無窮已。余旣不見虞裳。每恨之。且旣焚其文章。無留者。世益無知者。乃發篋中舊藏。得其前所示。纔數篇。於是悉著之。以爲之傳虞裳。虞裳有弟。亦能 缺。

44. 驚起 『송목관신여고』 중국본은 '飛去'로 되어 있다.

易學大盜傳

鳳山學者傳 二篇遺失

　　竊聞之。內舅芝溪公云。易學大盜傳。當時有托儒名而潛售權利勢焰熏灼
者。府君作是文以譏之。蓋與老蘇辨姦同意。後其人敗。府君遂焚棄此文。蓋亦
不欲以先見自居也。上文之缺。下篇之失。以其聯卷。故並爲遺佚云。男宗侃
謹書。

　　以上九傳。皆府君弱冠時作也。家無藏本。每從人得之。府君嘗命毀棄曰。
此吾少時有意作家。所以肄綴屬之法者。至今猶或有以此稱道。則余甚愧焉。不
肖輩雖欲承命。亦無如人之傳布何也。昔日嘗就質於內舅芝溪公。公曰。先公立
論。固多典重。此等實是筆墨之餘瀾。不足爲有無。況少時事乎。且古來文章家。
固有似此游戲之作。不必癈也。但兩班一傳。語多俚俗。是爲小疵。而此實倣[1]
王褒僮約而作。非無謂也。不肖輩不敢妄有去就。並以附之別集之末。男宗侃
謹書。

1. 倣　대본에 '做'로 되어 있는 것을 바로잡았다.

考槃堂秘藏

大考資憲大夫知敦寧府事贈諡章簡公府君家狀

　　府君諱弼均。字正甫。初諱弼賢。我朴氏。系出新羅。得姓於羅州之潘南縣者。
爲潘南人也。高麗恭讓王時。判典校寺事諱尙衷。首疏請尊皇明。語載麗史本傳。我
朝追諡文正。生諱訔。佐我太宗。位左議政。諡平度。累傳至諱紹。司諫贈領議政。
諡文康。世號冶川先生。爲府君六世祖。生諱應福。大司憲。高祖右參贊諱東亮。勳
封錦溪君。贈領議政。諡忠翼。曾祖錦陽尉諱瀰。尙宣祖第五女貞安翁主。諡文貞。
祖僉正諱世橋。贈吏曹判書錦興君。考諱泰吉。贈吏曹判書。師事從叔父文純公世
采。有卓行。名高士友間。早卒。妣漆原尹氏。進士宣績之女。贈貞夫人。府君以肅
廟十一年乙丑正月一日生。生五歲而孤。仲父校理公泰萬相繼隕逝。府君受育於從
兄錦寧君弼夏。錦寧君諸子。判書公師益。參判公師正。皆長於府君。府君自幼始學。
至弱冠。博通經史。皆肩隨師資也。及錦寧君久患痰火。而愛府君。獨出至性。疾甚
則尤忌瞪音戶響。然步履開闔。獨聽府君。府君伺顔色。引見諸子。諸子每夜深。擁
薪立竈下。得府君密傳警欬。乃敢爛火。或未得間。則天寒凍雪。戶內外共達曙。未
嘗不相憐也。凡若是者。積八九歲如一日。判書公兄弟德府君。恩踰骨肉。一門共稱
府君。非獨移孝所育。爲能達人之孝也。先是。士大夫言議岐貳。各師其所賢。雖其
一室之中。趨向不同。則門路相殊。府君從父昆弟十數人。府君年最少。然名論最高。

從兄黎湖先生弼周。被徵而將屛跡江外。取府君幼子爲嗣。悉付家事于府君。以出處相勉曰。吾生而負釁。先生纔脫胞。而母夫人未進饔飯而歿。絶意當世。乃今以虛名自誤。不得不畫江而爲沒身之限。吾弟才學俱優。而平生不應擧。將何以立身家耶。府君愀然不樂曰。天下之義理無窮。而終未有兩是雙非也。世之龍斷於朝野者多矣。若謬援文純公。以爲罔利之資。則吾家之言議。其將安所出乎。吾家之兩世碑碣。大老之所撰。而吾仲父之所謁也。吾仲父不幸早世。而舊有八學士之號。世之背馳國是者。遙相引重。此惡得無辨而已哉。南九萬柳尙運。自爲身謀。鼓唱邪議。是固將流毒百世。而柳是吾家之外孫。則牽連漸染。當斷而不斷。此豈非吾家之大累歟。同室之名論。苟得其正。則吾應擧雖晩。亦復何恨。及景廟初載。南柳之徒。大起誣獄。殺建儲諸大臣。殲刈士類。府君隱居通津墓下。英宗元年乙巳。始赴庭試。中丙科。時年已四十一。蓋一擧中第。世所罕也。是年册王世子。極選侍講僚屬。而參下淸望。尤重兼啣。時府君未及分館。則越例特拜兼說書。尋薦入翰林。爲藝文館檢閱。陞待敎。丙午。丁尹夫人憂。服闋。還入翰林。陞奉敎。戊申以前除拜。皆舊名。而自奉敎以下。乃今諱也。己酉。景廟實錄成。四月奉藏于赤裳山。仍考出先朝史牒。上促新薦。府君辭不獲。或以金若魯來屬者。府君曰。我嘗弔金士直。諸孤有赤眼者。此其人耶。焚香故事。主薦者。袖薦牘。歷抵翰林先進。館隷先入門。高聲辟客。雖大官。自非宿趼。例皆謝去。賓主初不交一語。出示新剡。無毫髮疵摘。然後始爲完薦。其嚴如此。所以重史事也。當是時。地閥才學莫相上下者五六人。而及薦申晩尹汲入翰苑。則擧世譁然。咸咎府君。專事貌取。或言美如冠玉者。其中未必有。或言何無忌。酷似其舅。或爲府君憂之曰。赤眼可怕。遂成口實。衆怨之中。金尤甚焉。未幾。竟以臺言敗薦。府君坐削職。旋敍陞六品。庚戌。始拜司諫院正言。初上新卽位。首誅鏡虎等諸賊。爲四忠立祠。不數年。一番人復執國命。追奪四忠爵。是爲丁未進退。及戊申逆變以後。收敍舊臣。稍稍復列於朝。然自是混忠逆。齊是非。務爲調停。遂有蕩平之號。而只復忠愍忠翼爵。仍置忠獻忠文于案中。莫有訟其冤者。府君上疏。極言兩臣未伸。則聖誣莫雪矣。群凶是長。則君讎自在矣。所謂漢賊不兩立者。義理本無二致故也。四臣一體。而半伸半屈。分作兩截。譬如風痺之人。半身偏枯。不識痛癢。

謂之不仁。今之體國者。視若秦瘠而莫之恤焉。其亦不仁甚矣。殿下所欲爲者。豈非建極之治乎。然而顛倒是非。强黠互對。是所謂不揣其本。而齊其末。惡在其建極也。故秩敍命討。不出乎天理之正。則終未免私意而已矣。本源之地。若不亟去此病。雖欲爲治。恐無其道也。掌令尹興茂。斥以護黨。啓削職。辛亥。始敍拜正言。坐違召罷。七月。復拜正言。上疏曰。先王有疾無嗣。當時大臣奉先王之手筆。承慈聖之諺敎。爲宗社建儲副。此乃大臣之常職。不幸世道反覆。新案勒添。豈不重可冤乎。臣之向疏請伸。乃擧國共公之論。而尹興茂輒謂之護黨。彼雖不敢直擧其事。而卽其俯仰呑吐之間。情態敗露。有不能掩者。疏入。特命還給。坐違召罷。壬子。出爲龍仁縣令。癸丑。選入弘文館爲副修撰。陞校理。移除司憲府持平。還除修撰。皆不就。歷侍講院司書兼司書文學輔德。間帶學敎授別兼春秋訓局郎司僕寺正。庚申。除副應敎。六月。加上孝廟徽號。以大祝勞。進階通政。拜同副承旨。八月。上受尊號。以禮房。進階嘉善。由左承旨。陞都承旨。九月。拜漢城府右尹。十月。拜刑曹參判。遷兵曹。辛酉八月。持節爲京畿觀察使。上謁陵。還至高陽。賜弓矢虎皮。十月。時相以俵災事論啓。罷職。秋巡到長湍。府使尹敬龍[1]。以報災濫過事覺。推吏按驗。敬龍屬權相趙顯命啓罷。旋敍拜司諫院大司諫。辭遞。拜左尹。尋移戶曹參判。甲子。拜司憲府大司憲。辭遞。丙寅冬。出爲春川府使。戊辰。拜禮曹參判。庚午。拜工曹參判。戊寅。拜同知敦寧府事。特命入侍。令內侍扶腋上殿曰。見卿。今過幾年矣。命進前仰瞻。上自抒龍髯曰。視不審乎。鬚髮盡白矣。因下傳敎曰。此人恬淡。予常嘉尙。宜效漢封卓茂[2]。特除知中樞府事。以示予惟昔尊年之意。是日入耆社。庚辰。拜知敦寧府事。間兼摠府金吾。提擧槐院。凡一官重除。皆不錄。以其年八月初二日。棄世。壽七十六。訃聞。賜弔祭。後數日。下敎隱卒。別飭有司。加賜米布。以庀喪事。十月初七日。葬于廣州草月面鶴峴坐卯原。癸亥。移厝于楊州別非面星谷戊坐原[3]。府君姿性[4]雅潔恬簡。自少至老。

---

1. 尹敬龍　대본에 '尹慶龍'으로 되어 있는 것을 바로잡았다. 뒤에 나오는 '敬龍'도 마찬가지이다. 『승정원일기』 영조 17년 5월 28일 참조.
2. 茂　대본에 '武'로 되어 있는 것을 바로잡았다.
3. 原　영남대본은 '辰向'으로 되어 있다.
4. 姿性　영남대본은 '資性'으로 되어 있다. 뜻은 같다.

未嘗以一毫世累嬰懷。嘗論士子素行曰。以器物相贈者。必洗拭裹襲。謹其操執。況欲致身於君。而先自玷壞乎。是不敬其君者也。立朝三十年。田産無百金之資。城下弊廬。直不過緡錢三十。而沒世不易居。獨一老僕。糟糠不充。然至死無怨色。搢紳間絶無過從。李公秉泰鄭公亨復黃公梓。最稱相善。而歲中率不過一再往還。表裏坦白。不設畦畛。常與人言。古來身中淸廢中權者有之矣。若夫[5]因此而名利並附。則亦豈立義本旨耶。世有聞是言。而終身不能釋憾者。朝暮將入選部。而每爲人先占。物議頗騰。而府君若爲不聞焉。銓法。堂下通塞。秉筆郎主之。臨當自代。判銓金取魯。忽默然目視郎。郎懼起如厠。金遽擬府君弘文館應敎。吏堅持舊規。不可徑陞。金叱曰。郎投筆起。今日陞擬。乃玉署久次也。府君所以蹭蹬世路者。實由翰薦一事也。判書公嘗質黎湖先生曰。李汝五爲言。君家二名士。一則鷺立秋水。一塵[6]不到。一則松挺絶壑。衆蘿難援。李熙卿聞而善之曰。有一於此。足以立懦廉頑。彼兩喩。孰賢先生曰。有是哉。時叔矯亢。正甫恬簡。恬簡者似拙。而其實矯亢。矯亢者近傲。而其實恬簡。蓋二人而一身也。時叔。參判公字也。及參判公小子明源尙和平翁主。封錦城尉。參判公尋卒。無科甲立朝者。府君釋褐十六年。皤然老學士。而晚始緋玉。乃素門平進。則初未悟上意有屬也。坐直喉院時。夜召對。問承宣年幾何。家何在。何不移家處城內。時獨有右史。上命右史。出傳政命。府君惶恐將退出。上遽命進前曰。受號非予所樂。而爲奉歡東朝。勉從群請。李濟疏論。予實慚焉。內侍有言。此淸朝美事。渠何敢干預[7]朝論乎。承宣猶親姻。故言之。勿令外人知也。府君既退出。且惶且愧。不自意一朝超躐兩階恩遇。有以也。及例陞知申。則引疾十七日。遂不出肅。自此不復入銀臺矣。翁主始出閤。儀同嘉禮。時宗族賓客悉會。意謂府君鳴騶轉軺來主席。不獨是日侈門戶。抑爲禁臠生輝。向晚從姪某來。勸府君曰。叔父不來。則殊多敗意者。府君驚曰。主第豈可外人輒至。頃之。翁主廟見貞安翁主。貞安孫有

5. 夫 영남대본과 승계문고본은 '復'로 되어 있다.
6. 塵 대본은 '鹿'으로 되어 있는데, 영남대본과 승계문고본에 의거하여 바로잡았다.
7. 預 영남대본은 '與'로 되어 있다. 뜻은 같다.

位著者。廟門禮貌有中旨。且將致祭貞安主以榮之。及府君病不來。無受香者。遂寢致祭。宗中諸長老。咸咎府君何不强疾對揚。爲闔門恩耀。明源沈疾歲餘。太醫日夜護視。親戚顧存。日有錄啓。獨怪府君一無問訊。明源亦嘗戚戚恨望。我先世亦姻天家。今何疎絶我若浼也。獨不念我先人。以少庇其孤露哉。從姪某嘗來語府君曰。叔父外負山林之望。內托肺腑之親。不出戶庭而坐鎭雅俗。則今之秉國是者。孰不斂衽而歸重哉。五人未雪。三凶莫討。叔父所以鐵限於三司者幾年矣。顧今新被寵命。進退[8]方亨。有可以主張世道。雖彼蕩平諸人。竊覸吾家動靜。府君大駭曰。若素戇。誰敎汝此語者。山林於汝何人也。欲以上累賢父。下賊穉子耶。所謂世道。豈汝一老瘞所知。某憮然曰。叔父沓沓。面郭而坐。物議不接。特來情話。乃反怒爲。府君曰。歸語今之爲世道者。迷藏幽隱。謂之罔兩。苟患得失。謂之鄙夫。我固沓沓。豈由汝瑣瑣者所壞。世有公議。則頃來驟升。甘受駁正。蓋時人不識府君已屢失中旨。而睢盱於影響之外。陰有所囑付。以診其眷注淺深。左相宋寅明。本以希合得志。復恐天意一移。大論終伸。則同流合汙。無以自拔。欲稍示異同。而念府君獨與世不合。舊旣見忤諸金。頃又爲僚相所陷。則數致意府君。府君素鄙其言議嘗持兩端。不之答焉。於是遂薦黎湖先生。爲吏曹判書。此其所以希世之術也。上本謂尙志邱園者。不適世用。而乍致旋去。徒煩儀文。且以朝野不寧。率由於此。然業已招延。則先生來主府君。在席者日常半朝廷。趙相顯命至。室宇狹陋。諸公無回避處。趙揖諸公就席曰。今日得陪函丈。欲有所講論。願與諸[9]賢共聽。毋以朝禮見外。袖出大學。講挈矩章。府君笑曰。相公挈矩。自有鹿皮。惡用是騎蒳講學。趙笑嘻嘻。色變而止。是日觀者[10]愕然。莫不爲府君危之。洪啓禧有戚分。日侍宿先生。府君私語先生曰。殷輅周冕。恐是易次。先生曰。何謂也。府君曰。當先遠佞。啓禧夜問[11]於府君曰。日昨

8. 進退　영남대본은 '進道'로 되어 있다.
9. 諸　영남대본은 '群'으로 되어 있다.
10. 觀者　영남대본은 그 다음에 '皆' 자가 추가되어 있다.
11. 問　대본에 '間'으로 되어 있는 것을 바로잡았다.

先生之登對也。上親執手。勉其開政。一番承膺。恐未可已。副學若新通。則有難彼此。莫如重通。然則無出金尚魯。語雖爲人。意實自寄。府君曰。所謂室邇人遐。君何不直叩銓家。明日啓禧。多援尤庵故事。以諷先生。府君遽曰。尤庵而爲政。則金尚魯爲濟州牧使。鄭益河爲富寧府使。坐者悚然相視。啓禧已走愬諸金。謀危府君以及先生。於是浮囂者增衍濟牧如江界寧越。競相指目。當路者莫不怨府君次骨。及先生上袖箚。而搢紳聯疏。討輝耉等。獨尚魯兄弟不參。及朴文秀疏逐先生。而諸金有力焉。皆啓禧所爲也。九月。始追奪輝耉等官爵。而世有偏論都家之目。府君不自安。求出外。得春川。而防營之移設鐵原。自此始。居數月。棄紱歸。和平翁主卒。乘輿遽臨。百官蒼黃步隨。有旨。舅家尊屬一人入帳。董護喪事。府君以無成命。稱疾不來。上經兩夜。不還宮。大臣屢請回鑾。荐被嚴敎。皆待罪門下。或怨府君。此何時也。以情以義。何獨不來也。將設銘旌。來要府君筆。府君稱疾篤。不書。因以紅還。乃書責都尉曰。聞三公不敢退。累累欂櫨間。此何擧也。今日朝廷雖卑。豈容汝塗炭衣冠。何不碎首刎頸。亟回天心。而共婦寺坐。垂泣但已。時兵衛甚嚴。毋納群臣。都尉實不知外間事。及得書。不知所爲。下庭免冠叩頭。上怒甚曰。爾亦效外廷耶。罷職罷職。旣而泣曰。罷職則是孟萬澤[12]也。旋命還收。時上微聞府君有書。因下外辦。大臣始得進見。方有所奏言。上遽罵申思喆。還復閉閤。中外始知上有所激惱而移怒也。當時士大夫工於進取者。投間抵隙。罔非幸會。而獨府君介然自守。坐不移席。則觀乎十九年居閒處散。有可以默徵本末矣。寵辱之際。確乎不拔。方寸之間。澹然無累。惟府君爲然。雖當世不悅於府君者。亦莫不以淸愼愷悌稱之。配貞夫人驪州李氏。右尹膺之女。生三男一女。師愈。師憲。師近縣監。出繼黎湖先生。女判官魚用霖。孫喜源。趾源府使。女監役李顯模。縣監徐重修。長房出。進源早歿。綏源府使。女黃馨。師近出。外孫魚在沼郡守。魚在雲。餘不盡錄。不肖孫趾源。謹狀。

12. 孟萬澤　대본에 '萬孟澤'으로 되어 있는 것을 바로잡았다.

承旨贈吏曹判書懶隱李公謚狀 代詞臣撰

上之八年甲辰。嶺南儒生某等幾人。伏闕上章言。伏以我英宗大王。特贈故承旨臣李東標吏曹判書。其告身命書力主淸議樹立卓然八字以褒之。其立朝大節。於是乎光明儁偉。與所抹己巳朴吳諸忠。並垂百世矣。然其行治本末。有未悉陳于絲綸之下。而易名之典。尙闕於昭代。志士曠世之感。若有待乎今日也。昔宋臣孔道輔官中丞。鄒浩官右正言。法不當得謚。而特以直節。並得顯謚於當時。今東標所處之義。正與昔賢相符。而其學問之純深。又非兩人之比也。伏願亟賜兪音。特擧東標贈謚之典。臣等謹昧死以聞。疏朝上。夕賜報日。行義予所稔知。疏請特許從施。於是。事下太常。具僚聳瞻。士林增光。某嘗職忝館閣。太史是典。惟是賢士大夫之德業名行。固將樂爲之揭列。況於敍是狀也。其敢以不文辭。謹按。公字君則。號懶隱。其先眞寶人也。高麗末。有諱子修。文科。助討紅巾賊。錄封松安君。六世祖諱堣。以經學文章。顯於靖陵朝。世稱松齋。卽退溪文純公叔父也。曾祖諱逸道。奉事贈左承旨。祖諱之馨。參奉贈吏曹參判。嘗昏朝抗疏。請斬李爾瞻。考諱雲翼。隱德不仕。出後從祖叔父諱之蘊。妣順天金氏。生員基厚之女。以崇禎甲申四月五日生公。姿相奇偉。德器天成。蓋自志學。慨然以聖賢爲期。恥以一藝成名。及受處士公臨沒之托。益自勉勵。與其弟日必鷄鳴起。盥漱整衣冠。聯席講劘。至忘寢食。及弟歿。而公始勉就擧業。所以慰母夫人也。乙卯。中生員。士望益盛。嘗赴東堂試。諸考官私相語曰。才學無踰李某者。當屬狀元。公微聞之。至試日。故梳頭千以遲期。遂不及門而退。時人以李千梳笑之。丁巳增廣會元。旋罷榜。癸亥增廣。又居會元。及分館。閣老峯重。以嶺南士論。皆公所主。遂抑置成均館。四年不調。丁卯。斥除昌樂察訪。己巳。薦史局。又議選南床。而未幾超陞典籍。翌日。特除弘文館副修撰。公辭以驟進。不赴召。及五月。仁顯王后遜位。于時吳公斗寅朴公素輔李公世華。上疏極諫。天威震疊。並庭鞫。吳朴兩公皆道死。下令更有言者。論以逆律。公時在鄕廬。聞變搆疏。將極言之。念太夫人年高。恐貽至慽。太夫人樂聞之。趣公上道。公旣至京。
其疏中。有玉山新阡。羊馬嵯峨。驪陽舊宅。氣像愁慘等語。見者皆失色。又曰。殿
下旣赦李世華之罪。而李尙眞未蒙全釋。亦豈一視同仁之道哉。噫。遇事爭論。人臣
之分也。以殿下今日之事。舉皆順旨。而無一人敢言者。則天下萬世。將謂立殿下之
庭而食殿下之祿者。忠乎否乎。今日廷臣。猶有以伏蒲驟止爲恨。其心豈皆不忠於殿
下。而不恤國家之計哉。殿下獨奈何重一言之悔。輕失四方之望耶。又言趙嗣基語犯
宮闈。有駭觀聽。臺啓之遽停。臣竊惜之。疏上。上震怒。事將不測。久之。上意釋。
罪止罷黜。尋敍拜兵曹正郎。還拜修撰。時持議者將啓老峯閔公。必欲置之死。三司
齊會。請公參啓。公正色曰。當坤聖遜位之日。諸君不碎首力爭。旣失人臣殉[1]國之義。
今又欲殺此人。其如聖母何。李聃命持之尤力。進筆硯于前曰。君勿固辭。第爲我草
辭。公厲聲曰。君欲報私讐。何乃借人筆爲。遂卽日棄官而歸。連拜司諫院獻納 缺[2]
修撰。皆辭不赴。公憂念國事。絶意當世。愛靈泉巖。築室爲藏修之所。若將終身焉。
庚午。又拜獻納校理。上疏丐郡便養。得除襄陽。明年春。有白公經學不宜久外者。
乃以獻納召。兼西學教授。移修撰。扈幸章陵。上過六臣墓。賜祭。仍命復官。朝議
執不可。以爲春秋爲親者諱。公獨進曰。光廟旣誅六臣。若復獎其忠節。豈不爲聖德
事乎。上嘉納之。拜校理。請暇歸覲。秋又以獻納召。移除校理。上命賜第諸人。以
優戲前導。公啓曰。倡優雜戲。聖人所惡。恐非以正率下之道。嘗因雷異。上箚論修
省之道。言多切至。公在朝玉立。風裁峻正。橫經論思。志在格君。上未嘗不虛心聽
納焉。不欲與世浮沈。屢請觀暇。因爲長往之階。上每惜其去。命待春和。將母上京。
仍賜其母穀帛。以優寵之。又以獻納召。拜吏曹佐郎。兼侍講院司書。掌銓者議通李
壽仁柳栽淸望。公以栽無文學。壽仁嘗避己巳大論。執不許。又議通閔章道。其父黜

---

1. 殉 대본에 '循'으로 되어 있는데, 『나은선생문집』懶隱先生文集 중의 시장諡狀에 의거하여 바로
잡았다.
2. 缺 『나은선생문집』 부록 권8 홍중효洪重孝 찬찬撰 묘지명에는 '兼知製敎'로 되어 있다.

方執國命｡ 公曰｡ 章道素無行｡ 塞甚峻｡ 强之不得｡ 則至怵以禍福｡ 公歎曰｡ 吾羞與
此輩人同事｡ 卽日呈告｡ 冒雨南歸｡ 被簑登船｡ 送公者皆歎息相謂曰｡ 今日復見小退
溪｡ 卽歸｡ 講學者日坌集｡ 談討不倦｡ 拜獻納副校理校理兼教授｡ 尋移獻納｡ 復除吏
曹佐郎兼文學校理兼弼善｡ 又移吏曹佐郎｡ 皆不赴｡ 嘗居靈泉別業｡ 靜坐讀易｡ 有答
門人太極辨說｡ 天理人欲同行異情之解｡ 究極精微｡ 癸酉｡ 陞議政府舍人司憲府執義
侍講院輔德｡ 又拜執義｡ 前後馳召｡ 至十三｡ 遂不得已應命｡ 希[3]載佩將符｡ 怙勢多不
法｡ 公痛繩其奴之張甚者｡ 聞者快之｡ 移司僕寺正｡ 又乞暇歸省｡ 轉司諫兼中學教授｡
上辭疏｡ 因論時政曰｡ 朱子有言｡ 士大夫出處去就｡ 關風俗之盛衰｡ 竊見近日臺閣之
臣｡ 一違召牌｡ 輒從吏議｡ 非所以使臣以禮之道也｡ 臺官之失職｡ 固已久矣｡ 而殿下
之待諫臣｡ 亦未盡其道｡ 十臺諫固爭而不得｡ 一大臣片言而有餘｡ 有訑訑拒人之色｡
無虛懷聽納之美｡ 今日言路之杜絶｡ 豈盡諸臣婞婀之罪哉｡ 君臣之間｡ 情義未孚｡ 篤
責隨至｡ 群下震懾｡ 惟恐或咈｡ 所謂惶恐待罪承政院｡ 聖教至當備邊司者｡ 不幸而復
見於今日｡ 且殿下屢進退廷臣｡ 方其柄用也｡ 若將加諸膝｡ 及其擠而斥之也｡ 若將墜
諸淵｡ 易置之際｡ 誅殺大行｡ 國脈安得以不病｡ 人心安得以不擾｡ 殿下爲諸臣快恩讐
則得矣｡ 而國之危亡將隨其後｡ 豈不大可寒心哉｡ 而況內言之出｡ 外言之入｡ 不由正
道者｡ 皆細人邪徑之媒也｡ 人主一爲所中｡ 則其計售矣｡ 伏願殿下痛抑私逕｡ 拜成均
館司成｡ 移執義｡ 拜應教｡ 又移執義｡ 還拜應教｡ 冬還朝｡ 尋擢同副承旨｡ 謝命曰｡ 賜
貂帽｡ 命榻前戴之｡ 陞右副｡ 乞養｡ 出爲光州牧使｡ 蠲絲革瘼｡ 治化大行｡ 與觀察使
爭事可否｡ 投紱歸｡ 乙亥｡ 除戶曹參議｡ 不拜｡ 丙子｡ 除三陟府使｡ 先是｡ 公屢擬副提
學大司成吏曹參議｡ 及外補｡ 咸惜其出｡ 而公則終始一節｡ 在難進易退｡ 爲養親｡ 且
以邑閒有湖海勝｡ 得效一郡｡ 爲報國恩也｡ 値歲大饑｡ 流連殆空｡ 公竭心安集｡ 捐俸
賑活｡ 盡罷蔘蜜魚藿之征｡ 自使爲生｡ 疏請救荒便宜｡ 上皆從之｡ 丈巖鄭相公澔｡ 時
爲御史｡ 襃[4]公績｡ 旣解歸｡ 士民追思｡ 鑄銅碑｡ 頌其德｡ 戊寅冬｡ 遭太夫人喪｡ 廬于

3. 希 대본에 '熙'로 되어 있는 것을 바로잡았다.
4. 襃 『나은선생문집』 중의 시장에는 '啓襃'로 되어 있다.

墓側。朝晡省號。雖甚風疾雨。不廢也。越明年庚辰七月十七日。竟以毀瘠卒。享年五十七。待襚以成斂。訃聞。上驚悼。特賜賻。配贈貞夫人安東權氏。公有子若孫。自載誌碣。並不著錄。嗚呼。士大夫名論岐貳。有國之不幸久矣。是惟所賢者不同。而好惡隨偏。以至平陂之會。互定國是。是者天定。則世運隆平。不是者人勝。則名義悖亂。此係好惡之公與不公而已。竊嘗觀懶隱李公。超然自立於國是北崩之日。不爲勢屈。不爲禍怵。力扶倫綱於衆咻之中。苟非忠正自持。理義素明。確然獨得乎天定之公者。能若是乎。所謂獨立不懼。不見是而無悶者。公庶幾近之矣。嶺之南州。本爲我邦鄒魯之鄉。其好惡與公異者幾希。則是亦懶隱之徒也。然而自己巳以還。一切以名義見責。則大非朝廷一國是同好惡之本意也。故先朝褒贈之恩。當宁節惠之典。豈適爲公名德爲一邦所推服而然哉。其所樹立卓卓如彼。則所以獎勵激勸之聖意。前後一揆也。同朝其敢不仰體而共勉於斯事。謹撫其立朝本末以告執事。

禮曹參判贈領議政府君墓表陰記 代錦城尉

惟此坡州治西白石里坐甲之原。有表曰禮曹參判贈領議政朴公之墓。迺吾先考
衣履之藏也。府君諱師正。初諱師聖。字時叔。世推潘南之朴。爲冠冕大族者。以其
先有文正公諱尙衷。文康公諱紹。直道正學。名德相承。曾祖僉正諱世橋。贈吏曹判
書錦興君。祖郡守諱泰斗。贈左贊成錦恩君。考參奉諱弼夏。贈左贊成錦寧君。自高
祖文貞公諱瀰。以世嫡。襲忠翼公諱東亮勳封。妣贈貞敬夫人尹氏。觀察使攀女。以
肅宗九年癸亥生府君。序居第三。丁酉。擢文科。薦藝文館檢閱。陞待敎。荐遭考妣
艱。服闋。還付奉敎。春坊實兼。自說書至輔德。兩司歷正言獻納司諫執義大司諫。
玉署自副修撰至應敎。薦拜銓郎。歷政府檢詳。司僕宗簿寺正。銀臺自同副至都承旨。
諸曹則參議吏戶兵。參判戶禮工。京兆左右尹。外除安邊府使江華留守。別職知製敎
兼校書校理別兼春秋東學敎授湖南御史實錄郎廳遷陵都廳同知義禁。經筵春秋摠管。
提擧太常槐院籌司。階嘉義。以英宗己未十月二十六日考終。壽五十七。上震悼。下
綸音。別賜柩材。初在翰苑。擇時望。入史局。爲賊臣眞儒所敗。及群凶執命。將兜
攬史筆。則先黜府君。爲懷仁縣監。以護其薦。未幾起誣獄。吾伯父章孝公不參僞盟。
遂被竄。府君屏跡鄉廬。英宗新卽位。收召舊臣。府君遂聯疏請誅一鏡。又極陳時政
駁致雲等附弼夢。冒占史局。合兩司討耆煇諸賊。建議四大臣一祠並享。箚論南九萬
崔錫鼎尹趾完。宜黜庭饗。銓郎時。斥判堂。違公格。忤旨。出補興陽。尋還。屢除不
拜。特補南海。時朝著屢值平陂。人無定志。希世者譸言國是。混淑慝。必儷擧爲調
停。士大夫久鬱鬱。朝俛首。夕已躓朝右。府君獨守素諒。嘗以忠邪並進。慨然爲恥。
有召必違。輒下吏。朝宥暮囚。或經歲囹圄。既在三銓。峻持淸裁。嚴甄別。以一反
時規。當路志必欲中傷。及不肖尙和平主。而府君以吏議久次。例薦陞沁留。黨人者
以廟議先屬。脅朝廷。賴上燭其姦。而府君深知世路益巇。務自靜退。光佐首揆。則
力辭籌司。恥國人之縱賊也。府君天資明粹端簡。神采英雅。飭躬檢名。外內斬斬。

敦尙行誼。絀抑聲能。穆然自莊。一不以禍福。自累去就。季父文敬公爲世儒宗。而章孝公號稱元祐完人。府君師友父兄間。名論不出戶庭而爲世重輕。不喜徵逐爲翕翕熱。雖久要。恒如初對。未可造次交語。及上下言議。酬事接物。洞澈祥藹。眞誠懇至。令人可樂。自消其鄙吝之萌。門絶絑韋輗象之迹。簾几寧靜。一切世俗所慕爲欣戚。不惟不設於心意。未嘗不爲世道代羞。先妣貞敬夫人咸平李氏。贈參判宅相女。號九畹春英後。十六。歸府君。曉書史。寡言愼行。善處姒似。閨門之美。爲世族範。及結姻天家。尤謹約。不易雅常。後府君十九年卒。育四男二女。興源進士。昌源正言。亨源。不肖名明源。婿金基祚李度陽。長房三男。宗德判書。宗岳參議。出后三派。相喆府尹。爲明源子。宗德男。綏壽贈正字。絿壽進士。絅壽。宗岳男。某某。金繼子。宅鉉主簿。李一男。坤判書。嗚呼。府君宅兆屢遷。不遑繫牲之石。今在子在孫。惟不肖與岳也。況可以徵信乎舊德者。漠然五十年之間。孰有存諸郵焉。朝露是懼。略序世閥官歷子孫如右。

文孝世子進香文　代儀賓撰

天眷東方	景明靈昌
聖造神育	德膴仁肪
乃省群顯	其降不遲
一索成震	兩明作离
英宗曾孫	今王世子
國占用吉	厥日[1]攸似
赫赫宮棗	百年再實
肅祖靈符	復覿今日
誕彌之夕	紅光滿宮
如樞繞電	如渚流虹
凡厥庶徵	罔不篤初
鳳質龍章	實天所儲
仁孝溫文	維性之根
天顏載臨	婉愉言言
玉趾言旋	顧懷喤喤
屛間辨字	時未扶床
誘進苦劑	必先方冊
深宵警火	慧智天錫
彼鼾方覺	遂不延逮

---

1. 日　영남대본은 '月'로, 승계문고본은 '日'로 되어 있다.

靑邱肇闢	叶堯初載
受册大庭	日麗雲卿
雙髻七章	備事將迎
會弁塊峨	萬眸爭瞻
延頸跂踵	若若其髻
穆然端坐	若常覯之
不凭不惰	不攝不疑
不威而嚴	已見其位
雖幼大人	維德不器
是日群卿	怵躍俯跪
愛若進抱	畏將退俟
翌歲重九	肇講孝經
我家徽躅	年辰適丁
環橋聳聽	若出磬鍾
千載熙運	於休重逢
厥禩四百	積慶累洽
天有顯報	大德必得
靈長之業	永祈千²秋
吾王無憂	惟疾是憂
慶臻翌瘳	謂理無舛
縟儀將擧	吉日載選
云胡一夕	滿城駭遑
丫靑隷皂	曳白童黃
顚仆喘汗	袒胸顧旻

2. 千 대본에 '干'으로 되어 있는데, 영남대본과 승계문고본에 의거하여 바로잡았다.

長號貳極	擧懷百身
珪璧旣卒	刀圭亦窮
哀普八域	痛纏三宮
宗器靡托	神人疇依
重輪撤謠	前星掩輝
餱袋纏尺	盤弧厪三
嗟爾帀域	有萬女男
疹之方熾	衒閈[3]爐烘
王無弗子	若恫在躬
靈丹戶遍	臣跰汝偕
奪之鬼牙	還厥母懷
緊誰之賜	群黎百姓
集汝一日	尙作汝慶
阜厥苔尤	猶成陵岡
天固難諶	人亦不臧
願執彼醫	投畀豺虎
何嗟及矣	我心荼苦
沖齡至性	無閒幽明
缺[4]	

---

3. 閈 영남대본과 승계문고본은 '閭'로 되어 있다. '閈'은 '巷'과 같으므로, '閭'와 같은 뜻이다.
4. 缺 영남대본과 승계문고본은 '玄隧載卜 栗木之原'으로 되어 있다.

正宗大王進香文 代撰

千載一聖　　　誕膺東方

箕範再敍　　　奎運重昌

孔思周情　　　祖述憲章

宏規鴻猷　　　狹陋漢唐

二紀光御　　　一德乾剛

號正宮園　　　慕深羹牆

璁萼折萌　　　憲冀鋤強

大義昭揭　　　卓冠百王

秩敍命討　　　雨露雪霜

孰敢疑眩　　　孰敢譸張

向背之際　　　斯判陰陽

彼萬三千　　　云胡颷狂

要脅以衆　　　悖我典常

末俗昏衢　　　醉顚汗僵

豈不異臭　　　奈此同腸

利害禍福　　　所以披猖

究厥所原　　　妄度爲將

滔滔狂瀾　　　誰能力鄣

理無巨細　　　析在毫芒

嚴此義者　　　迺吉迺祥

北是理者　　　爲梟爲狼

皇王盛節　　　孰此大防

會極歸極　　　　與道偕臧

嗚呼至德　　　　俾也可忘

龍圖建閣　　　　天策設廂

允文允武　　　　謨烈思皇

百度惟貞　　　　昉此對揚

欽刑重農　　　　一念如傷

恩蠋浹髓　　　　寶綸煌煌

祈寒盛暑　　　　必躬烝嘗

尤重上辛　　　　明德馨香

御製百卷　　　　聖謨洋洋

學宗程朱　　　　統接羲黃

地負海涵　　　　吾道其東 叶都良切

黜霸正揰　　　　剔鐵簸糠

列聖家法　　　　式遵尊攘

一部陽秋　　　　手提天綱

赤子龍蛇　　　　示我周行

今之西學　　　　甚於墨楊

火其邪書　　　　人吾黔蒼

辭廓孟闢　　　　功侔禹荒

繼往開來　　　　燕詒元良

九如頌騰　　　　四重歌長

堯舜一花　　　　銀印在床

謂千萬年　　　　永受色康

胡寧一夕　　　　遽遐雲鄉

地坼天崩　　　　率土如喪

奉諱南服　　　　長號北望

頓顙八埏　　　宇宙茫茫

山哀海哭　　　血淚盈眶

驗昔深仁　　　觀此巨創

聖母垂簾　　　熙政一堂

媲懿元祐　　　嗣徽周姜

保佑聖躬　　　吉叶黃裳

天作華城　　　有菀梓桑

仙寢密邇　　　劍舃將藏

臣五載簪筆　　　鬴屎之傍

偏荷寵私　　　河海莫量

符守所攖　　　廠衛麾瞻 叶諸良切

身未褥蟻　　　抱弓彷徨

敬修壤奠　　　明水在觴

楊經理 鎬 致祭文 代詞臣撰

再造我東	緊誰之功
天子攸命	蒼嵎楊公
職是經理	才兼文武
虎符龍節	視古吉甫
天戈所揮	誓蕩島夷
如御史度	往撫淮師
觀軍銅雀	圍碁紫閣
不聞號令	潛授方略
孰占頭功	帳有西麻
發騎三千	迎敵素沙
塘置一旗	默察偃竪
千里決勝	如掌其覰
妖氛南天	蝴蝶爲陣
輝鏡朝旭	舞劍以進
于時天兵	浴甲橋下
弄猿三百	一時鞭馬
缺[1]	悉殱蹄間
微此一鏖	難保郊關
全師電馳	搗彼蔚岞

---

1. 缺 영남대본과 승계문고본은 '狡彼倭奴'로 되어 있다.

凶渠窮蹙　　　指日可槭
鷗亭和江　　　落其牙距
困獸隙鬪　　　島山是拒
絕地仰攻　　　方圖熏穴
會天凍雨　　　指墮膚裂
殘寇逋誅　　　緣時未利
暫撤重圍　　　後舉是議
讒說如簧　　　怴毀茂績
誣公掩敗　　　咎公縱敵
舉國驚號　　　走訟天朝
冠蓋旁午　　　莫遏群囂
遽解重務　　　旋柁言旋
都人士女　　　奔走後先
攀轅痛哭　　　莫挽其行
胡不少留　　　究我生成
終焉獲醜　　　寔公餘威
生靈奠妥　　　區宇清夷
凡我東人　　　含恩未報
如見之誠　　　有奐廟貌
嗚呼湼灘　　　桑海中州
惟我家法　　　一部春秋
浸苞之悲　　　采芑之思
逮玆百年　　　罙篤是義
雲車風馬　　　七月東巡
洋洋左右　　　公惟帝臣
顧瞻城南　　　我思瀁長

庭宇汎肅　　丹艧復光

彷彿英姿　　來憩鎧仗

威靈所曁　　永鎭海壞

牲醪踐列　　鐃鼓振作

神明不昧　　庶歆茲酌

邢尙書 玠 致祭文

崇德報功　邦禮之經
功德維何　社稷生靈
譬如水火　危迫堂戶
斯須不救　延棟潰宇
有大神力　撲燎湮洪
宜如何報　之德之功
往歲吾邦　離運百六
龍蛇未蒩　鯨鱷復陸
嶺湖再陷　震及郊圻
于時五載　暴露王師
策遺善後　和議實謬
天怒斯赫　遼海增戍
雄師卅萬　鉦鼓千里
陸走海運　芻粟山峙
自征倭來　未有此舉
天子曰吁　疇督我旅
暨暨我公　禁省頗牧
知兵熟邊　廷中推轂
汝往欽哉　朕威汝將
劍借尙方　凛若秋霜
惟是經理　提督以下
咸汝節制　無所貸假

公臨鴨水　先驅渡漢

軍聲震駭　壁壘改觀

公來誓衆　玉帶蟒袍

元帥屏營　屬鞬注橐

青稷旣鑒　蔚島繼躡

窟兎橫決　常蛇瑟縮

凶渠襪魄　餘醜駭竄

惟我邦人　得出塗炭

方其再渡　瘡痍衽席

逮厥大歸　禦倭餘策

始公之來　迹若雷霆

蕩沴殲妖　奮迅砰轟

留作雨露　洗痍蘇枯

膏澤旣潤　斂歸如無

惟彼雷露　上帝之仁

人於上帝　莫之敢恩

所以東人　公之德含

含德如何　廟貌城南

人祭其死　我祠其生

寔由東人　奉若神明

嶽降之神　久已騎箕

矧復百年　周京黍離

顧瞻四海　片土乾淨

公靈在此　孔烈無競

年年七月　玉輅東巡

風泉之思　廟宇重新

介士奉罍　　　鐃鼓轟鳴
俾公不死　　　我人之誠

年分加請狀啓 _{代監司撰 戊午¹}

本道農形慘歉之由 民事切急之狀 已爲陸續馳啓 而臣之行部 先沿後峽 耳目所及 幾盡領會 而若其迂路僻邑 則或遣褊裨而探視 或對守宰而叩問 大抵本道處在畿嶺之間 左峽之地形 高燥居多 右沿之土品 鹹鹵過半 以是之故 歉或偏歉 豊不均豊 湖俗之所以深憂而大懼者 歷考災案 惟旱爲最 至若今年 則始自解凍之初 已有惜乾之漸 及夫二三月之交 雖得四五次之雨 而或鋤或犁 多寡不齊 於沿於峽 需潤不同 洞谷生水之畓 溪礑引洑之坪 間或有隨時注種 趁期移秧者 而此不過十之二三 外此連陸高乾之土 艱辛桔橰 事功倍加 而旣移之苗 着地旋萎 未移之秧 在坂仍焦 遂至於節屆夏末 一直亢旱 圭璧徧²擧 群情如渴 而小民蚩蚩 念不及他 目前失時 只見遑急之狀 來後措處 全昧通變之道 一日二日 靡所獻爲 聖念特軫於裕食之方 勸之以代播 諭之以蠲稅 恩綸載降 藹然如春 斥鹵之原野 陳廢之邱壟 載耕載播 爭先赴功 逮至六月初五日 始得霈澤 晝宵³灑注 遠近同洽 於是乎未及移挿者 齊起幷力 營邑之飭勉 必日猶勝全棄 民人之僥倖亦在 雖晚或成 老弱服勤 襁褓爭趨 而其乃節序已晼晚矣 事力傍午 人功未遑 拖到望念 未免次第中止 此所以晚移之多於未移 未移之多於早移 蓋此許多晚移 俱在中庚前後 雖使伊後日候調順 雨澤頻需 尙難望其有秋 而況農家所謂三伏之旱 又復孔酷 六晦七念之雨 旣不得以醫其病 則早移率多凋萎 晚挿擧皆焦損 最是沿江土瘠之處 濱海鹹透之場 一坪二坪 枯莖連畦 十里五里 荒蘆成林 種種所見 極其愁慘 惟彼依山而稍早者 被旱而較歇者 或能成樣 間

---

1. 戊午 대본에 '丁巳'로 되어 있는 것을 바로잡았다.
2. 徧 대본에 '偏'으로 되어 있는데, 영남대본과 승계문고본에 의거하여 바로잡았다.
3. 宵 대본에 '霄'로 되어 있는데, 영남대본과 승계문고본에 의거하여 바로잡았다.

有所收､ 而屢經災傷､ 受病已痼､ 結顆未免零瑣､ 出穀太半減縮､ 代播各種､ 畢竟收穫､ 倍於始料､ 比諸晚移之徒勞無益､ 利害不啻顯殊､ 到此､ 民情若有所恃､ 咸仰朝家先事勸飭之盛德至意､ 而恨不能及早用功､ 捨彼取此､ 至於田穀､ 則較看畓農､ 非不大勝､ 而遇旱於發穗之時､ 受風於成實之際､ 初望大登者､ 僅得免歉､ 始期免歉者､ 竟至失稔､ 豆太段､ 無論和種與根耕､ 除非膏沃之處､ 則幾皆枯瘁､ 所穫無多､ 木綿則沿邑雖或不登､ 峽田頗能善邃矣､ 仍伏念檢田給災､ 上關國計､ 下係民隱､ 雖是平歲､ 固不可疏漏､ 而況在今年､ 則處處被災､ 邑邑告歉､ 迺者事目災､ 一萬五千結之特命畫下､ 實是格外曠絶之恩､ 則其在對揚之職者､ 尤當十分警惕､ 百倍精詳､ 連飭守令､ 隨處爬櫛､ 間遣廉探､ 逐庫審察､ 舊頉新頉之易致混雜者､ 早移晚移之難於區別者､ 及某面之或多或少､ 某里之宜災宜實､ 另加綜核､ 務歸稱適､ 如是之際､ 自致遷就､ 各邑槪狀､ 尙多未及磨勘､ 容俟齊到､ 臣謹當考閱帳付､ 較量災摠､ 卞別加減消詳停當､ 以爲鱗次登聞之地､ 災歲分等､ 所關尤重､ 一有錯誤､ 而或至於恩不均施怨在偏徵､ 則亦非所以仰體優恤之道､ 臣於是參以邑報民訴､ 較諸耳聞目見､ 分劑一道､ 定爲三等､ 以洪州等三十九邑及平薪鎭､ 置之尤甚､ 忠州等十八邑､ 置之之次清風等七邑､ 置之稍實､ 開錄邑名､ 以備睿覽､ 蓋此分等､ 只是格例間擧行､ 分而言之､ 雖有被災之淺深､ 統以論之､ 別無隔等之優劣､ 峽郡多田､ 而田穀勝於畓農､ 故間有稍實､ 海縣多畓､ 而畓穀遜於田農､ 故率爲尤甚､ 而今年所謂稍實者､ 較計成就､ 無異常年之尤甚､ 則其云之次尤甚､ 亦可反隅､ 尤甚之中､ 如恩津石城扶餘禮山韓山燕岐舒川泰安德山等九邑､ 濱江土薄､ 近海地瘠､ 一望赤地､ 往往有全面之歸於災荒､ 此乃尤甚之尤者､ 邑等已分､ 則分面一款､ 乃是荒年應行之事､ 而分里抄戶､ 亦是不可已者､ 況又災處之多､ 比前倍蓰[4]､ 一坪之內､ 東西判異､ 一庫之中､ 上下懸殊尤甚面中､ 或有稍實戶､ 稍實面中､ 亦多尤甚之戶､ 則其在精核之政､ 固不當分以全邑泛論大體､ 故關飭各邑､ 已令分類區別､ 而面分等段､ 稍待邑報修成册､ 追後上送于備邊司計料､ 分里抄戶段､ 一例開錄､ 終涉煩瑣､ 此則只行於營邑､ 俾作憑考之資

---

4. 蓰 대본에 '徙'로 되어 있는 것을 바로잡았다.

本道素稱土薄而民貧　常年延活　尙患難繼　顧此慘歉　在古所罕　杼軸旣空　石罋
無儲　況又穀價倍踊　貿遷無路　方秋求活之類　未春請賑之民　臣行所到　擁馬泣
訴曰　耕之耘之　竭盡役粮　十口加額　祈望秋成　而一旱爲災　百穀俱歉　至如海
箭鹽盆白苧圃蔬之爲人聊賴者　幾皆失手　身布從何辦出　還穀從何覓納　千百成
群　應接不暇　臣亦到此　無辭可答　只以朝家如傷若保之德意　行行布諭　面面慰
撫　見今秋事　尙未了畢　目下軫恤之方　來頭賙濟之策　更爲爛加商確　續卽陳聞
計料　仰請諸條參酌磨鍊　亦爲一體開坐　令廟堂稟旨分付

年分加請狀啓 丁巳[1]代撰

本道農形 已爲槩陳於前後狀聞矣 臣之赴任 適當四野向成之時 沿路所見
不無豐稔之望 參以列邑報牒 亦有所領會矣 及其行部 在於各穀登場之際 而其
所目擊 前後頓異 非但禱雨諸邑之專判大歉也 其非巡路身經之處 則面詢守宰
若又僻遠窮奧之區 則分遣裨裨 一一詳探 處處摘奸 則一路優劣 聞見略同 列
邑成就 了然心目 統而論之 果是穴農 而沿峽之間 得失有差 一邑之中 災實
互殊 蓋其移秧之時 擧有惜乾之歎 雖堰下之畓 引洑之地 本源多涸 無以灌漑
雖時得驟雨 其所需潤 同野爭田 同田爭疇 趁此移揷 自致愆期 則一坪之內
其爲未移 在所夥然 一自六月以後 乾曝尤甚 恩津等十六邑 初秋一朔 始終祈
雨 晩時霈霔 無關蘇枯 凡在浦沿斥鹵之地 晩移旋涸 未及苗長 鹹氣上昇 或
初不發穗 或徒抽虛穎 甚至有曠野一望 白立如葦 近峽土薄之邑 被旱旣早 穎
穗未碩 顆粒亦稀 及其刈穫之後 莫不減半於平年 到此 民情之遑急 無異儉歲
而亦不敢名言某災者 誠以夏秋以來 非有風霜螟雹一夕之災 只是雨澤終閟 遷延
節氣之致 非獨臣之初來占歲 徒歸虛伫 雖以田頭老農 自不覺其坐失康年 此其
畓農之大槩也 以言乎田農 則焦土鐵堅 不善立苗 待雨耘鋤 自然過時 晩後結
穀 半是虛顆 至於沙土磽确之田 間有全庫盡棄 難望索種者 木綿雖是旱草 而
大乾則無以着根 雖得着根 幹矮枝疎 花實未敷 最晩所收 纔免大歉 此則田農
之大槩也 今以一道左右論之 則右是沿海 而畓多田少 故禾穀之稍稔者 沿邑居
多 左爲近峽 而田多畓少 故各種之差熟者 山郡較勝 又以災形淺深論之 則右
沿濱浦之畓 發鹹偏酷 左峽高燥之地 被旱最甚 臣於巡審之路 被災民人 到處
成群 肩荷枯稭 環擁馬首 殆不能前 臣一一面諭 以各自奠安 勿慮混徵之意

---

1. 丁巳 대본에 '戊午'로 되어 있는 것을 바로잡았다.

仍伏念檢田給災　有國之大政　而上關經費之贏縮　下係生民之休戚　失於浮濫　則
國計難繼　果於剋減　則民隱莫卹　臣猥以無似　濫叨匪分　夙夜兢惕　忘寢與食
思所以對揚憂勤之萬一者　莫先於俵災之政　而豊約之間　苟或一毫失實　則臣之孤
負聖恩　猶屬臣身　其於國計何哉　其於民隱何哉　臣於列邑槪狀齊到之後　務從精
約　而災摠之畢竟停當者　未移爲幾結　其他鹹損蹲縮還陳[2]等各樣災頉爲幾結　至
於流來舊初不[3]之例[4]　以新災推移分俵者　又爲一千二百三十七結　統計新舊災頉
合爲一萬幾結　比之事目劃下一千七十結　則不足爲幾結　若以列邑災處摠論　則比
之乙卯　雖有所減　若以偏被災損者言之　則視乙卯　無甚異同　而乙卯俵災爲二萬
五千五百結　今年災頉之三分減二於乙卯者　庶不至過濫矣　大抵今年穡事　聽聞所
及　兩南尤甚　其所失稔者　皆緣旱乾　今臣所部　若論成就　雖有間然　方其災損
亦無顯異　今此分等之際　勒置第五　劃下之災　纔踰千數　臣雖無狀　抑獨何心
隨例張皇　虛設民隱　驚動天聽　以添九重宵旰之憂哉　苟令臣徒懷嚴畏　泯默度日
莫能仰體若保之恩　致有一民向隅之歎　殊非朝廷拔凡特畀之意　臣罪於此　益無所
逃　玆敢不避猥越　冒死陳懇　前下事目災外不足災幾結　特令加給　則臣謹當排比
分俵　俾此失農之民　均蒙如傷之澤　至於列邑分等　所關甚重　尤宜精審　故參互
酌量　某某邑　分劑其尤甚及之次稍實　開錄于後　仰請諸條　斟酌磨鍊　一體開坐
幷令廟堂　稟旨分付　今此尤甚幾邑　被災最酷之民　別般周卹　然後可以奠土安業
而旣承昨年稍豊　又非通同大歉　則具式設賑　非敢遽議　隨勢緩急　或私賑或救急
方便接濟　期免捐瘠之患計料　緣由並以馳啓

---

2. 還陳　영남대본과 승계문고본은 ‘續還陳’으로 되어 있다.
3. 舊初不　대본은 ‘舊續初不’로 되어 있는데, 영남대본과 승계문고본에 따라 바로잡았다.
4. 例　대본은 ‘列’로 되어 있는데, 영남대본과 승계문고본에 따라 바로잡았다.

遯庵集序 代人撰

昔余先君子嘗以繡衣採訪湖右。而靈光之梁君某。醇謹好學。如漢之三老。力田
孝弟。可牛酒勞。而束帛勸也。旣而斥補湖邑。則梁君以舊恩。隨而客焉。又因以往
來。客于漢師。于時先君數入銓部。而門絕觟韋輗象之謁。至於遐鄉方技異術之士。
雖素聲以能文者。皆辭謝。未嘗一接。獨梁君爲客數十年。相忘於聲名勢利之外。舍
南綠樹。來蔭半庭。則碁竟數局。他無一事。顧手一書。竟夕諷哦。殆若忘饑渴而遺
形骸。蓋有所深服乎吾家之淸白愷悌。而甘苦同之。樂爲之客也。自子弟。咸慕悅其
謹厚長者。而下至僮僕傭隸。亦能知其敬而懷之。忘其爲客焉。況余時纔弱齔。則若
姆之抱而口授方名。指畫書字。嗚呼。梁君則顧已老白首于吾兩世矣。其平居恂恂。
言若不出。而及談天人性命之際。沛然若決河。旁推醫方卜筮星曆風水。無不該貫。
雖未知其一一中窾乎否。而其出於獨得。徑造妙域。不爲諸生訓詁所拘繮。有足多
者。其文章宏中肆外。不事雕琢。而蒼樸老健。蔚有可觀。今其子某。謀所以壽其傳
焉。則蒐輯其平生所著述。彙爲幾編。詩若文爲幾卷。以余不佞爲有兩世之好焉。則
所以徵其蕪辭。而義不可辭也。遂歷敍其疇昔之所覩記以歸之。

公孫鞅入秦

御製條問曰　聞人議己　驚懼避禍　常情也　鞅乃晏然　非策之明　其能諸　是
固有過人者　公叔誠知之矣　然知衛鞅之可用　不知惠王之不能用　何也　人臣告君
未有不以誠而能得請者　觀其必殺之語　概欲實其奇才之稱先君之義耳　然既請其
舉國以聽　又勸其殺之　烏得免悖哉之疑也　蕭何之薦韓信　不過曰無所事信　而漢
高遽從之者　不但漢高之所以爲漢高　何亦老實無 缺[1]　然叔座早能至誠尉薦　單心
敷奏　俾盡其詢事考言　歷試漸用之方　則惠王果能舉國以聽　而亦可成秦孝富强之
烈歟

臣某對曰　自古人臣之進諫於其君者　何莫非出於至誠　而規以諷言者　近於俳
諧　對以詭辭者　未免回遹[2]　然後世之尙論者　亦未嘗譏其不誠　至有死後陳尸　而
君子猶許其直者　臣愚竊謂公叔之薦衛鞅　直同史魚　遹似蕭何　何則　衛鞅之治國
韓信之將兵　直可以大用　而不可以小試也　夫立法於棄灰　信賞於徙木　乃富國强
兵之術　而試之小官一縣　則違衆駭俗　立見其敗矣　雖一朝加之卿相之位　時君世
主　若不能舉國而聽之　則鞅不足與有爲也亦明矣　是故　平常無故之日　非無尉薦
敷奏之時　而言之者常患其未爲力焉　聽之者每苦未能深信　則詢事考言　不過用人
之常法　歷試漸用　只是弱國之大夫耳　顧何補於國哉　故姑忍於朝夕左右之日　而
始薦於束首拖紳之際者　所以冀夫感動君心於垂死深悲之言　然猶不足以必信其言
則末乃請殺　非但激君以堅其托　縱之出境　誠有魏國後日之慮　則可以見忠臣憂國
之苦心　而無媿於陳尸之直矣　至若蕭何之薦信　亦猶是也　何既屢言　而高帝不用

---

1. 缺　영남대본과 승계문고본은 '妄耳'로 되어 있다.
2. 遹　대본에 '謫'로 되어 있는 것을 바로잡았다. 그 다음에 나오는 '遹'도 마찬가지로 바로잡은
것이다.

焉。則詭言追信。以感怒帝。夫韓信。敵國之一亡卒。一朝設壇場。猝然授之以上將之印。非激。烏能是乎。惜乎。以公叔之智。而不遇高帝之明也。雖然。公叔特一惠王之具臣。而衛鞅之下流歟。孟子亦嘗至魏。而未聞公叔之薦於其君也。則是不識仁義之說。足王於天下也。且世之論秦孝者。以其用衛鞅而爲賢。梁惠以其不聽公叔而爲愚。然假使孟子適秦。而孝公必不能用矣。何以知其然也。先言帝王之道。而孝公時睡。則枉尺直尋。孟子之所不爲也。若使惠王見衛鞅。則必顚倒擁簣。不待公叔之薦。而舉國以聽矣。何以知其然也。初見孟子。先問以利國。則強公杜私之說。無非利國之術。而惠王之所樂聞也。其致國富強之烈。豈在秦孝之下哉

罨畫溪蒐逸

烈婦李氏旌閭陰記

　　朴君景兪之妹金氏婦　從夫死　朝家嘗擧旌淑之典矣　及景兪歿而妻李氏　處義從容　視妹尤烈　則又旌其閭如金婦例　嗟呼　是擧也　世之所罕有　而乃於朴氏之門　若彼其易焉　亦豈無所本而然哉　朴君之從吾遊久矣　爲人溫雅孝友　平生以小學律身　在他人　則或出於勉强太息　而乃朴君日用常行之事　故其稚妹弱妻　耳擩目染　其視義烈　如井臼之可親　酒食之是議　不甚知嶄截難行　而眞以爲匹夫匹婦之可能　此其十五年之間　世之所難一得者　再觀[1]於其門也　朴君密陽人也　字稺然　自號曰澹寧　李氏　學生允培之女　壬寅五月十八日歿　年三十六　歿之明年正月二十一日　命旌閭

---

1. 觀　영남대본은 '覩'로 되어 있다.

馬首虹飛記

　　夜宿鳳翔邨。曉入沁都。行五里許。天始明。無纖氛點翳。日纔上天一尺。忽有黑雲。點日如烏頭。須臾掩日半輪。慘憺窅冥。如恨如愁。頻蹙不寧。光氣旁溢。皆成彗孛。下射天際如怒瀑。海外諸山。各出小雲。遙相應。蓬蓬有毒。或出電耀威。日下殷殷有聲矣。少焉。四面迆邐正黑。無縫罅[1]。電出其間。始見雲之積疊襞褶者。千朵萬葉。如衣之有緣。如花之有暈。皆有淺深。雷聲若裂。疑有墨龍跳出。然雨不甚猛。遙望延白之間。雨脚如垂疋練。促馬行十餘里。日光忽透。漸益明麗。向之頑雲。盡化慶霱祥曇。五彩絪縕。馬首有氣丈餘。黃濁如凝油。指顧之間。忽變紅碧。矯矯沖天。可門而由也。橋而度也。初在馬首。可手摸也。益前益遠。已而行至文殊山城。轉出山足。望見沁府外城。緣江百里。粉堞照日。而虹脚猶揷江中也。

1. 罅　영남대본과 승계문고본은 '罇'로 되어 있다.

醉踏雲從橋記

孟秋十三日夜　朴聖彦與李聖緯弟聖欽元若虛呂生鄭生童子見龍　歷携李懋官至　時徐參判元德先至在座　聖彦盤足橫肱坐　數視夜　口言辭去　然故久坐　左右視　莫肯先起者　元德亦殊無去意　則聖彦遂引諸君俱去　久之童子還言　客已當去　諸君散步街上　待子爲酒　元德笑曰　非秦者逐　遂起相携　步出街上　聖彦罵曰　月明　長者臨門　不置酒爲懽　獨留貴人語　奈何令長者久露立　余謝不敏　聖彦囊出五十錢沽酒　少醉　因出雲從衢　步月鍾閣下　時夜鼓已下三更四點　月益明　人影長皆十丈　自顧凛然可怖　街上群狗亂嘷　有獒東來　白色而瘦　衆環而撫之　喜搖其尾　俛首久立　嘗聞獒出蒙古　大如馬　桀悍難制　入中國者　特其小者　易馴出東方者　尤其小者　而比國犬絶大　見怪不吠　然一怒　則猲狦示威　俗號胡白　其絶小者　俗號𠊱𠊱　種出雲南　皆嗜薉　雖甚飢　不食不潔　喉能曉人意　項繫赫蹏書　雖遠必傳　或不逢主人　必啣主家物而還　以爲信云　歲常隨使者至國　然率多餓死　常獨行不得意　懋官醉而字之曰豪伯　須臾失其所在　懋官悵然東向立　字呼豪伯　如知舊者三　衆皆大笑　閧街群狗　亂走益吠　遂歷叩玄玄　益飮大醉　踏雲從橋　倚闌干　語羲時　上元夜　連[1]玉舞此橋上　飮茗白石家　惠風戲曳鵝頸數匝分付如僕隷狀　以爲笑樂　今已六年　惠風南遊錦江　連玉西出關西　俱能無恙否又至水標橋　列坐橋上　月方西隨[2]正紅　星光益搖搖圓大　當面欲滴　露重　衣笠盡濕　白雲東起橫曳　冉冉北去　城東蒼翠益重　蛙聲如明府昏聵　亂民聚訟　蟬聲如黌堂嚴課　及日講誦　鷄聲如一士矯矯　以諍論爲己任

---

1. 連　대본에 '蓮'으로 되어 있는 것을 바로잡았다. 다음에 나오는 '連'도 마찬가지로 바로잡은 것이다.
2. 隨　영남대본과 승계문고본은 '墮'로 되어 있다.

晝永簾垂齋記

晝永簾垂齋。梁君仁叟草堂也。齋在古松蒼壁之下。凡八楹。隔其奧。爲深房。疎其欞。爲暢軒。高而爲層樓。穩而爲夾室。周以竹欄。覆以茅茨。右圓牖。左交窓。體微事備。冬明夏陰。齋後有雪梨十餘株。竹扉內外。皆古杏緋桃。白石鋪前。淸流激激。引遠泉。入階下。爲方池。梁君性懶而好深居。倦至。輒下簾。頹然臥乎烏几。一琴一劍一香爐一酒壺一茶竈一古書畫軸一碁局一之間。每睡起。揭簾看日早晏。則階上樹陰乍轉。簾下午鷄初唱矣。於是乎據几看劍。或弄琴數引。細吸一盃。以自暢懷。或點香烹茗。或展觀書畫。或棋按古譜。擺列數局。已焉。欠[1]來如納潮。睫重若垂雲。復頹然而臥。客至入門。則簾垂寂然。落花滿庭。簷鐸自鳴。字呼主人三四聲。然後起坐。復觀樹陰簷影。則日猶未西矣。

---

1. 欠 대본은 '久'로 되어 있는데,『엄계집』과 영남대본, 승계문고본에 의거하여 바로잡았다.

竹塢記

古來讚竹者甚多　自詩之淇澳　歌咏之嗟嘆之不足　至有君而尊之者　竹遂以病矣　然而天下之以竹爲號者不止　又從以文而記之　則雖使蔡倫削牘　蒙恬束毫不離乎風霜不變之操　疏簡偃仰之態　頭白汗青　盡屬飣餖　竹於是乎餒矣　顧以余之不文　讚竹之德性　以形容竹之聲色　作爲詩文者多矣　更何能文爲　梁君養直介直有志節者也　嘗自號曰竹塢　而扁其所居之室　請余爲記　而果未有以應之者吾於竹　誠有所病焉故耳　余笑曰　君改其額　文當立就爾　爲誦古今人奇號韻題之如烟湘閣百尺梧桐閣杏花春雨林亭小罨畫溪畫永簾垂齋雨今雲古樓者　屢數十百勸其自擇焉　養直皆掉頭而否否　坐臥焉竹塢　造次焉竹塢　每一遇能書者　輒書竹塢而揭之壁　壁之四隅　盡是竹塢　鄉里之以竹塢譏者亦多　恬不知恥　安而受之所以請余文者　今已十年之久　而猶不少變　千挫百抑　不移其志　彌久而笑切　至酌酒而說之　聲氣而加之　余輒默而不應　則奮然作色　戟手疾視　眉拂个字　指若枯節　勁峭槎枒　忽成竹形　嗚呼　養直豈眞癖於竹　而愛之至哉　觀於外　可見其肝腎肺胃　磐砢犖确　如奇巖嶫石　而叢篠幽篁　森鬱其中也　余之文　至此而惡能已乎　古之人既有尊竹而君之者　則如養直者　百世之下　可爲此君之忠臣矣　吾乃大書特書而旌之曰高孤貞靖　梁處士之廬

桃花洞詩軸跋

　　大凡花之開落，皆緣風雨，則風雨乃花之趙孟，弼雲看杏之時，安知有此洞桃花，不過旬日，弼雲遊人，盡來此洞，譬如魏其賓客，去事武安，安得無懊恨於生貴之桃花乎，劉夢得玄都，當作如是觀，喜怒哀樂之未發，謂之中，發而皆中節，謂之和，和也者，充滿絪縕，盛大流行，四[1]海涵日煦，無一息可斷，無一虧可隙，今來此洞，充滿盛大，藹然中和，無一樹非桃，無一枝不花，溫厚高明，不覺心降而氣平，平生偏性，安得不到此而融化乎，高景逸郵亭，當作如是觀，堤上歌吹爲群，懽笑成隊，忽有醉人慟哭，聲聲呼母，觀者如堵，容無愧作，累欷掩抑，咸中節奏，心專於哭，自然合律，若謂醉人看桃花思母，非也，又謂是感時觸物自然興悲，非也，又謂孝子思母[2]，隨處而然，亦非也，是乃觀者臆量耳，非醉人眞情，須問醉人所慟何事[3]阿難悟妙發笑，當作如是觀，是日敬夫尤醉，倒騎士彥驢，亂馳松樹間，逸如輩左右呵擁，以爲笑樂，懋官惠甫亦大醉，哄笑不止，可謂劇飮大醉，樂亦極矣，然而日暮相携，人人催歸，未有一客肆宿留宿桃花者，嗚呼嘻噫，漁夫迷津，當作如是觀，於是觀桃道人，乃作偈語曰

　　我見桃花色，勃然如有神，亦有桃花香，臨風噴射人，菩蕾如豆佛，反葉學弨弓，香色皆附質，生意還從空，缺，不妬亦不嗔，定不識情字

---

1. 四　영남대본과 승계문고본은 '如'로 되어 있다.
2. 母　영남대본은 '慕'로 되어 있다.
3. 須問醉人所慟何事　대본은 '須問醉人所慟 醉人所慟 何事'로 되어 있는데, 중복된 '醉人所慟' 한 구절은 연문衍文으로 판단되어 삭제하였다.

士章哀辭

士章歿。旣殮。余始哭于其室。晝刊于壁。撤屛捲障。遷其書冊器什玩好。散于外廳。中霤東首。覆以涼衾。若室琴而床者。憮以慟。黏手津津。心慨然惡之。扃戶而出。中庭薨薨。約之丁丁。陳柴其坎。將以閉吾士章也。其友咸原魚景國豐山洪叔道。名在弔簿。問其持戶伏而啼者曰。二子慟歟。曰。慟矣。泗先其咷。嗟乎。士章名家子。美姿儀[1]。嘗看花弼雲臺。方其夕陽。立馬原上。舉扇而障日。人莫不動容顧之。詩效虞山。筆則南宮。其所好往往寶劍値百金。夫孔雀之辟塵也。火布之浣垢也。芷茈之止汗。其天性也。鴛鴦錦鷄之立水。其自喜也。愛時之善謳者。中夜鼓瑟。每變其新聲。動節靡靡。未嘗不悽愴悲懷也。病血歐者。數月而沒。遺子于腹。其先與余同祖。辭曰。

吾每不知聲之同出于口。而樂奚爲兮笑。哀奚爲兮哭。豈二者之不可强而發乎情之極。吾不知所謂情之何狀。而思則酸我鼻。又不知淚之何水。而啼則生于目。嗟乎。啼之若可敎而爲。吾當忼愃而不能聲。吾乃今知所謂淚之汪汪然。不可以學而得。

---

1. **士章歿 …… 美姿儀** 대본은 '缺百六字'로 결구缺句 표시가 되어 있는데,『병세집』에 의거하여 보완하였다.

祭鄭石癡文

生石癡。可會哭可會弔。可會罵可會笑。可飲之數石酒。相贏體毆擊。酩酊大醉。忘爾汝。歐吐頭痛。胃翻眩暈。幾死乃已。今石癡眞死矣。石癡死。而環尸而哭者。乃石癡妻妾昆弟子姓親媔。固不乏會哭者。握手相慰曰。德門不幸。哲人云胡至此。其昆弟子姓拜起。頓首對曰。私門凶禍。其朋朋友友。相與歎息言。斯人者固不易得之人。而固不乏會弔者。與石癡有怨者。痛罵石癡病死。石癡死。而罵者之怨已報。罪罰無以加乎死。世固有夢幻此世。遊戲人間。聞石癡死。固將大笑。以爲歸眞。噴飯如飛蜂。絶纓如拉朽。石癡眞死。耳郭已爛。眼珠已朽。眞乃不聞不覩。酌酒酹之。眞乃不飲不醉。平日所與石癡飲徒。眞乃罷去不顧。固將罷去不顧。則相與會酌一大盃。爲文而讀之曰。缺

答南壽

雨雨三晝　可憐弱雲繁杏　銷作紅泥　若早知如此　豈嫌招邀作一日消閒耶　永日悄坐　獨弄雙陸　右手爲甲　左手爲乙　而呼五呼百之際　猶有物我之間　勝負關心　翻成對頭　吾未知吾於吾兩手　亦有所私焉歟　彼兩手者　旣分彼此　則可以謂物　而吾於彼　亦可謂造物者　猶不勝私　扶抑如此　昨日之雨　杏雖衰落　桃則夭好　吾又未知彼大造物者　扶桃抑杏　亦有所私於彼者歟　忽見簾榜　語燕喃喃　所謂誨汝知之　知之爲知之　不覺失笑曰　汝好讀書　然不有博奕者乎　猶賢乎已　吾年未四十　已白頭　其神情意態　已如老人　燕客譆笑　此老人消遣訣也　此際淸翰忽墜　足慰我思　而紫帖柔毫　甚似文谷　雅則有之　風骨全乏　此龍谷尹尙書雖爲搢紳楷範　終非大家法意也　不可不知　靜存窩記　今承來索　始乃省覺　平生然諾向人易已　遭此迫隘　殊令悔椒然　今旣省存　謹當靜構　而第其遲速　有未可料不宣

與人 安義時

劇暑中，僉履起居連勝否，聖欽近作何樣生活否，懸懸，尤不能忘也，仲存時得相逢飲酒，伯善失青橋，聖緯無泥洞，則未知如此長日，何以消遣否，在先聞已罷官云，未知歸後幾番相逢否，彼既喪糟糠之妻，又喪良友之如懋官者，悠悠此世，踽踽涼涼，其面目言語，不見可想，亦可謂天地間窮民，嗚呼痛哉，吾嘗論絕絃之悲，甚於叩盆，叩盆者，猶得再娶三娶，卜姓數四，無所不可，如衣裳之綻裂而補綴，如器什之破缺而更換，或後妻勝於前配，或吾雖皤而彼則艾，其宴爾之樂，無間於新舊，至若絕絃之痛，我幸而有目焉，誰與同吾視也，我幸而有耳焉，誰與同吾聽也，我幸而有口焉，誰與同吾味也，我幸而有鼻焉，誰與同吾嗅也，我幸而有心焉，將誰與同吾智慧靈覺哉，鍾子期死矣，爲伯牙者，抱此三尺枯梧，將向何人鼓之，將使何人聽之哉，其勢不得不拔佩刀，一撥五絃，其聲戞然，於是乎斷之絕之，觸之碎之，破之踏之，都納竈口，一火燒之，然後乃滿於志也，吾問於我曰，爾快乎，曰，我快矣，爾欲哭乎，曰，吾哭矣，聲滿天地，若出金石，有水焉，迸落襟前，火齊瑟瑟，垂淚舉目，則空山無人，水流花開，爾見伯牙乎，吾見之矣，

與族弟 準源 書

珠邱事竣　弓劍永閟　瞻望雲鄉　頓首長號　何所逮及　伏惟嚴沍　台體起居萬勝　先兄主遺集較正之本　共有幾卷否　末俗循名　知德者稀　蓋以卑牧而高尙　癯容而肥遯　隱不違親　人不知其隱也　名不離士　世無得以名焉　地如此近　而遐心莫回　道之方亨　而苦節難屈　豈非獨立而不懼　確乎其不拔者乎　求之先民　實罕與儔　雖其名位未充　出處不侔　若爲樹風善世　立言垂後　未始不同也　豈惟斯文賴而不墜　有以翼玄黎二祖　而益壯吾宗也　曩在嶺邑時　以華陽先墓祭祝事　見賜長牘矣　未知收入於遺集中耶　其時仰答　不得不枚擧暴實　玆以幷爲謄送　幸爲附之原書之下　低一字列錄如何　族從衰病日甚　而猶復間關嶺海　甘作老饕　是誠何心　邑瘼民肓　俱屬難醫　而風氣絶殊　拔木飄瓦　發作無時　鯨吼鼉鳴　只在枕頭　回想家鄉　千嶂揷天　大抵一時遊客　節屧探勝之地則可也　殊非暮境盤桓嗇養之所　況其不帶一丁　孤棲如僧者乎　值此歲暮　懷思悄悄　非尺書可旣　姑此不備

靈圭碑

神宗皇帝二十年昭敬王二十五年. 倭人來寇. 陷我三京. 僧靈圭與文烈公趙憲
合軍. 大破秀吉兵于淸州. 移軍錦山. 力戰死之. 當是時. 高敬命金千鎰. 以義起旅
爲招討使. 崔慶會鵑字標軍. 任啓英虎字標軍. 金德齡超乘爲章. 郭再祐紅衣別軍.
皆大夫也. 餘世臣之苗裔也. 夫靈圭浮屠氏乎. 而非有土地兵甲發符信受號令. 然乃
以其徒特起. 當是之時. 以義特起者十餘壁. 或自衛鄉里. 或不受方鎭節度. 或罪狀
連帥. 移檄州郡. 而惟文烈軍遣使. 自通朝廷. 其義特正. 於是君子知靈圭之義. 得
其與也. 節度使朴泓. 棄軍走. 李珏曹大坤. 焚軍食十餘萬. 埋旌旗. 遇敵先遁. 府
使徐禮元. 郡守李惟儉. 棄城走. 觀察使李洸尹先覺. 有兵十餘萬. 不衛王. 王幸龍
灣. 不力討敵. 夫靈圭浮屠氏乎. 而非有方寸之兵. 斗筲之糈. 然乃以其徒力戰. 文
烈軍圍淸之東門. 靈圭戰城之西門. 先登. 無不一當百. 於是君子知靈圭之勇烈. 必
有以死也. 當是時. 天子遣大臣. 委東事. 大將軍李如松. 提督陳璘麻貴劉綎視師.
有古名將之風. 御史萬世德楊鎬. 經理軍事. 尙書邢玠[1]. 皆深於兵者也. 游擊將軍駱
尙志. 號千斤. 楊元查大受. 奇材勁武. 赴敵冠軍. 攻城先登. 兵皆浙川雲登貴來驍
騎射士. 大將軍家僮千人. 幽薊劍客. 然擊倭數軍鄒. 攻圍數敗衄. 常以衆擊寡. 兵
頓師老. 七年之間. 拔城者一. 夫靈圭浮屠氏乎. 而提髠首緇衣之徒. 斷酒肉戒殺之
衆. 一朝肉薄於堅城之下. 倭救死不贍. 焚屍遁逃. 自兵興以來. 其功未始有也. 及
移軍[2]錦山. 約節度使及諸義兵. 會天大雨. 師皆失期. 文烈公死之. 靈圭入帳中. 不
見文烈公. 遂與公麾下七百人. 同日死之. 嗚呼. 當是之時. 鄭撥. 敵襲死. 宋象賢.

---

1. 尙書邢玠 그 다음에 몇 자가 누락된 듯하다.
2. 移軍 영남대본과 승계문고본은 그 다음에 '軍' 자가 추가되어 있다.

城壞力盡　罵敵死之　申砬金汝岉　軍敗死　申吉元鄭湛邊應井　不屈死之　黃進元
豪[3]　力戰死之　皆殉公死節之臣也　夫靈圭浮屠氏乎　而非殉公死節之臣　而乃以其
徒特死　其義烈忠勇　有足多者　夫靈圭浮屠氏乎　而士君子至慕其義　刻石以紀其
功云　師曰淸虛大師

3. 豪　대본에 '毫'로 되어 있는 것을 바로잡았다.

朴烈婦事狀 <small>爲呈春官來詰 故代構</small>

　　南部居某職某等 謹呈爲故士人金國輔妻密陽朴氏節死事 卑職等居在朴氏比
隣 今月十九日夜三更 有歷叩隣戶救急之聲 上下十數家一齊驚遑 急問其故 乃
朴氏飮藥昏絕 其家倉卒遑遽 雜問經驗於隣里 以尋救活之道於萬分之一也 卑職
等齊會其家 問其所飮之藥 則乃鹽液也 於是雜施方藥 多灌泔水 已無及矣 舉
家號慟 慘不忍聞 蓋朴氏自其幼時 孝順根性 衣服飮食之節 無違父母之命 動
容周旋之際 必承長者之意 不窺中門 不遊外庭 端莊謹飭 動遵女儀 雖隣婢商
媼 未嘗見面 六七歲聲譽藹蔚 四隣之有女者 莫不稱朴氏之幼女 以相敎戒也
及年十六 歸于金氏 而其夫不幸嬰疾 其家貧甚 藥餌難繼 則盡賣釵環 將護無
人 則躬侍僕御 風寒暑熱 衣不解帶 晨夕朝晝 目不交睫 卜筮祈禳 靡不用極
輒禱北辰 願以身代 以口語心 猶恐人知 及其皐復 一呼而絕 僅得回蘇 因爲
閉口 勺水不通 誓死下從 時時昏窒 其父母舅姑 百方寬喩 千般懇勸 則稍緩
死心 強作和顏 蓋其恐傷父母舅姑之心 而一死則已堅定矣 其兄弟試以言語嘗
之 則輒流涕嗚咽曰 吾於金氏 旣無一塊之遺 三從絕矣 生亦何爲 晝燭未滅
久貽父母之慽 是亦不孝之大者 常別處一室 足不下庭 罕覿人面 以故其家默察
其意 極力防護 雖便旋之際 必審動靜 造次之間 不敢放過 遲延半載 防守少
弛 今月旬間 頷下忽生小腫 不至沈痛 而朴氏請於其兄 問醫傅藥 故其家尤爲
放心 十九日夜 如厠之路 其母隨往 後先稍間 忽聞廳上顚撲仆倒之聲 驚怪出
視 則霎時之間 已難救矣 意謂自裁 環視其傍 則別無刀帛之具 而鹹水滿廳
蓋其家方欲沈醬 懸鹽退鹹 故潛飮其液 氣絕而吐之 事在頃刻 莫之先覺也 卑
職等目擊其事 相顧錯愕 咸曰 異哉 是果死也 平日孝順之著聞 旣如彼藉藉
今日節死之明白 又如是卓卓 則其在同閈之誼 豈無呈官之舉乎 其父泣而止之曰
吾女得遂其志 則可謂烈矣 貽吾至慽 未可謂孝矣 今爲張大之舉 則亦非逝者之

志　卑職等齊言曰　是無與於本家　於是退而齊會于洞中耆老之家　合辭無異　拾掇
見聞　齊籲於春官門外　嗚呼　若論觀感興起之方　亶在褒異旌淑之典　非爲冒榮而
干恩　實是厚風而敦俗　古者男女告戒之詞　不過閭巷風謠之語　出於性情　有裨風
敎　則採詩之臣　獻諸王國　典樂之官　播之絃歌　風動四方　感發民彝　今者朴氏
懿行貞節　超出尋常　就義從容　處死明白　其於國家化民成俗之治　實有光焉　伏
願亟達天聽　俾得旌閭之典　以補風化之萬一　以慰貞烈之幽魂　則卑職等幸同烈女
之閭閈　得有所式　與有榮焉

李烈婦事狀 爲呈春官來謁 故爲之代草

　　南部居某職某等 謹呈爲南陽李氏節死事 李氏卽有文行人朴景兪妻也 景兪
不幸積疾 殀歿於去年十二月 方其時 景兪祖母年八十二歲 宿疾奄奄 不省家中
有何許喪慽 景兪之父 素嬰奇病 亦在危境 李氏左護右將 未暇杞哭 一以躬辦
亡夫殮殯之具 一以手調兩老藥餌之節 吞聲飮泣 旋作怡愉 親戚弔者 咸爲感悅
其誠孝 隣里聞之 莫不悲憐其情境 喪旣就窆 虞哭已畢 而所護兩疾 取次調將
竟獲蘇完 則皆以爲李氏至誠所感也 及五月十七日 遍與家人有訣別之語 蓋其翌
朝 乃李氏生日也 意其生臨是日 當倍悲痛而有是言也 實未覺其矢死之志 潛有
其期也 至夜 侍其王姑[1]之側 其悽惋之辭 悲切之色 不能自諱 欲起復坐 不忍
離捨 徊徨掩抑 夜深而退 闔家就睡 不慮有變矣 夜方向晨 忽[2]李氏所寢之室
有急喘將絶之聲 傍室諸人 急往視之 則繡已昏窒 煖氣猶存 枕邊有椀 鹽液滴
瀝 乃知飮此而自盡也 其家人倉卒歷叩比隣 雜問解毒經驗 則上下十數家 且驚
且憐 一齊赴看 淅米出泔 無數灌注 而已無及矣 擧家號慟 慘不忍見 果此死
日 卽其生朝 相顧嗟異 咸曰 烈哉 乃其席底 得諺書二通 其一乃正月所書 而
指期誓死之語也 其言以爲夫歿而不敢卽死者 誠以王姑尊舅病俱濱危 十年侍疾
未卒淺誠 而遽行己志 則爲罪尤大 且恐亡夫初終 因荐喪而有所未盡 隱忍時月
若乃五月十八日 惟吾生朝 卽吾死期 一乃本月十七日所書 而辭訣其舅之札也
先謝其未能終養之罪 次囑其治喪凡節 必減前喪 殮具俱在 皆乘夜手製云云 蓋
李氏從死之志 已決於當日 而挨過五朔 潛縫殮衣 未嘗爲傍人之所覺 則其處事

---

1. 王姑　대본에는 '王姑母'로 되어 있는데, 영남대본과 승계문고본에 의거하여 바로잡았다.
2. 忽　영남대본과 승계문고본은 그 다음에 '聞' 자가 추가되어 있다.

之周詳 決義之從容 雖古傳紀所列 何以加之 蓋李氏自在幼齡 愛敬根性 及其
旣壯 女範閨則 動合儀度 不煩敎誨 紅績咸[3]備 其歸景兪 以夫爲師 景兪志篤
行古 平居以小學律身 則以妻爲友 相敬如賓 景兪之祖母 積年沈疾 長在牀褥
李氏之所以扶護調養之節 一遵景兪之志 十載之間 無敢少懈 景兪衣不解帶 則
李氏不歸私室 景兪躬執廁牏 則李氏親自洗澣 及居姑喪 哀禮備至 至爲闔里之
所感歎 今此含痛待時 一決忘生 不足爲李氏高節 然其平居孝順之著聞 旣如彼
藉藉 今日節死之明白 又如是卓卓 則其在同閈之義 豈無呈官之擧乎 卑職等齊
會于洞中耆老之家 或有感激而垂涕者曰 異哉 吾儕之爲此擧 今其再矣 十年之
間 咸萃一門 吾旣得之於前 而豈或少緩於後哉 蓋景兪之妹金氏婦 亦嘗早寡
就義一欵 照耀後先 卑職等齊籲春官 轉達天聽 已蒙旌淑之典矣 今李氏懿行貞
節 超出尋常 無媿前美 其於國家化民成俗之治 實有光焉 嗚呼 古者男女告誡
之辭 不過閭巷風謠之語 出於性情 有裨風敎 則採詩之官 獻諸王國 典樂之職
播之絃歌 風動四方 感發民彝 今李氏之所成就 豈特風謠之所採而絃歌之可被也
哉 顧卑職等幸同烈女之閭閈 目染[4]耳擩 而不能合辭齊聲 走告執事 則卑職等
罪也 至於闡發幽隱 仰裨聖朝樹風敦俗之政 乃閣下[5]職也 卑職等何與焉

---

3. 咸 대본에는 '成'으로 되어 있는데, 영남대본과 승계문고본에 의거하여 바로잡았다.
4. 染 대본에 '塗'로 되어 있는 것을 바로잡았다. '目塗'는 '귀가 막히고 눈이 가렸다'(耳目塗塞)에
서 온 말로 이 글의 문맥과는 다른 뜻이 된다.
5. 閣下 영남대본은 '閣下'로 되어 있다. 뜻은 같다.

原士

按先君文字 缺失者多 此篇得於燕峽古紙藏中 弓縛[1]綻裂 上缺幾頁 中間往
往有缺 且闕篇名 就條[2]中原士二字 以名篇云 男宗采 謹識

夫士下列農工 上友王公 以位則無等也 以德則雅事也 一士讀書 澤及四海
功垂萬世 易曰 見龍在田 天下文明 其謂讀書之士乎

故天子者 原士也 原士者 生人之本也 其爵則天子也 其身則士也 故爵有
高下 身非變化也 位有貴賤 士非轉徙也 故爵位加於士 非士遷而爵位也

大夫曰士大夫 尊之也 君子曰士君子 賢之也 軍卒曰士 衆之也 所以明人
人而士也 執法曰士 獨之也 所以示公於天下也

故天下之公言曰士論 當世之第一流曰士流 鼓四海之義聲曰士氣 君子無罪
而死曰士禍 講學論道曰士林 宋廣平謂燕公曰 萬世瞻仰 在此一舉 豈非天下之
公言乎 宦官宮妾 不知其名者 豈非當世之第一流乎 魯連欲蹈東海 而秦軍自郤
豈非鼓四海之義聲乎 詩云 人之云亡 邦國疹[3]瘁 斯豈非惜君子之無罪乎 詩云
濟濟多士 文王以寧 不講學論道而能如是乎

---

1. 弓縛 대본은 '局縛'으로 되어 있으나, 영남대본과 승계문고본에 의거하여 바로잡았다.
2. 條 영남대본과 승계문고본은 '存條'로 되어 있다.
3. 疹 『시경』에는 '殄'으로 되어 있다.

夫士　復何爲哉

天子視學　立三老五更　丐言饗食　所以廣孝於天下也　天子之元子適子　齒學
於庶士　所以示悌於天下也　孝悌者　士之統也　士者　人之統也　雅者　百行之統
也　天子猶明其雅也　而況素位之士乎

嗚呼　堯舜　其孝悌之雅士也　孔孟　其古之善讀書者乎

何莫非士也　鮮有能雅者也　孰不讀書也　鮮有能善者也

所謂善讀書者　非善其聲音也　非善其句讀也　非善解其旨義也　非善於談說也

雖有孝悌忠信之人　非讀書　皆私智鑿也　雖有權略經綸之術　非讀書　皆拳數
中也　非吾所謂雅士也　吾所謂雅士者　志如嬰兒　貌若處子　終年閉其戶而讀書
也[4]

嬰兒雖弱　其慕專也　處子雖拙　其守確也　仰不愧天　俯不怍人　其惟閉戶而
讀書乎

大雅哉　曾子之讀書也　縱屍而歌商頌　聲滿天地　若出金石　孔子所言詩書執
禮　皆雅言也

或問曰　顏子屢空　不改其樂　顏路空時　猶復樂乎　曰　有可以負米者　不遠
百里　使妻炊飯　上堂讀書

夫讀書者　將以何爲也　將以富文術乎　將以博文譽乎　講學論道　讀書之事也
孝悌忠信　講學之實也　禮樂刑政　講學之用也　讀書而不知實用者　非講學也　所
貴乎講學者　爲其實用也　若復高談性命　極辨理氣　各主己見　務欲歸一　談辨之
際　血氣爲用　理氣纔辨　性情先乖　此講學害之也

讀書而求有爲者　皆私意也　終歲讀書而學不進者　私意害之也

出入百家　攷據經傳　欲試其所學　急於功利　不勝其私意者　讀書害之也

所惡於鑿者　爲其私意也　方其鑿也　未嘗不以經傳證之　鑿而有窒　又未嘗不

4. 吾所謂雅士者 …… 終年閉其戶而讀書也　영남대본과 승계문고본은 별행으로 되어 있다.

以經傳反之。反之不已。改經易註而後。快於心。[5]

或曰。周禮其周公之書乎。或曰。王莽好其名而賊天下。介甫好其法而誤天下。

德保曰。苟同者。諂也。强異者。賊也。

善讀書者。豈訓詁明而已哉。所謂士者。豈五經通而已哉。

夫讀聖人之書。能得其苦心者鮮矣。

朱子曰。仲尼豈不是至公血誠。孟子豈不是矗拳大踢。如朱子。可謂得聖人之苦心矣。

孔子曰。知我罪我者。其惟春秋乎。孟子曰。余豈好辯哉。余不得已也。

孔子讀易。韋編三絶。故曰。加我數年。則可以讀易矣。然而孔子翼易。未嘗語門人易。孟子善說詩書。未嘗言易。

仲尼之門。聞易者。其惟曾子乎。曾子曰。夫子之道。忠恕而已。以易讀者。其惟顏氏之子乎。聞一善言。則眷眷服膺[6]而勿失。

不仁哉。子路之言也。有社稷焉。有民人焉。何必讀書然後爲學。

君子終其身。不可一日而廢者。其惟讀書乎。

故士一日而不讀書。面目不雅。語言不雅。倀倀乎身無所依。忸忸乎心無所適。博奕飲酒。初豈樂爲哉。

子弟敖宕。間居肆志。無所不爲。旁有讀書者。憮然而作矣。

子弟雖聰明俊秀。莫不厭其讀書。雖婦人夏畦。莫不喜聞其讀書。

君子嘉言。或不免乎有悔。善行。或不免乎有咎。至於讀書也。終歲爲之而無悔。百人由之而無咎。

名法雖好。久則弊生。芻豢雖美。多則害生。逾多而逾益。彌久而無弊者。其惟讀書乎。

5. 心　영남대본은 '其心'으로 되어 있다.
6. 服膺　영남대본은 그 다음에 '之' 자가 추가되어 있다.

幼者讀書而不爲妖　老者讀書而不爲耄　貴而不替　賤而不僭　賢者不爲有餘　不肖者不爲無益　吾聞家貧好讀書[7]　未聞家富而好讀書者

大叔讀詩　三歲不出門　一日下堂而便旋　舍犬驚吠

聞鍾鼓管籥之音　或有聒耳而疾首者　至於讀書人　無有厭其聲者矣[8]

父母之所欲　子之讀書　童子子不勸而讀書　其父母莫不歡欣悅豫　嗟乎　余何其厭讀也

陶潛　雅士也　惟恨其在世之時　飮酒不能多　孔子曰　朝聞道　夕死可矣　淵明何不恨讀書之不能多也

讀書之法　莫善於課　莫不善於扢

毋貪多　無欲速　定行限遍　惟日之及　旨精義明　音濃意熟　自然成誦　乃第其次

字毋瞥　字毋易　字毋蹶　字毋滑　字毋澁　字毋倒　字毋傍　必正其音　必得其高低

口留而毋凝　目送而毋流　身搖而不亂

眉毋皺　肩毋搦　口毋呵

對書勿欠　對書勿伸　對書勿唾　若有嚏咳　回首避書　翻紙勿以涎　標旨勿以爪[9]

立算紀遍　意入開算　意不入　不開算

毋枕書　毋以書覆器　毋亂帙　拂塵驅蟫　遇晴卽晒　借人書籍　字誤攷校籤之　紙有破裂補綴　編絲斷落　紉而還之

鷄鳴而起　闔眼跪坐　溫其宿誦　潛復繹之　其旨有未暢歟　其義有未融歟　字

7. 家貧好讀書　영남대본은 그 다음에 '矣' 자가 추가되어 있다.
8. 聞鍾鼓管籥之音 …… 無有厭其聲者矣　대본에는 이 조목이 앞 조목과 연결되어 있으나 문맥이 서로 통하지 않고, 영남대본과 승계문고본에도 별행으로 되어 있어 별개의 조목으로 구분하였다.
9. 翻紙勿以涎 標旨勿以爪　영남대본과 승계문고본은 별행으로 구분되어 있다.

不詭隨．驗之於心．體之於身．其有自得．喜而不忘．

點燈畢服．肅敬對几．乃次新篇．默而沈翫．數行斷章．闔算移置．潛究訓詁．細閱註疏．辨其同異．曉其音義．平心恕意．勿私鑿．勿强疑．其有不得者．反覆之而勿置．

天旣明．畢盥漱．卽至父母之寢所．候於戶外．或聞嚏咳．或聞唾欠．入而問寢．

父母與之語．或使之事．不忙歸．不辭以讀書．卽此讀書．或勤於讀書．定省不時．垢面蓬髮．此非讀書也．

父母命之退．退歸私室．掃塵拂几．整齊書帙．端坐息慮良久．然後開卷讀之．不緩不急．字句分明．高低溫存．

不有緊語．無閒應．不有忙事．無輒起．父母召．掩卷卽起．客至撤讀．尊客掩卷．食至．掩卷．半遍．卒其算．食已．卽起緩步．食遠．復讀．

父母疾廢課．齋廢課．有喪廢課．朞功之喪．旣成服．異宮則課．朋友之喪．雖遠．同業者赴．廢課．

遇所嘗與難者歎．遇疑歎．新有得者歎[10]．

三年之喪．旣葬．讀禮．童子如常讀．

或問曰．父沒而不能讀父之書．手澤存焉耳．傳家之書．皆閣而不讀歟．曰．昔曾晳嗜羊棗．曾子不食羊棗．

如聞父母之命．思無留行．如與朋友信．思無宿諾．此讀書之道也[11]．

使天下之人．安坐而讀書．天下無事矣．

---

10. **遇所嘗與難者歎 …… 新有得者歎** 대본에는 이 조목이 앞 조목과 연결되어 있으나, 내용상 별개의 조목으로 보아 구분하였다.

11. **如聞父母之命 …… 此讀書之道也** 대본에는 이 조목이 앞 조목과 연결되어 있으나, 영남대본과 승계문고본에 따라 별개의 조목으로 구분하였다.

530

○_____

ㅊ_____

548